Werner Beierwaltes · Das wahre Selbst

Werner Beierwaltes

# Das wahre Selbst

## Studien zu Plotins Begriff des Geistes und des Einen

KlostermannRoteReihe

Bibliographische Information der Deutschen Nationalbibliothek

Die Deutsche Nationalbibliothek verzeichnet diese Publikation in der Deutschen Nationalbibliographie; detaillierte bibliographische Daten sind im Internet über *http://dnb.dnb.de* abrufbar.

2., unveränderte Auflage 2021

© Vittorio Klostermann GmbH · Frankfurt am Main 2001
Alle Rechte vorbehalten, insbesondere die des Nachdrucks und der Übersetzung.
Ohne Genehmigung des Verlages ist es nicht gestattet, dieses Werk oder Teile in einem photomechanischen oder sonstigen Reproduktionsverfahren oder unter Verwendung elektronischer Systeme zu verarbeiten, zu vervielfältigen und zu verbreiten.
Gedruckt auf Eos Werkdruck der Firma Salzer,
alterungsbeständig nach DIN ISO 9706.
Druck und Bindung: docupoint GmbH, Barleben
Printed in Germany
ISSN 1865-7095
ISBN 978-3-465-04552-6

# INHALT

Vorbemerkung . . . . . . . . . . . . . . . . . . . . . 9

Plotins Begriff des Geistes . . . . . . . . . . . . . . . 16
   Geist ist Wahrheit: ἀλήθεια . . . . . . . . . . . . . . 30
   Geist ist Weisheit: σοφία . . . . . . . . . . . . . . . 45
   Geist ist Schönheit: κάλλος . . . . . . . . . . . . . . 53
   Geist ist Liebe: φιλία . . . . . . . . . . . . . . . . . 71

Das wahre Selbst
Retractatio einiger Gedankengänge in Plotins Enneade V 3
und Reflexionen zur philosophischen Bedeutung dieses Traktats
als ganzen . . . . . . . . . . . . . . . . . . . . . . 84

Causa sui
Plotins Begriff des Einen als Ursprung des Gedankens der
Selbstursächlichkeit . . . . . . . . . . . . . . . . . . 123

Proklos' Theorie des „authypostaton" – des Selbstbegründeten –
und seine Kritik an Plotins Konzept einer causa sui . . . . 160

Plotins Gedanken in Schelling . . . . . . . . . . . . . 182

Texte . . . . . . . . . . . . . . . . . . . . . . . . 228

Bibliographische Hinweise,
vor allem zu Plotins Begriff des Geistes . . . . . . . . 229

Abkürzungen . . . . . . . . . . . . . . . . . . . . . 233

Indices . . . . . . . . . . . . . . . . . . . . . . . . 235

RICHARD KANNICHT

AMICO

# VORBEMERKUNG

PLOTIN hat nach der klassischen Zeit griechischer Philosophie deren Theoriepotentiale vor allem als ein „interpres secretorum sive mysteriorum Platonicorum"[1] in einer auf ihr Wesentliches konzentrierten Entschiedenheit und in einer derartigen begrifflichen Intensität aufgenommen und differenziert entfaltet, daß daraus eine neue, in sich überzeugende Gestalt des Denkens entstehen konnte und Bestand behielt. Diese Gestalt des Denkens entspricht in mannigfacher Hinsicht – bewußt oder unbewußt – den Bedürfnissen einer Zeit gesellschaftlicher Umbrüche und geistiger Unsicherheit[2], indem sie zum einen der überzeugenden und leitenden Kraft des Denkens vertraut, zum andern aber auch – gegen ein abstraktes Sich-Einschließen in den Begriff – das Denken dem ihm Inkommensurablen öffnet; dieses entfaltet sie als das *an sich*, d.h. so wie es in sich selbst *ist*, *nicht* sagbare Eine in einem bewußten Wagnis mit sich steigernder Präzision oder sie grenzt es in seiner radikalen Andersheit durch Negationen aus dem kategorial Faßbaren aus, umschreibt es durch Metaphern und Paradoxien. Das ständige „Hinausschießen" des Denkens und Sprechens über das eindeutig Denkbare und Sagbare ist in ihr alles andere als der absolutistische Anspruch einer sich selbst überschätzenden Vernunft; es entspringt vielmehr dem Eingeständnis der eigenen Relativität im Denken und Sprechen[3].

Dieses Sich-Öffnen des Denkens und der Selbst-Reflexion zum Inkommensurablen und daher zu dem in seinem eigentlichen Sinne Un-Denkbaren und Un-Sagbaren (ἄρρητον) hin erweist sich als ein *religiöser*

---

[1] Marsilio Ficino, Plotini divini illius e Platonica Familia Philosophi de Rebus Philosophicis Libri LIV in Enneades sex distributi...per Thomam Guarinum, Basel 1562, fol. III[r] (Prooemium Ficinos zu seiner 1492 zuerst publizierten Plotin-Übersetzung).

[2] Siehe hierzu: E.R. Dodds, Pagan and Christian in an Age of Anxiety. Some aspects of religious experience from Marcus Aurelius to Constantine, Cambridge 1965. P. Brown, The Making of Late Antiquity, Cambridge Mass. 1978.

[3] Vgl. meinen Hinweis auf das Problem der Sprache in: Ferne und Gegenwart des Platonismus ( Hegel e il Neoplatonismo, hg. v. Giancarlo Movia, Cagliari 1999, 251–264, hier 263f) und unten S. 14. 37f. 86. 109. 112f. 139.

Grundzug dieser Form des Philosophierens, sofern das Ziel der denkenden *und* der über das Denken hinausgehenden Bewegung das Eine als das im intensivsten Maße *Göttliche* ist[4]. Der durch Reflexion vorbereitete und begründete Selbstüberstieg des Denkens in die Einung mit dem Einen selbst als den höchsten philosophischen *und* religiösen Akt ist wesentlich verschieden von dem vor allem seit Iamblich angestrengten Versuch, einen quasi *unmittelbaren* Zugang zum Göttlichen durch die Praxis der *Theurgie* zu gewinnen, die die Valenz des Denkens einschränkt oder gar verdrängt. Für Plotins Denken hingegen ist es charakteristisch, daß beide Intentionen in ihm: Reflexivität und Einung, in einem untrennbaren, produktiven Verhältnis miteinander gedacht und vollzogen werden. Gegenüber der Verlockung zur begriffslosen Unmittelbarkeit im Blick auf das Intelligible und Absolute gilt der Satz Plotins: μόνη δὲ λείπεται ἡ θεωρία ἀγοήτευτος εἶναι – „die Theoria, die Betrachtung – als Weise begrifflichen Denkens – allein ist unbezauberbar"[5]. Dies heißt: ein im Begriff verläßlich begründendes Denken ist und macht resistent gegen das Irrationale, in seinen vielfältigen nur auf den ersten Blick suggestiven Formen. Eine derartig konzipierte und geübte Theoria legitimiert allererst die Entfaltung ihres eigenen vor- oder über-reflexiven, das Denken gleichwohl leitenden Zentrums *in* ihm. Dieses zugleich als eine das Denken *übersteigende* „Wesenheit" bewußt zu machen und gemäß der aus ihr ableitbaren Norm zu leben, ist Ziel und Vollendung des Philosophierens (περὶ τὸ ἓν φιλοσοφεῖν[6]).

Für ein rechtes Verstehen des reichen Gehaltes eben dieses Philosophierens kommt es darauf an, daß die genannten Grundintentionen als eine Einheit eingesehen und im Verstehen wirksam gehalten werden.

Kaum erschlossen wird die Struktur und Absicht von Plotins Denken einer immer noch antreffbaren Gewohnheit, dieses als *System* zu deklarieren, in dem sich platonische Denkmotive und Begriffe fortbestimmt und zugleich fixiert haben. Lange Zeit hat man vor allem in gängigen Geschichten der Philosophie Plotins „Gedankengebäude" primär von oben herab als eine „Seinspyramide" (mit der Spitze *in* ihr) abstrakt konstruiert und damit zugleich „dekonstruiert": aus dem Einen (Hen) zum Geist (Nus) und zur Seele (Psyché) hin, die als eine Folge von „Hyposta-

---

[4] Zum Gott-Sein des Geistes und des Einen siehe S. 39f.
[5] IV 4,44,1.
[6] VI 9,3,14.

sen" festgehalten wurden. Es mußte dabei der Eindruck entstehen, es gehe Plotin primär um die Darstellung eines objektivierten, „verdinglichten" Zusammenhangs. Verdrängt indes wurde durch diese Fixierung auf die sogenannte Hypostasenlciter[7], daß ein Denken des Einen und ein Denken des Nus – durch die und in der Psyché – um eines *bewußten Lebens* gemäß dem Einen willen vollzogen werden solle, daß also Denken des Einen in einem umfassenden Sinne kein isolierter cerebraler Akt sein könne, sondern das Gestalt gebende Moment einer philosophischen *Lebensform* sein müsse[8]. Zwar ist der Zusammenhang der Drei – des Einen, des Geistes und der Seele – als ein, wie Plotin sagt, „großes Leben"[9] zu denken, das letztlich im Einen gründet; und es ist auch die Frage zu erörtern, wie denn der Hervorgang der Wirklichkeit insgesamt aus dem Einen gedacht werden könne: beides jedoch wesentlich im Blick auf die *Selbsterkenntnis* des Menschen und aus ihr heraus, d.h. in einer Reflexion auf die Selbstvergewisserung seiner eigenen Möglichkeiten und damit auf die Bewußtwerdung seines eigenen, in ihm wirkenden und zugleich ihm transzendenten Grundes: „wir gründen in Ihm, sofern wir uns Ihm zuneigen"[10]. Aus der Erfahrung eben dieses Grundes erwächst der alle Akte menschlichen Denkens und menschlicher Emotionalität begleitende und bewegende Imperativ: ἀνάβαινε πρὸς ἐκεῖνον, „Steige zu Jenem hinauf"[11].

Natürlich ist kein Zweifel daran möglich, daß das in sich differenzierte, dynamische Zusammenbestehen und Ineinanderwirken des Einen selbst – mit dem Guten identisch – als des Einen Ursprungs der Wirklichkeit im ganzen, des zeit-freien Geistes und der in Zeit und Raum wirkenden Welt-Seele oder der Seele jedes individuell-Einzelnen, in sich

---

[7] Zu einem genuin plotinischen Verständnis von ‚Hypostasis' vgl. C. Horn, Plotin über Sein, Zahl und Einheit, Stuttgart 1995, 15ff.

[8] Grundlegend für eine angemessene Einschätzung dieser Perspektive sind die Erörterungen von Paul Oskar Kristeller und Hans-Rudolf Schwyzer über „die zwiefache Sicht in der Philosophie Plotins" (vgl. die „Bibliographischen Hinweise"), die als eine in sich nicht trennbare Einheit gedacht werden sollte: eine primär objektiv-ontologische oder „gegenständliche" und eine primär subjektbezogen-„aktuale" Sicht der Wirklichkeit insgesamt. – Pierre Hadot hat den Wesenszug des plotinischen Denkens als Lebensform paradigmatisch entfaltet, vor allem in seinem Buch „Plotin ou la simplicité du regard". Vgl. hierzu meine Rezension in: Gnomon 72, 2000, 202–207.

[9] V 2,2,26: ζωὴ μακρά.
[10] V 1,11,14f: ἐνιδρύμεθα δὲ οἷ ἂν συννεύωμεν ἐκεῖ.
[11] V 1,3,3. V 5,4,1: ...δεῖ τὴν ἀναγωγὴν ποιήσασθαι εἰς ἓν καὶ ἀληθῶς ἕν.

bestehende Wirklichkeiten bindet; sie können jedoch nicht abstrakt, sozusagen „von außen" unmittelbar erfaßt werden. Sie erschließen sich vielmehr angemessen nur einem Denken, das sich seiner eigenen Möglichkeiten, oder seiner Bestimmung durch den in ihm wirkenden, es konstituierenden Grund selbst bewußt macht und so den ihm eigenen Ort innerhalb des Ganzen findet: die Mitte oder Grenze zwischen der Wahrnehmung des sinnlich – „von außen" – Erfahrbaren und dem Denken des rein intelligiblen Seins durch eine Wendung nach „innen" und „über sich hinaus" – durch einen inneren Aufstieg, oder, wie Hegel dies im Blick auf die in Plotins Philosophie wirksame „platonische Begeisterung" formuliert: durch die Erhebung „in die Sphäre der Bewegung des [reinen] Gedankens"[12]. Dieser Rückgang des Denkens in sich selbst ist die Bedingung für seine eigene Transformation in den in ihm selbst sich zeigenden zeit-freien, absoluten Geist, in sein „wahres Selbst", aber auch die Voraussetzung eines wachsenden Bewußtseins dafür, daß der *Grund* eben dieses Selbst in seinem „Sein" oder seinem Alles gründend-umfassenden Über-Sein über es hinaus geht. Die Vergewisserung des eigenen „wahren Selbst" also ermöglicht das Bewußtsein absoluter Transzendenz (des Einen/Guten) aus der Spur von dessen Sein und Wirken in ihm. Für den zeit-freien, absoluten wie für den in Zeit und Raum gebundenen menschlichen Nus gilt: εἰς αὐτὸν γὰρ ἐπιστρέφων εἰς ἀρχὴν ἐπιστρέφει – „indem er sich in sich selbst (oder auf sich selbst hin) wendet, wendet er sich in seinen Ursprung"[13]. So ist *Selbst-Reflexion,* der sich seines Selbst vergewissernde Selbstbezug des Denkens, die Bedingung dafür, daß der Mensch das Ziel seiner emotionalen und begrifflichen Anstrengung erreicht: das Eine und das mit ihm identische Gute als den Ursprung der Wirklichkeit von Sein, Denken und Leben insgesamt, deren „Erstes" und „Letztes" zugleich, zu „sehen" oder abstandslos zu „schauen", mit Ihm „zusammen zu sein" oder sich mit ihm in einem ekstatischen Selbstüberstieg des begreifenden Denkens zu „einen".

Von daher gesehen ist für mich im gegenwärtigen Zusammenhang die Reflexion über „*Das wahre Selbst*" Mitte und Ausgangspunkt für eine Vergewisserung des zeit-freien Geistes, des reinen Nus in sich, *und* des Einen selbst. So zeigen die am Anfang stehenden Überlegungen zu „*Plo-*

---

[12] Vorlesungen über die Geschichte der Philosophie (1833), Jubiläumsausgabe, hg. v. H. Glockner, Stuttgart 1959, XIX 44.
[13] VI 9,2,35f.

tins Begriff des Geistes" die absolute Form desjenigen Seins, das die Selbstreflexion des Denkens in seiner Frage nach *seinem* eigentlichen Selbst im Blick hat.

In meiner Darstellung des vielfach diskutierten plotinischen Nus habe ich einen Zugang gesucht, der neu zu bedenkende Perspektiven eröffnen möchte: den zeit-freien, absoluten Nus aus seinen Wesenszügen „Wahrheit, Weisheit, Schönheit, liebende Verbindung" in der Weise zu begreifen, daß diese vier – neben anderen – als Identitätsaussagen vom Geist gelten können. Allesamt sind sie Anzeige der Selbstbezüglichkeit oder Selbstgegenwart absoluten Denkens, seiner dynamischen Einheit in je verschiedener begrifflicher Fassung, so daß der Nus aus *jedem* Blickpunkt jeweils als derselbe und zugleich unterschieden erscheint – als Einheit *in* der Differenz.

„*Das wahre Selbst*" thematisiert vor allem den Zusammenhang von Seele und Geist, die Selbstvergewisserung des Denkens in der intensivsten Form des Selbstbezugs, der zur Erkenntnis des wahren Selbst führt und damit zur eigentlichen Form der Selbsterkenntnis des Menschen. Zugleich eröffnet sich in ihr ein Zugang über den Nus hinaus in das Eine selbst. Der Selbstüberstieg des Denkens in eine Erfahrung des Einen stellt seine Sprachfähigkeit auf die höchste Probe. – Meine Überlegungen zum „wahren Selbst" verstehe ich als Retraktationen einiger Aspekte plotinischen Denkens, die ich in „Selbsterkenntnis und Erfahrung der Einheit" zu dem Traktat V 3 „Über die erkennenden Wesenheiten" entwickelt habe; zugleich ist es meine Absicht, die systematische Bedeutung dieses Textes für Plotins Philosophieren selbst und für die geschichtliche Entwicklung des Begriffes der Selbstreflexion und des Selbstbewußtseins[14] evident zu machen. – Im Zusammenhang mit der Frage nach der Selbsterkenntnis erweist sich in der Selbst-Transformation in die intensivste Form von Reflexion *das Eine* als Grund und Ziel eben dieser Bewegung im ganzen. In V 3 erscheint der Eine Ursprung von Allem primär als eine Wirklichkeit *vor* jedem Etwas, *vor* jedem Seienden und Einzelnen, als das Einfache schlechthin, als das in sich Relationslose und daher Nicht-Denkende, das als solches nicht sagbar, sondern lediglich durch Negationen ausgrenzbar ist: Ziel und Vollendung des Nicht-mehr-Denkenden, des intuitiv Berührenden, in einer ekstatischen Einung mit ihm,

---

[14] Für die Philosophie der Neuzeit versuche ich dies – paradigmatisch – für Schellings Konzeption des „Ich" in dem Abschnitt „Plotins Gedanken in Schelling" zu zeigen (S. 187–195).

vorbereitet durch universale Abstraktion auf reine Gelassenheit hin: ἄφελε πάντα – „Laß ab von Allem".

„*Causa sui*" gibt einen anderen Blick auf das Eine frei: aus dem Versuch heraus, das Eine/Gute von Affirmationen her in seiner absoluten Freiheit verstehbar zu machen, bestimmt Plotin dieses in VI 8 „Über die Freiheit und den Willen des Einen" als Ursache, Ursprung und Grund seiner selbst (αἴτιον ἑαυτοῦ), als aktive Selbst-Gründung im Willen zu sich selbst. Auch diesen Aspekt des Einen sollte im Sinne Plotins das „wahre Selbst" bedenken – in einer anderen Form der *Annäherung* an das Eine, ohne das an ihm selbst Unsagbare auch nur fiktiv aufheben zu wollen. Durch diesen bewußt problematisierten Versuch – verdeutlicht durch die hermeneutische Absicherung über die Funktion des οἷον („gleichsam") in jeder affirmativen Aussage – wird, analog zu V 3, das Maß an Genauigkeit oder Ungenauigkeit einer Sprache bewußt gemacht, die in ihrem Vollzug selbst durch Differenz bestimmt und nur auf Differentes bezogen sein kann und daher für einen genauen Ausdruck des im Blick auf absolute Identität oder differenz-lose Einheit Intendierten notwendigerweise unangemessen ist. Wenn wir das Eine negativ ausgrenzen oder umkreisen, und es affirmativ benennen, dann treffen wir nicht Es selbst, sondern bleiben in den Hinweisen eben dieser Differenz-Sprache doch immer bei uns. – Plotins Konzeption des Einen als Grund seiner selbst sehe ich als den Anfang einer Entwicklung, die sich in der philosophischen Theologie des Christentums in eindrucksvoller Intensität bei Marius Victorinus, Johannes Scottus Eriugena, Meister Eckhart und Nicolaus Cusanus zeigt: Gott als *trinitarische Selbstkonstitution*. In ihr ist das *Zusammenwirken* der Theorien über Sein, Denken und Eines vor allem aus der platonischen Tradition heraus für das göttliche Erste maßgebend geworden.

Der plotinischen Bestimmung des Einen als Grund seiner selbst ist schon in der Spätantike widersprochen worden: *Proklos* sieht in ihm von seinem Begriff des Einen als des strikt Relations-losen her eine Destruktion des Begriffs und der Wirklichkeit des reinen Einen. Was Plotin in VI 8 affirmativ versucht hat, ist in modifizierter Form in „*Proklos' Theorie des ‚authypostaton' – des Selbstbegründeten*" aufgenommen und im Bereich des Vielheitlichen als eine Einheit *im* oder *aus* dem Vielen realisiert worden.

Plotins Philosophieren als die Grundform neuplatonischen Denkens ist bedeutsam für ein zureichendes Verständnis von Theoriepotentialen, die die Geschichte der Philosophie und Theologie oder der Ideengeschichte überhaupt nachhaltig geprägt haben: etwa als Fundament oder philosophische Reflexionsform bestimmter Grundgedanken des Christentums, so der trinitarischen Einheit des reflexiv bewegten Seins in sich und der creativen Selbstentfaltung Gottes aus seiner Gutheit, der Methodik negativer, affirmativer und symbolischer Theologie; zu bedenken unter dem Aspekt der Wirkungsgeschichte neuplatonischen Denkens ist weiterhin die durch eine neuplatonische Interpretation des platonischen ‚Timaios' geprägte Struktur der Welt etwa bei Boethius oder im Platonismus von Chartres, die philosophischen Voraussetzungen christlicher Spiritualität und der Mystik im besonderen, die neue Entfaltung des plotinischen Begriffs des Schönen in der Kunst der Renaissance, vor allem aber die Weiterarbeit an der platonisch-neuplatonischen Grundfrage nach dem Verhältnis des Einen zum Vielen, wie sie in den Metamorphosen unterschiedlichster Theorieformen und Lebensinteressen bis hin zum Deutschen Idealismus repräsentiert wird. Ich habe diese und andere Aspekte der Wirkungsgeschichte des ursprünglichen Neuplatonismus in einigen meiner Publikationen aus meinem Interesse an den Entfaltungsmöglichkeiten platonischer Grundfragen heraus zu erschließen versucht. So werde ich auch meine jetzigen Überlegungen zu den zentralen Theorieelementen Plotins durch „*Plotins Gedanken in Schelling*" beschließen. *Schellings* Philosophie des Selbstbewußtseins und der Subjektivität, sein Konzept der Selbstaffirmation des Absoluten, des reinen, frei von Sein seienden Einen, des sich selbst wollenden Willens des Absoluten oder Gottes stehen zu Plotins Begriff des wahren Selbst, des Geistes und des Einen – trotz bestimmter Differenzen – in einer engen sachlichen und teilweise auch geschichtlich verifizierbaren Beziehung. Auch für Schellings Begriff der Natur und der Kunst, e contrario auch für den der Materie, ist der Blick auf Plotin aufschlußreich.

\*\*\*

Meiner Frau danke ich sehr herzlich für ihre umsichtige und stetige Hilfe bei der Vorbereitung der Druckvorlage am Computer.

Mein Dank gilt auch Christian Sonnleitner, der die Korrekturen mitgelesen und den Namens-Index erstellt hat.

Gewidmet ist dieses Buch *Richard Kannicht* als ein τεκμήϱιον ϕιλίας und zugleich als Dank für die vielen fruchtbaren Gespräche über griechisches Denken und Dichten.

PLOTINS BEGRIFF DES GEISTES

> Τὸ ἔξω διώκομεν
> ἀγνοοῦντες, ὅτι τὸ ἔνδον κινεῖ.
> „Dem Äußeren jagen wir nach,
> ohne zu wissen,
> daß das Innere bewegt"
> (Plotin V 8,2,33f)

I

„Entdeckung des Geistes"[1] – diese bestimmt den Anfang und die Entfaltung des Denkens der Griechen in Formen dichterischer Gestaltung menschlicher Wirklichkeit und in Formen philosophischer Reflexion auf das „Selbst" des Denkens und auf die welthafte Wirklichkeit im ganzen. „Geist" umfaßt in dieser frühen Zeit vor allem die menschlichen Tätigkeiten oder Fähigkeiten des Suchens, Fragens, Planens und Denkens, des Lernens, Einsehens, Erkennens und Begreifens, des Wissens und des Verstehens. In der Spur des Parmenides unterscheidet Platon diese geistigen Kräfte scharf von der sinnlichen Wahrnehmung, ohne beide Tätigkeiten bezuglos voneinander zu trennen. Im Kontext eines von Platon und Aristoteles in unterschiedlicher Intention entworfenen und vollzogenen *metaphysischen* Denkens entwickelt sich der Begriff eines Geistes, der zwar zum menschlichen in begründender Beziehung steht, jedoch zuerst als ein in sich selbst seiender, für sich selbst bestehender und wirkender zu denken ist – Geist als Wesenszug absoluten, göttlichen Seins: repräsentiert durch Platons Begriff des Demiurgen, der die Ordnungsstruktur der Welt erwirkt durch seinen Blick auf die Einheit der Ideen als Ur-Bilder dieser Welt, oder durch den einzigen, göttlichen, selbstreflexiven Geist als Maß für die Ordnungsfunktion der Weltseele[2], und vor allem durch Aristoteles' Gott, der als ‚Denken des Denkens' sich selbst denkt

---

[1] Titel des programmatischen Buches von Bruno Snell (vgl. Anm. 4).
[2] Nomoi 897 b 1f. 898 a 8ff.

und *als* diese Wirksamkeit Leben in sich und zugleich Grund aller kosmischen Bewegung ist.

Durch Platons Lehre von den Prinzipien ‚Eins (oder Einheit) und unbestimmte Zweiheit' geleitet hat Xenokrates der „Geistmetaphysik" eine paradigmatische Gestalt gegeben, wie sie für die Konzeption des Geistes im Neuplatonismus – mit einigen durch Speusippos vollzogenen Modifikationen – maßgebend geworden ist. Den platonischen Gedanken der Allem transzendenten Einheit mit dem aristotelischen Begriff der göttlichen Selbstreflexion verbindend hat Xenokrates zum ersten Mal das den ganzen mittleren und neueren Platonismus und die christliche Theologie bewegende Problem entfaltet, wie und zu welchem Zwecke die mit wesenhaften Zahlen identischen Ideen als immanente oder produktive Gedanken des sich selbst denkenden Gottes begriffen werden können[3].

Terminologisch und sachlich irritieren könnte es, daß ich den für diesen geschichtlichen Zusammenhang zentralen Begriff des *Nus* (νοῦς) mit „*Geist*" wiedergebe. Es ist evident, daß νοῦς aufgrund seiner vielfältigen Bedeutungsmomente seit Anaxagoras, Xenophanes, Heraklit, Parmenides nicht für jede dieser und auch späterer Konzeptionen angemessen als „Geist" übersetzt werden kann[4]. Sofern man sich nicht überhaupt den Gefahren einer Festlegung bei besonders implikationsreichen Begriffen entzieht und daher νοῦς schlicht in Nus umschreibt – wie dies analog bisweilen z.B. mit ‚Logos' oder ‚Usia' geschieht –, dann ziehe ich für *Plotin* allerdings die Übersetzung von νοῦς mit „Geist" einer Wiedergabe durch „Vernunft" oder „Intellekt" entschieden vor[5]. „Verstand" und „Vernunft" für διάνοια und νοῦς suggerierte zu sehr Kantische Verhältnisse; „Intellekt" wirkte als *Reduktion* nicht so sehr im Blick auf die mittelalterliche (christliche und arabische) Tradition der Intellekt-Theorie, an die es von

---

[3] Die hier nur anzudeutende geschichtliche Entwicklung hat H.J. Krämer in seinem Buch „Der Ursprung der Geistmetaphysik" (1964) in differenzierter und für die Bedeutung der innerakademischen Prinzipienlehre höchst aufschlußreicher Weise dargestellt.

[4] Vgl. R. Schottländer, Nus als Terminus, in: Hermes 64, 1929, 228–242. K.v.Fritz, Die Rolle des ΝΟΥΣ. ΝΟΥΣ, ΝΟΕΙΝ und ihre Ableitungen in der vorsokratischen Philosophie (1946), in: Um die Begriffswelt der Vorsokratiker, Wege der Forschung IX, hg. v. H.-G. Gadamer, Darmstadt 1968, 277–363. Zu Begriffen, die mit νοῦς zusammenhängen: B. Snell, Die Ausdrücke für den Begriff des Wissens in der vorplatonischen Philosophie, Berlin, 1924. Ders., Die Entdeckung des Geistes. Studien zur Entstehung des europäischen Denkens bei den Griechen, Göttingen 1975[4] . Ders., Der Weg zum Denken und zur Wahrheit. Studien zur frühgriechischen Sprache, Göttingen 1978.

[5] Dies verhindert auch nicht einen Wechsel zwischen „Nus" und „Geist".

neuplatonischem Denken her durchaus Möglichkeiten der sachlichen Anknüpfung gibt, sondern aufgrund des Ausweichens ins Lateinische, wie man es etwa mit „Ratio" für διάνοια oder mit „Substanz" für οὐσία oder – anglolatinisch – mit „Entität" für τι, ὄν oder „ens" praktiziert; „Intellekt" wäre für mich auch deswegen kein geeigneter Kandidat zur Darstellung des Verhältnisses von νοῦς und νοεῖν, weil er sich an die im „Deutschen" erzwungen wirkende figura etymologica „the intellect intelligizes" (z.B. P. Merlan) durch „der Intellekt intelligiert" (ὁ νοῦς νοεῖ...) anschließen könnte. – *Nus* als „*Geist*" tritt (wie bei Platon und Aristoteles) auch bei Plotin zu Psyche als „Seele" in ein sinnvolles Verhältnis der Wirkung und der Anziehung zugleich; „Geist" ist zudem der im Vergleich zu den anderen genannten Begriffen der umfassendste: er ist sowohl dem νοῦς in seiner absoluten, zeit-freien Form (νοῦς als „Hypostasis"), als auch in seiner menschlichen, in der Seele der Zeit verbundenen Seinsweise angemessen; er betrifft nicht nur das Ideen- oder Seins-Denken als absolute Selbstreflexion, sondern schließt auch die Grenze und den Überschritt zum Über-Denkenden und Über-Seienden in sich ein (νοῦς ἔμφρων --- νοῦς ἐρῶν[6]). Eine Phobie vor Hegelscher Geschichts-Prozessualität im Geiste ist bei einem genuinen Verständnis plotinischen Denkens nicht angezeigt; vielmehr könnte durch

---

[6] VI 7,35,24. – Eine Bemerkung von P. Hadot ist erinnernswert: „J'ai traduit habituellement le mot grec *noûs* par Esprit, et le mot grec *noêtos* par spirituel...Je me suis résigné à employer les mots *Esprit* et *spirituel* (les traducteurs allemands [z.b. Harder-Theiler-Beutler] emploient souvent *Geist* et *geistig*), afin d'exprimer du mieux possible le caractère mystique et intuitif de l'Intelligence plotinienne", vgl. Plotin ou la simplicité du regard, Paris 1963, 30[1] (in der englischen Übersetzung von 1993 S. 28). „Geist" ist auch dem Verständnis der Selbsttransformation des diskursiven Denkens in die intensivste Weise der Einheit von Denken und damit in sein wahres „Selbst" – gemäß Enn. V 3 – angemessener als „Intellekt" oder „Vernunft". Ein Vergleich der Übersetzungen von νοῦς in den verschiedenen Sprachen wäre sowohl für Plotins Text als auch für seine Übersetzer aufschlußreich. – Eine Einschränkung des Begriffes „Geist" auf πνεῦμα als sein griechisches Pendant, wie dies das „Historische Wörterbuch der Philosophie" vorschlägt und realisiert, halte ich bedeutungsgeschichtlich nicht für gerechtfertigt. Aus der Befürchtung heraus, man könne die im stoischen Begriff des ‚Pneuma' mitgegebene Stofflichkeit mit dem Wesen Gottes verbinden, hat *Origenes* in De principiis I 1,1ff die johanneische Aussage (4,24): πνεῦμα ὁ θεός – „Gott ist Geist" durch ‚Nus' modifiziert und diesen Wechsel ausdrücklich diskutiert: „non ergo corpus aliquod aut in corpore esse putandus est deus, sed intellectualis natura simplex...mens ac fons, ex quo initium totius intellectualis naturae vel mentis est" (I 1,6). Vgl. hierzu: W. Pannenberg, Systematische Theologie, Göttingen 1988, I 402ff.

„Nus=Geist" gerade eine begründende Verbindung zu Hegels Philosophie signalisiert werden: Einheit als eine in sich bewegte und in ihren „Gegenständen" sich selbst als göttliches Absolutes erfassende Reflexivität.

## II

*Plotin* hat seine eigene philosophische Tätigkeit ganz bewußt als Nachfolge Platons verstanden. Er hat dies in einem Statement, welches in Wahrheit ein ‚Understatement' ist, so ausgedrückt: „Somit hat Platon gewußt, daß aus dem Guten der Geist und aus dem Geist die Seele hervorgeht. Diese Lehren sind also nicht neu, nicht jetzt erst, sondern schon längst, wenn auch nicht klar und ausdrücklich gesagt, und unsere jetzigen Lehren stellen sich nur dar als Auslegung jener alten, und die Tatsache, daß diese Lehren alt sind, erhärten sie aus dem Zeugnis von Platons eigenen Schriften"[7]. Dieser vielzitierte und mannigfach interpretierte Satz[8] macht einmal deutlich, daß „Originalität" im modernen Sinne des Wortes oder philosophisch angestrengte Individualität nicht der Intention Plotins entspricht; zum andern aber kann er, wenn man Plotins Denken im ganzen in den Blick nimmt, kaum sagen wollen, daß dieses eine bewußte bloße Wiederholung des Tradierten sein will – ohne eine eigene Konzeption, ohne eigene Ausrichtung des Denkens auf das in Platons Texten Verwahrte und Aufgegebene. Trotz der in diesem Satz dokumentierten Selbsteinschätzung Plotins sollte man ihn doch eher als einen Umformer der philosophischen und theologischen Überlieferung begreifen, der zuvor schon perspektivenreich und in ambivalenter Argumentation durchdachte Gedanken aufgreift und sie *weiterdenkt*, sich mit bestimmten charakteristischen Lösungsversuchen auch identifiziert, indem er den eigenen Gedanken in ihnen findet. Ein derartiges Doppelspiel zwischen *Identifikation* mit der philosophischen Überlieferung und *Innovation* auf einen eigenen originären Gedanken hin, der zugleich späteres Denken prägt, zeigt sich gerade in Plotins Verhältnis zu Platon, welches von ihm selbst als ein überaus inniges und intensives suggeriert wird.

[7] V 1,8,9–14.
[8] Vgl. W. Beierwaltes, Plotins Erbe, in: Museum Helveticum 45, 1988, 75–97; hier: 77ff zu Plotins Auffassung des platonischen ‚Parmenides'.

Wie der zuvor zitierte Text schon andeutet, sieht Plotin in Platons Werk bereits gedacht, was er in den drei Wesenheiten (ὑποστάσεις) – dem Einen oder Guten selbst, dem Geist, der Seele – intendiert und als die Grund-Theoreme seines eigenen Denkens entfaltet. In Plotins weit ausgreifender und zugleich differenzierter Reflexion auf das Wesen und den inneren Zusammenhang dieser Drei artikuliert sich ein ‚Denken des Einen‘, das Einheit in je verschiedener Intensität entfaltet und die in Einheit gründende und aus ihr sich entfaltende Vielheit in je unterschiedene Formen der Einheit fügt oder sie in diese aus der „entstandenen" Differenz zurückführt[9]. Darin hat Plotin im Rückgang auf Platons ‚Parmenides‘ und auf die auch in diesem Dialog wirksame „Prinzipienlehre" einen Typus von metaphysischem Denken geschaffen, das aus einem Begriff reiner *und* in sich differenzierter Einheit oder Viel-Einheit heraus die reiche Phänomenalität des Wirklichen insgesamt in je verschiedener Genauigkeit – begründend – einzusehen imstande ist. Diese Einsicht geht auf den Einen *Grund* der Wirklichkeit selbst, auf die sinnlich erfahrbare und kategorial begreifbare Welt, und auf das *geistige Sein* in seinen verschiedenen Ausprägungen des ursprunghaften Einen. Hegel trifft ein zentrales Moment dieser Philosophie, wenn er von den Neuplatonikern (und damit auch von Plotin) sagt: ihre „Grundidee" sei „das Denken, das sich selbst denkt, der νοῦς, der sich selber zum Gegenstand hat" oder ein „Denken, das sich gegenständlich macht, sich darin selbst erhält, sich adäquat hat, darin bei sich ist"[10]. Im Blick auf seine eigene Konzeption der *geschichtlichen* Entfaltung des Geistes oder der „Idee" spricht er der neuplatonischen Auffassung der „Natur des Geistes" als einer „konkreten Totalität", d.h. als einer in sich durch Denken ineins gefügten Vielheit, oder einer in sich differenzierten Einheit, die sich selbst als das Absolute weiß, eine geradezu weltgeschichtliche Bedeutung zu[11]: „Dies [dieser Standpunkt der Neuplatoniker[12]] ist nicht so ein Einfall der Philosophie, sondern ein Ruck des Menschengeistes, der Welt, des Weltgeistes". Aufgrund dieses „Fortschritts" des neuplatonischen Denkens auf die sich selbst begreifende absolute Idee hin konnte Hegel

---

9 Vgl. W. Beierwaltes, Denken des Einen u.a. 9ff. 38ff. 155ff.
10 Vorlesungen über die Geschichte der Philosophie (1833[6]), Jubiläumsausgabe H. Glockner XIX 13.12.
11 Ebd. XIX 95.
12 in der 2. Auflage (1842) S. 81.

aus seiner eigenen Perspektive her an Plotins Intention anknüpfen, „sich zu erheben in die Sphäre der Bewegung des Gedankens"[13].

## III

Bevor ich die Absicht meiner eigenen Überlegungen zu Plotins Begriff des *Geistes* genauer umreiße, nenne ich in thesenhafter Form diejenigen Grundzüge oder Wesensmomente des Nus, die im Kontext des plotinischen Denkens als eines ganzen bereits erörtert worden sind[14].

Die Entfaltung des Begriffs eines zeit-freien, transzendent gedachten, absoluten Geistes entspringt einem zentralen Interesse Plotins – dies habe ich zuvor schon angedeutet. Mitbedacht ist in ihm das Verhältnis dieses Geistes zu dem Einen selbst als seiner Herkunft und zur Dimension des Seelischen in der Weise der All-Seele und der Einzel-Seele; damit ist der Bezug des absoluten Nus zur Welt und dem Menschen als den Bereichen seines Wirkens außer ihm selbst in den Blick genommen.

Plotin denkt die Wirklichkeit im ganzen als eine in sich gestufte, in der eine geistige Bewegung wirksam ist, die von einem Ersten ausgeht und aus dessen Selbstentfaltung wieder in dieses zurückgeht. Dieses Erste und (für den Rückbezug) zugleich Letzte ist das *Eine selbst* – mit dem Guten selbst ein und dasselbe: universal umfassende Ursache alles Einzelnen und Anderen als es selbst. Als eine in sich in-differente Fülle läßt sie Alles durch sich jeweils es selbst sein, wirkt *in* diesem als dessen Einheits-, Seins- und Lebens-Grund, bleibt aber im Akt des Gründens in sich selbst das EINE oder GUTE SELBST: *in* Allem als Grund seiend zugleich „*über*" oder „*vor*" diesem als radikale Andersheit gegenüber jedem aus ihm Anderen.

*Geist* ist die erste Form oder das erste Resultat der freien und zugleich notwendigen Selbstentfaltung des Einen. Das Eine/Gute also ist Grund und Ursprung eines „nach" ihm Zweiten, eben des Geistes. Während das Eine, in sich selbst differenz- und relations-los und daher im präzisen Sinne *nicht*-denkend, die reine Einheit, d.h. der absolute Ausschluß jeder

---

[13] XIX 44.
[14] Eine Auswahl aus der einschlägigen Forschungsliteratur siehe in den „Bibliographischen Hinweisen" unten S. 229ff. In den Anmerkungen zitiere ich einige Titel daraus in abgekürzter Form.

Form von Vielheit ist, besteht der Geist gerade durch eine innere Bezüglichkeit als er selbst. Obgleich der Hervorgang des Geistes aus dem Einen nicht als ein zeithafter Prozess gedacht werden kann, kommt dennoch eine Beschreibung dessen, die in eben diesem Hervorgang „Phasen", „Momente", „Stufen" als Übergänge zu einem sich selbst erfassenden Ganzen eher suggeriert als fixierend behauptet, der Wirklichkeit dieses „Zweiten" – quantum potest – nahe. Die Dimension oder „Sphäre" des Geistes (σφαῖρα νοητή) ist im Unterschied zum Einen selbst zu denken als die erste Form von Vielheit, Differenz, Bezüglichkeit, im Gegensatz zu dem *vor* dem Sein als Etwas „seienden", also „über-seienden" (ὑπερούσιον) Einen auch als erste Form von in sich strukturiertem *Sein*. Die im Hervorgang allererst „entstehende" ‚unbestimmte Zweiheit' (ἀόριστος δυάς) als ermöglichende Voraussetzung von Vielheit oder voneinander distinktem Einzelnen wird in einer Umkehr oder Rückwendung (μεταστρέφειν, ἐπιστροφή) der vom Einen ausgehenden Bewegung zum Einen hin bestimmt oder als in sich differenzierte Einheit begrenzt. Diese durch das Eine als Ursprung und Ziel zugleich ermöglichte und auf es hin gerichtete Selbstbegrenzung oder Selbstbestimmung ist als der Akt der Selbst-Konstitution des Geistes zu begreifen: in ihr gewinnt er ein (relativ) selbständiges Sein, macht sich selbst zu einer „Hypostasis". Die in der oder als Selbst-Konstitution sich vollziehende Hinwendung *zum Einen* ist in einem die Hinwendung auf *sich selbst*[15]. Geist *ist* also durch diese doppelte Beziehung, die *Eine* ist, *er selbst*. Oder: die Bedingung für eine denkende Hinwendung auf sich selbst ist die Wendung zum „Ersten", Einen/Guten, der „Blick" des aus diesem Ent-

---

[15] Zu dieser Frage vgl. V 1[10],6,18f. 7,5f. V 2[11],1,9–12. V 4[7],2,22ff. Vgl. auch II 4 [12],5,31–34: ἀόριστον δὲ καὶ ἡ κίνησις καὶ ἡ ἑτερότης ἡ ἀπὸ τοῦ πρώτου, κἀκείνου πρὸς τὸ ὁρισθῆναι δεόμενα· ὁρίζεται δέ, ὅταν πρὸς αὐτὸ ἐπιστραφῇ. VI 7,17,14ff. V 5 [32],5,17f: μεταστραφὲν δὲ εἰς τὸ εἴσω ἔστη (vom ersten Sein [ὄν] gesagt). – In der Plotin-Forschung ist inzwischen besonders die Auffassung des αὐτό in V 1,6 und 7 zu einer ‚quaestio vexata' geworden. Zur Diskussion siehe: K. Corrigan – P. O'Cleirigh, The Course of Plotinian Scholarship from 1971 to 1986, in: Aufstieg und Niedergang der Römischen Welt II.36.1 (1987) 590–592 (vgl. hierzu: W. Beierwaltes, Zur Geschichte des Platonismus (II), in: Philosophisches Jahrbuch 100, 1993, 406–414, spez. 412f). J. Halfwassen, Der Aufstieg zum Einen 132f. D. O'Brien, Immortal and necessary Being in Plato and in Plotinus 71ff, spez. 96f. Daß αὐτό in V 1,6,18 nicht reflexiv aufzufassen ist und das Eine als der Bezugspunkt der Rückwendung des Nus zu gelten hat, wird aus D. O'Briens differenzierter Diskussion dieser und anderer sachlich und sprachlich einschlägiger Stellen hinreichend evident.

Plotins Begriff des Geistes 23

sprungenen – des Geistes – auf seinen eigenen Ursprung, in dem und durch den er sich selbst denkend „erzeugt"[16]. *In ihm selbst ist der Geist* wesentlich denkender Selbstbezug, reflexive Selbstgegenwart, Selbstvermittlung in und durch Denken, Konzentration auf sein eigenes Selbst *im* Blick auf das Eine und Erste. – Ermöglichungsgrund von Denken ist *Differenz*: Denkendes und Zu-Denkendes als „Gegenstand" von Denken sind voneinander unterschieden. Absolutes Denken aber hebt *im* Denken des Unterschieds diesen in sich selbst auf und läßt ihn dennoch in der Einheit mit sich präsent sein. Das Denken des Nus fügt so das in ihm Unterschiedene in eine in sich durch eben dieses Denken bewegte Einheit oder dynamische Identität: in ihm ist *Alles* (Zu-Denkende oder zeitfrei „immer schon" Gedachte) *zugleich* (πάντα ὁμοῦ)[17], das je einzeln Unterschiedene in ihm behält aber dennoch die ihm eigentümliche Kraft (δύναμις ἰδία). – Plotin sieht im Gegensatz zur „dianoetisch", vom „Nacheinander" her gedachten Buchstaben-Schrift in der *Bilder*-Schrift – den Hieroglyphen – der „ägyptischen Weisen", die das Viele, d.h. die Elemente einer Bedeutung jeweils unmittelbar in einer Einheit sehen lassen, eine Analogie zu dem Denken des Nus: in ihm gibt es kein überlegendes, vom einen zum anderen „Gegenstand" fortschreitendes und sich so erweiterndes und vervollständigendes, aus der Möglichkeit in der Wirklichkeit eines Gedankens zu sich selbst kommendes Denken, es *ist* vielmehr unmittelbar (ἀθρόον, dem ὁμοῦ πάντα entsprechend) als Eines (aus dem Vielen heraus) bei sich, d.h.: es bedarf keiner Vermittlung „von außen", sondern *ist* eine Selbstvermittlung in mit sich selbst einigster

---

[16] Vgl. III 9[13],9,7: τῷ πρὸς τὸ πρῶτον βλέπειν. V 6[24],5,8ff. 17 (H-S²): πρὸς γὰρ τὸ ἀγαθὸν βλέπων αὐτὸν νοεῖ. ἐνεργοῦντα γὰρ αὖ ἑαυτὸν νοεῖ.

[17] Z.B.: V 9,6,3: πάντα δὲ ὁμοῦ ἐκεῖ καὶ οὐδὲν ἧττον διακεκριμένα. In dem Gedanken, daß im reinen, absoluten Geist oder in der Dimension des Intelligiblen selbst „Alles zugleich" sei (ὁμοῦ πάντα oder πάντα ὁμοῦ: V 3,15,21. V 8,9,3. V 9,6,3; 8f), aber dennoch eine innere Differenziertheit des Zu-Denkenden oder der Ideen bewahrt werde, nimmt Plotin eine Formel des *Anaxagoras* auf. Dieser charakterisiert den Urzustand des Kosmos als ein „Zusammen-Sein aller Dinge" – ὁμοῦ χρήματα πάντα ἦν [Frg. B 1; p.32,11. 6; 35,18 DK] –, in das erst der in sich selbst seiende, mit nichts Anderem vermischte Geist (νοῦς) – als beherrschendes Bewegungsprinzip – Trennung und Unterscheidung in Einzelnes bringt und damit Ordnung erwirkt (πάντα διεκόσμησε νοῦς, Frg. B 12; p.38,11f DK). *Plotin* überträgt die Anzeige der ursprünglichen Mischung (ὁμοῦ πάντα) des sinnlich Zugänglichen auf die in sich distinkte Einheit des Geistes. Durch das zweite Gedankenelement (Unterscheidung *in* der Einheit des Nus) entfernt er sich nicht minder von Anaxagoras, der in Frg. B 6 sagt: ἐν παντὶ πάντα· οὐδὲ χωρὶς ἔστιν εἶναι...

Einheit. Jedes Zu-Denkende als „immer schon" Gedachtes ist selbst in der Weise des ägyptischen „Bildes" (ἄγαλμα) reines Wissen und Weisheit (ἐπιστήμη καὶ σοφία: V 8,6,1ff)[18]. Das im Nus zu-denkende oder „immer schon" gedachte Sein, das er selbst ist, ist – als ein in sich differenziertes – identisch mit den *Ideen*. Indem also der Geist die Ideen als sein eigenes Sein denkt, denkt er in ihm bzw. in ihnen sich selbst; in ihnen hat er sein eigenes Selbst als ein denkendes, seiner selbst bewußtes sich selbst „gegenwärtig". Auf diese Weise des Sich-selbst-Denkens oder Selbst-Bewußtseins trifft im Sinne Plotins der parmenideische Grund-Satz zu: „Das Selbe ist Denken und Sein"[19]. Der Geist als die in sich dynamisch bewegte Identität von Denken und Sein ist – so gedacht – *nach* dem Einen selbst die intensivste Form von Einheit, aus der Vielheit oder aus der Differenz heraus in ihr selbst ineins gefügt: das *seiende* und zugleich sich selbst als sein eigenes Sein und Selbst *denkende* Eine. In ihm legt Plotin die zweite Hypothesis des platonischen ‚Parmenides' in seinem Sinne als Sein und Wirken des Nus aus. Ineins damit nimmt er in seinem Konzept des sich selbst denkenden und sich im Sein als sein eigenes Selbst erkennenden Nus den Grundgedanken der aristotelischen Theologik auf, daß der Gott „Denken des Denkens" (νοήσεως νόησις) oder reine Selbstreflexion sei[20].

[18] Die Frage, ob Plotins Auffassung der Hieroglyphen richtig ist, muß hier nicht diskutiert werden. Es geht lediglich darum, in welchem Sinne Plotins Deutung das Sein und Denken des Nus aufschließt. – Zur Rezeption der Hieroglyphen (auch im Neuplatonismus) vgl. J. Assmann, Ägypten. Eine Sinngeschichte, München 1996, 479. E. Winter, Artikel ‚Hieroglyphen', in: Reallexikon für Antike und Christentum, XV, Stuttgart 1991, 99.
[19] Fr. B 3: τὸ γὰρ αὐτὸ νοεῖν ἐστίν τε καὶ εἶναι. Zu Plotins Rezeption dieses Satzes: S. 40ff.
[20] Met. 1074 b 34f. Vgl. Th. Leinkauf, Absolute Selbstreflexion als ‚höchster Punkt' der antiken Philosophie (zu K. Oehler, Der Unbewegte Beweger des Aristoteles [1984]), in: Philosophisches Jahrbuch 94, 1987, 395–405. W. Beierwaltes, Aristoteles in Schellings negativer Philosophie, in: Aristotle on Metaphysics, ed. T. Pentzopoulou-Valalas, Thessaloniki 1999, 51ff. –
Denken als der zeit-freie Selbst-Bezug reiner Wirklichkeit ist – wie im Zusammenhang mit Parmenides' Konzept der Identität von Denken und Sein angedeutet – im Sinne *Plotins* mit dem Sein und Wesen des Nus identisch. Im Rückgriff auf *Aristoteles* verstärkt Plotin die innere „Intentionalität" des Selbst-Bezugs des absoluten Denkens, wie er es vom parmenideischen Identitäts-Satz her zu begreifen versucht: Identität von Sein und Denken als Selbstreflexivität. Im Unterschied zu Aristoteles schließt diese Selbstreflexivität aufgrund der immanenten Differenzierung des Nus – der ersten Andersheit oder Vielheit

Die immanente Selbstartikulation des Geistes erweist sich – als denkende Rückwendung auf sich selbst – zugleich als die unscheidbare Einheit der Unterschiede und Gegensätze in ihm. Daß der Nus eine „ungeschiedene Vielheit ist, die zugleich [in sich] unterschieden ist"[21], daß er die intensivste Einheit der Unterschiede oder Gegensätze darstellt, wird evident etwa an der Trias „Sein-Leben-Denken" (οὐσία-ζωή-νοῦς), die zwar eine innere, vom Sein „ausgehende" „Stufung" signalisiert, aber zugleich die *Einheit* des absoluten Denkens als Leben (Dynamik) des Seins darstellt: die reflexive Selbstdurchdringung des Geistes. Die vom platonischen ‚Philebos' und ‚Sophistes' herrührenden Prinzipien oder „Kategorien": Grenze und Grenzeloses (Bestimmung und Unbestimmtes) und Sein-Selbigkeit-Andersheit-Stand-Bewegung sind als Bestimmungsmomente des absoluten Nus begrifflich zwar voneinander unterschieden, sinnvoll wirkend aber sind sie nur durch ihr gegenseitiges Inne-Sein oder durch die immanente Aufhebung ihrer jeweiligen Negativität: Grenze bestimmt das Grenzelose, Unbegrenzte oder („noch") Unbestimmte; das Sein des Nus im ganzen gründet sich als Einheit von Selbigkeit und

*nach* dem Einen – das Denken der Ideen mit ein, so daß der Nus als „intelligible Sphäre" zugleich die denkende „Fülle der Ideen" ist. Anders als der aristotelische Theos ist der die Ideen und darin sich selbst reflektierende Nus Plotins nicht nur finaler Grund der Erhaltung eines in sich geordneten, immer schon (anfangslos) bestehenden Seins von Welt, sondern selbst der demiurgische Grund und Ursprung von Welt. Der Nus setzt also die vom Einen selbst ausgehende Entfaltungs-Bewegung in eine weitere Dimension von Wirklichkeit fort, die ihrerseits von der die Struktur des Entfalteten rational herstellenden und bewahrenden Welt-Seele bestimmt wird. Für das selbstbezügliche Sein und Denken des Zweiten, des Nus, vermag Aristoteles' Theologik zu einem wesentlichen Gedanken-Element zu werden, nicht aber für dessen weiter reichendes Wirken und schon gar nicht für das Erste, das Eine selbst. Plotin kritisiert vielmehr Aristoteles darin, daß er das Erste Prinzip – *seinen* Gott – als einen Denkenden oder Sich-selbst-Denkenden begreift und damit die zwischen Denken und Gedachtem wirksame Differenz (trotz einer von beiden intendierten dynamischen Identität) zuspricht. Plotin formuliert seine Kritik an Aristoteles (vgl. hierzu V 1,9,7ff; auch: V 6,5,5ff und 6,8ff) aus der Überzeugung heraus, daß das Eine selbst als das Erste und Letzt-Begründende Differenz im *eigentlichen* Sinn, als die reine Einfachheit aufhebende, aus sich ausschließt. Wie sich dieses Insistieren auf dem im eigentlichen Sinne differenz- und relationslosen Einen zu dem Gedanken Plotins verhält, daß das Eine alle Wirklichkeit auf die Weise des Über-Seins und Über-Denkens in sich selbst „vorher" habe und damit auch alle dem Nus und der Seele realiter zukommenden Strukturen – dies ist die für ein angemessenes Verständnis des plotinischen Denkens schwierigste Frage, die primär durch das Konzept eines radikalisierten Unterschieds von Erstem Einen und Vielem verursacht ist. Vgl. W. Beierwaltes, Denken des Einen 42ff. 47ff. 155ff.

[21] VI 9,5,16: πλῆθος ἀδιάκριτον καὶ αὖ διακεκριμένον. V 9,6,3.

Andersheit, Stand und Bewegung: Selbigkeit jedes einzelnen Zu-Denkenden ist die Bedingung für die Unterscheidungsfähigkeit des Denkens, d.h. für die Erkenntnis der in jeder Identität impliziten Differenz; oder (was spiegelbildlich dasselbe meint): Differenz jedes mit sich Identischen zu allem anderen Differenten ermöglicht allererst Denken. So sieht das Denken in jedem Selbigen dessen Andersheit gegenüber allem Anderen, aufgrund der Zeit- und Raumlosigkeit seiner Dimension denkt es in jedem Einzelnen perspektivisch das Ganze, aus dem Ganzen heraus aber das jeweils Einzelne[22], so daß durch diese Reflexivität sich die Einheit der beiden Bewegungsmomente vollzieht. Stand und Bewegung sind nicht als Folgen zu verstehen, die sich im Wechsel jeweils auseinander ergeben, sondern innerhalb der „geistigen Sphäre" ebenso wie die sie bedingenden „Kategorien" Identität und Differenz als eine dialektische Einheit: Bewegung nicht als irgendeine Form von Veränderung, sondern Bewegung als Intentionalität des sich zeit-frei auf sich selbst beziehenden Denkens, und Stand als die zeit-freie Beständigkeit oder Unveränderlichkeit jedes einzelnen Intelligiblen und des reflexiven Seins im ganzen; die Einheit der beiden aber ist begreifbar als die in sich „ständige" Bewegtheit des Denkens.

Den letzten Abschnitt meiner Skizze der Wesensmomente des Geistes möge ein Text Plotins aus seiner Schrift V 1,4,30–41 erläutern: „[Denken und Sein] existieren gewiß gemeinsam und verlassen einander nicht, aber doch besteht dieses Eine, das zugleich Geist und Seiendes, Denken und Gedachtes ist, aus zweien, dem Geist als dem Denken, dem Seienden als dem Gedachten; denn es könnte das Denken sich gar nicht vollziehen, wenn nicht Andersheit da wäre wie auch Selbigkeit. So ergeben sich als Prinzipien: Geist, Seiendes, Andersheit, Selbigkeit; dazu muß man auch noch Bewegung und Ruhe nehmen; Bewegung, sofern der Geist denkt, Ruhe um der Selbigkeit willen; Andersheit, damit es Denkendes und Gedachtes geben kann (denn wenn man die Andersheit ausscheidet, dann wird es Eines sein und nur schweigen; ferner müssen auch die Gegenstände des Denkens Andersheit zueinander haben); und Selbigkeit, da es mit sich selbst eines ist; aber es ist auch in ihnen allen ein Gemeinsames, so gut in ihnen, sofern sie verschieden sind, Andersheit ist"[23].

[22] Vgl. hierzu V 8,4. Zur Interpretation dieses Kapitels vgl. unten S. 45ff und mein „Denken des Einen" 57ff.
[23] Aus der platonisch-pythagoreischen Tradition her sind auch die *Zahlen* als nicht formale sondern ontologische Artikulationsprinzipien des Nus zu bedenken: Geist als „Zahl, die sich in sich selber bewegt" (VI 6,9,30f), „wesenhafte Zahl" (οὐσιώδης

In Plotins Anknüpfung an die Philosophie *Platons* ist es evident, daß er nicht nur für seinen Begriff des Einen und Guten selbst aus dem ‚Parmenides' und der ‚Politeia' wesentliche Impulse empfing, sondern nicht minder für sein Konzept des zeit-freien, absoluten Nus etwa aus seinem spezifischen Verständnis der zweiten Hypothesis des ‚Parmenides' (seiendes und denkendes Eine), aus den für den Bereich des rein Intelligiblen umgedachten ‚sophisteischen' „Kategorien" oder – dem ‚Timaios' gemäß – aus dem als Fülle der Ideen und als „vollkommenes Sein" (παντελῶς ὄν) aufgefaßten „Lebewesen-selbst". Aber auch einzelne Grundworte, Sätze und Konzeptionen aus der *vorplatonischen* Philosophie wurden – neben *Aristoteles'* „theologischem" Grundgedanken, daß das Sein Gottes Denken seines Denkens sei[24] – zu maßgebenden Elementen seiner eigenen Theorie des Geistes[25].

IV

Die skizzierten Wesenszüge des plotinischen und damit – paradigmatisch – des neuplatonischen Nus standen von unterschiedlichen Perspektiven her im Blick der Forschung[26]. Ihr Interesse ging und geht zum einen auf eine möglichst dichte Rekonstruktion der geschichtlichen Herkunft von Plotins Ausarbeitung dieses Begriffes und dabei zugleich auf das Maß seines innovativen Weiterdenkens des vor allem durch Platon und Aristoteles Überkommenen[27]; zum anderen war und ist damit die eher systematische Frage verbunden nach der philosophischen Bedeutung des reflexiven Selbstbezugs, der denkenden Selbstgegenwart des Seins, des absoluten *und* in Zeit gebundenen Selbstbewußtseins in sich, aber auch die Frage welche Form von Reflexivität oder Selbstreflexivität

ἀριθμός), mit den Ideen identisch gedacht, so daß Zahl zur Repräsentation der inneren Differenziertheit oder Individuiertheit des Nus wird, aus der heraus er zu einer Einheit durch Denken gestaltet ist. Für diesen Problembereich bei Plotin maßgebend ist Enneade VI 6 [34] περὶ ἀριθμῶν. Vgl. hierzu C. Horn, Plotin über Sein, Zahl und Einheit, Stuttgart 1995, bes. 149ff.

24 Vgl. Anm. 20.
25 Dies zeigt sich im Folgenden vor allem für Parmenides und Empedokles (S. 40ff und 71ff).
26 Vgl. die Bibliographischen Hinweise zu Plotins Begriff des Geistes S. 229ff.
27 H.J. Krämer, Der Ursprung der Geistmetaphysik. Th.A. Szlezák, Platon und Aristoteles in der Nuslehre Plotins.

im Kontext griechischen Denkens überhaupt als möglich gedacht werden könne[28], wie und in welchem Maße vor allem die neuplatonische Ausprägung von Selbst-Reflexivität spätere, d. h. mittelalterliche und neuzeitliche Theorien des Bewußtseins, des Selbstbewußtseins oder der transzendentalen Subjektivität mitbestimmt hat[29] und nicht minder, worin sich in der Moderne konzeptionelle und sachliche Unterschiede zu ihr zeigen: dies eine vorzügliche Möglichkeit, das Eigentümliche der Denkformen und zugleich das sie Verbindende zu diagnostizieren.

Aus der Voraussetzung und auf der Grundlage dessen, was Plotin zur Selbstkonstitution eines absoluten Denkens aus dem Einen heraus und auf es hin entwickelt und was er zu einem sich in einer inneren Differenziertheit selbst denkenden Sein gedacht hat, möchte ich einige Grundzüge eben dieses Denken-Seins bewußt machen, die vorwiegend für andere Bereiche griechischer Philosophie eine zentrale Geltung hatten, von Plotin aber mit geschichtlichen Konsequenzen dem Nus zugedacht wurden:

ἀλήθεια – Wahrheit;
σοφία – Weisheit;
κάλλος – Schönheit;
φιλία – Liebe, liebende Verbindung.

Als Prädikate geistigen Seins oder eines absoluten Denkens sind sie im Sinne Plotins jeweils in der höchsten Möglichkeit ihrer Bedeutung angesprochen. Die Struktur absoluten Denkens aufschließend zeigen sie allesamt die in diesem wirksame aktive Relation des in ihm Vielen auf Einheit hin an, Konzentration des Denkens auf sich selbst *in* der Differenz und aus ihr heraus, seine Fügung oder *aktive* Harmonie mit sich selbst. Aufgrund der für diese Prädikationen konstitutiven Relationalität und inneren Differenziertheit sind sie nicht dem Ersten oder reinen, in sich relationslosen Einen angemessen, sondern primär und eigentlich dem

---

[28] K. Oehler, Subjektivität und Selbstbewußtsein in der Antike, Würzburg 1997. W. Beierwaltes, Selbsterkenntnis und Erfahrung der Einheit.
[29] J. Halfwassen, Hegel und der spätantike Neuplatonismus. W. Beierwaltes, Platonismus und Idealismus 83ff. Identität und Differenz 204ff, 216ff (Schelling), 241ff (Hegel). Eriugena 180ff („Absolutes Selbstbewußtsein"); 242ff (trinitarisches Selbstbewußtsein – Augustinus, Eriugena). Platonismus im Christentum, 107ff (Meister Eckhart). 172ff („Der Selbstbezug des Denkens: Plotin – Augustinus – Ficino"). Das wahre Selbst (hier S. 97ff). Plotins Gedanken in Schelling (Selbstbezug des Ich bei Schelling, von Plotin her gedacht), unten S. 187ff.

Zweiten als dem seienden und sich selbst denkenden Einen. Während ein Zusprechen relationaler Seinsweisen das *Eine* in seiner Absolutheit durch Einführung von Differenz in es selbst zerstörte, es zum *seienden* Einen machte, oder es – in unserem Begreifen zumindest – mit diesem identifizierte, sind relationale und reflexive Begriffsformen für die reiche Perspektivik des *Geistes* gerade aufschlußreich. Wenn Plotin dem nur durch negative Dialektik als „Über-Sein" oder „Nichts von Allem" ausgrenzbaren Einen in seinem Traktat VI 8 dennoch – wenn auch unter dem Vorbehalt unserer dem Einen gegenüber systematisch ungenauen Sprache (aus) der Differenz – bestimmte Weisen des Selbstbezugs zuschreibt: etwa auf sich selbst bezogenes Denken, Schaffen, Verursachen, Wollen –, dann nur, um deutlich zu machen, daß das Eine selbst Sein, Denken, Wirken (ἐνεργεῖν) oder Verursachen im Vergleich zum Geist in „uneigentlicher" – und dies heißt hier: in hyperbolischer, paradoxer „Form" über oder jenseits von Sein und Denken und damit *vor* jedem Gedanken realer Differenz unmittelbar in sich vollzieht. Das Eine wäre, wenn man es mit diesen Termini formulieren wollte, eminentes, absolutes SEIN als *Nicht*-Sein *vor* dem durch Denken in sich differenzierten Sein im eigentlichen Sinne, d.h. als oder in der Seins-Form des Nus[30].

Die genannten Prädikationen des Nus möchte ich im Folgenden im Blick auf den ihnen gemeinsamen Grundzug einer Konzentration auf ihren unterschiedlichen Selbstbezug im Geist als eine Fortführung insonderheit der Verbindung von Grenze und Unbegrenztem, Identität und Differenz, Sein-Leben-Denken als den primären Momenten des Nus entwickeln. Die Prädikate sollen aufgrund ihres inneren sachlichen Zusammenhangs den Nus als Ganzen in ihm selbst repräsentieren, aber zugleich dessen Bezug zu seinem ihn transzendierenden Ursprung bewußt halten[31].

[30] Zu VI 8 vgl. unten S. 128ff.
[31] Durchaus sinnvoll wäre es, neben den vier ins Auge gefaßten Prädikaten auch αἰών – „Ewigkeit" – als einen Grundzug des Geistes in diesem Sachzusammenhang zu thematisieren. Die Frage nach der Identität von νοῦς und αἰών hat Plotin in III 7,2 und 3 relativ ausführlich gegenüber alternativen Vorstellungen diskutiert, die eher einen Bezug der beiden oder eine Teilhabe des αἰών am νοῦς favorisieren. Ich habe Plotins Überzeugung von einer „*dynamischen Identität*" des Geistes mit der Ewigkeit aus den Erwägungen ihres stärkeren Unterschieds heraus in meinem Kommentar zu III 7 (35–43; 149–168) mit der Absicht dargestellt, Ewigkeit als „Leben des Geistes", d.h. als die synthetisierende Kraft des Vielen in ihm auf ein zugleich Ganzes und Eines (ἓν ὁμοῦ) hin evident zu

## 1. *Geist ist Wahrheit:* ἀλήθεια

Der Satz „Der Geist ist Wahrheit" stellt nicht nur eine Wesensaussage dar, nach der ‚Wahrheit' einem Subjekt als einem ihm Vorgeordneten oder Zugrundeliegenden inhärierte, er ist vielmehr gemäß der Zeitlosigkeit und relationalen Einheit des Geistes als ein Identitätssatz oder als ein absoluter Satz zu verstehen, in dem das Prädikat das Subjekt vollständig erfüllt und daher beide in gewissem Sinne umkehrbar sind: Wahrheit im eigentlichen Sinne, d.h. *nicht* als Urteilsqualität auf sinnlich gegebene Sachverhalte oder kontingente Aussagen bezogene, ist Nus, oder: absolute Wahrheit *kann* nur Geist – und nicht etwa dianoetisch verfahrendes Denken der Seele – sein. Die Anzeige der Identität von Subjekt und Prädikat und ihre Umkehrbarkeit gilt auch für die übrigen Prädikate oder Wesensmomente des Nus, sofern sie in ihrer eminenten Geltung als absolute Seins-Strukturen aufgefaßt werden. Dies hat zur Folge, daß Wahrheit, Weisheit, Schönheit, Liebe in einer spezifischen Weise bestimmt werden müssen, die sich von ihrem Gebrauch in Aussagen zu Verhältnissen in Zeit und Raum und in den Formen dianoetischen Denkens unterscheidet. Thematisiert ist damit jeweils der Unterschied zwischen dem „normalen" und dem „absoluten" (d.h. das zeit-frei wirkende Sein und Denken des Un-Endlichen intendierenden) Gebrauch von Grundbegriffen. Der auf's *Absolute* bezogene Gebrauch dieser Begriffe zeigt deren *Eigentlichkeit* innerhalb *dieser* Dimension an – nach platonischem Vorbild bisweilen mit dem Adverb ὡς ἀληθῶς, ὄντως, κυρίως, oder durch die Attribute wie ἀληθής, οὐσιώδης, ἄκρατος, καθαρός ausgezeichnet[32]. Dies entspricht der Fähigkeit der Sprache zu komparativer oder analoger Rede durch identische Termini, die jeweils auf unterschiedliche Bedeu-

---

machen: Sein, Bewegung, Ständigkeit, Andersheit und Selbigkeit als eine unscheidbare Einheit und die reflexive Selbstgegenwart des Geistes als ein *„zeitloses Denken"* – ἄχρονος νόησις (IV 4,1,12), Ewigkeit als „Leben, das im Selben verharrt, da es immer das Ganze gegenwärtig hat, nicht jetzt dieses, dann ein Anderes und dann wieder Anderes, sondern Alles zugleich (ἅμα τὰ πάντα), und nicht jetzt Anderes und dann wieder Anderes, sondern teillose Vollendung" (III 7,3,16–19). – „Bewegung" oder „Rückbezug", durch die die denkende Selbstgegenwart beschrieben wird, hebt die Zeitlosigkeit dieses Geschehens nicht auf, sondern ist lediglich ein Zeichen dafür, daß die notwendig in zeitlichen Kategorien verfahrende Sprache zeitlosen Verhältnissen nicht adäquat oder präzise entsprechen kann. Es bleibt die Negation des Zeitlichen im αἰών.
[32] „wahrhaft,...wesenhaft,...unvermischt,...rein". Zu „wahr" in diesem Sinne bei Plotin vgl. Lexicon Plotinianum (ed. Sleeman & Pollet) s.v. ἀληθής, ἀληθινός a (Sp. 56ff).

tungsebenen bezogen ist und gemäß eben diesen Ebenen die Differenz *in* der Analogie bewußt macht. Solches ist unmittelbar an dem ersten Identitäts-Satz „Geist ist Wahrheit" zu verdeutlichen. Es ist gerade Plotins Intention, absolute Wahrheit oder Wahrheit als ein Strukturmoment des Absoluten, d.h. des absoluten Denkens, von ihrem Normal-Sinn abzuheben. So wird dieser zum negativen Antitypos des absoluten – trotz bestimmter Verbindung zwischen beiden. Ohne Frage benutzt Plotin unausgesprochen oder auch begrifflich bewußt als Kriterium wahrer oder falscher Aussagen den gängigen Begriff von Wahrheit oder Richtigkeit, der aus aristotelischer *und* platonischer Konzeption her als Übereinstimmung der Aussage mit der von ihr intendierten Sache oder mit dem in ihr behaupteten Sachverhalt definiert ist. Für die später so genannte Adäquationstheorie von Wahrheit („veritas est adaequatio rei et intellectus" oder „intellectus ad rem"[33]) ist gerade im Blick auf die „Übereinstimmung" in einem gelingenden, wahren Urteil die Unterscheidung des beurteilenden, Sachen oder Sachverhalte auf ihr „Wahr"-Sein hin befragenden „Subjekts" zum befragten „Objekt" konstitutiv. Ein derartiger eher auf strikter Unterscheidung gründender Bezug ist indes für den zeit- und raumfreien Nus nicht denkbar. Der Bezug dieses absoluten Denkaktes auf seinen „Gegenstand" oder auf seine „Gegenstände" in Gestalt der Ideen ist von einer ihm immanenten Differenz bestimmt und bewegt, die *im* und *durch* Denken aufgehoben und in ihm in eine Einheit oder Identität gefügt wird. Die Denkbewegung – ermöglicht durch die Selbstentfaltung des Einen in die erste Zweiheit oder Andersheit – vollzieht sich als ein *absolutes* Denken, sich im Selbstand (ὑπόστασις) vom Einen selbst und der Seele abgrenzend, *nur innerhalb* des Nus qua Denk-„Subjekt".

Diese dem Nus innerliche Identitätsbewegung, durch die der denkende Selbstbezug „zustandekommt" und besteht, entspricht der von Porphyrios für Plotins Traktat V 5 [32] formulierten These: daß das Intelligible [die geistigen Gegenstände, die Ideen] nicht außerhalb des Geistes

---

[33] Vgl. Thomas von Aquin, Quaestiones disputatae de veritate qu. 1 a. 1. Zu dem aristotelisch-boethianischen Hintergrund der aussagen- bzw. korrespondenztheoretischen Bestimmung von Wahrheit vgl. M. Enders, Wahrheit und Notwendigkeit. Die Theorie der Wahrheit bei Anselm von Canterbury. Leiden 1999, 115ff, und meine Bemerkungen zu W. Luthers „Wahrheit, Licht und Erkenntnis in der griechischen Philosophie bis Demokrit", in: Göttinger Gelehrte Anzeigen 220, 1968, 1–13, bes. 5ff. Für Thomas von Aquin: G. Schulz, Veritas est adaequatio intellectus et rei. Untersuchungen zur Wahrheitslehre des Thomas von Aquin und zur Kritik Kants an einem überlieferten Wahrheitsbegriff, Leiden 1993.

seien, was in der positiven Umkehrung heißt: Alles zeitfrei Denkbare, Zu-Denkende und Gedachte ist stricto sensu *im* Nus als dem Einen Grund ihres Denkens *und* Gedacht-Seins zugleich. Plotin hat diesen Gedanken nicht nur in V 5 entfaltet, worin er Wahrheit als Wesensmoment des Geistes identifiziert, er ist vielmehr ein Grundzug seiner gesamten Geist-Theorie[34]. Er hat ihn gegen *Longinos* verteidigt[35], der gemäß dem platonischen Modell des Bezugs von δημιουργός und αὐτοζῷον eine trennende Unterscheidung von Nus und seinen Denkgegenständen favorisierte[36]. Die Evidenz von Plotins Konzept der Identität von Denken und Sein, vom Nus als dem sein eigenes Sein denkenden *Denken* – der nach dem Einen selbst zweiten Weise von Einheit als eines sich selbst denkenden *Seins* – hängt wesentlich an der Immanenz des Zu-Denkenden im Denken selbst. Longinos' These hingegen bräche diese Identität auf in ein Vor und Nach, in ein Innen und Außen. Eine derartige Differenzierung kommt im Sinne Plotins primär und gegenüber dem Nus einzig der *sinnlichen Wahrnehmung* zu. Daher versucht er, sein Immanenztheorem für den Nus gerade in Abgrenzung von den Bedingungen der αἴσθησις plausibel zu machen. Diese nämlich ist primär nach außen (ἔξω) gerichtet – auf ein von außen (ἔξωθεν) den Sinnen Gegebenes. Verstanden freilich wird das sinnlich Gegebene durch die von innen her begreifende Kraft der Seele, der die kategorialen Normen für ein Urteil über das sinnlich Erfahrene vom in ihr wirkenden Nus zukommen. Erst diese begreifende Wendung nach innen und damit die Verknüpfung oder Ineinsfügung (ἐναρμόττειν) des sensiblen Sachverhalts mit seiner intelligiblen Form[37] ermöglicht eine Entscheidung über den „Wahrheitswert" der jeweiligen Erfahrung. Sinnliche Wahrnehmungen, die im Sinne Plotins „trübe Gedanken" sind, – aber immerhin auch „Gedanken", dem Denken gegenüber offen und seiner bedürftig – die also von ihnen selbst her „Wissen sein wollen" (αἱ

---

[34] schon innerhalb der Großschrift von vier Traktaten, zu der auch V 5 gehört, in V 8,10f.
[35] Vgl. hierzu die ausgezeichnete Abhandlung von A.H. Armstrong „The background of the doctrine ‚That the Intelligibles are not outside the Intellect'", in: Les Sources de Plotin, Entretiens sur l'Antiquité Classique, Tome V, Vandoeuvres-Genève 1960, 393–413.
[36] Vgl. J. Pépin in: Porphyre, La Vie de Plotin, edd. L. Brisson et alii, Paris 1992, 279–281.
[37] vgl. VI 7,6,3ff.
[38] VI 7,29,25f.

αἰσθήσεις εἰδήσεις εἶναι θέλουσαι[38]), werden als wahre oder falsche diagnostiziert, begriffen, begründet aus dem dianoetischen Denken der Seele. Ihr Urteil gilt somit dann als wahr, wenn ihre begriffliche „Interpretation" des wahrgenommenen, von „außen" gegebenen Sachverhalts mit diesem übereinstimmt, ihn trifft, ihn dem Denken „innen" mithilfe der zwischen beiden Bereichen vermittelnden ‚phantasia' gegenwärtig macht und verstehbar vorstellt[39].

Das dianoetische, mit dem Nus in ihr und über sie hinaus verbundene Denken[40], das in Zeit fortschreitend argumentativ-begründend verfährt, ist also der genuine Ort von ἀλήθεια als „Übereinstimmung" in dem skizzierten Sinne, als ‚kritisch' wertender Bezug zwischen Denkendem und Gedachtem – im Falle eines Urteils über ein sinnlich Erfahrenes: zwischen Innen und Außen. Dieser Form von Wahrheit stellt Plotin den *absoluten* Gebrauch von Wahrheit als den reinen Innenbezug des Geistes gegenüber. Die zentrale Aussage dieses Gedankens – zum ersten Mal im Kontext des Traktats über das Intelligible, das „nicht außerhalb des Geistes" sei, gemacht – bereitet er sozusagen e contrario vom Außenbezug oder der Selbstüberschreitung nach außen her vor, die der αἴσθησις eigen ist. Diese Hinführung zu der zentralen Aussage über Wahrheit als den mit ihm identischen Wesenszug des Geistes leistet Plotin nicht als einen Beweis, sondern als eine Bestärkung seines Gedankens ex negatione contrarii; er führt die hypothetische Geltung der Negation der wesentlichen Elemente seines Theorems über den Nus ad absurdum: ihr Gegenteil kann nicht sein. Eine Angleichung des Nus an das Verfahren der αἴσθησις zerstörte ihn – τὸν νοῦν, τὸν ἀληθῆ νοῦν καὶ ὄντως[41] – oder machte seine sich in sich und auf sich selbst konzentrierende Eigentümlichkeit als absoluten Nus zunichte. Ein Außenbezug[42] des Nus ergriffe, wie die sinnliche Wahrnehmung, nicht die Sache selbst (die bleibt ohnehin „draußen"), sondern lediglich ein Abbild (εἴδωλον) von ihr, vielleicht

---

[39] Zu Plotins Konzept der αἴσθησις vgl. W. Beierwaltes, Selbsterkenntnis 102f. 184–190. Über das Wahrheits-Kriterium von Aussagen zu sinnlich Erfahrenem vgl. H. Blumenthal, Plotinus and Proclus on the criterion of truth, in: The Criterion of Truth, Essays written in honour of George Kerferd, ed. by P. Huby and G. Neal, Liverpool 1989, 257–280, 260ff.

[40] im Nus begründet, von ihm her als solches ermöglicht – darauf weist schon Plotins Wortspiel für διά-νοια: διὰ νοῦ: V 3,3,34. 6,21.

[41] so beginnt der Traktat: V 5,1,1.

[42] 1,19. 27. 32. 51. 2,1.

sogar nur ein πάθος der Sache in unserem Bewußtsein gegenüber einem Wissen ihres in sich selbst Existent-Seins[43]; damit entginge ihm, mit bloßen *Bildern* des Wahren, die Wahrheit selbst; mit der Abwesenheit des Wahren in ihm aber griffe die Irrtumsfähigkeit[44] durch Annahme von Nicht-Sein in ihm um sich, die bloße Vermutung (εἰκάζειν) oder Annahme (δόξα[45]) eines *Anderen* als er selbst, eines nicht genuin aus ihm selbst Herkommenden; der Zweifel (ἀμφίβολον[46]) höbe die immanente Klarheit und Selbstevidenz (des Nus) auf[47], er veränderte das immer (sich selbst) gegenwärtige Wissen[48] in ein ständiges *Streben* nach ihm[49], im Gegensatz zum Stand im Denken des Selben entstünde in ihm ein „Umlaufen"[50] des Gesuchten, die Wendung zu Anderem und nach außen verursachte ein Zerstreuen oder Zerspalten des in ihm Geeinten[51]; durch Nicht-Erreichen von Wahrheit oder aufgrund der Absenz von ἀλήθεια in ihm verfiele er ins ἐπιλαθέσθαι[52], in ein Vergessen seiner Inhalte und damit seiner selbst. Diese Unterstellungen des zum Wesen des Geistes Konträren oder Widersprüchlichen höben ihn auf (ἀναιρεῖν[53]), indem sie seinen Grundakt und die mit diesem identische Wahrheit negierten, sie machten ihn – das reine Denken – zu einem ἀνοηταίνων oder destruierten die reine Erkenntnis in ἀγνωσία[54]. Sofern ein derartiger Entzug der Wahrheit des Denkens oder des Denkens von Wahrheit die Konsequenz einer grundsätzlichen Bewegung nach außen

---

[43] 1,14.
[44] ψεύσεσθαι, διεψεῦσθαι: 1,2. 53. 57.
[45] 1,63f.
[46] 1,5.
[47] 1,8ff. 2,15 der νοῦς: ἐναργὴς αὐτὸς αὑτῷ.
[48] 1,3f.
[49] 2,10.
[50] 1,45. 2,10 (περιθεῖν· περιελθεῖν).
[51] 1,42ff.
[52] 2,10: ein Beispiel dafür, daß das griechische Sprachbewußtsein ἀλήθεια nicht nur von λανθάνειν her als Unverborgenheit, sondern auch von λανθάνεσθαι und λήθη her als „Nicht-*Vergessen*" oder „Unvergessenheit" denken konnte (vgl. hierzu E. Heitsch, Die nicht-philosophische ΑΛΗΘΕΙΑ, in: Hermes 90, 1962, 24–33 [mit Blick auf Platon bes. S. 29f]. Ders., Wahrheit als Erinnerung, in: Hermes 91, 1963, 36–52). Die „beständige", zeitfreie Selbstgegenwart des Nus schließt „Vergessen" und „suchendes Herumgehen" im Sinne des dianoetischen Denkens als Formen der Defizienz oder des Noch-nicht-Seins schon von seinem Begriff her aus (V 5,2,10f).
[53] 2,4.
[54] 1,3. 2,3.

Plotins Begriff des Geistes 35

wäre, muß man dem Nus all dies „geben"⁵⁵: Erkennen, Denken, Wahrheit als bewegendes Element *und* „Resultat" eben dieses Denkens, sowie (intelligibles) Sein als Bezugspunkt dieser Bewegung und selbst durch Denken Bewegtes. Die intentional bewegte Relation von Denken, Erkennen und Wahrheit erfaßt also das Sein nicht „außerhalb" ihrer selbst, nicht als ein Anderes *als* sie selbst, sondern *im* Nus als das Andere *ihrer selbst,* ihr unmittelbar zugehörig oder als ein mit ihr Identisches. Der Nus ist demnach *als* zeitfreie Wahrheit nicht nur „Sitz des Seins" (ἕδρα τοῖς οὖσι⁵⁶) als ein ihm Stand und Ruhe Gebender, sondern er ist durch Denken mit ihm (dem Sein) das Selbe, es durch eben diesen denkenden Selbstbezug zugleich – ohne die Phasen der Zeit – bewegend und belebend (ζήσεται⁵⁷).

Nun endlich der in der Entfaltung des Gedankens in V 5 konsequente Identitäts-Satz, der Wahrheit prononciert als die selbstreflexive Einungs-Bewegung des Denkens im oder des Nus heraushebt: „Die wahrhafte Wahrheit [Wahrheit im eigentlichen, absoluten Sinne] stimmt nicht mit Anderem überein, sondern [nur] mit sich selbst, und nichts [sagt sie aus] neben ihr [oder außerhalb ihrer selbst], sondern, was sie (aus-)sagt, das *ist* sie auch, und was sie *ist,* das *sagt* sie auch *aus*"⁵⁸. Wenn Wahrheit in die-

---

⁵⁵ 2,8f: τῷ ἀληθινῷ νῷ δοτέον τὰ πάντα.
⁵⁶ 2,11. Vgl. zu σοφία S. 45ff. τοῦ εἶναι ἕδρα: III 7,4,22, als Grundzug des Ewigen.
⁵⁷ 2,11.
⁵⁸ 2,18–20: ἡ ὄντως ἀλήθεια οὐ συμφωνοῦσα ἄλλῳ, ἀλλ' ἑαυτῇ, καὶ οὐδὲν παρ' αὑτήν, ἀλλ' ὃ λέγει, καὶ ἔστι, καὶ ὅ ἐστι, τοῦτο καὶ λέγει. Dem Gedanken der „Selbstübereinstimmung" (συμφωνοῦσα...ἑαυτῇ) entspricht als Prädikat für die Einheit des Nus aus Vielem, zu einander Differentem, daß er πολὺς μὲν ὤν, συνῳδὸς δὲ αὑτῷ [Theiler; H-S²] καὶ οἷον εἰς ἓν συντεταγμένος (VI 8,17,13f) sei. Ich bin der Überzeugung, daß in dem aus V 5,2 (18–20) zitierten Satz *durchgängig,* also auch in ...καὶ ἔστι, καὶ ὅ ἐστι..., *ἀλήθεια* gemeinsames Subjekt ist. Der Satz ist demnach *nicht so* zu verstehen: „was sie sagt, das *ist* auch, und was *ist,* das sagt sie auch". Dies träfe für jede wahre Aussage oder für Wahrheit im Normalsinn (Übereinstimmung der Aussage mit dem [von der Aussage intendierten, aber unterschiedenen] Sachverhalt) zu. Hier aber geht es um ἡ ὄντως ἀλήθεια, „die wahrhafte, wahrhaft seiende, eigentliche Wahrheit" als einen Grundzug des absoluten Nus. Aufschlußreich für meine Auffassung: daß die Wahrheit *ist,* was *sie* sagt und sagt, was *sie* ist, ist auch die Formulierung im selben Satz, daß sie nichts aussagt „neben [oder außer, verschieden von] ihr", sondern nur *sich selbst.* Vgl. hierzu noch V 3,5,25f: τὴν ἄρα ἀλήθειαν οὐχ ἑτέρου εἶναι δεῖ, ἀλλ' ὃ λέγει, τοῦτο καὶ εἶναι. „Die Wahrheit darf nicht einem [von ihr] Verschiedenen angehören [auf ein von ihr Verschiedenes bezogen sein], sondern, was sie (aus)sagt, das muß sie auch selbst sein". – Zu Wahrheit als Selbstübereinstimmung vgl. auch Philoponus, Anal. pr., CAG XII 2 (Wallis) 318,19f.

ser Weise als ein mit dem Nus selbst identisches Wesensmoment zu begreifen ist, dann auch als Wahrheit des *Seins,* in dem der Nus sich selbst – *in ihm selbst* – denkt. „Wahrheit des Seins meint daher die absolute Selbstübereinstimmung des Denkens mit seinem Sein ... Wahrheit verweist in diesem Konzept nicht als in Zeit gemachte Aussage auf einen ihr „äußerlichen" Sachverhalt, mit dem sie (außerhalb ihrer selbst) „übereinstimmt", ihn „trifft" oder dessen Intelligibilität sie sich angleicht (unter Bewahrung der Andersheit ihm gegenüber), sondern als Benennung eines absoluten Identitätsaktes, in dem das absolute Denken sein Sein und das Sein sich selbst denkt, zeigt sie sich als der reflexiv lichtende und klärend-entbergende Grundzug eben dieses Seins selbst. Im intensivsten Selbstbezug also hat das Denken seine Wahrheit oder *ist* im Denken seines Seins, als „wesenhaftes Denken" (οὐσιώδης νόησις[59]), zugleich im höchsten Maße *wahr*"[60]. Eine solche Seinsweise von Wahrheit bedarf – im Gegensatz zur dianoetisch erfaßten Wahrheit – keines Beweises ihrer Richtigkeit oder Stimmigkeit[61], sie ist, wie der von ihr bestimmte Nus, sich selbst evident, durchsichtig (ἐναργὴς αὐτὸς [ὁ νοῦς] αὑτῷ[62]), als seiender, aktiver Begriff des Ganzen des intelligiblen Seins wesensgemäß der Ausschluß von Trug oder Täuschung (ψεῦδος).

Plotin hat in seinem Konzept absoluter Wahrheit das Adäquationsmodell zwar beibehalten, er hat es aber in den reinen Innenbezug der Identität von Denken und Sein umgeformt. Die Aussage absoluter Wahrheit, welche der Nus *ist,* ist also von dem Sein, das sie nicht „neben oder außer ihr" aussagt, nicht „distanziert unterschieden, sondern *ist* dieses selbst"[63]: das Zu-Denkende ist ganz ins Denken gebracht, und so unmittelbar in ein selbst Denkendes verwandelt und bewahrt zugleich. Wie also der Nus nur sich selbst, d.h. das Intelligible in ihm nur in sich selbst denkt, so sagt *seine* Wahrheit nur sich selbst aus, d.h. aufgrund der Identität mit dem

---

[59] V 3,5,37.
[60] Vgl. – hier in Einigem modifiziert – W. Beierwaltes, Selbsterkenntnis 111. Für Plotins Konzept von ἀλήθεια weiterhin aaO 110ff. 116. 195ff. Identität und Differenz 142ff. Deus est Veritas. Zur Rezeption des griechischen Wahrheitsbegriffes in der frühchristlichen Theologie, in: PIETAS. Festschrift für Bernhard Kötting. Hg. v. E. Dassmann und K.S. Frank. Jahrbuch für Antike und Christentum, Ergänzungsband 8, Münster 1980, 15–29, hier bes. 21.
[61] V 5,1,6ff. 2,14.
[62] 2,15. Vgl. auch V 8,4,4ff: διαφανῆ γὰρ πάντα.
[63] Selbsterkenntnis 111.

Geist *ihn*, so wie er als selbstreflexives Sein *ist*. Daraus könnte man folgern: in der sich selbst – ihr eigenes Sein – *aussprechenden* Wahrheit *spricht* sich der *Nus selbst aus*. Wahrheit, die selbst *ist*, was sie *sagt*, ist die *Selbstaussage* des absoluten Geistes. Wenn ich dies sage, imputiere ich dem plotinischen Denken nicht – anachronistisch oder unhistorisch – die hebräische Selbst-Aussage des Gottes im „Ἐγώ εἰμι ὁ ὤν", „Ich bin der ich bin, der Seiende, oder: der sein wird" (Exodus 3,14), in deren christlicher Interpretation aus einem verwandelten griechischen Seins-Begriff heraus Gott als ein in sich selbst trinitarisch sich aussprechendes Sein und als eine im Wort geschichtlich sich offenbarende Person begriffen worden ist[64]. Für das plotinisch gedachte göttliche Erste – das Eine oder Gute selbst – ist ein derartiges Sich-selbst-Aussprechen ein ἀδύνατον[65]. Sprache – auch die des Absoluten – setzt für ihre Sätze immer Relationalität und Differenz in bestimmtem Sinne voraus; sie sagt auch immer „Etwas" aus – auch wenn das Absolute „nur" sich selbst aussagte. Wenn nun für Plotin das Eine im Sinne kategorialer Bedeutung in sich relations- und differenzlos und als das Nichts von Allem gerade nicht „Etwas" ist, sondern „vor dem Etwas"[66] „seiend" auch nicht als solches benennbar ist, dann würde Sprache in ihm und auch eine solche, die „nur" ES selbst aussagte, seine reine Einheit in ihr selbst differenzieren und dadurch aufheben. „εἰμὶ εἰμί" oder „ἐγὼ ἐγώ"[67], „ich bin, ich bin" oder „bin bin" und „ich ich" wäre schon zuviel – auch ohne eine die Differenz zwischen beiden signalisierende Kopula. Der Nus hingegen wäre durch die für ihn konstitutive Relationalität und eben durch die ihn als ganzen bestimmende Wahrheit, die *ist*, was sie *sagt*, und *sagt*, was sie *ist*[68], zu einer Selbst-Aussage ermächtigt. Plotin formuliert sie mit dem alle übrigen grundlegenden Begriff: Sein oder Seiend, das trotz der Vielheit des in ihm „Zu-Denkenden" oder „Gedachten", der Ideen, eine Einheit *durch* Denken ist. „Und wenn Er [der Geist] nur dieses sagte: „Seiend bin ich", so spricht Er dies wie einer, der einen Fund vorzeigt und Er spricht einsichtig, denn das Seiende ist vielfältig; wenn Er nämlich [auf sich

---

[64] W. Beierwaltes, Platonismus und Idealismus 9–82. Selbsterkenntnis 131ff. Platonismus im Christentum, bes. 115ff.
[65] Selbsterkenntnis 131–133.
[66] V 3,12,51f. Vgl. auch 11,18. 24.
[67] V 3,10,37
[68] V 3,5,25f.

selbst] wie auf ein *Einfaches* hinblickte und spräche: „seiend bin ich", so träfe Er damit weder sich selbst noch das Seiende; nicht wie von einem Steinblock spricht Er vom Seienden, wenn Er die Wahrheit sagte, sondern mit Einem Wort hat Er Vieles ausgesprochen. Dieses Sein nämlich, welches als das wahrhafte Sein ausgesprochen wird, das nicht [nur] eine Spur des Seienden in sich hat, das auch nicht nur deshalb als „seiend" benannt würde, weil Es sich wie das Bild zum Ur-Bild verhielte – dieses Sein hat [durchaus] Vieles in sich"[69]. Gerade aufgrund der ihm immanenten Viel-Einheit kann dieses Sein (τὸ εἶναι, αὐτὸ τὸ εἶναι[70]) sich selbst denkend artikulieren (νόησις αὐτοῦ[71]), sich selbst erkennen *und* als die Wahrheit des Nus auch aussprechen. Wenn sich der Nus als *Sein* oder *Seiend* ausspricht, so könnte er auch alle übrigen ihm eigentümlichen Wesensmomente aufgrund von deren Identität mit ihm in einem Identitätssatz über sich aussagen – also etwa daß er Denken sei, Leben, Ewigkeit, Schönheit, die Einheit von Bewegung und Stand, Selbigkeit und Andersheit, Weisheit.

Plotin hat auch in späteren Schriften an dem Begriff und dem Sein von Wahrheit als absoluter Selbstübereinstimmung des Geistes festgehalten. So heißt es in dem Traktat „Über Ewigkeit und Zeit" (III 7 [45]) von dem in sich einigen, sich selbst gegenwärtigen, reinen Sein, das mit dem Nus identisch ist und als Unausgedehntes und in sich selbst Ständig-Bewegtes, als αἰών – zeitfreie „Ewigkeit" – zu begreifen ist, daß in ihm „auch die Wahrheit"[72] sei. Αἰών ist der Geist nicht als ein ihm „von außen" her Zukommendes, „Akzidentelles", nicht „um" ihn oder „mit" ihm und so dennoch durch Differenz oder Abstand von ihm geschieden, sondern als ein mit ihm identisches Wesensmoment, das zeit-freie, Ganzheit und ständige Selbstgegenwart „schaffende" Strukturprinzip des Geistes[73].

---

[69] V 3,13,24–31: καὶ γὰρ ἐὰν αὐτὸ τοῦτο μόνον εἴπῃ „ὄν εἰμι", ὡς ἐξευρὼν λέγει καὶ εἰκότως λέγει, τὸ γὰρ ὂν πολύ ἐστιν· ἐπεὶ, ὅταν ὡς εἰς ἁπλοῦν ἐπιβάλῃ καὶ εἴπῃ „ὄν εἰμι", οὐκ ἔτυχεν οὔτε αὐτοῦ οὔτε τοῦ ὄντος. Οὐ γὰρ ὡς λίθον λέγει τὸ ὄν, ὅταν ἀληθεύῃ, ἀλλ' εἴρηκε μιᾷ ῥήσει πολλά. Τὸ γὰρ εἶναι τοῦτο, ὅπερ ὄντως εἶναι καὶ μὴ ἴχνος ἔχον τοῦ ὄντος λέγεται, ὃ οὐδὲ ὂν διὰ τοῦτο λέγοιτ' [H-S²] ἄν, ὥσπερ εἰκὼν πρὸς ἀρχέτυπον, πολλὰ ἔχει.
[70] Ebd. Z.29. 33.
[71] Z.35.
[72] III 7,4,4f.
[73] Vgl. W. Beierwaltes, Plotin. Über Ewigkeit und Zeit 35ff („Die Frage nach der Identität von Ewigkeit und Geist"). 151ff. 177ff. Oben Anm. 31.

Plotins Begriff des Geistes 39

„In" ihm, diesem reinen IST[74] des Geistes, ist – analog zum „In"-Sein des αἰών in ihm – „auch die Wahrheit". „Die Wahrheit dort aber ist nicht Übereinstimmung mit einem Anderen, sondern sie ist jeweils nur Übereinstimmung mit dem, dessen Wahrheit sie ist"[75]: Wahrheit des selbstreflexiven Seins als eines mit sich selbst „zugleich" (ὁμοῦ[76]) Ganzen. Der chronologisch letzte Ausdruck des selben Gedankens findet sich in einem Zusammenhang, in dem die dem Nus immanente Identität seines Denkens mit dem Gedachten bekräftigt wird: Er denkt sein eigenes Sein als sich selbst: „der Geist muß selbig sein mit dem Gedachten; denn wenn sie nicht selbig sind, gibt es keine Wahrheit; einen Abdruck, vom Seienden verschieden, besäße der, der das Seiende haben will, Wahrheit indes wäre dies nicht. Die Wahrheit nämlich darf nicht einem Verschiedenen angehören, sondern, was sie (aus)sagt, das muß sie auch selbst sein. Eines also ist so [der] Geist und das Gedachte und das Seiende und dies ist das erste Seiende und ebensosehr der erste Geist, der das Seiende hat, oder vielmehr mit ihm identisch ist"[77].

In dem Text, aus dessen Kontext ich zuerst den Satz der Identität von Geist und Wahrheit erörtert habe, spricht Plotin eben dieser Identität das Prädikat eines *Gottes* zu: „Als Eine Wesenheit ergibt sich uns dies(e): Geist, alles Seiende, die Wahrheit; wenn dies so ist, dann ist sie ein großer Gott; vielmehr nicht irgend einer, sondern dies [die denkende Einheit des Seins als Wahrheit] könnte fordern, der All-Gott zu sein. Und Gott ist diese Wesenheit, und zwar der Zweite Gott, der sich selbst zeigt bevor man Jenen sieht"[78]. „Jener" Gott mag gegenüber dem „zweiten"

74 III 7,3,34. Mein Kommentar hierzu: 172ff.
75 Ebd. 4,11f: ἡ ἀλήθεια δὲ οὐ συμφωνία πρὸς ἄλλο ἐκεῖ, ἀλλ' αὐτοῦ ἑκάστου οὗπερ ἀλήθεια.
76 Ebd. 3,37. Mein Kommentar 177f und passsim (Index, S. 310).
77 V 3 [49] 5, 22–28: καὶ τὸν νοῦν ταὐτὸν εἶναι τῷ νοητῷ· καὶ γάρ, εἰ μὴ ταὐτόν, οὐκ ἀλήθεια ἔσται· τύπον γὰρ ἕξει ὁ ἔχων τὰ ὄντα ἕτερον τῶν ὄντων, ὅπερ οὐκ ἔστιν ἀλήθεια. Τὴν ἄρα ἀλήθειαν οὐχ ἑτέρου εἶναι δεῖ, ἀλλ' ὃ λέγει, τοῦτο καὶ εἶναι. Ἓν ἄρα οὕτω νοῦς καὶ τὸ νοητὸν καὶ τὸ ὂν καὶ πρῶτον ὂν τοῦτο καὶ δὴ καὶ πρῶτος νοῦς τὰ ὄντα ἔχων, μᾶλλον δὲ ὁ αὐτὸς τοῖς οὖσιν. Vgl. Arist. Met. 1072 b 21f.
78 V 5,3,1–4. Ich folge dem Text von Henry-Schwyzer und Armstrong. Die Version von HBT verdeckt den an sich klaren Sinn der Stelle; die Übersetzung ist entsprechend wirr und läßt auch (abgesehen von νοῦς und ἀλήθεια) aus, was von Theiler nicht als „nachträgliche Glosse" deklariert wurde. *Nus* als Gott vgl. u.a. V 1,2,42ff. V 8,3,23ff; 9,8ff. III 4,2,15. Platonische Reminiszenz: Philebos 28 c 7f. d 8. e 7. 30 d 2; 8: die universal ordnende Funktion des göttlichen, „königlichen" Nus. 30 c 6: σοφία καὶ νοῦς. Nomoi 897 b 1f. 898 a 5ff. – Was meint πᾶς [θεός] – „All-Gott" – in V 5,3,3? Der Gott im Ganzen, jede

sprachlich, wenn auch nicht inhaltlich analog zu der Abfolge eines Ersten, Zweiten und Dritten Gottes, wie sie Numenios[79] angenommen hat, der „Erste Gott" heißen. Er ist identisch mit dem Einen selbst[80], das freilich *jenseits* von Sein, Denken und Wahrheit „ist"; in der vom zweiten (pseudo-)platonischen Brief geprägten Königs-Metaphorik ist er als ἀληθὴς βασιλεία – „wahres König-Sein": „König der Wahrheit" ( im Sinne eines genitivus obiectivus) – τῆς ἀληθείας βασιλεύς[81]. Als überseiendes und über-denkendes (ὑπὲρ νοῦν, ὑπερνόησις) Eines begründet und „beherrscht" dieser βασιλεὺς βασιλέως καὶ βασιλέων – der „König des Königs und der Könige"[82] – die Wahrheit als Strukturmoment von Sein und des sich selbst in ihr denkenden Geistes.

Es erscheint mir die Annahme nicht unplausibel, daß Plotin für seine Identifikation von Nus mit dem sich selbst denkenden Sein, mit ἀλήθεια als der Selbstübereinstimmung eben dieses Seins-Denkens *und* mit θεός als gemeinsamem Prädikat (oder Wesenszug) von absolutem Denken, Sein und Wahrheit[83] Grundgedanken des *Parmenides* umformend aufgenommen hat. In V 1,8 und 9 wo er ausdrücklich über seine Anknüpfung

Form oder Seinsweise des Göttlichen, da jeder einzelne Gott – mit den Ideen identisch – im Nus zugleich dessen Gesamt-Sein ist: πάντων τῶν ἐν αὐτῷ θεῶν εἷς ὢν καὶ πάντες, καὶ ἕκαστος πάντες συνόντες εἰς ἕν...ὁ εἷς πάντες (V 8,9,15–18. Vgl. auch c. 4: der einzelne ist perspektivisch oder in korrelativer Einheit das Ganze des Nus). Sprachlich und sachlich entspricht dem πᾶς [θεός] in V 5,3,3 am ehesten V 1,4,10ff: das erfüllte Leben des „Kronos" als Nus (κόρον – νοῦ: er ist erfüllt, vollendet, „gesättigt", in sich) umfaßt „alles Unsterbliche in sich: den Geist ganz [als ganzen, in seiner Gesamtheit], den Gott ganz, die Seele ganz, die immer (be)stehen" (weiter: 26ff. V 8,9,25: δύναμις πᾶσα als unendliches, unbegrenztes Vermögen. VI 7,15,1f νοῦς als ζωὴ πᾶσα καὶ πρώτη καὶ μία).

[79] Frg. 12,12ff (des Places). 13,3. 15,3. 16,10f. 21,1ff. 22,1ff. M. Frede, Numenius, in: Aufstieg und Niedergang der Römischen Welt, II 36.2, hg. v. W. Haase, Berlin 1987, 1034–1075, bes. 1054–1070 über die Theologie des Numenius. – Die Dreigötterlehre geht außer auf den zweiten (pseudo-)platonischen Brief (312e) auf Xenokrates zurück: H.J. Krämer, Geistmetaphysik 119ff. 380ff.
[80] V 5,3,9ff. 4,1f. Das Eine als höchster Gott: I 8,2,25ff; V 1,8,1ff (2. platonischer Brief). II 2,2,13. V 8,11,5f. VI 9,11,28. J. Rist, Theos and the One in some texts of Plotinus, Mediaeval Studies 24, 1962, 169–180.
[81] V 5,3,18. Zur Königs-Metapher siehe H. Dörrie, Der König. Ein platonisches Schlüsselwort, von Plotin mit neuem Sinn erfüllt (1970), aufgenommen in „Platonica Minora", München 1976, 390–405.
[82] V 5,3,20. Die „Hierarchie" des göttlichen Einen und göttlichen Geistes ist durch die plötzliche Epiphanie des Einen als des in Wahrheit Ersten (4,2) – des „Großen Königs" (Z. 9.12f: προφαίνεται ἐξαίφνης αὐτὸς ὁ μέγας) – klar ausgedrückt.
[83] V 5,3,1: μία φύσις αὕτη ἡμῖν, νοῦς, τὰ ὄντα πάντα, ἡ ἀλήθεια.

an vorsokratisches Denken spricht (an Parmenides, Anaxagoras, Heraklit, Empedokles), sagt er von Parmenides, daß dieser (intelligibles) Sein und Denken „in das Selbe zusammengeführt" habe[84], dokumentiert in dem parmenideischen Grund-Satz: „Das Selbe nämlich ist Denken und Sein" – τὸ γὰρ αὐτὸ νοεῖν ἐστίν τε καὶ εἶναι (Frg. B 3). ‚νοεῖν' impliziert in der frühen griechischen Sprache keineswegs das Verhältnis eines „Subjekts", welches das „Objekt" zu sich selbst in Differenz setzt, sich dieses „entgegenstellt"; es bedeutet vielmehr: Vernehmen dessen, was ist[85]. ‚Sein' ist also *unmittelbar* auf den Nus bezogen und dieser auf es. ‚Sein' aber meint: als Wirkliches möglich sein, Bestand-, Existenz-Haben, Anwesend- oder Gegenwärtig-Sein. Gegenwart, Anwesenheit jedoch impliziert Anwesenheit oder Gegenwart *für...* Diese Anwesenheit oder Gegenwart des Seins für ... ist auf das aktive Vernehmen bezogen: keines ist *ohne* das Andere; beide gehören notwendig zusammen. Denken ist demnach ausschließlich Denken des Seins (Nicht-Sein ist zu denken unmöglich); und Sein ist nur Sein durch das in ihm sich aussprechende Denken (Frg. B 8,35), also kein leeres, abstraktes, für sich ungedachtes oder undenkbar seiendes Sein. „*Gedacht*-Sein" ist *im* Sein *selbst Sein* („gegeben"), deshalb ist dieses auch für den Menschen denk-*bar*: Nur Sein kann gedacht werden. Dasjenige, auf das hin der Gedanke (als aktiv vernehmender) ist, oder dasjenige, weshalb oder wodurch der Gedanke wirklich, d.h. wahr oder ein *seiender* ist – das Sein nämlich –, ist das Selbe wie das Denken. In ihm, dem Sein, woraufhin der Gedanke als vernehmender und vollzogener, als wahr-seiender Gedanke ist, „spricht" er „sich aus" – oder: in ihm allein *kann* er sich überhaupt aussprechen. Damit ist Sein als die Ermöglichung jeder Aussage zu verstehen.

Plotin nun hat diesen Grund-Satz (Frg. 3) nicht so verstanden, als ob „das Selbe" Subjekt des Satzes wäre („das Selbe kann gedacht werden und sein"[86]); ‚τὸ αὐτό' ist für ihn vielmehr durchwegs *Prädikat* des Satzes: Denken und Sein ist dasselbe, oder: das Selbe nämlich ist Denken und Sein. Während Parmenides, wie zuvor skizziert, in diesem Satz die *Ermöglichung* und den Vorgang des begreifenden Vernehmens und Aus-

---

[84] V 1,8,16. Plotin zitiert Frg. 3 des öfteren, z.B. III 8,8,8. V 9,5,29f. – V. Cilento, Parmenide in Plotino, in: Saggi di Plotino, Milano 1973, 123–133.
[85] Vgl. hierzu K.v. Fritz, Die Rolle des Nus (wie Anm. 4).
[86] Vgl. hierzu U. Hölscher, Parmenides. Vom Wesen des Seienden. Die Fragmente, griechisch und deutsch herausgegeben, übersetzt und erläutert, Frankfurt 1969, 17.

sprechens von Wirklichkeit (= Sein) und damit Intelligibilität als Struktur des Seins überhaupt deutlich zu machen versucht, bezieht ihn Plotin *primär* auf den Grundakt des Nus als einer zeit-freien Wesenheit (Hypostasis). In der denkenden Rückwendung des Geistes auf das Eine selbst und darin *zugleich* auf *sich selbst*, denkt er sein eigenes Sein. Er *ist* eine „ständig"-„bewegte" Einheit seines seienden Denkens und seines denkenden Seins. Für das Verhältnis von Denken und Sein im Nus und für *seine* Weise der Einheit ist zwar Differenz konstitutiv, damit überhaupt ein Bezug (Relationalität) sein kann, diese (Differenz) aber wird *im* Akt des zeitfreien Denkens oder Selbstbezugs „*zugleich*" in die höchstmögliche Einheit *in* der Dimension der Vielheit aufgehoben: zu einer Identität *in* der Differenz, oder – im Gegensatz zu einer tautologischen – in eine *dynamische* Identität[87]. – Parmenides vergleicht das sich identisch mit sich selbst – d.h. „unbewegt" – verhaltende Sein und dessen Denken mit der „Masse einer Kugel" (Frg.B 8,43). In Plotins Deutung hat diese Metapher darin ihr Recht, daß der Nus als σφαῖρα „Alles umfaßt hält [hat] und das Denken nicht außerhalb [des Umfaßten oder des gedachten Seins] ist, sondern in sich selbst"[88]. Dieses Theorem des Parmenides kann Plotin auch als begründende Autorität für seine (zuvor entwickelte) These ansehen, daß das „Intelligible nicht außerhalb des Nus" zu denken sei. Zudem hat er das mit dem Denken identische Sein als „Eines" (ἕν)[89] benannt und sich dadurch schon in der Antike den Vorwurf zugezogen, dieses Eine werde „als Vieles erfunden"[90]. Von der Kritik Platons (im ‚Sophistes' 244/5) und von Plotins eigener Deutung des parmenideischen ἕν abgesehen, trifft der Einwand insofern in bestimmtem Maße zu, als Parmenides' Prädikate – σήματα, „Wegzeichen"[91] des ἐόν – des Seins als eines zugleich Ganzen: daß es nämlich οὐλομελές, ὁμοῦ πᾶν, „zugleich ganz" oder „Alles", συνεχές, in sich „zusammenhängend" ist, daß Seiendes dem Seienden nahe ist, d.h. daß es aneinander stößt und es so in ihm kein Nicht-Sein oder Leeres gibt, daß „Denken und das, umsweswillen der Gedanke [also das Zu-Denkende] ist, selbig ist", daß „Du nicht ohne das Sein, in dem es als ausgesprochenes (πεφατισμένον) ist, das Denken finden wirst", daß die Sphaira des Seins „aus ihrer Mitte heraus überall-

---

[87] Vgl. zu diesem Begriff: W. Beierwaltes, ID 25 ff.
[88] V 1,8,14ff.
[89] Parm. B 8,6.
[90] Plot. V 1,8,22f.
[91] B 8,2.

hin gleichgewichtig" (ἰσοπαλές) oder „von überallher gleich" (ἴσον) ist, – daß also diese Prädikate[92] entgegen der Intention, das Sein als reine Einheit denken und sagen zu wollen, durchaus Vielheit und Relationalität suggerieren. Wenn Plotin dies an Parmenides' Text gesehen hat, dann kann dessen Eines Sein nicht mit seinem eigenen Begriff des *absoluten* Einen als übereinstimmend gedacht werden, wohl aber mit dem seienden oder in sich vielheitlichen Einen – ἓν πολλά, „Ein-Vieles" oder „Viel-Eines"[93] –, also mit dem Nus als *reflexiver* Einheit, für die Plotin primär und zugleich an die zweite Hypothesis des *platonischen* ‚Parmenides' anknüpft; diese nämlich spricht dem Zweiten Einen in einer vom Ersten Einen unterschiedenen Denkdimension all die Prädikate oder „Kategorien" zu, die dem Ersten in der ersten Hypothesis bis zur Negation des „ist" hin[94] abgesprochen werden mußten, um es nicht in Vielheit zu differenzieren.

Vielleicht darf man annehmen, daß Plotin aus dem Gedicht des Parmenides nicht nur diejenigen Texte kannte, die er aus den heute als 3 und 8 bezeichneten Fragmenten zitiert, sondern auch das Prooemium. In ihm erhebt Parmenides den Anspruch auf immergültige und ganze Einsicht in „Wahrheit". Wer sich auf den Weg des Denkens aus den unsicheren „Meinungen der Sterblichen" (βροτῶν δόξαι), dem Nicht-Wissen der „unterscheidungsunfähigen Massen" (ἄκριτα φῦλα[95]) heraus eingelassen hat, dem sagt er in der Gestalt der Göttin „Wahrheit"[96] versichernd Wahrheit zu: „Du darfst alles erfahren, sowohl der runden Wahrheit unerschütterliches Herz, wie auch das Dünken der Sterblichen, worin keine wahre Verläßlichkeit ist"[97]. Ἀλήθεια meint in diesem Kontext also beides: die religiös-poetische, göttliche Gestalt, in der zugleich Parmenides zu dem Wissen-Wollenden spricht, *und* das von ihr ihm Zugesagte als Evidenz des Wahren – die Einsicht in den Grundgedanken: „Sein *ist*, Nicht-Sein ist *nicht* – das, sage ich Dir, sollst Du bedenken"[98]. Wenn nun

---

[92] B 8,5f. 25. 34–36. 44. 49.
[93] V 1,8,26.
[94] Plat. Parm. 141 e 12: τὸ ἓν οὔτε ἕν ἐστιν οὔτε ἔστιν.
[95] B 1,30. 6,7.
[96] B 1,22.
[97] B 1,28–30: χρεὼ δέ σε πάντα πυθέσθαι ἠμὲν Ἀληθείης εὐκυκλέος ἀτρεμὲς ἦτορ ἠδὲ βροτῶν δόξας, ταῖς οὐκ ἔνι πίστις ἀληθής. Ich zitiere die Übersetzung von Uvo Hölscher, aus: Parmenides. (wie Anm. 86) 13f.
[98] B 6,1f.

Plotin die „Eine Wesenheit" des Nus, die Identität von Denken und Sein, zum einen als absolute Selbstübereinstimmung gedacht hat[99], die als Wesensmoment des Nus sich selbst auszusprechen vermag und selbst Gott – der „zweite Gott" – ist, wenn er zum anderen in des Parmenides Einem Sein eine „Alles umfassende" und dieses in sich selbst denkende Identität erkannt hat, könnte ihn das früheste griechische Denken – neben Platons Verbindung von ἀλήθεια, ὄν, νοῦς und θεός[100] – zu seiner Identifikation von Geist und Wahrheit, die eine göttliche ist, inspiriert haben. Es hätte Plotin so erscheinen können, daß die durch die göttliche (oder durch die Göttin) „Wahrheit" dem „wissenden Manne"[101] zugesagte Selbigkeit von Denken und Sein als sichere und eindeutige Wahrheit jede Täuschung (oder Möglichkeit einer Täuschung) – ψεῦδος – ausschließt, so wie das Sein als zugleich Ganzes und Vollendetes (τετελεσμένον[102]) keinerlei Nicht-Sein in sich zuläßt. Dies trifft in einem veränderten Kontext durchaus für Plotins Gedanke der reflexiven Einheit von Denken, Sein, Wahrheit und Gott zu[103].

[99] V 5,3,1f.
[100] z.B. Politeia 508 d 5 [Plotin III 9,1,9f]. e 5ff. 511 d 8ff. 517 c 4. Philebos 59 c. 65 a. Nomoi X 897 bff (vgl. hierzu M. Hoffmann, Die Entstehung von Ordnung. Zur Bestimmung von Sein, Erkennen und Handeln in der späteren Philosophie Platons, Stuttgart 1996, 217ff. 289ff).
[101] B 1,3.
[102] B 8,42.
[103] In „Deus est Veritas" (wie Anm. 60) habe ich S. 24ff „Wahrheit" als Prädikat des Seins Gottes in der frühchristlichen Theologie skizziert, für die analoge Identifikation in der nicht-christlichen Spätantike habe ich verwiesen auf Alkinoos (Did. X 34–40; 23 Whittaker), Philo Alexandrinus, Proklos und Dionysios (Anm. 14). Für einige dieser Aspekte (z.b. bei Alkinoos im Zusammenhang mit συμμετρία und καλόν) ist die Trias κάλλος – συμμετρία – ἀλήθεια des ‚Philebos' 64 a 7 – 65 e 3 die platonische Quelle. Aristotelisch (Einheit von sich selbst denkendem Nus mit dem Gott) und vielleicht auch plotinisch motiviert ist die Gleichsetzung von göttlichem Nus mit Wahrheit, die mit sich selbst übereinstimmt, bei *Themistius* (mein Hinweis in „Selbsterkenntnis" 1965), de an. VI 6 (CAG V 3 Heinse) p. 112,3–11: „...[der Geist] denkt sich selbst"; er ist nicht deshalb „wertvoller" (τιμιώτερος) als der, der die Gegensätze denkt, weil in ihm Wirklichkeit und Möglichkeit Eins sind – wirkend also –, auch nicht, weil er die größere Zahl von Gegenständen denkt, sondern die „besseren". „Nicht getrennt sind in ihm das Zu-Denkende (νοητόν) und der Geist... und das einfachhin Wahre ist in ihm (τὸ ἀληθὲς ἁπλῶς ἐπ' αὐτοῦ), vielmehr ist er selbst die Wahrheit. Nicht indem er Anderes denkt, denkt er wahr (ἀληθεύει), sondern weil er sich selbst denkt. *Unser* Geist hingegen, weil er ein kleines Abbild des [absoluten] Geistes in sich trägt, zeigt auch nicht das Wahre als einfaches [d.h. als differenz- und gegensatz-loses], sondern als ein solches, das zur Täuschung [Unwahr-

## 2. *Geist ist Weisheit:* σοφία

Der zweite Identitätssatz: „Der Geist ist *Weisheit*" hat die gleichen Voraussetzungen wie der erste und der ihm folgende dritte: „Der Geist ist Schönheit": das Sein des absoluten Geistes, begriffen als die reflexive Selbstdurchdringung oder Selbstdurchlichtung seiner in ihm differenten „Gegenstände", der Ideen als göttlicher Wesenheiten, *im* Denken, und damit zugleich die vermittelnde Einung des Unterschiedenen zum Ganzen der Hypostasis Nus. Sachlich ist deshalb die Identifikation dieser Einheit des Seins durch oder im Denken mit *Weisheit* untrennbar verbunden mit den Wesensmomenten „Wahrheit" und „Schönheit"; letzteres ist in besonderem Maße evident, da Plotin den jetzt in Rede stehenden Identitätssatz am eindringlichsten im Zusammenhang mit seiner Intention entwickelt, den Nus als den Ort eigentlicher, d.h. intelligibler Schönheit einsichtig zu machen – in V 8,4. Ich habe diesen Text in „Denken des Einen"[104] als Kontext für die Bedeutung von σοφία bei Plotin zu verstehen versucht; so gebe ich nach einer kurzen Erinnerung lediglich einige Ergänzungen des dort Gesagten.

Das „leichte", unermüdbare Leben des göttlichen Geistes – Reminiszenz an das ‚ῥεῖα ζώειν'[105] der homerischen Götter *ohne* deren leichten Sinn –, für das es ob seiner hohen Intensität im Denken oder im denkenden „Sehen" keinen Widerstand, kein sich verschließendes Dunkel gibt[106], das

heit] im Gegensatz steht". Vgl. auch *Proclus,* Theol. Plat. I 21; 98,1ff über die Wahrheit des Bereichs des göttlichen Nus (der Götter): sie wirkt als eine „beständige und ursprunghafte" Wahrheit die „unteilbare Einung" und „vollendete Gemeinschaft" der Götter, sie ist der Grund dafür, daß diese alles Seiende denkend umfassen, „Alles zugleich (ὁμοῦ) erkennen". Wahrheit wird also als einigende Kraft eines absoluten Erkennens begriffen. – Siehe auch unten S. 57. 78.
[104] S. 53–64; bes. 57ff (Übersetzung von V 8,4).
[105] V 8,4,1.
[106] 4,4ff. Plotin thematisiert in diesem Text eindeutig den zeit-freien, sich selbst ganz durchsichtigen (διαφανῆ γὰρ πάντα), absoluten Nus, *nicht* den „intellectual process" des Menschen, wie dies I. Crystal (Plotinus on the structure of self-intellection, in: Phronesis 53, 1998, 264–286, hier bes. 279ff) diskussionslos annimmt. (Nicht zuletzt dadurch, daß der Autor zumindest in seiner in den Anmerkungen dokumentierten Kenntnis der Forschungssituation auf englischsprachige Literatur begrenzt ist [als Ausnahme ein Hinweis auf J. Pépin in Anmerkung 2, auf den allerdings bereits z.B. der von ihm unmittelbar danach zitierte L.P. Gerson, Plotinus (1994) 248, Anm. 46, Bezug nimmt], glaubt er seine Überlegungen zu Plotins ‚self-intellection' als innovativ suggerieren zu können.)

als „sehendes" Denken – wie Lynkeus[107] – Alles Einzelne auf das Ganze des Denken-Seins hin durchdringt, es aus unterschiedenen Perspektiven als deren eigene Einheit sichtbar macht, – dieses Leben des Geistes *ist Weisheit*[108]: „Weisheit, die nicht durch Schlüsse hervorgebracht wird, weil sie immer schon ganz war und in nichts unvollständig, so daß sie des Suchens bedurft hätte; sie ist vielmehr die erste und kommt nicht von einer anderen her; und das Sein ist selbst Weisheit, aber nicht ist ein Selbst da und danach erst wäre es weise. Deshalb ist keine (Weisheit) größer als sie, sie ist die Wissenschaft-selbst, die dort Beisassin des Geistes ist, indem sie mit ihm zusammen in Erscheinung tritt, so wie man Dike in der Nachahmung der intelligiblen Welt Beisassin des Zeus nennt... Die Größe und die Macht der Weisheit mag man daran ermessen, daß sie bei sich hat und hervorgebracht hat das Seiende und das Seiende folgte ihr, *sie* selbst *ist* das Seiende, es ist mit ihr zusammen geworden, Eins sind beide und das Sein ist die Weisheit dort"[109]. Der letzte Satz dieses Textes suggeriert zwar durch „hat das Seiende hervorgebracht" etc. zunächst gemäß zeithafter Vorstellung ein Nacheinander, hebt diese aber unmittelbar in Identitätsaussagen auf, deren letzte Sein und Weisheit ineins denkt. Die Seins-gründende Wirkung der Weisheit mag analog zu der das Sein des Nus im Ganzen – als Hypostasis – bestimmenden Hinwendung des Denkens in seinen Ursprung verstanden werden: die Umkehr des Hervorgangs (aus dem Einen) begrenzt oder bestimmt sich selbst als denkendes und zugleich von ihm selbst gedachtes Sein.

Die Identität *in* der in ihr zugleich aufgehobenen Differenz zeigt sich in sich spiegelnden Sätzen: „Die wahre Weisheit ist Sein, das wahre Sein ist Weisheit"[110]. ‚Wahrheit' kommt dem Sein von der Weisheit her zu; diese ist „Grund" des als Wahrheit mit sich selbst und seinen „Gegenständen" übereinstimmenden Denkens[111]. Oder: der Akt des denkenden Selbstbezugs des Geist-Seins ist ein Wesensmoment seiner ihn als ganzen bestimmenden Weisheit und Wahrheit. Sein also ist nur denkbar als eine (sich) selbst denkende und zugleich gedachte Kraft; weil Denken sein

---

[107] 4,25.
[108] 4,36.
[109] 4,36–47.
[110] Ebd. 5,15f: ἡ ἄρα ἀληθινὴ σοφία οὐσία, καὶ ἡ ἀληθινὴ οὐσία σοφία. Vgl. auch V 9[5] 11,25.
[111] 5,16f.

eigenes Sein denkt und nur auf es hin und durch es sich selbst denken kann, ist Sein zugleich Grund *und* „Resultat" von Denken[112]. Der so gedachte Selbstbezug des Geistes als Wahrheit und Weisheit artikuliert in sich die Ideen *als* das Selbst dieses Denkens. Plotin nennt sie „Bilder" oder „*Götter*bilder" (ἀγάλματα; dies legt der Zusammenhang nahe, in dem Ideen als Götter begriffen werden sollen), „die durch sich selbst eingesehen werden, so daß es eine Schau gibt überglückseliger [ganz glückseliger] Schaunisse"[113]. Dieser Bereich des Göttlichen ist also – gemäß der gesamten Tradition griechischen Denkens – auch als der des intensivsten Glücks zu verstehen.

Der noetische Charakter der Einheit oder des gegenseitigen Einschlusses von Sein, Wahrheit und Weisheit[114] zeigt sich auch in deren unmittelbarer Verbindung mit „Wissen-selbst" oder „Wissenschaft-selbst" (αὐτοεπιστήμη[115]). Plotin reflektiert dabei auf Gedankengänge des platonischen ‚Parmenides' und ‚Phaidros'. Ohne sich von der Aporetik in Platons Überlegung, ob die Ideen für uns wissbar und erkennbar seien, irritieren zu lassen, kann Plotin an Platons Andeutung eines absoluten, göttlichen Wissens für seinen eigenen Nus-Begriff durchaus anknüpfen: daß das, was wirklich Wissen ist oder das Wissen selbst – im Unterschied zu menschlichem Wissen –, ein Wissen dessen ist, was Wahrheit wirklich oder an sich *ist*[116]. Diese Form ‚idealen' (auf Ideen bezogenen) oder „genauesten" Wissens (ἀκριβεστάτη ἐπιστήμη) kommt einzig Gott zu[117]. Wissen-selbst also ist Gott, Gott ist – wenn man ihn bestimmen sollte – absolutes, genauestes Wissen.

Dieser Gedanke aus dem ‚Parmenides' fügt sich gut zu Plotins explizitem Bezug zu Platons Beschreibung der „Ebene der Wahrheit" im ‚Phaidros': auf ihr wird dem Nus der Seele das wahre Sein der Ideen einsich-

---

[112] V 1,4,27f: ὁ μὲν νοῦς κατὰ τὸ νοεῖν ὑφιστὰς τὸ ὄν, τὸ δὲ ὂν τῷ νοεῖσθαι τῷ νῷ διδὸν τὸ νοεῖν καὶ τὸ εἶναι.
[113] V 8,4,42–44: Πάντα γὰρ τὰ τοιαῦτα ἐκεῖ οἷον ἀγάλματα παρ' αὐτῶν [H-S²] ἐνορώμενα, ὥστε *θέαμα εἶναι ὑπερευδαιμόνων θεατῶν* (Zitat aus Platons Phaidon III a 3). Zur Verbindung von Sehen der absoluten Schönheit und der darin begründeten Glückseligkeit vgl. Augustinus, de civ. dei X 16 (wohl mit Blick auf Plotin I 6,7,32–34). – Für die Analogie der *Bilder*-Schrift zur Einheit des Denkens: oben S. 23f.
[114] Vgl. den in Anm. 110f zitierten Text aus V 8,5,15f.
[115] Ebd. 4,40.
[116] Parm. 134 a 3f. 12.
[117] 134 c 11. d 10.

tig[118], er sieht den „Glanz" der wahren Schönheit des Intelligiblen[119]. Plotin spielt am Anfang der Passage, die die Selbstdurchlichtung des absoluten Denkens und die Einheit von Sein und Weisheit entwickelt, auf die Metaphorik des ‚Phaidros' an: die Wahrheit sei „Erzeugerin und Ernährerin und Sein und Nahrung" denen, die dort Alles sehen, „*nicht* [jedoch] das, dem Werden anhaftet"[120], sondern den Bereich des zeit-enthobenen Intelligiblen, welches reines Sein (οὐσία) ist. Die Phrase „*nicht* das, dem Werden anhaftet", οὐχ οἷς γένεσις πρόσεστιν, hat Plotin seinem der Intention nach analogen Kontext aus dem ‚Phaidros' angepaßt, wo sie mit anderem Relativpronomen (ᾗ) auf das reine Wissen des Seins (dieses im Kontext mit anderen Formen des An-sich-Seins, der Ideen) bezogen ist: „[die Seele] sieht Wissen, freilich nicht ein solches, dem Werden anhaftet, und auch nicht ein solches, das als ein verschiedenes in einem Verschiedenen ist, bezogen auf das, was wir Seiendes nennen, sondern das Wissen, das in dem ist, was seienderweise [wahrhaft] Sein ist"[121]. Plotin hebt den zweiten Teil dieses Satzes im Blick auf „Wissen" oder „Wissen-selbst" am Ende des für die Einheit von Sein, Wahrheit, Wissen und Weisheit maßgebenden Textes eigens mit Hinweis auf Platon – von dessen Formulierung etwas abweichend – heraus: „Über das Wissen dort [im Bereich des absoluten Nus], das auch Platon meinte, wenn er von ihm [negativ unterscheidend] sagt: ‚nicht dasjenige, was als anderes in einem Anderen ist'[122] – was dies aber bedeute, dies zu suchen und zu finden, hat er *uns* überlassen, wenn wir der Benennung [Platoniker] würdig sein wollen". Plotin konnte in dem ‚Sein des Wissens in einem von ihm Verschiedenen' eine Distanzierung des Denkens, Wissens und Aussagens von seinem Gegenstand nach dem Modell der sinnlichen Wahrnehmung sehen, die ihrem Gegenstand äußerlich bleibt. Dieses Sein in einem Anderen – also die Differenz von Denken und Gedachtem, Wissen und Gewußtem, Wahrheits-Aussage und in ihr gemeinter „Sache" – ist im Bereich des Absoluten freilich aufgehoben zugunsten einer Einheit oder einer intensiven Zusammengehörigkeit der Unterschiede. Wissen – das „Wissen-selbst" –

---

[118] 247 c 7. 248 b 6.
[119] 249 b 5. 250 b 2ff. c 4. 8ff. d 7.
[120] V 8,4,2f. Phaidros 246 e 2. 247 d 4: [ψυχὴ] θεωροῦσα τἀληθῆ τρέφεται. e 3: τὰ ὄντα ὄντως θεασαμένη καὶ ἑστιαθεῖσα. 251 b 5.
[121] Phaidros 247 d 6–e 2. Plot. V 8,4,3f.
[122] V 8,4,53: οὐδ' ἥτις ἐστὶν ἄλλη ἐν ἄλλῳ, statt Platon Phaidros 247 d 7f: οὐδ' ἥ ἐστίν που ἑτέρα ἐν ἑτέρῳ οὖσα...

*absolutes* Wissen oder Denken *ist* – gemäß dem plotinischem Verständnis der platonischen Formulierung – konstitutiv *im Sein selbst, in* dem, was es denkt und weiß, *mit ihm identisch*[123].

Der Reflexion über diesen Zusammenhang von reinem Sein und Denken mit Weisheit als dem Wesensmoment von beider Einheit kommt Plotin in seiner (gegenüber V 8[31]) relativ frühen Schrift „Über die drei ursprünglichen Wesenheiten" (V 1[10]) sehr nahe. Im Aufstieg aus der Bewunderung von Größe, Schönheit und Ordnung der sinnenfälligen Welt auf deren Ur-Bild (ἀρχέτυπον) hin wird der Denkende des Intelligiblen ansichtig, das zeitfrei „in dem ihm eigenen Bewußtsein und Leben" bleibt; des Intelligiblen „Beschützer" ist der „reine Geist und die *unermeßliche Weisheit* (σοφία ἀμήχανος[124]) und das Leben dort ist gleichsam ein Leben unter Kronos, eines Gottes, der Sattheit und Geist [κόρος – νοῦς] ist": Geist, der selbstgenügsam und vollendet in sich „immer schon" er selbst ist und so nichts durch Denken *sucht,* was er noch nicht hätte – wie das dianoetisch in Zeit verflochtene Denken –, sondern der „nichts in sich selbst hat, was er *nicht* denkt"[125]. – Gegen die gnostische Mißachtung und Schmähung des Kosmos stellt Plotin aus der Einsicht in die ihn bestimmende Ordnungsstruktur entschieden dessen Verweis-Charakter auf seinen göttlichen Grund heraus: als „zusammenhängender, klar in sich gegliederter [gegenüber: ἀδιάρθρωτον], durch Fülle und Allgegenwart seines Lebens verweist er auf unermeßliche Weisheit" (σοφίαν ἀμήχανον ἐνδεικνυμένη) – „wie sollte man dann nicht von ihm [wie Platon Tim. 37c] als einem klaren und schönen Bild [ἄγαλμα] der intelligiblen Götter sprechen"[126]?

In der Diotima-Rede seines ‚Symposions' hat Platon – den „großen Daimon" Eros und den Begriff des philosophischen Eros (ἔρως) charakterisierend – den *Philosophen* als einen nach Weisheit Strebenden prononciert von der *Weisheit der Götter* unterschieden: „Von den Göttern philosophiert keiner und strebt auch nicht danach, weise zu werden – denn er *ist* es – und wenn ein Anderer weise sein sollte, philosophiert er nicht"[127]. Philosophieren ist für Platon ein bewußter Lebensvollzug

---

123 Vgl. V 8,4,46ff. V 1,4,26–28.
124 analog dem ἀμήχανον κάλλος: Platon, Politeia 509 a 6.
125 V 1,4,5ff.
126 II 9,8,13–16.
127 204 a 1f. Vgl. auch Lysis 218 a.

„zwischen" (μεταξύ[128]) Nicht-Wissen und Wissen oder Bewußtsein eines gegenüber seiner absoluten göttlichen Form, der Weisheit, defizienten Wissens. Eros – selbst ein Wesen „in der Mitte von Weisheit und Unwissen" – philosophiert deshalb nicht nur selbst „sein ganzes Leben hindurch"[129], sondern als Strukturmoment des menschlichen Denkens und Handelns bewegt er dieses spontan durch ein dialogisches Fragen in Bereiche hinein, die den Blick auf das Sein im reinen, eigentlichen, d.h. intelligiblen und unaufhebbaren Sinne – die Idee – freigeben und diese Einsicht zum Maß des Handelns werden lassen[130].

Dadurch daß Platon σοφία in ihrer höchsten und „idealen" Form dem Göttlichen vorbehalten will – dokumentiert nicht zuletzt durch des Sokrates' Suche nach Aufklärung des pythischen Spruches ‚Keiner sei weiser als er'[131] als einer Form der Aufklärung seines eigenen Bewußtseins –, hat er den religiösen oder „theologischen" Charakter dieses Begriffes, den dieser bisweilen schon vor ihm hatte, entschieden bestärkt[132]. Plotin nun, obgleich er ‚Weisheit' im bedingten Gefolge der Stoa auch als *Tugend* versteht[133] und sie als eine Stufe auf dem Weg zur Einung mit dem Einen einschätzt[134], folgt Platon in dieser Absicht: Weisheit in ihrer intensivsten Form ist zusammen mit Wissen, Wahrheit und Schönheit in deren eigentlicher Bedeutung ein Wesensmoment des reinen Seins und absoluten Denkens, oder: Weisheit ist diese reflexive

---

[128] 204 b 5. Zum Mitte-Charakter des Eros bei Plotin vgl. III 5,7.
[129] 203 e 5. d 7.
[130] 210 a – 212 a. W. Beierwaltes, Marsilio Ficinos Theorie des Schönen 10–16. K. Sier, Die Rede der Diotima. Untersuchungen zum platonischen Symposion, Stuttgart 1997, 19ff (Wesen und Beschaffenheit des Eros); 91ff (Wirken des Eros).
[131] Apol. 21 a ff. Siehe auch Phaidros 246 d 8 – e 1: τὸ δὲ θεῖον καλόν, σοφόν, ἀγαθόν, καὶ πᾶν ὅτι τοιοῦτον und Philebos 30 b/d: der βασιλικὸς νοῦς des Zeus ist σοφία.
[132] Herausragend *Heraklit*, der der Gottheit die höchste Form von Weisheit (ἓν τὸ σοφόν) als der Kraft zudenkt, die alles einander Widerstrebende oder Gegensätzliche in Eins – in ein in sich zu sich selbst Verschiedenes – fügt. Zur Interpretation der σοφόν-Fragmente (50, 41, 32, 108, 83, 56, 118, 112, 35) und darin zur Differenzierung von göttlicher und menschlicher Weisheit vgl. B. Gladigow, Sophia und Kosmos, Untersuchungen zur Frühgeschichte von σοφός und σοφίη (Spudasmata I), Hildesheim 1965, 75–124, bes. 84ff.
[133] z.B. I 2,6,12ff. 7,6f. I 3,6,18–20. I 4,9,13ff. 15,3ff. Verbindung zu *absoluter* νόησις, ἐπιστήμη, σοφία: I 2,7,3f.
[134] VI 9,11,47f: πάλιν κουφισθήσεται δι' ἀρετῆς ἐπὶ νοῦν ἰὼν καὶ σοφίαν καὶ διὰ σοφίας ἐπ' αὐτό, „leicht gemacht [erhoben] durch Tugend zu Geist hin gehend und Weisheit und durch Weisheit zu Ihm [zum Einen]".

Einheit selbst; aufgrund der Göttlichkeit des Nus ist sie als deren Denkvollzug selbst *göttlich*.

Ein in dieser Weise begriffenes, als absolutes Denken bestimmtes Sein von Weisheit konnte Plotin als Gegenentwurf und als „rationale" Korrektur mancher *gnostischer* Konzeptionen von σοφία verstehen[135]. In dieser Intention steht sie gegen eine Weisheit, deren Wesen und Wirkung sich vielfach in einem Drama der Emanation aus dem Pleroma – „Fall" oder „Sprung" aus ihm heraus – und der Rückkehr zu dessen Wiederherstellung sich zeigt, in Paarungs- und Zeugungsmetaphorik und in Geschichten beschrieben, die die Entwicklung von Leidenschaften, die Erzeugung von Unwissenheit und Vermessenheit, aber auch Erleuchtung als das Tätigsein der „Weisheit" spiegeln. Bei den zweifellos – trotz scharfer Differenzen – bestehenden Analogien zwischen bestimmten Fassungen des gnostischen Pleroma zum plotinischen Nus[136] ist wohl weniger an eine Prägung Plotins durch die Gnosis als vielmehr an Einflüsse der platonischen Tradition auf einzelne Aspekte gnostischer Theoreme zu denken. In seiner Schrift „Gegen die Gnostiker" (II 9[33]), die in den Kontext der „Großschrift" gehört, in dem auch die im jetzigen Zusammenhang diskutierten Traktate „Über die geistige Schönheit" (V 8) und über die Immanenz des Intelligiblen in der Hypostasis Geist (V 5) stehen, hat Plotin die Ambivalenz der gnostischen Sophia thematisiert: als „Alles

[135] Auf die mögliche Funktion von Plotins Begriff der Weisheit in seiner Auseinandersetzung mit der Gnosis habe ich schon in „Denken des Einen" 62f hingewiesen. – Zu Hans Jonas' These über Plotin als einen „Gnostiker" vgl. ebd. 94f. Für die Frage nach dem Verhältnis von neuplatonischer Philosophie zu den unterschiedlichen gnostischen Systemen und zur gnostischen Denkform im allgemeinen siehe: Neoplatonism and Gnosticism, ed. R.T. Wallis, J. Bregman, Albany 1992. K. Alt, Philosophie gegen Gnosis. Plotins Polemik in seiner Schrift II 9. Abhandlungen der Akademie der Wissenschaften und Literatur Mainz, Geistes- und Sozialwissenschaftliche Klasse 1990, 7. Abhandlung. F. García Bazán, Plotino y la Gnosis, Buenos Aires 1982. – Obgleich lange vor der Entdeckung von Nag Hammadi geschrieben, die den Fundus gnostischer Texte spektakulär erweiterte und so auch eine neue Möglichkeit des Verstehens der Gnosis schuf, ist immer noch bedenkenswert: C. Schmidt, Plotins Stellung zum Gnosticismus und Kirchlichen Christentum, Leipzig 1901; zu σοφία bes. 38ff.

[136] H.-C. Puech, Plotin et les Gnostiques, in: Les Sources de Plotin (wie Anm. 35) 159–190. H.J. Krämer, Der Ursprung der Geistmetaphysik 243ff. J.M. Dillon, Pleroma and Noetic Cosmos: a comparative study, in: Neoplatonism and Gnosticism (vgl. Anm.135) 99–110. J. Pépin, Theories of procession in Plotinus and the Gnostics, ebd. 297–335. Abhandlungen von D. O'Brien, P. Hadot und J. Igal in: Neoplatonism and early Christian thought, Essays in honour of A.H. Armstrong, London 1981, 108–149.

übertreffenden Unsinn" bezeichnet er die Ansicht der Gnostiker, daß zum einen sich die Seele und „eine gewisse Weisheit"[137] herabneige oder herabsteige, daß die mitherabgestiegenen Seelen „Glieder der Weisheit" sein sollen und in Leiber der Menschen eintauchen, daß der Demiurg von seiner „Mutter abgefallen sei" und dann die Welt (als eine vor allem zu schmähende) schaffe, daß aber zum anderen Sophia wiederum auch *nicht* herabsteige, sondern in ihr selbst bleibe...[138]. Welche Konsequenzen dies in einem präzisen Sinn für die Welt haben sollte, bleibt in wesentlichen Aspekten unaufgeklärt. Klar aber ist, daß der gnostisch gedachte Kosmos keinesfalls zum Ausweis oder Zeichen einer ihm transzendenten und zugleich in ihm erscheinenden göttlichen Weisheit werden kann; im Gegensatz zu dieser ob ihrer radikalen Defizienz primär negativ eingeschätzten Welt vermag der plotinisch gedachte Kosmos durch seine rationale Weisheits-Struktur und damit auch durch seine ihn in seiner Erscheinung bestimmende intelligible Schönheit auf seinen Grund – den Nus und letztlich das Eine/Gute – zu verweisen und so zum sinnfälligen Ansatz für eine denkende Rückkehr in ihn werden[139].

Plotins Identifikation von Weisheit mit dem absoluten Nus und mit dessen von ihm als sein eigenes Selbst gedachten Sein, seine Verbindung von σοφία mit anderen Wesensmomenten des Geistes – der Wahrheit und Schönheit – zu einer sich durchlichtenden Einheit, seine Einschätzung der σοφία als intensivster Seinsweise des Göttlichen *nach* dem Einen selbst, macht sie anschlußfähig an die *christliche* Konzeption von Weisheit, sofern sie mit dem göttlichen Wort oder Geist als identisch gedacht wird. Historisch verifizierbare Spuren führen innerhalb dieses Theorems mindestens zu Augustinus[140] und in der Renaissance des Platonismus zu Marsilio Ficino. Eine überzeugende sachliche Analogie ist in des Nicolaus Cusanus Begriff der göttlichen ‚sapientia' realisiert, die

---

[137] Allseele *als* Sophia? Zur gnostischen Behauptung eines Falls der Seele, die durch einen „Fehltritt" (σφάλμα) verursacht sein soll: II 9,4,1ff.
[138] II 9,10,19ff.
[139] Vgl. z.B. in II 9: 4,26. 8,13ff (dazu oben S. 49). 44–46. 9,39f. 16,51ff. 17,33ff. Zur Bedeutung der Materie im Kontext der Auseinandersetzung Plotins mit der Gnosis: D. O'Brien, Théodicée Plotinienne, Théodicée Gnostique, Leiden 1993.
[140] Vgl. z.B. de libero arbitrio 2,15,39. de trinitate XIII 19,24. W. Beierwaltes, Regio beatitudinis 38. Zu Eriugenas Satz als einer Bestimmung Gottes: „Divina ignorantia summa ac vera est sapientia" vgl.: „Absolutes Selbstbewußtsein", in: W. Beierwaltes, Eriugena 180–203. – Vgl. auch unten S. 82f.

nicht nur mit dem ‚Verbum divinum', sondern in gleichem Sinne und in gleicher Intensität mit dem ‚intellectus' oder ‚conceptus absolutus' Gottes eins ist. – Die platonisch-aristotelische Tradition ist in ihrer christlichen Aufnahme und Umformung verbunden und wesentlich mitbestimmt durch die Weisheitslehre des Alten Testaments[141].

## 3. *Geist ist Schönheit:* κάλλος νοητόν

Die erste Schrift Plotins – die sechste in der Anordnung des Porphyrios – hat den Begriff des *Schönen* zum Gegenstand (I 6: Περὶ τοῦ καλοῦ)[142]. In vielen Aspekten ist das platonische ‚Symposion' der inspirierende Ausgangspunkt des plotinischen Gedankens[143]. Dies zeigt sich gleich am Anfang dieses Traktats: wie Platon in seinem Dialog über Eros und Schönheit, so unterscheidet auch Plotin vielfältige Nuancen in der Bedeutung des Begriffes „schön"; dem Aufstieg des platonischen Eros folgend differenziert er *Stufen* des Schönen, die diesen Begriff und sein Sein in je intensiverer Weise bis zur Idee des Schönen hin als der höchsten Form des Schönen verwirklichen. So bedenkt Plotin das Schöne im Bereich der sinnlichen Wahrnehmung, des Sicht- und Hörbaren – dies heißt in Bildern und Farben, in Musik und Rhythmus –, aber auch im

---

[141] Prov. 8,22ff. 9,1ff. Sir. 1,1–20. Sap. Salomonis 6,12–8,18. 9,4. Hierzu: M. Hengel, Judentum und Hellenismus, Tübingen 1973, bes. 275ff, über „hypostasierte" Weisheit, selbst wiederum „hellenistisch" mitbestimmt. J. Blank, Die Sinnfrage als Thema der alttestamentlichen Weisheitsliteratur, in: Pommersfeldener Beiträge, hg. v. C. Bussmann u. F.A. Uehlein, Frankfurt 1977, 45–72.

[142] Zum Begriff des *Schönen* bei Plotin vgl. A.H. Armstrong, Beauty and the Discovery of Divinity in the Thought of Plotinus, in: Plotinian and Christian Studies, London 1979, Nr. XIX. Im Zusammenhang mit dem Form- und Bild-Begriff: F.M. Schroeder, Form and Transformation. A Study in the Philosophy of Plotinus, Montreal & Kingston 1992, 3ff. 56ff. J.-M. Narbonne, Action, contemplation et intériorité dans la pensée du beau chez Plotin, in: Dioti 4, 1998, 63–74. C. Horn, Plotin, in: Ästhetik und Kunstphilosophie, hg. v. J. Nida-Rümelin u. M. Betzler, Stuttgart 1998, 641–648. Margaret R. Miles, Plotinus on Body and Beauty, Oxford 1999, entwickelt die vielfachen Perspektiven des Schönen im Kontext von Plotins philosophischer Gesamtintention; sie achtet dabei sorgfältig auf Plotins Einschätzung der körperlichen Schönheit: diese zu erfahren und zu begreifen, ist die Voraussetzung für die Einsicht in deren Grund, die geistige Schönheit. W. Beierwaltes, Marsilio Ficinos Theorie des Schönen im Kontext des Platonismus.

[143] 210 a-212 a.

Bereich geistiger Tätigkeiten, etwa in den Wissenschaften, und zuletzt im Bereich universaler menschlicher Praxis: in ihr realisiert sich das Schöne als deren innere formende Form oder als eine ethische Struktur der Seele – als ‚ἀρετή'. Die Skizze der möglichen Bedeutungen des Schönen weist schon darauf hin, daß das *Wesen* des Schönen nicht im Erscheinenden, dem sinnlich Scheinenden, also auch nicht in der unmittelbar anziehenden Schönheit von Körpern denkbar ist. Zwar wird dieser Seinsweise oder Konkretion des Schönen durchaus ein Wert in sich zugemessen, das Schön-Sein des sinnlich Erscheinenden beruht jedoch in einem ihm transzendenten Sein, welches dieses durch seine ihm eigene Intelligibilität als ein „geistiges Sein" *begründet*. Plotin stellt in diesem Kontext die Frage: Was ist das, was dem sinnlich Wahrnehmbaren, d.h. hier: den Körpern, gegenwärtig ist, ihnen als sie gestaltendes Schönes innewohnt? Was ist diese im Sinnlichen anwesende und es als ein Schönes zeigende Schönheit? Am Ende der Überlegung zu diesen Fragen (3,34ff) steht die einschränkende Auskunft, die aber ganz dem platonischen Gedanken und auch Plotins Fortentwicklung des Begriffs in V 8 entspricht: Das im Sinnlichen erscheinende Schöne ist lediglich Abbild, gleichsam ein ins Materielle sich werfender, der Idee des Schönen selbst entspringender lichter „Schatten"; das Schöne selbst ordnet oder formt jedoch die sinnliche Erscheinung, so daß schon dessen das Schöne im Abbild zeigender Anblick erschüttert oder zumindest Staunen, Bezauberung und Sehnsucht nach dem Grund dieser Erscheinung hervorruft. – Schönheit ist im Sinne Plotins – und auch darin folgt er Platon – nicht primär eine *ästhetische* Kategorie, sondern, zusammen mit dem Konzept des Guten im Ideal der Kalokagathia verbunden, eine *sittliche* Norm. Daß sie indes für eine Theorie der Kunst – also ästhetisch – bedeutsam werden kann, gründet darin, daß sie als ein ontologisches Strukturmoment der sinnenfälligen Wirklichkeit insgesamt zu denken ist. Dieses wiederum ist als ein gemeinsamer Bezugspunkt Voraussetzung des *Seins* von Kunst.

In der Antwort auf die Frage, was das sinnlich erscheinende Schöne schön mache, wehrt Plotin zunächst eine gängige, in ihrem möglichen Sinn allerdings reduzierte Bestimmung des Schönen ab: daß nämlich dieses mit dem „*Symmetrischen*" identisch sei. Symmetrie meint hier die äußere, mechanisch gedachte, leblose Zusammenstimmung von Teilen zu einer Einheit hin, die ein Ganzes sein soll. Hinzu kommen muß für diese Konzeption des sinnlich erscheinenden Schönen von der Symmetrie her eine ‚schöne, stimmige Farbe' (Analoges beim Klang der Musik).

Plotin bezieht sich dabei auf eine aus der stoischen Philosophie heraus tradierte Definition, die einigermaßen präzise in *Ciceros* ,Tusculanae Disputationes' IV 13,31 greifbar wird: „Ut corporis est quaedam apta figura membrorum cum coloris quadam suavitate eaque dicitur pulchritudo: sic in animo opinionum iudiciorumque aequabilitas et constantia cum firmitate quadam et stabilitate virtutem subsequens aut virtutis vim ipsam continens pulchritudo vocatur".

Plotins Epoché gegenüber dieser Weise des Definierens wird bis zu einem gewissen Grade verständlich, wenn man bedenkt, daß er zunächst eine sichtbare Symmetrie im Blick hat und deren Ambivalenz am menschlichen „Gesicht" plausibel machen möchte; bei diesem nämlich „ändert sich die Symmetrie seiner Teile nicht", es kann aber dennoch „bald schön und bald *nicht* schön erscheinen". „Schön" ist es durch seine in ihm sich zeigende geistige Lebendigkeit[144].

Einsichtig wird hier bereits Plotins Intention, das Schöne aus einem Sein und Wirken *geistiger Einheit* zu begreifen, für die nicht innere Relationalität, wohl aber eine reale, immanent trennende *Teil-*haftigkeit irritieren müßte. – Auch kann „Symmetrie" in einem rein *formalen* Sinne nicht als Wesensmoment des Schönen gelten. So versucht Plotin auch im Bereich der „Wissenschaften" für deren Thesen oder Lehrsätze (θεωρήματα) das Symmetrische als primären Grund von Schönheit abzuweisen. Sätze wie „Selbstbeherrschung ist Torheit" oder „Echte Gerechtigkeit ist Dummheit" (I,46ff) stimmen zwar unter einem formalen Gesichtspunkt zueinander[145], d.h. beide sind in sich gemäß den Regeln der Grammatik „richtig" gebildet, ihre logische Struktur ist die selbe. Achtet man hingegen auf ihre Sach-Aussage, dann müssen die gleichförmigen Sätze „inhaltlich" weder in ihnen selbst stimmig sein, noch müssen sie zueinander stimmen, die genannten zumindest – für unzählige ihrer Art stehend – können einer argumentativen Prüfung ihres *Gehaltes* nicht standhalten. „Schön" als in sich und untereinander „symmetrische" oder „stimmige" Sätze wären sie nur in einem rein äußerlichen Sinne. „Schön" – mit einem geläufigen Begriff des Symmetrischen identisch behauptet –

---

[144] d.h. durch seine Teilhabe am Eidos des Schönen. – Aber auch das physisch lebendige Gesicht ist schöner (auf ihm liegt „mehr der Glanz des Schönen") als das eines Toten (VI 7,22,27f).

[145] I,48f: σύμφωνον, σύνῳδον, ὁμολογεῖν πρὸς ἄλληλα. – Sachlich-Unsinniges, von vernünftig-begründendem Denken als solches erwiesen, kann in sich – formal gesehen – durchaus „stimmig" sein, Unmoral kann eine in sich „stimmige" Konsequenz haben.

kann also weder als Prädikat einer sinnlich faßbaren äußeren Zusammenordnung von Teilen, noch als formal-logische Kategorie oder als bloß formale Relationalität beliebiger, d.h. sachlich nicht zu begründender Inhaltlichkeit evident gemacht werden.

Die sinnliche Erscheinung des Schönen – so Plotins weiterführende These – gründet in deren je verschiedener Teilhabe an einer intelligiblen Gestalt, einer „jenseitigen" und dennoch inneren, formenden Form, an einem sich im Einzel-Schönen konkretisierenden Strukturprinzip, das in diesem einen sinnvollen Zusammenhang, Geordnetheit also und in sich differenzierte Einheit stiftet[146]. Es entspricht Plotins Platon-Verständnis, daß das sinnlich erfahrbare Schöne durch die Anwesenheit der *Idee* – als der belebenden inneren geistigen Form (μορφὴ νοερά) – schön *ist* und als solches benannt werden kann. „Die Idee tritt also hinzu; das was durch Zusammensetzung aus vielen Teilen Eins werden soll, das ordnet sie zusammen und führt es in *eine* vollendete Fügung, macht es Eins durch Übereinstimmung"[147]. Da die Idee des Schönen mit allen anderen Ideen zusammen im absoluten Nus ein in sich einiges Beziehungsgeflecht bildet und mit dessen Denken und Sein selbig ist, ist jede sinnliche Erscheinung der Idee auf den *Nus* als deren Ort und Wirkgrund rückführbar.

Der Gedanke Plotins, daß Schön-Sein in der Teilhabe an intelligibler Gestalt oder geistig formender Form gründet und durch sie eine in sich relational geordnete *Einheit* erhält, ist die Voraussetzung und der Ansatzpunkt für seine differenziertere und nicht mehr reduktive Einschätzung des Symmetrischen sowie von dessen sinnvoller Verbindung mit dem Schönen. Was in dem frühen Text I 6 schon überzeugend zum Ausdruck kam: daß der zeit-freie, absolute Nus die Dimension des eigentlich-Schönen sei[148], daß das durch ihn und in ihm gedachte Sein als „wahrhaftes" (ὄντα ὄντως)[149] mit dem Schönen identisch, dieses also ein Wesensmoment absoluten Seins und Denkens sei, – ein „göttlicher" Bereich, der

---

[146] μορφή, εἶδος, θεῖος λόγος: 2,14f. μετοχὴ εἴδους: 2,13.
[147] 2,19–21. Vgl. Plat. Phaid. 100 c 5. d 7f: τῷ καλῷ [i.e. durch die Wirkung oder „Gegenwart", παρουσία, der Idee] πάντα τὰ καλὰ...καλά. Symp. 211 b. Vgl. auch Plot. V 9,2,16ff. VI 7,32: Das an Schönheit Teilhabende hat Form, nicht aber das Schöne selbst, sofern dieses, wie in diesem Kontext, mit dem Einen gleichgesetzt wird. Siehe hierzu unten S. 60ff.
[148] I 6,6,17f. 9,34–37. 43. – Im 31. Traktat: V 8,13,11ff. 22.
[149] I 6,5,20. 6,21: τὰ ὄντα ἡ καλλονή ἐστιν.

„Quelle" des sinnlich *und* seelisch Schönen ist[150] –, stärkt und erweitert Plotin in dem Traktat V 8[31] „Über die geistige Schönheit" durch den Gedanken, daß Schönheit mit der reflexiven Bewegtheit des geistigen Seins, mit dessen in sich differenzierter und im Denken gelichteter Einheit und damit auch mit deren „Lebendigkeit" identisch ist. Diese in sich bewegte Einheit und reflexiv-lichte Lebendigkeit kann qua eigentliche Schönheit dann als das *im wahren und eigentlichen Sinne Symmetrische* und das im Denken und Aussprechen von Sein mit sich selbst Übereinstimmende begriffen werden: als absolute, d.h. zeit-freie und dem Denken „nur" innerliche *Wahrheit*. Diese reflexive, sich selbst denkende „wahrheitliche" Fügung der vielen Ideen zu der aktualen Einheit einer in sich bestehenden Hypostasis (Nus) ist demnach konsequenterweise als Schönheit durch die intelligible, im Denken der absoluten Wahrheit gründenden und wirksamen Symmetrie zu verstehen[151].

Plotin hat durch die Entfaltung seines Geist-Begriffs als des in sich einigen Zusammenhangs von ‚Sein – Denken – Wahrheit – intelligible Schönheit', als aktiver Symmetrie des Einzelnen auf das Ganze des Nus hin, in einer originellen Weise Platons Versuch[152] der Bestimmung des Guten im Kontext des Schönen, des Maßes, der Symmetrie, der Wahrheit und des Nus, der deren Zusammenhang bestimmt, aus der Dimension des in Zeit und Raum verflochtenen Strebens und Handelns des Menschen in die einer zeit-transzendenten Reflexivität erhoben. Dadurch werden die einzelnen Begriffe oder Strukturen, die als ontologischer Grund der Wirklichkeit insgesamt und als Bedingungen menschlicher Bestform (ἀρετή) zu begreifen sind, zu Wesensmomenten des

---

[150] 6,15ff.
[151] Der von Plotin auf äußere, „mechanische" oder formale Symmetrie eingeschränkte Begriff ist in diesem Verständnis – als Strukturmoment der Wahrheit und Schönheit des Nus – wesentlich erweitert, er ist sozusagen „schönheits"-fähig geworden. Diese Modifikation von „symmetrisch" oder „Symmetrie" zu einem Moment des Schönen selbst zeigt sich auch in folgenden Formulierungen an: Künste und Fertigkeiten, wie etwa die Baukunst, erhalten die Prinzipien (ἀρχαί) ihrer Tätigkeit, soweit sie Symmetrien anwenden, von „dorther", von den „Gedanken [der Zweck-Vernunft] dort", d.h. aus der Dimension des Intelligiblen, denn „Symmetrie von Allem [ist] in dem Bereich des *Geistigen*" – τὴν ἐν τῷ νοητῷ περὶ πάντα συμμετρίαν (V 9,11,9f.). – σύμμετρον und καλόν sind auch synonym gebraucht als zusammengehörende Charakteristika der „Beste unserer selbst" realisierenden Lebensform: ζωὴ ἐναργὴς καὶ νοερὰ καὶ καλή (VI 7,30,34ff).
[152] Philebos 64 e ff. 66 a b. W. Beierwaltes, Marsilio Ficinos Theorie des Schönen 16ff. Plotin besonders S. 18ff. – VI 7,30,32ff.

absoluten Seins und Denkens, unter denen jedes einzelne seine Eigentümlichkeit oder Differenz zeigt und sie zugleich in das Ganze zugunsten einer dynamischen Identität aller aufhebt. Dadurch ist diese absolute Form reflexiven Seins nicht vom Menschen schlechthin „abgehoben" oder getrennt, vielmehr gilt die Einheit dieser Wesensmomente im Nus als das Ziel denkender und ethischer Veränderug der menschlichen Psyché, ihrer Transformation und inneren Erhebung in diesen Bereich und somit in das eigentliche Selbst des Menschen[153].

Reflexionen über Wesensmomente des absoluten Nus wie Wahrheit und Schönheit sind für Plotin alles andere als abstrakt-cerebrale Übungen, sondern wesentlich als Maß-gebende Impulse für die philosophische Lebensform. Ihr bestimmender Grund ist das „innerlich-Schön-Sein" des Menschen[154]. Dieses schafft er sich selbst durch intensive Abstraktion (ἀφαίρεσις) oder Befreiung von dem ihm „Anderen" oder Äußerlichen, Sinnenfälligen, durch Rückwendung also von Denken und Emotionalität in sein Inneres, analog der Arbeit eines Bildhauers, der aus dem noch ungeformten Stein die ihm immanente Gestalt (die „Idee") herausschafft, indem er „hier etwas fortmeißelt, dort etwas ebnet, dies glättet, und ein anderes klar [glänzend] macht, bis er das schöne Antlitz an dem Bildnis zustande gebracht hat"[155]. So soll der Mensch „sein eigenes Bild bauen", indem er sich selbst in einer Reflexion auf das Schöne, Gute und Eine selbst diesem ähnlich macht oder in sich die ihn formende Ähnlichkeit zum Sein des Intelligiblen und zum Ersten Ursprung hin entdeckt und eben diese in sich selbst als höchste Form von Areté als Maß seines Lebens verwirklicht – „bis dir hervorstrahlt der gottförmige Glanz der Tugend, bis du die Sophrosyne [Besonnenheit] erblickst ‚thronend auf ihrem heiligen Sitz'"[156]. Das Sehen der „großen Schönheit"[157] formt den Sehenden in deren eigenen Glanz um: „Du wirst ganz und gar reines,

---

[153] Dies schon in I 6,7,1ff. 8,3ff. 9,7ff. 9,32ff – mit dem Ziel der Berührung des Einen/Guten über den Nus hinaus und dessen Einung mit ihm. – Paradigmatisch für das Geist-Werden (νοωθῆναι): V 3. Vgl. hierzu W. Beierwaltes, Selbsterkenntnis 107. 116. 191. 251. V 8,10,26. 11,20f. 13,19–22: ἐπεὶ καί, ὅταν καὶ αὐτοὶ καλοί, τῷ αὑτῶν εἶναι, αἰσχροὶ δὲ ἐπ' ἄλλην μεταβαίνοντες φύσιν· καὶ γινώσκοντες μὲν ἑαυτοὺς καλοί, αἰσχροὶ δὲ ἀγνοοῦντες. Ἐκεῖ οὖν κἀκεῖθεν τὸ καλόν. Unten S. 97ff.
[154] Vgl. Platon, Phaidros 279 b 9: καλῷ γενέσθαι τἄνδοθεν (aus dem Gebet des Sokrates).
[155] I 6,9,9–11.
[156] Platon, Phaidros 254 b 7.
[157] Plot. I 6,9,25: μέγα κάλλος.

wahres Licht"[158]. Im Maße der Mensch in einer bewußten Konzentration auf seinen eigenen Grund mit sich selbst und mit Ihm eins wird, erreicht er innere Schönheit und Selbstdurchlichtung als Bedingung *und* Vollzug eines philosophischen Lebens.

Die Identifikation von Schönheit und reflexiv in sich differenzierter Einheit als Dimension reiner, *absoluter* Intelligibilität, die ich bisher schon im Blick hatte, vollzieht Plotin expressis verbis in V 8,9 und 10; sie gründet in denjenigen Gedankenzügen, die er zur Identifikation von Sein und Denken als *Weisheit* in c. 4 und 5 entwickelt hat.

Plotin gibt gemäß der zuvor angedeuteten Methode der Abstraktion vom Sinnenfälligen ins Geistige hinein, das zugleich das in sich Einigere ist, die Anweisung: Wer der intelligiblen Schönheit auf der „Ebene der Wahrheit" ansichtig und mit ihr in seinem eigenen Sein verbunden werden wolle, und wer diese Intention verfolgend imstande sei, im Blick auf den Kosmos eine Alles in ihm zugleich (ὁμοῦ πάντα) umfassende Vorstellung zu bilden: die der äußeren Himmelssphäre mit der der Sonne, der Erde, des Meeres und aller Lebewesen zu vereinen und so wie in einer „durchscheinenden Kugel" (σφαῖρα διαφανής) Alles zumal – jedes Einzelne in Bewegung oder Ruhe – zu sehen, der müsse zwar diese ursprüngliche, vom Sinnenfälligen ausgehende Vorstellung bei sich festhalten, aber zugleich von dem Materiellen oder Massehaften in ihr abstrahieren (ἀφελὼν τὸν ὄγκον). Wenn die Anrufung des Gottes und dessen Kommen nicht bloße Metapher oder rhetorische πειθώ sein sollten, dann wird er nicht ohne Mithilfe des Gottes den göttlichen Nus begreifen können: als eine sich selbst denkende Einheit, in der jeder einzelne Gott oder jeder Denk-Gegenstand, jede einzelne Idee – in auffälliger Analogie zur Erörterung des selben Gedankens im 4. Kapitel der selben Schrift – mit dem anderen unmittelbar eins ist und in ihm selbst zugleich das Ganze perspektivisch repräsentiert, so daß sich die durch Denken bewegte Relationalität zu einer Identität *in* oder *aus* der Differenz der einzelnen Momente fügt, zu einer dynamischen All-Einheit[159]: „der Eine [Gott], der doch sie alle [die einzelnen Götter][160] ist und jeder Einzelne ist Alle,

---

[158] Ebd. Z. 18.
[159] V 8,9,1ff. 10,18. Zu σφαῖρα διαφανής vgl. auch ebd. 4,4: διαφανῆ γὰρ πάντα, und V 5,2,15: ἐναργὴς αὐτὸς (ὁ νοῦς) αὐτῷ. VI 7,15,25: νοῦς als σφαῖρα ζῶσα ποικίλη. Hierzu unten S. 77ff.
[160] Götter als Ideen und Ideen als Götter vgl. oben S. 44f.

auf eine Einheit hin sind sie zusammen, nach ihrer jeweiligen Mächtigkeit sind sie zwar verschieden voneinander, durch jene Eine gewaltige Macht in ihnen jedoch sind sie Einer; vielmehr der Eine ist Alle; denn er läßt nicht nach, wenn jene Alle [Er] werden – *zugleich* sind sie und dennoch ist jeder vom Anderen unterschieden in einem abstandlosen Abstand"; als *intelligibles* Sein ist „jeder der ganze in sich" (im Gegensatz zur trennenden Differenz im *Materiellen*); die Eine Mächtigkeit dieses gegenseitig in ihren Momenten sich durchdringenden Ganzen „geht ins Unendliche fort, ist ins Unendliche mächtig"[161]. Diese unendliche Mächtigkeit nicht des Einen, sondern der intelligiblen Sphäre bedeutet für sie selbst, daß das in ihr Unterschiedene (χωρίς[162]) ins Ganze aufgehoben ist, ohne seine Eigentümlichkeit als Idee oder Kategorie (etwa στάσις, κίνησις) zu verlieren. In dieser Einheit, in der jedes Einzelne im je Anderen ist und zugleich korrelativ das Ganze selbst ist, ist auch das Schöne mit dem Sein identisch[163]. Anziehend, oder Ziel der Sehnsucht und des Eros sind beide je für sich – das Sein und das Schöne – gerade aufgrund ihrer Identität: im einen wird zugleich das andere, von ihm untrennbar, angetroffen, so daß keines – eines dem anderen vorgeordnet – die Ursache des anderen sein könnte: sie sind „Eine [in sich gleiche] Wesenheit" – μία φύσις[164].

Wenn also Sein, Denken (νόησις), Wahrheit als Selbstübereinstimmung von Denken und Sein, Weisheit und Schönheit Wesensmomente des Nus als einer reflexiven, sich selbst *in* seinen Gegenständen durchdringenden Einheit sind, dann ist verstehbar, warum Plotin zumindest zögerte, das in sich relationslose und damit auch nicht-denkende Eine oder Gute als „schön" oder als das absolut und inkommensurabel „Schöne" zu benennen, ohne diese Aussage zugleich wieder zu modifizieren. In I 6,6,25f und 7,28f[165] identifiziert er noch ohne Einschränkung das Erste und Gute mit dem Schönen (καλλονή, κάλλος), von dem das Schön-

---

[161] V 8,9,16–26. 36f. VI 2,18,4f: Identität des Schönen mit dem Sein (οὐσία), Schönheit, wie Wahrheit, als dessen bestimmende Struktur.
[162] Siehe z.B. V 8,9,19f: ὁμοῦ δέ εἰσι καὶ ἕκαστος χωρὶς αὖ ἐν στάσει ἀδιαστάτῳ. VI 6,7,7: ὁμοῦ δὲ πάντων ὄντων ἕκαστον αὖ χωρίς ἐστιν. Z. 9: κεχώρισται. Analog hierzu der Begriff ἰδία δύναμις als Bezeichnung der Eigentümlichkeit des Einzelnen im Nus: V 9,6,9.
[163] Vgl. Anm. 161.
[164] V 8,9,42. Vgl. oben S. 40 zu V 5,3,1f: μία τοίνυν φύσις αὕτη ἡμῖν, νοῦς, τὰ ὄντα πάντα, ἡ ἀλήθεια.
[165] Vgl. auch V 9[5],2,8f: ἔσχατον, πρῶτον: ὃ παρ' αὐτοῦ καλόν.

Sein des Nus[166] und der Seele in unterschiedener Weise abhängt. Nicht aufgrund einer radikaleren Fassung der Einheit des Einen oder Guten[167], sondern eher aufgrund einer klaren Entfaltung von Relationalität und Reflexivität als der Konstituentien des Nus und damit auch der ihn bestimmenden Schönheit, kann das Eine/Gute nicht im eigentlichen Sinne als „schön" gedacht werden. Weil das vom Einen Verursachte in ihm nicht als reale Differenz sein kann, aber als In-Differenz, „vor dem Etwas"- oder als *Über*-Sein in eminenter Intensität in ihm sein muß, ohne daß es dieses in gegenständlicher oder intentionaler Form „hätte"[168] und sich dadurch selbst vervielfältigte (zu Vielem machte), kann das Eine angemessen im Grunde nur negativ oder hyperbolisch übersteigend mit dem Prädikat Schönheit bezeichnet werden: κάλλος ὑπὲρ κάλλος, περιουσία τοῦ κάλλους, ὑπέρκαλον, „Schönheit über Schönheit", „Überschönes", „Überfluß an Schönheit"[169], selbst nicht „bunt", d.h. in sich mannigfaltig, deshalb „über" Mannigfaltigkeit insgesamt und auch über dem „herrlich Schönen" (πάγκαλον[170]), welches als „Form" in sich bestimmt ist, demnach auch über allen Formen als das selbst „Form*lose*" (ἀνείδεον, ἄμορφον[171]), zugleich aber *Grund* der Form und damit auch des Schönen als geistiger Form; am radikalsten und im weitesten Sinne gesagt: Nichts von Allem und zugleich selbst Alles, weil es uneingeschränkter Grund und Ursprung von Allem ist[172] und als solcher auch das „Vermögen" zum Schönen und dessen „Blüte" ist[173], d.h. das, woraus sich das Schöne zu sich selbst entfaltet.

Trotz dieser an sich eindeutigen Aussagen, die als in einer Konzeption des Schönen als geistiger, formender Form *und* als einer Weise der Relationalität gründend verstanden werden könnten, bezeichnet Plotin im selben Kontext das *Erste* oder *Gute* klarerweise als Schönheit (καλ-

---

166  Diese Identifikation im selben Traktat (I 6) auch in 9,34–37.
167  Dies als Korrektur meiner Aussage in „Marsilio Ficinos Theorie des Schönen" 23, 3. Abschnitt.
168  Zum Modus der „Vor-Habe", wie sie vom Einen gedacht werden kann: W. Beierwaltes, Denken des Einen 48f. Selbsterkenntnis 158ff. 162.
169  VI 7,32,29. 32,33. 33,20. Analog: V 8,13,11.
170  VI 7,33,11.
171  VI 7,32,8f. 33,21. 30.
172  32,12ff. 33f.
173  32,31: Δύναμις οὖν παντὸς καλοῦ ἄνθος ἐστί. Funktion dieses Schönheits-Grundes, der selbst über dem Schön-Sein des Geistes „ist": καλλοποιόν, „schön"- oder „Schönes machend".

λονή[174]) oder die „erste Wesenheit des Schönen als gestaltlos"[175]. Will man für diese Aussagen nicht eine Achtlosigkeit des Autors oder einen emotionalen Überschwang gerade bei diesem Prädikat in Anspruch nehmen, dann sind sie meines Erachtens ein Zeichen partieller Rückkehr zur Position von I 6 *nach* differenzierterer Ausformung des Begriffs des Schönen in V 8, zugleich scheinen sie mir dem Gedanken zu entspringen, den ich zuvor schon andeutete: der erste Grund und Ursprung ist Alles, was er begründet, in einem eminenten Sinne, aufgrund seiner absoluten Transzendenz und Andersheit gegenüber dem Bereich des aus ihm Entsprungenen „ist" er dieses im Blick auf sein Gründen in negativer oder *un*eigentlicher Weise, das in sich Differente „ist" er in der „Form" der In-Differenz. *Un*eigentlichkeit des Schönen, im Gegensatz zu dessen Eigentlichkeit im oder als Nus, meint natürlich dessen höchste Intensität an Einheit, die dem Nus aufgrund von Differenz in ihm gar nicht zukommen kann; dem Ersten zugedacht ist dieses Prädikat analog den sprachlich in besonderer Epoché abgesicherten und in ihrer Intention geklärten Affirmationen in VI 8[176]. Es wäre allerdings auch zu erwägen, ob Plotin hier nicht dem *Geist* – wie in V 8 –, sondern doch dem Ersten, dem *Einen/Guten* primär und unmittelbar Schönheit zusprechen möchte. Dies hätte freilich zur Bedingung, daß zum einen das *Schöne* aus der Perspektive des Ersten nicht auf Form oder Idee eingeschränkt würde, zum anderen dadurch – will man es als das wahre Schöne sehen – das *Erste* nicht als Form – dies wäre eine Verringerung –, sondern nach wie vor als „form-los", weil vor ‚Etwas' und Bestimmung, Grenze und Gemessen-Sein „seiend", begriffen würde. „Es darf wohl das vielheitlich Schöne, nicht aber das wahrhaft Schöne oder Überschöne gemessen werden; wenn nicht dies, dann darf es auch *nicht geformt* werden und *nicht Gestalt* sein. Gestaltlos also ist das ursprünglich Schöne, das Erste, und die Schönheit ist jenes und die Wesenheit des Guten"[177]. Wenn es als wahrhaft Schönes in sich form-los sein soll, dann ist es dennoch als aktiv hervorbringender Ursprung von Schönheit (ἀρχή, καλὸν ποιεῖ) Grund der Form oder der Formen, die für das Schöne als *intelligible Sphäre* konstitutiv sind – für Schönheit als reflexive Einheit von Formen, die an der

---

[174] 33,22. Diese Identifikation bereits in I 6,6,26. Symp. 206 d 2: Καλλονή als Göttin [„das Schöne fügt sich zu allem Göttlichen": d 1f].
[175] VI 7,33,37f.
[176] Vgl. unten S. 126ff.
[177] VI 7,33,19–22. 32,38f. 33,37f.

Plotins Begriff des Geistes 63

selbst form-losen Ur-Schönheit (κάλλος ὑπὲρ κάλλος) teilhat[178]. Wenn es für das aus dieser Ur-Schönheit hervorgehende (zweite) Schöne heißt, auch dies sei zwar „formlos, auf eine andere Weise aber in Form", so könnte zwar das aus der Ur-Schönheit Erzeugte unmittelbar oder „zunächst noch" als form-los oder unbestimmt und unbegrenzt betrachtet werden, das sich aber „dann", so wie der Nus als ganzer in seiner Selbstkonstitution, durch Rückwendung in seinen Ursprung selbst begrenzte. Schon die *Teilhabe* des Entsprungenen an der ursprünglichen Schönheit wäre eine solche Art der sich selbst bestimmenden oder begrenzenden Formung im aktiven Bezug zu seinem Ausgangspunkt[179].

Wenn ich den Gedanken in diesem Zusammenhang auch nicht weiter entfalten kann, so sei doch zumindest an ihn erinnert: die menschliche Seele folgt in ihrem Streben nach dem Schönen[180] der Form als einer „Spur des Formlosen"[181]; im wissenden Sehen des intelligiblen „Schönen und Wahren"[182] transformiert sich ihr Denken und Sein selbst in das von ihr Gewußte und Gesehene: die existenziell umgesetzte Form von Wahrheit als Übereinstimmung des Denkens und des gesamten Seins der Seele mit seinem eigenen Seinsgrund. Dieser innere, das Sein des Denkenden und Handelnden in eine andere Dimension von Einheit erhebende Aufstieg ist durch *Eros* bewegt[183], der vom Schönen in seinen unterschiedlichen Intensitätsgraden zu seiner Bewegung nach innen und oben sich faszinieren läßt und dessen Bewegungs-Grund und Ziel letztlich in dem jede Bewegung „beruhigenden" Einen oder Guten liegt. So ist Sehen der

[178] VI 7,32,29; 33ff.
[179] Ebd. 32,35ff. Zur Schwierigkeit dieser Überlegungen Plotins, die mit anderen Theoremen nur mühsam als kompatibel verstanden werden können: P. Hadot, Plotin, Traité 38, VI,7. Introduction, traduction, commentaire et notes, Paris 1988, 329ff.
[180] VI 7,33,11f: οὗ ὀρέγεται...ψυχή, ohne daß sie zunächst den Grund ihrer Sehnsucht genau kennt (vgl. auch 31,20f. 34).
[181] VI 7,33,30: τὸ γὰρ ἴχνος τοῦ ἀμόρφου μορφή.
[182] VI 7,31,31f: εἴδε μὲν καλὰ πάντα καὶ ἀληθῆ ὄντα. – Die programmatischen Verse aus *John Keats*,Ode on a Grecian Urn' (Mai 1819; The poetical Works of John Keats, ed. H.W. Garrod, Oxford 1958², 260–262): „Beauty is truth, truth is beauty, that is all/ Ye know on earth, and all ye need to know" – „Schönheit ist Wahrheit, Wahrheit ist Schönheit, dies ist Alles, was Ihr auf Erden wißt, und Alles, was zu wissen Euch nottut", sind nicht als Ausdruck eines glatten Klassizismus mißverstehbar, wenn man ihren neuplatonischen Horizont bedenkt. Vgl. hierzu meinen Aufsatz „Plotins Erbe" (wie Anm. 8) 90ff.
[183] VI 7,30,29ff. W. Beierwaltes, Marsilio Ficinos Theorie des Schönen 26f. Zu Eros bei Plotin allgemein: P. Hadot, Plotin, Traité 50, III 5, Introduction, traduction, commentaire et notes, Paris 1990.

verschiedenen Intensitätsgrade des Schönen bis zu einer Identifikation mit ihnen und – als Telos der inneren Bewegung – mit deren „Spitze" und Ursprung die Bedingung und zugleich Vollendung einer philosophischen, ihres Anspruchs und ihrer Möglichkeiten bewußten Lebensform. „Kehre ein zu dir selbst und sieh dich an"[184].

Einen Anfang *kann* diese Bewegung nach innen und oben im Bereich des sinnlich Wahrnehmbaren machen – im besonderen durch die Reflexion auf *Kunst* aus einer Wahrnehmung von Kunstwerken heraus, in der es auch um die Erfahrung des Schönen geht. Im Sinne Plotins[185] ist Kunst nicht eine – wie Platon dachte – erkenntnis-irrelevante oder durch Produktion von „Schein" die Seele gar störende und irreführende Nachahmung der äußeren Erscheinung von Natur, eine unter Umständen bloß veristisch abbildende Verdoppelung der natürlichen Gegenstände, die von deren zu erkennender „Wahrheit" wegführte; Kunst folgt in ihrer darstellenden Tätigkeit vielmehr der inneren Bewegung der Natur, die selbst Mimesis ist und in ihr auf ihre Gründe, die vernunfthaften Strukturprinzipien oder rationalen Formen (λόγοι) zurückgeht und sich durch sie erhält. „Die Künste ahmen nicht einfach das Gesehene nach, sondern laufen zu den λόγοι hinauf, aus denen die Natur besteht"[186]. Kunst also dringt als „Nachahmung der Natur" in diesen der Natur immanenten, sie begründenden „theoretischen" Prozess[187] vor und erreicht in den rationalen Formen Ausstrahlungen oder Vermittlungsweisen des Nus und der

---

[184] I 6,9,7.
[185] V 8,1,33ff. W. Beierwaltes, Marsilio Ficinos Theorie des Schönen 43ff. DdE 91f. 449ff. Plotins Gedanken in Schelling (unten S. 211ff). – Die „Kunst" im Künstler, dessen Fähigkeit zu künstlerischem Schaffen, hat zum Maß ihres Schaffens die Ideen des transzendenten intelligiblen Bereiches: V 9,5,38–41.
[186] V 8,1,35f:...ἀνατρέχουσιν ἐπὶ τοὺς λόγους, ἐξ ὧν ἡ φύσις. IV 3,11,8f: ...ἡ τοῦ παντὸς φύσις πάντα εὐμηχάνως ποιησαμένη εἰς μίμησιν ὧν εἶχε τοὺς λόγους. – Aristoteles hat in Reaktion auf Platons erkenntnistheoretisches und poetologisches Verdikt *Mimesis* als Tätigkeit und Intention der „Kunst" im umfassenden Sinne rehabilitiert (und Plotin folgt ihm hierin für das Wesen der Kunst), vgl. etwa Poet. 4; 1448 b5ff, und Mimesis als konstitutiv für τέχνη gedacht: Phys. 198 b 15–17. Dem hier vorgestellten aristotelischen Gedanken, daß die Kunst „vollende (ἐπιτελεῖν), was die Natur selbst nicht zu Werke bringen kann", also etwas Fehlendes hinzuzubringen imstande ist, um ihr Resultat zu einem vollendeten Ganzen zu machen, entspricht der plotinische: „daß die Künste Vieles von sich selbst her schaffen, aber auch dem etwas hinzufügen (προστιθέασι), dem etwas mangelt, da sie über die Schönheit verfügen" (V 8,1,36–38). Proclus, in Tim. I 401,6: πολλὰ γὰρ ἡ τέχνη μᾶλλον ἀκριβοῖ – Kunst *präzisiert* das Natur-Gegebene.
[187] θεωρία – ποίησις: III 8,3.

ihn bestimmenden intelligiblen Schönheit. Die Schönheit des Kunstwerkes ist damit Abbild, Repräsentation, sinnlich individueller Ausdruck des geistig oder durch Reflexivität Absolut-Schönen. Als sinnlich erscheinende Form der Ideen oder des „Ideals"[188] hat Kunst für den Betrachter (und den Hörer[189]) eine *anagogische Funktion*: aufgrund seines Schön-Seins im

[188] Vgl. V 8,1,38–40 – an *Phidias' Zeus* exemplifiziert: „Auch Phidias hat seinen Zeus nicht nach einem sinnlichen Vorbild (Modell) geschaffen, sondern er nahm ihn so, wie er hätte sein können (οἷος ἂν γένοιτο), wenn er uns vor den Augen erscheinen wollte" [οἷος ἂν γένοιτο als Reminiszenz an Aristoteles Poet. 9; 1451 a 37; b 5: οἷα ἂν γένοιτο: gegenüber den γενόμενα, dem „faktisch Geschehenen", das Gegenstand der Geschichtsschreibung ist, ist Dichtung Aussage von etwas, „das seiner Qualität nach geschehen *könnte*, d.h. von etwas, das nach der Wahrscheinlichkeit oder Notwendigkeit *möglich* ist" und damit „Aussage des Allgemeinen" (vgl. R. Kannicht, Handlung als Grundbegriff der aristotelischen Theorie des Dramas, in: Ders., Paradeigmata. Aufsätze zur griechischen Poesie, hg. v. L. Käppel und E.A. Schmidt, Heidelberg 1996, 138–149; 147)]. – Der Zeus des Phidias schon als Topos bei Cicero, Orator 2,8–3,9. Zu dessen und Senecas Entfaltung dieses Gedankens: E. Panofsky, Idea, Hamburg 1924 (1975³) 5ff. J. Pépin, in: Porphyre. La Vie de Plotin, Paris 1992, II 331–334. Dieser verweist S. 333 u.a. auf Philostrat, Vita Apollonii VI 19 (frühes 3.Jh.): Kunst als „Nachahmung der Natur" ist keineswegs bloße Verdoppelung der Natur (des Dargestellten) mit dem Ziel einer größtmöglichen Ähnlichkeit, sondern durch Mimesis wird die *Idee* in der Materie zur sichtbaren Gestalt ihrer selbst. Daher hat creative Phantasie einen noch höheren Rang als Mimesis. Sie geht in ihrer Darstellung dessen, „was sie *nicht* sieht" oder nicht sehen *kann*, auf den unsichtbaren intelligiblen Grund der sichtbaren Kunstgestalt zurück. – Phidias – so *Proklos* in Tim. I 265,18ff – hatte bei seiner Arbeit an dem Zeus-Bildnis den Begriff (ἔννοια) oder die Idee des Homerischen Zeus im Blick. Hätte er sich dabei „bis zu dem intellektiven oder denkenden Gott (νοερὸς θεός) erheben können, dann wäre sein eigenes Werk (οἰκεῖον ἔργον) noch schöner geworden". Im Verständnis eines Platonikers ist diese Aussage keine Beckmesserei oder Vermessenheit gegenüber dem Künstler; sie beruht vielmehr auf der Überzeugung, daß dem Bild Schönheit einzig aus seinem Ur-Bild (παράδειγμα, das mit dem denkenden Gott identisch zu denken wäre) zukommen könne (ebd. 22f).

[189] Auch die *Musik* hat eine zu Malerei und Skulptur oder Architektur [Tempel und Götterbilder: IV 3,11,1ff] analoge „symbolisch" verweisende Kraft, vgl. I 6,3,28–30: „Die in den Tönen verborgenen Harmonien bringen die offenbaren [sinnlich erfahrbaren] Harmonien hervor und geben so auch in diesem Bereich der Seele ein Bewußtsein [Verstehen] des Schönen" – das Begründungsverhältnis wird von der Seele „umgedacht" auf den Grund der sinnenfälligen Harmonie [Reminiszenz (?) an Heraklit Frg. 54: ἁρμονίη ἀφανὴς φανερῆς κρείττων, „Die unsichtbare Harmonie (weil sie die begründende ist) stärker als die sichtbare"]. Im Blick auf I 3,1,20ff habe ich in „Denken des Einen" 17 die Funktion der *Musik* so formuliert: „Die Dialektik-Fähigkeit des *Musikers* beruht in dessen unmittelbarer Faszination durch das Schöne in Tönen, Harmonien, Rhythmen und Figuren. Es muß in ihm das Bewußtsein geweckt werden, daß die im Material sich zeigenden musikalischen Phänomene in einer intelligiblen Harmonie gründen, die *das*

66  Plotins Begriff des Geistes

Bereich des Sinnlichen und seiner Fähigkeit zur Mimesis des Inneren der Natur (oder der Wirklichkeit im ganzen) *kann* das Kunstwerk zum spezifischen Ansatzpunkt oder gar zur Provokation[190] für den Rückgang des sehend und hörend-denkenden Bewußtseins in sich selbst werden[191]. Als scheinhaftes Abbild, als Erscheinung oder sinnliche Spur des Intelligiblen, *kann* es zur „Wiedererinnerung an das Wahre", an die Wahrheit des Ur-Bildes werden: εἰς ἀνάμνησιν...τοῦ ἀληθοῦς[192]. Es setzt damit den Anfang einer Abstraktions-Bewegung, die das Denken aus der Sinn-

Schöne selbst ausmacht, daß also die unsichtbare Harmonie die sicht- oder hörbare schafft oder bedingt. ‚Konkrete Musik' könnte demnach nur als sinnenfällige Darstellung (Repräsentation) der intelligiblen (transzendenten) Harmonie verstanden werden. Daraus ergibt sich als Postulat für den wahren Musiker, daß er durch die Vermittlung der sinnlich erfahrbaren Rhythmen, Harmonien und Töne auf die ‚Töne von oben' hört (V 1,12,20: ἀκούειν φθόγγων τῶν ἄνω). Der den Musiker berührende Bereich des Intelligiblen tritt ihm in der Metaphorik des Hörens als ein ‚Anspruch' gegenüber, den er auf die ihm spezifisch zukommende Weise realisiert". – Vgl. auch V 9,11,10ff. II 9,16,39–41: Τίς γὰρ ἂν μουσικὸς ἀνὴρ εἴη, ὃς τὴν ἐν νοητῷ ἁρμονίαν [ἡ νοητὴ ἁρμονία: I 3,1,32] ἰδὼν οὐ κινήσεται τῆς ἐν φθόγγοις αἰσθητοῖς ἀκούων; Z. 44: γραφαί.

[190] Der Gedanke der Anziehungskraft des Schönen ist auch sprachlich geleitet durch die auf Plat. Crat. 416 cf zurückgehende etymologisierende Assoziation von καλόν mit καλεῖν („rufen"); zur Entwicklung dieser Konzeption vgl. meine Hinweise in: Eriugena 140,86. Siehe auch Plotin VI 7,23,3ff.

[191] Für Ficino von *Plotin* her: W. Beierwaltes, Marsilio Ficinos Theorie des Schönen 47ff. Für Eriugena: W. Beierwaltes, Negati Affirmatio: Welt als Metapher. Zur Grundlegung einer mittelalterlichen Ästhetik, in: Eriugena 136f. 139ff. 145ff. – Rehabilitierung der Mimesis durch Kunst (Anm. 186 und 188) ist allerdings kein in *allen* auf künstlerisches Schaffen bezogenen Texten Plotins fraglos beherrschender Gedanke. Im Vergleich zu V 8[31],1 ist Plotin noch skeptisch oder gar restriktiv gegenüber dem anagogischen, d.h. das Intelligible erschließenden Leistung der Künste in V 9[5],11,1ff: eine „Anwesenheit" der Künste als „Erzeugnisse des Geistes" [νοῦ γεννήματα: 12,2,H-S²] im Bereich des Geistigen selbst wäre nur durch Vermittlung einer Idee des „kunstbegabten Menschen" [ἀνθρώπου τεχνικοῦ] dort denkbar; oder: IV 3[27],10,17–19, von der Kunst gesagt: ἀμυδρὰ καὶ ἀσθενῆ ποιοῦσα μιμήματα. Phidias hätte eine derartige einschränkende Auskunft über das Resultat künstlerischen Schaffens wenig Freude gemacht.

[192] II 9,16,47 – pace VI 7,31,18ff, wo Plotin eher für ein „Übersehen" des „hiesigen, sinnlichen Schönen" plädiert, nicht für ein Sich-Einlassen auf eben dieses, um durch es, sozusagen durch – „Erinnerung" (ὑπόμνησις, ebd. 19), über es in seinen intelligiblen Grund hinauszukommen. Dies steht allerdings gegen Plotins antignostische (z.B. II 9,8,8ff) und von dem Begriff der „Vorsehung" mitbestimmte Sicht des Kosmos, in der er diesen als einen „ganz und gar schönen und selbstgenügsamen und sich selbst lieben" denkt (III 2,3,7ff: πάγκαλον καὶ αὔταρκες καὶ φίλον αὑτῷ, HBT) und ihn von daher auch einen Ansatzpunkt für den reflektierenden Rückgang in dessen Herkunft sein läßt (II 9,17,37: ἀπὸ τούτων ἐπ' ἐκεῖνα ἰόντα...).

lichkeit heraus immer freier macht von ihr, die es einübt in das „Sehen" reiner Intelligibilität und es so in sich einiger fügt im Vorblick auf das Eine selbst. Ohne Plotins positive Einschätzung der Kunst als einen möglichen Anfang des inneren Aufstiegs zu outrieren, mag sie als eine aktive Vermittlung gelten, die das betrachtende (und hörende) Denken *im* Bild und *durch* es über dieses hinaus auf den Weg in den bildlosen Ursprung bringt: in das nicht mehr darstellbare Eine selbst.

Vielleicht ist von hier aus ein Blick auf die Kunst der *Gegenwart* aufschlußreich, – zunächst e contrario. Während noch für die Ästhetik des Idealismus etwa in Schellings und Hegels Denken Schönheit als Prinzip der Kunst und Modus der Darstellung als eine Erscheinungsform des Absoluten oder der Idee gültig und bestimmend war, ist diese Konzeption in einem Zeitalter der „nicht mehr schönen", anti-mimetischen Künste oder der Anti-Kunst vielfach nachhaltig in Frage gestellt. Wenn man die Ready-mades Marcel Duchamps, den Dadaismus Jean Arps oder Hugo Balls, die Arrangements der Pop-Art und die Happenings, die neue Mythologie von Joseph Beuys mit gesellschafts-kritischer Intention, den photographischen Realismus oder die informelle Malerei der „Neuen Wilden" neben Anderen als einen charakteristischen Ausdruck gegenwärtiger Kunst oder Anti-Kunst betrachten möchte, deren Avantgarde-Sein immer schneller ins Museum wandert, dann wird man „Schönheit" in dem erörterten Sinne nicht mehr als maßgebendes oder gar notwendiges Prinzip von „künstlerischen" Äußerungen annehmen wollen. Eine radikale metaphysische Grundlegung des Begriffs Schönheit, deren Begründung aus einer transzendenten, primär in sich seienden und reflexiven, absoluten Schönheit also, ist mit dem gegenwärtigen Gebrauch des Wortes Schönheit im Selbstverständnis der Künstler und in der Reflexion auf bestimmte Kunstwerke kaum zu vereinbaren. Eher ist, zumindest für einige Kunstwerke, das Prädikat „schön" im Sinne einer im Werk selbst gründenden Stimmigkeit von Form (Struktur) und Farbe oder Klang brauchbar, als Bezeichnung immanenter Relationalität oder Harmonie von Kontrasten. – Freilich sollte man nicht denken, daß „Schönheit" nun *schlechterdings* von der Struktur von Kunst und der Reflexion auf sie abzuscheiden sei. Wo Künstler den Begriff des Schönen für ihr eigenes Schaffen selbst gebrauchen, ist allerdings auch auf den Unterschied zur traditionellen Bedeutung dieses Begriffes zu achten – so etwa bei *Wassily Kandinsky*, wenn er geradezu platonisch oder neuplatonisch auf das „Innerlich-Schöne" zeigt: „Wenn der Künstler Priester des

‚Schönen' ist, so ist auch dieses Schöne durch dasselbe Prinzip des *inneren Wertes* zu suchen....Dieses ‚Schöne' ist nur durch den Maßstab der *inneren Größe und Notwendigkeit* zu messen...*Das ist schön, was einer inneren seelischen Notwendigkeit entspringt. Das ist schön, was innerlich schön ist*"[193]. In einer Anmerkung zu dem zuletzt zitierten Satz wendet sich das anscheinend „Platonische" in eine auf physiologischen Erwägungen basierende Psychologie: Das Schöne, so Kandinsky, sei alles das, „was auch in der ganz untastbaren Form die Seele verfeinert und bereichert. Deshalb ist, z.B. in der Malerei *jede Farbe* innerlich schön, da jede Farbe eine Seelenvibration verursacht, und *jede Vibration bereichert die Seele.* Und deshalb endlich kann alles innerlich schön sein, was äußerlich ‚häßlich' ist. So ist es in der Kunst, so ist es im Leben". Eine Erinnerung an den äußerlich häßlichen, innerlich aber schönen (die „goldenen Statuen" in seinem Inneren!), die Götter um innere Schönheit bittenden Sokrates[194]? – Ich könnte mir auch vorstellen, daß ein bestimmter *antimimetischer* Grundzug moderner Kunst in Plotins Modifikation des durch Aristoteles rehabilitierten Begriffs der Mimesis ein Pendant finden könnte: Kandinskys oder Paul Klees Malerei z.B. verläßt in besonderer Weise das Prinzip einer bloß reproduktiven Natur-Nachahmung zugunsten einer *Umformung* des Äußerlich-Natürlichen ins „innerlich Schöne", um die unsichtbare, dynamische oder mathematische Struktur der Natur im Bild zur Erscheinung zu bringen. Sie zeigt gerade das, was Natur von sich selbst her *nicht* zeigt.

Die mystische Henosis mit dem Einen selbst als Selbstüberstieg des Denkens, als höchste Form einer Abstraktion oder Befreiung von gegenständlicher Vielheit im Denken, scheint mir ohne einen die Authentizität von Kunst destruierenden Anspruch verbindbar zu sein mit einer *radikalen Abstraktion* in der Malerei. Diese Verbindung wäre am überzeugendsten in dem Extrem an Abstraktion deutlich zu machen, die *Kasimir Malewitsch* in einigen Gemälden – durch programmatische Texte begleitet – verwirklicht hat. Die Weise der Abstraktion und zugleich das Ziel dieser Bewegung in eine „gegenstandslose, weiße Gleichheit" bezeichnet

---

[193] Über das Geistige in der Kunst, Bern 1973, 136 f (1911 zuerst erschienen, obwohl 1912 datiert). Siehe aber auch ebd. S. 115: „Die Schönheit der Farbe und der Form ist (trotz der Behauptung der reinen Ästheten oder auch der Naturalisten, die hauptsächlich auf „Schönheit" zielen) kein notwendiges Ziel in der Kunst".
[194] Plat. Symp. 218 e. Phaidr. 279 b 8 ff.

Malewitsch als „Suprematismus". Für ihn stößt die im Malen erreichte gegenstandslose Gleichheit oder absolute Gegenstandslosigkeit in das Ziel oder das „eigentliche Wesen der Kunst" vor. Er erläutert diese abstrakteste Form der Malerei – die absolute – selbst so: „Wenn es eine Wahrheit gibt, so nur in der Gegenstandslosigkeit, im Nichts". Dieses ‚Nichts' meint jedoch nicht die reine Leere; es ist eher mit der aktiven Negation alles Gegenständlichen zu identifizieren, der „gegenstandslosen Wesenheit – Gott": „Gott allein...trägt daher die Merkmale der gegenstandslosen Wesenheit... Es stirbt der Verstand, die Vernunft, es stirbt der Gegenstand und seine ganze gegenständliche Welt. Es sterben Raum und Zeit und das, was man Materie nennt. Es sterben Namen und Begriffsbestimmungen. Alles das ist aber *nicht* in Gott, darum ist er ewig, darum ist er unsterblich". Die künstlerische Intention dieses ‚Suprematismus' trifft sich mit Plotins *mystischem* Imperativ: ἄφελε πάντα, „Tu alles weg", oder „Laß ab von Allem" – dies als Aufforderung, *aus* der intensivsten Reflexion auf sein eigenes Selbst *heraus,* diese („Verstand", „Vernunft") übersteigend zu „lassen" und damit die für die Henosis notwendige Bedingung der Ent-Materialisierung, der Ent-Zeitlichung, der Ent-Bildung, der Ent-Differenzierung des Denkens schlechterdings und damit die Befreiung von aller Relationalität zu vollziehen. Das Ziel des suprematistischen Malens Kasimir Malewitschs: „Gott" als die „gegenstandslose Wesenheit", das „Nichts"; das Ziel von Plotins innerem denkenden Aufstieg und der aus radikaler Abstraktion (ἀφαίρεσις) entspringenden Henosis: das differenz-lose und in sich selbst relations-lose göttliche Eine, welches gerade als Nicht-Etwas („gegenstands-los") das „Nichts von Allem" ist, als dessen Grund und Ursprung es gedacht werden muß[195]. – Malerisch hat Malewitsch diese seine Konzeption – die Abstraktion steigernd – realisiert in einem diagonal geteilten schwarz-weißen Quadrat[196]; in einem schwarzen Kreis auf weißem Grund und in einem schwarzen Quadrat auf weißem Grund (beide ca. 1914/15) – eine äußerste Reduktion auf die einfachsten geometrischen Elemente. Das schwarze und weiße „Supremum" sind nicht von einander zu trennen; sie assoziieren eine die Lichtmetaphysik Plotins überbietende Vorstellung des von

---

[195] K. Malewitsch, Suprematismus, hg. v. W. Haftmann, Köln 1969² (entstanden 1913), 55.63.64.72.75. – Plotin z.B. III 8,9,53f (οὐδὲν τῶν πάντων). VI 7,32,12f (οὐδὲν τῶν ὄντων).

[196] Kabbalistisches Symbol für Ensoph ist der in Schwarz und Weiß halbierte Kreis.

neuplatonischen Gedanken geleiteten Gregor von Nyssa und Dionysios Areopagita: das Sehen Gottes als *überhelle Dunkelheit* – θεία νύξ und θεῖος γνόφος als φῶς ἀπρόσιτον[197]. Das Dunkel, in dem „Gott wohnt", „die göttliche Nacht", ist die Überhelle, oder umgekehrt: Die blendende Überhelle *ist* das „Dunkel". So ist auch für Malewitsch im Erreichen des Nichts der Gegenstandslosigkeit oder des gegenstandslosen Nichts durch eine totale Negation schwarz *zugleich* weiß. – Verbindungen Malewitschs zur Theosophie, Hermetik und zur Kabbala sind nachweisbar. Hierdurch wurden ihm – freilich nicht in ihrer originären Form – auch neuplatonische Theorieelemente vermittelt[198]. – Von dem neuplatonischen Impuls zur Reduktion des Mannigfaltigen und Unterschiedenen in Sinnlichkeit und Denken her ist nicht minder *Barnett Newman's* Intention zu bedenken, durch Malerei eine die gewohnte Erfahrung „übersteigende Erfahrung" ('transcendental experience') des „Erhabenen" ('the sublime') zu ermöglichen; sie soll den Betrachtenden in das Grenze-, Form- und Bestimmung-lose eines Farbkontinuums im dennoch gegliederten „Bild" intensiv hineinziehen und für ihn zugleich befreiend wirken[199] – wiederum analog denkbar zur plotinischen Aphairesis und Henosis. – Auch „Monochromie" wäre ein Medium meditativer Einübung in Weg und Ziel der universalen Abstraktion aus der Vielheit und der mit ihr gegebenen Unterschiede und Gegensätze[200].

[197] Gregor von Nyssa in Canticum II, PG 44,1001 B. Dionysios, Epistula 5; 162,3 ff (Heil-Ritter). Vgl. zu diesem Problembereich: W. Beierwaltes, Visio facialis. Sehen ins Angesicht. Zur Coincidenz des endlichen und unendlichen Blicks bei Cusanus. Sitzungsberichte der Bayerischen Akademie der Wissenschaften, phil. hist. Klasse, Jg. 1988, Heft 1, München 1988, bes. 34 ff.

[198] Auch *Piet Mondrians* geometrische Abstraktion – seine Auffassung von Kunst als das „Sichtbarmachen der Logik" wäre mit Plotins Darstellung der Logoi im Kunstwerk verbindbar – und seine Suche nach einer „universalen Harmonie" von Gegensätzen in Form und Farbe, die ihn, ähnlich wie Malewitsch, an die äußerste Grenze der Malerei führt.

[199] Siehe z.B. Newman's Bild „Who's afraid of red, yellow and blue III", 2,45 m hoch, 5,44 m breit, 1966/67 entstanden, im Stedelijk Museum Amsterdam.

[200] Plotins Abkehr von der ποικιλία („Buntheit") als Metapher für „Vielheit" könnte „Monochromie" oder Farblosigkeit favorisieren – vgl. hierzu V 8,10,27ff. – ἀχρώματος – „farb-los" – als Prädikat der Idee bei Platon: Phaidros 247 c 6. Mit dieser Bemerkung möchte ich Malerei, von plotinischen Voraussetzungen her gedacht, keineswegs auf „Monochromie" einschränken. Maßgebend für eine mögliche Erfüllung der anagogischen Funktion von Kunst dürfte primär die in sich vielfältig zu denkende Tatsache sein, daß im Bild der „Glanz des Geistigen" durchscheint und in ihm formend wirksam ist.

## 4. *Geist ist Liebe:* φιλία

Der vierte der von mir ins Auge gefaßten Wesenszüge des Nus, die dessen Einheit als eine in sich differenzierte, aktive Einung mit sich selbst herausheben, ist φιλία: Liebe oder liebende Verbindung. Plotin bringt diesen Gedanken mit *Empedokles'* Weltsicht zusammen, indem er dessen kosmologische Konzeption des Zusammenwirkens von Liebe und Zwietracht (νεῖκος) im Gesamt der sinnlich begegnenden Wirklichkeit in bestimmtem Maße für seine Erklärung der Struktur der sinnenfälligen Welt übernimmt und sie zugleich für die Dimension des Intelligiblen auf deren Einheit hin umdeutet. Plotin zitiert Empedokles viermal namentlich[201], dreimal zusammen mit Heraklit – die „ionischen" und „sizilischen Musen" aus Platons ‚Sophistes'[202] –, es lassen sich aber auch Spuren empedokleischen Denkens in Texten Plotins auffinden, an denen sein Name nicht genannt ist.

Die Identifikation von Geist und Liebe steht an philosophischer Bedeutung für das Sein des Geistes freilich hinter der von Wahrheit, Weisheit, Schönheit zurück. Dies ist darin begründet, daß φιλία von ihr selbst her kein *ausgesprochen* reflexiver Charakter zukommt; dennoch kann sie als die *einend zusammenhaltende* Kraft in der denkenden Verbindung des einzelnen Gedachten oder Zu-Denkenden zum Ganzen des Nus hin verstanden werden.

*Empedokles* denkt „Liebe" (φιλότης, φιλίη) und „Streit" oder „Zwietracht"[203], den „Haß der Zwietracht" (νείκεος ἔχθος[204]) als Prinzipien

---

[201] IV 8 [6],1,17. 5,5. V 1 [10],9,5. II 4,7,1. Reichhaltige Information über den historischen Bezug Plotins zu den Vorsokratikern im Kontext seiner Selbst-„Beglaubigung" durch Platon: Th. Gelzer, Plotins Interesse an den Vorsokratikern, in: Museum Helveticum 39, 1982, 102–131. W. Burkert, Plotin, Plutarch und die platonisierende Interpretation von Heraklit und Empedokles, in: Kephalaion. Studies in Greek Philosophy and its Continuation offered to Professor C.J. de Vogel, ed. J. Mansfeld and L.M. de Rijk, Van Gorcum 1975, 137–146 (der Schwerpunkt von Burkerts Interesse liegt bei Plutarch, sowie auf der Frage nach Herkunft und Entwicklung der Dreier-Verbindung ‚Heraklit-Empedokles-Platon' in der spätantiken Überlieferung der Vorsokratiker).
[202] 242 d 6f.
[203] B 17,7ff. 16ff. B 18. 19. 20,2ff. 21,67ff. 22,5ff. 26,5ff. 30,1ff. 35,3ff; 9; 13 (DK). Aus der reichhaltigen Literatur nenne ich nur: F. Solmsen, Love and Strive in Empedocles' Cosmology, in: Phronesis 10, 1965, 109–148. D. O'Brien, Empedocles' Cosmic Cycle, a Reconstruction from the Fragments and Secondary Sources, Cambridge 1969. Ders., Empedocles Revisited, in: Ancient Philosophy 15, 1995, 403–470.
[204] B 26,6.

des Kosmos: seiner Geordnetheit im Zusammenhalt und im Zusammenwirken der Elemente als der „Wurzeln von Allem"[205] und seiner immanenten Prozessualität im ständigen Wechsel der Verbindungen und Trennungen[206]. Die Prozessualität der Welt, der zyklische Wechsel ihrer Zustände entspringt der jeweiligen Herrschaft der an sich gleichursprünglichen (an sich in gleicher Intensität wirksamen) Prinzipien. Funktion und Wirkung von φιλία ist es, „Eines aus Mehreren in Ein Sein wachsen", „Alles zu Einem" sich vereinigen zu lassen,[207] die Anziehung des miteinander Ähnlichen zu verursachen; „Zwietracht" hingegen scheidet, zerschneidet, trennt, läßt „Mehreres aus Einem" sich entwickeln[208], im Gegenzug zu der durch φιλότης bewirkten Nähe verursacht sie „feindlichen" Abstand[209], löst die durch Liebe zustande gekommene Mischung wieder auf[210]. So entsteht im „Umlauf der Zeit"[211] je nach dem Vorherrschen des einen der beiden Prinzipien ein immanent-unendlicher Fortgang des Kosmos, dem aber als *ganzem* weder Anfang noch Ende zukommt, dessen Sein im ganzen also beständig ist: „in Groll (ἐν δὲ κότῳ) haben sie alle [die Elemente und deren Entfaltungen] verschiedene Gestalt und sind zwiespältig, in Liebe jedoch kommen sie zusammen und sehnen sich nach einander; denn aus diesen [Liebe und Zwietracht] ist [oder entspringt] Alles, was war und was ist und sein wird"[212]. Beide zusammen also verursachen die ständige Wiederkehr im Unterschied[213], den Wechsel von „Zusammenwachsen zur Einheit aus Mehrerem" (ἓν ἐκ πλειόνων...φύεσθαι) mit der Auflösung eben dieser Einheit[214]. Denjenigen Zustand des Alls, in dem die Elemente durch Liebe in eine nicht überbietbare Fügung („Harmonie") gebracht sind, begreift Empedokles als die vollkommenste, alle Wirklichkeit umfassende Form: *„Sphairos"* – wie die parmenideische „Sphaira" des Seins „von überall her" und „sich

---

[205] B 6,1: πάντων ῥιζώματα.
[206] B 17,6; 11ff. 22,1ff. 26,1ff. 11f.
[207] B 17,1.7f: συνερχόμεν' εἰς ἓν ἅπαντα. 20,2f. 35,4f.
[208] B 17,2; 8; 17. 20,4.
[209] B 22,6.
[210] B 22,7.
[211] B 17,29.
[212] B 21, 7–9.
[213] B 17,29. 26,5ff. 30,2.
[214] B 26,6ff. 7: ἓν συμφύντα [ἕκαστα] τὸ πᾶν.

selbst gleich"[215], anders jedoch als das in Grenzen gedachte Sein des Parmenides „ganz und gar unbegrenzt"[216] (ohne Anfang und Ende unendlich), ein „Gott"[217]. Dieser „sphaerische" Zustand der Harmonie, durch einigendes Wirken der Liebe gegründet, bleibt jedoch nicht er selbst in sich: nach dem „Ende der ihm gesetzten Zeit" wächst das andere Prinzip in ihm[218] – Zwietracht, Abstoßung – und verursacht die Trennung der Elemente in klar abgegrenzte Schichten, die in dem gespannten Auseinander dennoch oder gerade durch die gegenseitige Wahrung der Identitäten das geordnete Funktionieren des den Sinnen und dem Denken[219] zugänglichen Kosmos garantiert.

*Plotins* Ansatzpunkt für den Gedanken eines durch φιλία geeinten, auf sich selbst bezogenen τόπος νοητός ist die Ordnungs-Struktur der sinnenfälligen Welt; diese hat ihren Grund und Ursprung im rein intelligiblen, „wahren" Kosmos, ist dessen bildhafte Entfaltung, seine logoshafte Spur, die auf sein Ur-Bild oder seine „Quelle" der eigenen Existenz und Seins-Struktur zurückweist[220]. Was in der Dimension des reinen Denkens, des Nus, als Unterschied in dem einzelnen Zu-Denkenden, den Ideen, zum Zwecke der inneren Artikulation des Ganzen wirksam ist, aber zugleich in eine durch Reflexion dynamische Identität „aufgehoben" wird, verselbständigt sich in der empirischen Welt zu scharf gegeneinander abgegrenzten Andersheiten und Gegensätzen. Deren Einheit ist stärker durch Vielheit als Bedingung von Andersheit und Gegensatz bestimmt, dergestalt freilich, daß sie nicht auseinanderbricht oder sich in den Gegensätzen verfestigt, sondern daß Andersheit und Gegensatz sich dem „rational" verbindenden, sinnvoll einenden Wirken des vom Nus ausgehenden λόγος[221] und der Weltseele fügen – in ein „harmonisches" Zusammenwirken hinein. Plotin folgt für dieses Konzept einer trotz gegensätzlicher Prozesse und Seinsmodi in sich stimmigen Welt zum einen dem Gedanken Platons, daß im sinnlich erscheinenden Kosmos

---

215   B 27,4. 28,1: πάντοθεν ἴσος. 29,3: ἴσος ἑαυτῷ. Parm. B 8,44: πάντοθεν ἴσον.
216   B 28,1. Parm. B 8,42.
217   B 31,1 und aus Simplikios zu B 29.
218   B 30,1ff. 31. 35.
219   B 17,14.
220   Vgl. Plotin II 9,8,9ff. 9,39f. 16,11f; 51ff. III 7,11,27ff. IV 4,39,7ff. V 8,12,11ff. VI 7,7,19ff. 11,1ff.
221   III 2,2,17.

der Nus – die Vernunft – über die widerständige Notwendigkeit (ἀνάγκη, Materie) herrscht[222] und so der Welt eine vernünftige Struktur verleiht, zum andern der stoischen Vorstellung der ‚Sympatheia' der unterschiedlichen Teile und Vorgänge im Kosmos auf ein harmonisches, durch Pronoia („Vorsehung") rational geleitetes Ganzes hin[223], und nicht zuletzt dem empedokleischen Modell der Welterklärung durch den Prinzipien-Dualismus von Liebe und Zwietracht. Plotin betrachtet die Welt als ein – trotz aller immanenten Gegensätze und Defizienzen – letztlich harmonisches Ganzes, als ein Zusammenspiel[224] von feindlicher διάστασις – Auseinandertreten, Abstand und Fremdheit (ἀλλότριον) – und Zusammenstimmen (συμφωνία, ἁρμονία, φιλία[225]) oder Einander-Zugeneigtsein (φίλα καὶ προσηνῆ[226]) des einander Ähnlichen, Verwandten *und* Gegensätzlichen[227], so daß das All oder Ganze als ein φίλον αὑτῷ, ein „sich selbst Liebes", gedacht werden kann[228]. In Plotins Diskussion über Magie avanciert das kosmologische Verhältnis von φιλία und νεῖκος sogar zur *„wahren* Magie" – im Gegensatz zu magischen Praktiken des von Menschen versuchten „Liebeszwangs": „die wahre Magie ist die im All [wirkende] Liebe und die Zwietracht"[229] – d.h. das Zusammenwirken entgegengesetzter Kräfte (δυνάμεις) auf „Ein Lebewesen", Ein in sich bewegtes Ordnungsgefüge oder Einen Organismus hin, den wir Kosmos nennen. – In seiner Erörterung der Bewegungsarten, die sich primär auf

---

[222] Tim. 48 a 1f. Plotin I 8,7,5. III 2,2,33ff.
[223] V.a. die beiden bedeutenden Traktate Plotins III 2 und 3 [47,48] „Über Vorsehung" zeugen hiervon. – K. Reinhardt, Kosmos und Sympathie, München 1926. A. Graeser, Plotinus and the Stoics, Leiden 1972, 68ff.
[224] Im Sinne der stoischen Dramen-Metapher: Plotin III 2,11,13ff. 16,34–36: Γενόμενον γὰρ ἑαυτῷ τοῖς μέρεσι πολέμιον οὕτως ἔν ἐστι καὶ φίλον, ὥσπερ ἂν εἰ δράματος λόγος· εἷς ὁ τοῦ δράματος ἔχων ἐν αὑτῷ πολλὰς μάχας. 48f: τὸ πᾶν ὁμολογεῖ ἑαυτῷ τῶν μερῶν πολλαχοῦ μαχομένων. 17,1ff (ἐναντία, ἐναντιότης, ἔρως τοῦ εἰς ἕν, δρᾶμα).
[225] III 2,2,29ff (ἁρμονία). φιλία: ebd. 4ff. σύνταξις: 31. πολέμιον, ἐχθρὰ καὶ πολέμια: ebd. 2,6ff; 25f. ἀφεστηκὸς καὶ ἀλλότριον: 2,3f.
[226] III 2,2,25.
[227] in einer Reminiszenz auch an Heraklit B 8, wie ich denke, in IV 4,41,6f.
[228] III 2,3,7. In analogem Sinne in Proklos' Timaios-Kommentar II 53,18f: ὁ δὲ κόσμος δι' ἀναλογίας καὶ συμπαθείας ἑαυτῷ φίλος ἐστίν· ἑαυτὸν ἄρα σῴζει. Platonischer Bezugspunkt: Tim 34 b 7: φίλον ἱκανῶς αὐτὸν [scil. οὐρανὸν] αὑτῷ.
[229] IV 4,40,5f: ἡ ἀληθινὴ μαγεία ἡ ἐν τῷ παντὶ φιλία καὶ τὸ νεῖκος αὖ. H-S geben hierfür Empedokles B 17,19f als Quelle an.

aristotelische Konzeptionen bezieht, stellt Plotin die Frage, ob σύγκρισις (Zusammentreten, Zusammenziehung, Vereinigung) und διάκρισις (Auseinandertreten, Trennung, produktive Scheidung)[230] von anderen Formen der Prozessualität wie ‚Wachsen' und ‚Schwinden', ‚Veränderung des Ortes', ‚Wandlung' verschieden seien, oder ob sie auf diese als ihre Bedingungen zurückzuführen seien, ob man einige von diesen mit ihnen gleichsetzen dürfe, oder ob sie als eine Art von Vermengung, Mischung oder Verschmelzung, als „ein Zusammentreten aus einer Einheit in eine neue"[231], oder ob σύγκρισις und διάκρισις als selbständige Vorgänge (ἐφ' ἑαυτῶν) begriffen werden müßten, auf die die ‚Wandlung' als Resultat aus beiden zurückzuführen wäre[232]? Abgesehen von Plotins Antworten auf diese Fragen, die hier nicht erörtert werden sollen, ist es allerdings für sein Verhältnis zu Empedokles aufschlußreich, daß er diesem Gegensatzpaar u.a. in Aristoteles' kritischer Auseinandersetzung mit Empedokles begegnen konnte[233], der in ihnen begrifflich abstrakte Benennungen von Liebe und Zwietracht sah.

Wenn die empirische Welt Bild oder Spur der intelligiblen ist, dann gilt für sie, was für das Wesen des Bildes allgemein gegenüber seinem Ur-Bild gilt: es ist dessen Repräsentation oder Darstellung in einer anderen Dimension, ihm ähnlich und unähnlich zugleich[234]. Grund für das ihm, dem Ur-Bild, Unähnliche auf dem Boden der Ähnlichkeit durch Teilhabe ist der Zuwachs an Vielheitlichkeit und dadurch an Differenz in ihm selbst *und* gegenüber dem Ursprung. Wie zuvor gesagt: die Andersheiten können sich zu Gegensätzen steigern, die innere Einheit der Dimension nimmt im Vergleich zum Sein ihres Ursprungs ab. Während die Einheit der empirischen Welt aus der Differenz und Gegensätzlichkeit heraus – gegen deren „Widerstand" – aus der Tendenz ins materiell Viele durch Logos und Weltseele hergestellt werden muß oder in der reflexiv geleite-

[230] Die Verbindung der beiden bei Platon: Tim. 64 e 4, Nomoi X 894 b.
[231] vgl. Emp. B 17,1f. 16f. 34f.
[232] VI 3,25.
[233] Phys. 265 b 19–21: διάκρισις γὰρ καὶ σύγκρισις κινήσεις κατὰ τόπον εἰσίν, οὕτω δὲ κινοῦσιν ἡ φιλία καὶ τὸ νεῖκος. 243 b 9ff. Met. 985 a 23f (= DK A 37), de caelo 301 a 14ff (DK A 42). Vgl. auch A 44 (Aetius mit Verweis auf Empedokles, Anaxagoras, Demokrit und Epikur).
[234] Zu Plotins Bild-Begriff vgl. W. Beierwaltes, Denken des Einen 73ff. – F.M. Schroeder, Form and Transformation (wie Anm. 142) passim. M. Fattal, Logos et Image chez Plotin, Paris 1998.

ten Rückwendung des Verursachten zur Ursache hergestellt *ist*, ist die intelligible Welt intensivste Einheit *in* der Differenz. Intelligible Differenz des Zu-Denkenden oder zeitlos Gedachten in ihr ist jedoch nicht gegen eine andere oder gegen das Ganze des Nus fixiert, gegeneinander abgetrennt; das Intelligible im Nus ist *unter*schieden in seiner jeweiligen Eigentümlichkeit, jedoch nicht abgesondert oder *ge*schieden, getrennt. Das zur Einheit hin Verbindende ist der mit seinem Gedachten identische Denkakt. Die Einheit des Nus ist aber gerade nicht als ‚Zusammenschüttung'[235] mißzuverstehen, in der jedes Einzelne jede Kontur verlöre, sondern sie ist eine solche, die Differenz bewahrt und zugleich ins Ganze aufhebt, oder: *im* Unterscheiden hebt das Denken den Unterschied auf, indem es ihn im Ganzen bewahrt[236].

Im Sinne von Plotins Rezeption des Empedokles wäre demnach zu bedenken, daß διάκρισις – „Auseinandertreten", διάστασις – „Abstand", ἐναντίωσις – „Gegensätzlichkeit" zwar für die sinnenfällige Welt gültig sind, also auch das Prinzip „Zwietracht", daß sie aber im Nus aufgrund der integrativen Kraft des Denkens gar nicht präsent sein *können*. In ihm ist allein φιλία in ihrer „wahren", d.h. intelligiblen Form wirksam, als die dem Geist innewohnende, ihn bestimmende Bewegung des Denkens, die die Einheit oder dynamische Identität des Differenten (be)gründet. So heißt es in diesem Sinne in VI 7,14,11ff: die „immer nach innen [unendlich] fortschreitende" Aufgliederung oder immanente Differenzierung des Nus als des Ein-Vielen (ἓν πολλά) vollzieht sich nicht in oder aus einer Einheit von „Zusammengeschüttetem" (‚Konfusion'), sondern als Liebe, liebende Verbindung oder Freundschaft: als „die so genannte Liebe im All, nicht in diesem All hier; denn diese ahmt [jene, die intelligible Liebe] nach, indem sie aus Auseinanderstehenden besteht. Die wahre Liebe aber ist [die, durch die] Alles Eins ist und niemals geschieden wird. ‚Geschieden-Sein', so sagt er, ist, was an diesem Himmel hier ist [sich findet]"[237]. Liebende Verbundenheit als Grundzug des sich selbst

---

[235] VI 7,14,19: συγκεχυμένων.
[236] V 9,6,8f. V 6,1,22f. Der Geist als πλῆθος ἀδιάκριτον καὶ αὖ διακεκριμένον: VI 9,5,16.
[237] VI 7,14,18–23: Ἡ δὲ διαίρεσις ἔγκειται οὐ συγκεχυμένων, καίτοι εἰς ἓν ὄντων, ἀλλ' ἔστιν ἡ λεγομένη ἐν τῷ παντὶ φιλία τοῦτο, οὐχ ἡ ἐν τῷδε τῷ παντί· μιμεῖται γὰρ αὕτη ἐκ διεστηκότων οὖσα φίλη· ἡ δὲ ἀληθὴς πάντα ἓν εἶναι καὶ μήποτε διακριθῆναι. Διακρίνεσθαι δέ φησι τὸ ἐν τῷδε τῷ οὐρανῷ. Die Formel φησι – „so sagt er" – führen H-S m.E. zurecht auf Empedokles zurück. – Die Bestimmung von φιλία als Einheits-Modus

Plotins Begriff des Geistes 77

denkenden Geistes achtet den Unterschied und wirkt zugleich dessen Einheit, die Einheit des „Ein-Vielen" oder des seienden Einen. Ich vermute deshalb *nicht*, daß Plotin aus dem Vorbegriff seines eigenen Denkens heraus dem Empedokles unterstellt, daß dieser mit φιλία das überseiende und noch über das Denken des Nus hinaus zu denkende Eine selbst meine; den Satz: „Für Empedokles trennt die Zwietracht, die Liebe aber ist das Eine"[238], verstehe ich eher als Hinweis auf die einende *Funktion* der φιλία; und wenn sie mit einem Einen (als einem ἀσώματον) identifiziert werden soll, dann mit dem „*zweiten* Einen", das Plotin gemäß der zweiten Hypothesis des platonischen ‚Parmenides' im gleichen Kontext als ἓν πολλά – „Ein-Vieles" oder „Viel[heitlich]-Eines" – eigens benennt[239]. Für dieses, nicht aber für das Erste Eine selbst, ist auch die für φιλία wesensgemäße Relationalität konstitutiv[240].

Diesen Gedanken einer dynamischen Einheit des Unterschiedenen *im* oder *als* Nus signalisiert auch die Metapher der „*geistigen Sphäre*" (σφαῖρα νοητή[241]). Sie ist nicht nur von Parmenides' Konzept der sphärischen Einheit des Seins inspiriert[242], sie könnte auch als eine bewußte Transformation des empedokleischen „Sphairos" ins rein Intelligible begriffen werden. Durch die Metapher der intelligiblen Sphäre versteht Plotin den absoluten Nus als etwas, das die Vielheit des zeitfrei in ihm Zu-Denken-

---

der intelligiblen Welt wird in der späteren neuplatonischen Tradition aufgenommen etwa durch *Syrian*, in Met. 11,28ff (Kroll. Vgl. diesen Text in Anm. 240). 43,17ff: ἐν μὲν οὖν τῷ νοητῷ, σφαίρῳ προσαγορευομένῳ κατὰ τὴν ποίησιν, ἐπικρατεῖν τὴν φιλίαν διὰ τὴν ἕνωσιν τῶν αὐλῶν καὶ θείων οὐσιῶν. 187,19ff, mit ausdrücklichem Bezug auf Empedokles: [25f] διὸ καὶ κρατεῖ μὲν ἐν τοῖς νοητοῖς, ἃ δὴ σφαῖρον ὠνόμασεν, ἡ φιλία, ἐν δὲ τοῖς αἰσθητοῖς τὸ νεῖκος. Syrian identifiziert Liebe und Zwietracht mit dem pythagoreischen Prinzipienpaar ἕν und ἀόριστος δυάς: 43,14f. – *Simplicius*, in de caelo, CAG VII 140,25f (Heiberg): ...Ἐμπεδοκλῆς τόν τε ὑπὸ τῆς Φιλίας ἑνούμενον νοητὸν κόσμον παραδιδοὺς αἰνιγματωδῶς. in phys., CAG IX 31,21f (Diels): τὰ μὲν ἐν τῷ νοητῷ τῇ νοητῇ ἑνώσει κρατούμενα διὰ φιλίας μᾶλλον συνάγεσθαι φησιν [Ἐμπεδοκλῆς].

[238] V 1,9,5f.
[239] V 1,8,25f: καὶ δεύτερον ἓν πολλὰ λέγων.
[240] In diesem Sinne (etwa) versteht auch *Syrian* die Zuordnung von ἕν und φιλία, in Met. 11,28–31 (Kroll): δοκεῖ δέ μοι μηδ᾽ Ἐμπεδοκλῆς ἄλλο τι τὴν φιλίαν ὑποτίθεσθαι ἢ τὸ ἕν, πλὴν οὐ τὸ πᾶσιν ἀσύντακτον, ἀλλ᾽ ᾧ συντάττεται ἡ ἀόριστος δυάς, ἣν νεῖκος ἐκεῖνος προσαγορεύει, ἀφ᾽ ὧν δὴ τό τε πρώτως ὂν ὑφίστησι καὶ τὰ νοητὰ πάντα καὶ τὸν αἰσθητὸν διάκοσμον.
[241] II 9,17,5. VI 5,10,44.
[242] Vgl. Anm. 215. Plot. V 1,8,20ff.

den oder „immer schon" Gedachten nicht nur als ein Zugleich-Ganzes (εἰς ἓν ὁμοῦ πάντα[243]), sondern als ein „Leben" oder eine Kraft begreift, welche das im Nus Viele und Unterschiedene in eine ihm immanente (aber vom Einen selbst ermöglichte) Einheit[244] fügt – ein Akt der höchsten Konzentration der „Mittelpunkte" des je Einzelnen in Einen Mittelpunkt zugleich[245], eine „Dimension" also, die frei ist von τόπος (Ort) und ὄγκος (quantitativer Masse)[246] und deshalb zu dieser intensiven Einung imstande ist. Die einigende Kraft oder das „Leben" dieser „lebendigen Sphäre" (σφαῖρα ζῶσα[247]), das Plotin in überschwänglicher Metaphorik als ein in einer „unermüdbaren" Physis „überwallendes" (ὑπερζέουσα ζωή[248]) benennt, ist *Denken;* dieses erkennt als eine Spur des Einen in dem vielfältig-seienden Intelligiblen *dessen* Eins-Sein oder *ist* dieses durch Erkennen und führt es so in das „Eine Zentrum" (ἓν κέντρον[249]) der Viel-Einheit des Ganzen – des Nus als des Subjektes eben dieses Aktes – zusammen. Die reine Intelligibilität von Sein und Tätigkeit dieser „Sphaira" legitimiert auch das Attribut „durchscheinend" oder „durchsichtig" für den Nus als Sphaira: σφαῖρα διαφανής[250]. In ihm ist die Sphaira-Metaphorik mit der des *Lichtes* verbunden, wie schon die Erinnerung an V 8,4, gezeigt hat[251]: dem Denken steht im Nus nichts „Widerständiges" (ἀντίτυπον), für sein lichtendes Sehen Undurchdringliches, Dunkles, entgegen, sondern dem lynkeusgleichen Blick des absoluten Denkens ist dort „Alles durchscheinend" (διαφανῆ γὰρ πάντα) und „Jeder und Alles ist Jedem ins Innere offenbar"[252], weil das Sein des Nus im ganzen selbst intelligibles Licht ist, *in* dem oder *als* das jedes Zu-Denkende jedes Andere in sich in zeitfreiem Wechsel erfaßt, in sich widerspiegelt oder „durchlichtet": φῶς γὰρ φωτί – „Licht ist nämlich für

[243] V 8,9,3. VI 5,5,3f. 16ff. 6,3.
[244] Z.B. VI 7,41,13ff. VI 4,14,3ff. VI 9,5,16.
[245] VI 5,4,21ff. 5,8f.
[246] V 8,9,10ff.
[247] VI 7,15,25.
[248] VI 5,12,9 – indem er beide Wörter als aus der selben Wurzel stammend suggeriert. Die Sphäre ist „in dieses Eine Leben hineingestellt" (VI 5,9,10f) und Alles in ihr ist in dieses Eine Leben geeint.
[249] VI 5,5,18f.
[250] V 8,9,6f.
[251] Vgl. oben S. 45ff.
[252] V 8,4,4ff: πᾶς παντὶ φανερὸς εἰς τὸ εἴσω καὶ πάντα. Zu ἀντίτυπον (5) vgl. auch ἀπόνως und ἀνεμποδίστως in IV 3,10,26f. Vgl. auch Anm. 62.

das Licht Licht. Denn Jeder hat auch Alles in sich und sieht im Anderen Alles, so daß überall Alles ist und Alles Alles und Jedes Alles und unermeßlich der Glanz"[253].

Dem Versuch, eine Verbindung von Plotin zu Empedokles im Blick auf die „intelligible Welt" deutlich zu machen, füge ich noch eine Erwägung über die Struktur der sinnenfälligen Welt als Bild der intelligiblen an, die einen Bezug Plotins zu Empedokles durch die *Vermittlung Platons* betrifft.

In der Frage nach dem Zusammenhalt der Elemente im Einen Weltkörper führt Platon im ‚Timaios' das „Band" (δεσμός) als Begriff und ontologische Realität aktiver Vermittlung ein. Diese vollzieht sich als ‚Analogia' oder mathematische Proportion, so daß Zahlen die Elemente in ihrer Identität zueinander in Beziehung setzen. Sie begründen und bewahren die Einheit des Verschiedenen: „Der Bänder schönstes, das sich selbst und das Verbundene in höchstem Maße zu Einem macht, ist die Proportion, die dies am schönsten zu bewirken vermag" (31 c 1–3). Der sichtbare und tastbare Weltenbau stimmt mit sich selbst durch die Proportionalität der Zahlen überein (ὁμολογῆσαν, 32 c 1), das Ganze wird durch φιλία – liebende Verbindung, Freundschaft – zusammengehalten: „es [scil. der Weltkörper] kommt mit sich selbst ins Selbe zusammen und ist so nur durch den, der die Verbindung erwirkt hat, auflösbar" (32 c 2–4). *Plotin* zitiert die zuletzt genannte Stelle aus dem ‚Timaios' nicht, spielt auch nicht, so weit ich sehe, auf sie an. Im Zusammenhang einer Diskussion der Mantik führt er allerdings den Begriff der ἀναλογία ein: es gibt trotz des Unterschiedes zwischen der intelligiblen Welt oder dem intelligiblen „Lebewesen" und dem sinnlich faßbaren ζῷον τοῦ παντός[254] ein dialektisch wirksames Verhältnis zwischen den beiden, das die Unvergänglichkeit der empirischen Welt begründet[255]. In ihr ist der radikale Unterschied oder die mögliche Getrenntheit der Seienden überwunden durch deren Ähnlichkeit untereinander oder Angleichung aneinander, durch ein Prinzip der Entsprechung begründet. So gilt der Satz:[256] „Alles hält Analogie zusammen" – συνέχει τὰ πάντα ἀναλο-

---

[253] V 8,4,6–8.
[254] III 3,6,8.
[255] Ebd. Z. 22ff.
[256] τὸ λεγόμενον, in dem man wohl einen Hinweis auf Tim. 31 c sehen darf. Sachlich verbunden mit der stoischen συμπάθεια, vgl. hierzu A. Graeser, Plotinus and the Stoics (wie Anm. 223) 68ff.

γία²⁵⁷. Obgleich die im ‚Timaios' eng mit ἀναλογία verbundene φιλία keinen Ausgleich oder keine Überwindung von „Zwietracht" zu leisten hat, kann man sie gerade im Blick auf Plotins Emphase der Analogia als eines unterschiedliche Dimensionen und unterschiedlich Seiendes verbindenden Welt-Prinzips durchaus in der Nähe des Gedankens sehen, den er in seiner *Empedokles*-Rezeption verfolgte.

\*\*\*

Die „Identitätssätze", die Wesensmomente des Geistes anzeigen: Wahrheit, Weisheit, Schönheit und liebende Verbindung, beziehen sich – dies ist die Bedingung ihrer Gültigkeit – auf den Nus als ein *zeit-freies, absolutes, selbst-reflexives* Sein in sich selbst. Deshalb sind in ihnen Subjekt und Prädikat auch austauschbar, insofern die vormaligen Prädikate jeweils als Formen von Sein und Denken in ihrer höchstmöglichen Intensität oder im „eigentlichen" Sinne gegenüber ihrer Konkretion im zeithaften Dasein begriffen werden. Unter dieser Rücksicht ergäben sich die Aussagen: Wahrheit, Weisheit, Schönheit, Liebe in der intensivsten Möglichkeit ihrer Selbstentfaltung sind identisch mit Geist in seiner absoluten Form.

Die Entfaltung von dessen Begriff durch Plotin ist freilich nicht abstrakt in sich – sozusagen um seiner selbst willen – zu sehen, sondern, wie ich schon herausgehoben habe, als ein zentrales Moment bewußten Lebens eines Philosophierenden. Philosophie als *Lebensform* ist im Sinne Plotins nicht zuletzt auf die Erkundung des eigenen Selbst, auf das Bewußtwerden von dessen Grund und Ursprung gerichtet. Dies gelingt einem in Zeit und Raum verflochtenen Denken nur in einer radikalen Abstraktion von nach außen gerichteter Sinnlichkeit und damit einer Reduktion aller Strukturen von Vielheit in ihm selbst; der Prozess dieser Abstraktion (ἀφαίρεσις) oder Reduktion aber ist identisch mit einer Wendung des Denkens „nach innen" oder der Reflexion des Denkens auf sich selbst (ἐπιστρέφειν εἰς ἑαυτόν). Ihr eröffnet sich die Einsicht in den Ermöglichungsgrund des diskursiv verfahrenden Denkens: er wirkt *in* ihm und geht zugleich *über* es hinaus; er ist als die intensivere Form von denkender Einheit der Nus oder Denken in absoluter Form. Dieses als Sein und Akt – nicht das Denken und Handeln in Zeit – ist das *wahre*

---

²⁵⁷ III 3,6,28.

*Selbst* des Menschen. Den „reinen", „unvermischten", absoluten Geist als den Grund des Bewußtseins, als das Sein des Selbst zu erkennen, ist damit die höchste Möglichkeit von Denken überhaupt – die plotinische Variante der Erfüllung des Delphischen Spruchs: „Erkenne Dich selbst" – ‚Erkenne Dich selbst in Deiner höchsten *göttlichen* Möglichkeit'. Diese Weise des Sich-selbst-Erkennens ist allerdings nicht eine intellektualistisch formale, für das eigene Sein und Handeln folgenlose Aktivität, sondern eine Transformation des Denkens und ethischen Verhaltens im ganzen: in ihr „wird" der Mensch durch das Denken seines eigenen Denk-Grundes selbst ein „völlig Anderer" – παντελῶς ἄλλον γενόμενον[258]. Dies ist zu verstehen als „Konsequenz einer radikalen Konzentration auf das Innere und Obere, auf dasjenige, was durch seine größere Intensität an Durchsichtigkeit, Evidenz und Denkkraft *und* damit zugleich: durch seine innigere Gefügtheit in Einheit oder Eines, als der ermöglichende und vollendende Grund der anfänglichen Denk-Tätigkeit begriffen und im Sinne einer Steigerung der *Bewußtheit* ergriffen werden kann"[259].

Daß der Mensch sich seines wahren Selbst bewußt wird durch denkende Identifikation mit dem absoluten Nus „in uns", der zugleich „über uns" ist, ist die Voraussetzung für eine Vollendung dieses inneren Aufstiegs: die Erfahrung der absoluten, differenz*losen* Einheit, die das Denken des Nus übersteigt, in einer ekstatischen[260] *Einung mit dem Einen selbst.*

## V

Bevor ich Plotins Konzeption des „wahren Selbst" in seiner Bedeutung für einen umfassenden Begriff des Geistes und für das Telos menschlichen Lebens genauer entwickle, möchte ich dem zu vier Grundzügen des Nus Gesagten einen Blick in deren *christliche Zukunft* anfügen. Die Formulierung dieses Blicks kann in diesem Zusammenhang nur eine thesen-

---

[258] V 3,4,11f.
[259] W. Beierwaltes, Selbsterkenntnis 107. In Enn. V 3 [49] entwickelt Plotin diese für ihn zentrale Thematik in einer ebenso subtilen wie engagierten Weise. Vgl. hierzu ausführlicher den nächsten Abschnitt über „Das wahre Selbst".
[260] VI 9,11,23.

haft-knapp sein, ihre angemessene Ausführung entspricht einem in sich geschichtlich und sachlich differenzierten Projekt.

Die vier Grundzüge des absoluten Geistes[261]: Wahrheit – Weisheit – Schönheit – liebender Selbstbezug, jeweils in Identitätssätzen vom Nus ausgesagt, avancieren in der christlichen Theologie zu Prädikaten oder „Namen" Gottes. Sie sind – zusammen mit anderen Prädikaten und Namen – als absolut gedachte mit dessen Sein identisch. Keines der Prädikate oder Namen verdrängt die anderen, verletzt auch nicht, alle insgesamt „zugleich" gedacht, dessen Einheit. Vielmehr stellt jedes einzelne eine Perspektive in einem in sich unterschiedenen Ganzen dar, deren Unterschied sich in der Identität des Anderen als es selbst „wiederfindet". Diese besondere Form der „Convertibilität" im Unendlichen oder Absoluten repräsentiert die Fülle und Einheit des göttlichen Seins in einem.

Die Voraussetzung dafür, daß Plotins Theorie des durch Wahrheit, Weisheit, Schönheit und Liebe je verschieden gedachten Selbstbezugs des Nus zu einem Modell des christlichen Gottes werden konnte, ist eine Entwicklung des philosophischen und theologischen Denkens, die – mit Porphyrios[262] beginnend – die neuplatonisch gedachte Dimension des absoluten, nicht-relationalen, über-seienden Einen mit der des selbstreflexiven Nus zusammenführte. Der Gott ist demgemäß – christlich gedacht – nicht nur das *Sein selbst*, in absoluter Intensität und zeitfreier Vollendetheit, sondern auch absolutes, auf sich selbst sich beziehendes, sich als trinitarische Relationalität artikulierendes *Denken*: intelligentia quae seipsum intelligit, intellectus, notio sui ipsius, conceptus absolutus. Darin gründet die *Wahrheit* Gottes als die intensivste Selbstübereinkunft durch Denken; seine *Weisheit* als denkender Grundzug seines Seins und als innere Selbstentäußerung oder als das der triunitas immanente Sich-Selbst-Aussprechen Gottes: sapientia als Verbum Patris; seine absolute *Schönheit* als „überwesentliche Harmonie" in ihm selbst (Eriugena), Index von Gottes trinitarischer Selbstidentität, frei von jeder Form einer inneren „Unähnlichkeit", sich selbst denkende Einfaltung aller endlichen Schönheit (Cusanus). Innerer Selbstbezug, der für die trinitarische Einheit konstitutiv ist, verbindet also pulchritudo absoluta mit der göttlichen veritas und sapientia. – Plotins Identifizierung des Nus mit „lieben-

---

[261] andere könnten darüber hinaus bedacht werden, ich bin mir der Beschränkung durchaus bewußt.
[262] Vgl. W. Beierwaltes, DdE 198ff.

dem Selbstbezug" hat in der Aktivität des Heiligen Geistes als *Liebe* oder liebender Verbindung *in* der göttlichen Drei-Einheit sein Pendant: amor, nexus, conexio: sie bringt oder bindet die innere Selbstentfaltung in ihren „Anfang" zurück[263].

---

[263] Meine eigenen Vorarbeiten zu dieser Entwicklung, die sich insbesondere auf Marius Victorinus, Augustinus, Dionysius Areopagita (z.b. PiC 55ff), Johannes Scottus Eriugena, Bonaventura, Meister Eckhart und Nicolaus Cusanus beziehen: *veritas:* Deus est veritas (wie Anm. 60). PiC 182ff. *sapientia:* Regio beatitudinis 26ff. ID 145ff (zu ‚Visio absoluta'). Visio facialis 21ff. Eriugena 180ff. 193ff. PiC 28ff (Marius Victorinus). PiC 114ff (Meister Eckhart). – *pulchritudo:* Aequalitas numerosa. Zu Augustins Begriff des Schönen, in: Wissenschaft und Weisheit 38, 1975, 140–158; 150ff. Eriugena 136f. 139ff. Marsilio Ficinos Theorie des Schönen 29ff. 42ff. – *amor:* PiC 33ff. 38ff (Marius Victorinus). 92ff (Bonaventura).

DAS WAHRE SELBST

Retractatio einiger Gedankenzüge in Plotins Enneade V 3 und
Reflexionen zur philosophischen Bedeutung dieses Traktats als ganzen*

> οὐ γὰρ εἰς ἄλλο, ἀλλ' εἰς τὸν ὄντως ἑαυτὸν ἡ ἀναδρομή· οὐδὲ πρὸς ἄλλο, ἀλλὰ πρὸς τὸν αὐτὸν ὄντως ἡ σύμφυσις – „Nicht zu einem Anderen, sondern zum wahren Selbst geht der Aufstieg hin; nicht auf ein Anderes, sondern auf das wahre Selbst zielt das Eins-Werden" (Porphyrios, de abstinentia I 29,4)

I

*„Selbsterkenntnis und Erfahrung der Einheit"*

In meinem Buch „Selbsterkenntnis und Erfahrung der Einheit"[1] habe ich in einer Interpretation von Plotins Enneade V 3 [49] zum einen Plotins Deutung des Delphischen Imperativs „Erkenne Dich selbst" analysiert,

---

\* Dieser Text lag einem Vortrag zugrunde, den ich auf Einladung von Monique Dixsaut und Denis O'Brien in deren Seminar gehalten habe, das beide über Plotins Enneade V 3 im Wintersemester 1999 an der Sorbonne in Paris veranstaltet haben. Da ich naturgemäß für diesen Zweck einige Aspekte zu diesem Text aus meinem Buch über V 3 (vgl. Anm.1) im Sinne einer ‚retractatio' oder Erweiterung und Ergänzung des Gedankens aufgreifen wollte, ergibt es sich, daß ich oft auch auf eben dieses Buch verweise und darin auch andere meiner Publikationen miteinbeziehe, die thematisch hinzugehören und in denen ich ausführlich auf die entsprechenden Themata eingegangen bin. Dabei bleibt immer noch eine unabsehbare Reihe von Fragen und Problemen, die ich zwar bereits thematisiert habe, auf die ich jedoch nicht verweise. – Eine kürzere französische Fassung des vorliegenden Textes wird in einer Übersetzung von Jean-Marc Narbonne erscheinen.

[1] Frankfurt 1991, Verlag Vittorio Klostermann.

zum anderen – als Voraussetzung oder als Grundlegung notwendig damit verbunden und eher dem Hauptakzent des porphyrischen Titels: Περὶ τῶν γνωριστικῶν ὑποστάσεων καὶ τοῦ ἐπέκεινα entsprechend – den Begriff des *Nus, des Geistes*, erörtert: primär dessen reflexiven Rückgang in sich, seinen Selbstbezug als Sich-selbst-Denken und damit sowohl dessen Bezug zur *Seele*, in der das Sich-selbst-Erkennen als ein notwendiges Moment ihrer Wesens-Vollendung zumindest ihren Anfang nimmt, als auch die Verbindung beider zu dem ersten und letzten Grund aller Dimensionen vielheitlichen Seins, dem *Einen*, das als es selbst „über" oder „vor" dem Denken, Erkennen, Wissen (des Nus) zu denken ist.

Insofern entspricht der Titel meines Buches „Selbsterkenntnis und Erfahrung der Einheit" in seinem *ersten* Aspekt – „Selbsterkenntnis" – Plotins Reflexion auf das Verhältnis von Geist zu Seele oder von Seele zu Geist aus der Perspektive der Frage nach der ontologischen Voraussetzung oder Ermöglichung von Selbsterkenntnis, nach ihrem „Ort" – *worin* vollzieht sie sich? –, nach ihrem „Subjekt" – *wem* gelingt sie, *wer* erreicht und entfaltet sie im eigentlichen Sinne? – *und* nach ihrem Ziel: nach der für die Lebensform des Einzelnen folgenreichen Vergewisserung des eigentlichen oder *wahren Selbst*.

Der *zweite* Aspekt des Titels – „Erfahrung der Einheit" – folgt dem von Plotin vor allem im zweiten Teil des Traktats (c. 10 – 17) entwickelten Gedanken, daß man bei der Vergewisserung des eigenen Selbst nicht „stehen bleiben" dürfe, sondern daß die Seele aus der Dimension heraus, in der ihr der sich selbst denkende und dadurch sich selbst *und* ihr in gleicher Weise gegenwärtige Nus als ihr *unmittelbarer* Grund und als ihr *unmittelbares* Ziel bewußt geworden ist, weiter „hinaufgehen" oder fortschreiten müsse[2] – in eine „Berührung" des *letzten* oder „absoluten" Ziels, das zugleich der unhintergehbare Ursprung (ἀρχή) von Sein und Bewegung des Denkens ist, und in eine *Einung* mit ihm. „*Erfahrung* der Einheit" habe ich dies genannt, um die einzige Weise des Zugangs der Seele zu ihrem *ersten* Grund anzudeuten: aus einer bewußten Realisierung der intensivsten reflexiven Einheit *in ihr selbst,* dem sich selbst denkenden, „reinen" Nus *in ihr,* geht das Denken über sich selbst hinaus – dies aufgrund der Einsicht, daß ein in sich *Un*-Bezügliches, *In*-Differentes und damit auch Nicht-(sich-selbst)-*Denkendes* und Nicht-*Sprechendes* (oder sich selbst Nicht-Aus-Sprechendes), als welches das Eine qua abso-

---

[2] V 3,17,5ff. 10,42ff.

lute Einheit und Einfachheit zu „denken" ist, letztlich auch nicht durch ein *solches* Denken erreichbar, faßbar, begreifbar oder in ihm gar angemessen aussprechbar sein würde, das seine immanente Gegenständigkeit im Identitäts-Akt mit seinem zu-denkenden und zugleich gedachten Sein in eine in sich bezügliche reflexive Einheit aufgehoben hat. Gemäß dem (Erkenntnis-)Prinzip, daß nur Ähnliches durch Ähnliches „erkannt" (oder auch „erfahren") werden könne, muß das Denken im gesuchten und ersehnten Blick auf das absolut Nicht-Viele (ἕν als „οὐ πολύ" – Ἀ-πόλλων[3]) auch das Denken als eine Vollzugsform von Vielheit und Differenz und Zeitlichkeit *lassen*". Das „Lassen" des Denkens in jeder seiner Ausprägungen ist das „Letzte" auf dem Wege einer radikalen Ent-Differenzierung des Bewußtseins durch ἀφαίρεσις: sie nimmt in dessen Befreiung vom vielfältigen Verstricktsein ins Materielle, Sinnliche, Begierdenhafte und Zeitliche ihren Anfang und kommt im identifikatorischen Sehen des „Lichts" des Einen *durch* eben dieses Licht selbst[4] in ihre Vollendung – ἄφελε πάντα. Dieser von seinem Ziel her gesehen „mystische" Imperativ Plotins will freilich kein Plädoyer sein für eine das Denken verachtende und es destruierende Irrationalität, sondern für dessen Selbst-Vollendung in seinem eigenen, nicht-denkenden („unvordenklichen") Grund[5].

[3] V 5,6,27. W. Beierwaltes, PI 16f. SEE 91. 131f. DdE 120f.- Clemens Alexandrinus, Stromata I,XXIV; 164,3 (GCS 52, Stählin/Früchtel): Ἀπόλλων μέντοι μυστικῶς κατὰ στέρησιν τῶν πολλῶν νοούμενος ὁ εἷς ἐστι θεός. – Platonischer Bezugspunkt für diese Verbindung von A-pollon und dem Einen/Guten: Politeia 509 c 1 und 534 b 9f: ἀπὸ τῶν ἄλλων πάντων ἀφελὼν τὴν τοῦ ἀγαθοῦ ἰδέαν.
[4] V 3,17,34ff. VI 7,36,19ff. VI 9,10,11ff. 11,6: μὴ ἑωραμένον = ἡνωμένον.
[5] V 3,17,38. „Selbsterkenntnis" v.a. 167ff. 170ff. 250ff. Vgl. auch *Seneca*, ep. 17,1: Proice omnia ista [i.e. vana, vilia (ep. 16,9: retrahe ergo te a vanis...)], si sapis, immo ut sapias, et ad bonam mentem magno cursu ac totis viribus tende; si quid est quo teneris, aut expedi aut incide. – Zu der von Plotin ausgehenden Thematik der „Gelassenheit" vgl. „Selbsterkenntnis" Index s.v. „Gelassenheit" und meine Abhandlung „Heideggers Gelassenheit" (wie Anm. 119), bes. 23f – durch Meister Eckhart vermittelt. – Ich versuche immer wieder evident zu machen, daß auf die differenzierende und einigende Kraft des Denkens, auf seine höchste Intensität zu vertrauen, m. E. der angemessenere Weg ist, in ein Verständnis des denkenden Selbstbezugs des Nus und seiner Selbstübersteigung zu gelangen, als Plotins Wendung nach „innen" und „oben" etwa mit Schopenhauers ästhetischem Intuitionismus oder gar mit Drogenpraktiken zusammenzubringen, wie dies R.T. Wallis, ΝΟΥΣ as Experience 135f; 140ff tut. Mit Meskalin und LSD reduziert er Plotins Intensität des *Denkens* gegen dessen Intention bewußt auf sinnliche Erfahrung und begünstigt damit den Irrationalismus als Medium und Ziel.

Das wahre Selbst 87

In den angedeuteten Gedankenbereichen ist nicht nur die spezifische Thematik von V 3 erinnert, es wird vielmehr zugleich deutlich, daß in diesem Traktat Plotins Philosophie *im ganzen* als ermöglichendes Fundament seines „spezifischen" Gedankens ins Spiel kommt.

\*\*\*

Im Laufe meiner Vorbereitung der konkreten Arbeit an einer philosophischen Interpretation von V 3 für mein Buch „Selbsterkenntnis und Erfahrung der Einheit" hat mich Arthur Hilary Armstrong darauf aufmerksam gemacht, daß *Henri Oosthout* einen vollständigen Kommentar zu diesem Traktat fertiggestellt habe und ihn demnächst zu veröffentlichen gedenke. Nicht zuletzt diese Aussicht hat mich – ich sage dies *jetzt* mit Bedauern – zu dem Entschluß geführt, eine Doppelung zu vermeiden und keinen Kommentar zu diesem Text zu schreiben, der in allen Aspekten den Regeln des literarischen Genos ‚Kommentar' entspricht. Ich habe dann „einer *philosophischen Interpretation* des Gedankengangs von V 3 im ganzen und einer Analyse des argumentativen Zusammenhangs mehr Raum gegeben; weiterhin habe ich *zentralen Begriffen* des Traktats ausführliche *Erläuterungen* gewidmet, die für Plotins Denken eine diesen Text übergreifende Bedeutung haben können und zumindest für einige Begriffe oder Denkstrukturen auch deren geschichtlichen Kontext aufzuklären versuchen"[6]. Henri Oosthouts Buch ist dann unter dem Titel „Modes of Knowledge and the Transcendental. An Introduction to Plotins Ennead V 3 [49] with a Commentary and Translation" in dem selben Jahr wie das meine (1991) bei Grüner in Amsterdam erschienen. Es enthält über eine durchaus hilfreiche paraphrasierende Interpretation des plotinischen Gedankengangs hinaus – bis auf einige Passagen bezogen – keine systematische, aufs Einzelne zielende Erörterung des Textes. Philosophisch läßt es – vielfach durch modernistische Vorbegriffe geleitet und beengt – die genuine Komplexität des plotinischen Denkens in wesentlichen Bereichen nur mühsam sichtbar werden. So bleibt auch für die philologische und philosophische Aufklärung einzelner problemreicher, schwer verständlicher und kontroverser Text-Stellen noch ein weites Feld begründender Imagination[7].

[6] „Selbsterkenntnis" 12. 98.
[7] Der Frage nach der Bedeutung von Plotins „Theorie des Sich-Wissens" hat Jens Halfwassen seine Studie „Geist und Selbstbewußtsein" (Abhandlungen der Akademie der

Dieses kann ich im Folgenden freilich nicht hinlänglich „ausmessend" begehen, möchte aber zunächst (II) einige Hinweise auf einzelne Gedankenlinien und Text-Stellen in V 3 geben, die für das Verständnis des Textes von mehr oder weniger zentraler Natur sind[8], um danach (III), wenigstens in großen Zügen, in der Perspektive dieses Textes auf die philosophisch-systematische Bedeutung von Plotins Grundgedanke in sich und (IV) auf seine geschichtliche Reichweite zu reflektieren.

## II

### Aspekte

1. τὸ αὐτὸ ἑαυτό – „selbst sich selbst"
αὐτῷ ἑαυτόν – „durch sich selbst sich selbst"
Für die Möglichkeit von „Selbsterkenntnis" gegen deren Bestreitung durch Sextus Empiricus

Eine Frage, die den Gang des Gedankens von V 3 im ganzen bestimmt, ist die nach der Möglichkeit und dem Vollzug des *Selbst-Denkens*. In meiner Interpretation von Plotins Antwort auf diese Frage habe ich die Einheit oder Identität von Denken als Akt mit seinem Gedachten, in dem oder als welches das Denken *sich selbst* denkt, von den vielfältigen Aspek-

---

Wissenschaften u. der Literatur Mainz 1994, Nr. 10, Stuttgart 1994) gewidmet, in der er eine Interpretation von V 3,1–5 verbindet mit Plotins (impliziter) Kritik an dem von ihm als „Reflexionsmodell" bezeichneten Typus des Selbstbewußtseins, wie es offensichtlich *Numenios* vertreten hat: das Selbstbewußtsein – so Plotin – bedarf keines *zusätzlichen*, unendlich iterierbaren Aktes, in dem es thematisieren würde, „daß es denkt": νοεῖ ὅτι νοεῖ (Plotin II 9,1,51ff). – Selbst-Denken im Sinne Plotins schließt freilich *nicht* aus, daß dieses *als* Akt selbst, „*zugleich*" mit seinem Vollzug, sich dessen, d.h. seines reflexiven Selbstbezugs, bewußt ist. Dieses Bewußtsein ist gerade mit dem Sich-selbst-Denken *identisch*, *ist* Selbst-Bewußtsein. *Gegen* die Annahme eines „zusätzlichen", zum Selbst-Denken *hinzukommenden* Reflektierens, steht die von mir unter II 1 erörterte Leit-Formel.

[8] *Nicht* wieder aufnehmen werde ich z. B. die Diskussion über ἐπιβάλλειν – ἐπιθάλλειν (11,2; SEE 140. 212ff). Hierzu kann ich jetzt auf den weiterführenden, sachlich aufschlußreichen Aufsatz von I. Perczel verweisen: „L'intellect amoureux et l' ‚Un qui est'. Une doctrine mal connue de Plotin", in: Revue de Philosophie Ancienne 15, 1997, 223–264, der zudem einleuchtend Platons Theait. 156 in seine Überlegungen miteinbezieht, wodurch auch die Differenzierung des platonischen Gedankens durch Plotin deutlicher werden kann.

Das wahre Selbst 89

ten des Textes her deutlich zu machen versucht. Das *Denken,* das sich selbst als *sein* Gedachtes oder sich selbst als gedachtes unvermittelt *hat*, erweist dadurch sein *Sein* ebensosehr als sein *Denken* und den reflexiven Selbst-Bezug als *Leben* eben dieses Seins. Der Nus – in einem zeitfreien und absoluten Sinne – *ist* also Selbst-Gegenwart des Seins im oder durch Denken. Alles Gedacht-Sein ist demnach selbst Denken[9].

Diese Gedankenlinie fortführend möchte ich auf die *sprachliche Insistenz* aufmerksam machen, in der Plotin eben dieses Sich-selbst-Denken des Nus zu Worte kommen läßt. – Plotins Fassung des Sich-selbst-Denkens sollte im Blick auf einen skeptizistischen Einwand[10] gegen die Möglichkeit von *Selbsterkenntnis* evident machen, daß das Denkende *selbst sich selbst* durchaus denken könne, daß es also – so *Plotin* gegen das kritische Argument des *Sextus Empiricus* – *nicht* als ein *Teil* eines intendierten Ganzen alle übrigen Teile in ihm immer nur *„teilweise"* und so auch nie das *Ganze* oder *sein* Ganzes als vollendetes erfasse; in dieses müßte (im Sinne Plotins) der denkende „Teil" als *selbstbezüglicher* und damit als in sich *differenzierter* „Gegenstand" des Denkens selbst einbezogen sein; wäre dieser hingegen selbst *„einfach"* und deshalb in sich bezugs-los, so wäre er ohnehin ganz und gar unzugänglich. – Der skeptische Einwand gegen die Möglichkeit von Selbsterkenntnis überhaupt folgt dem Modell diskursiv fortschreitenden Denkens und trifft deshalb zumindest nicht für das absolute, zeit-freie Denken des Nus zu, für das Plotin die Frage des denkenden Selbstbezugs primär erprobt: im Sinne Plotins kann dieses gerade nicht ein Ganzes aus einander folgenden *Teilen* sein. Das Grund-Interesse Plotins geht in V 3 zwar von der zeitlichen Verfaßtheit menschlichen (also diskursiven oder dianoetischen) Denkens als impliziter Voraussetzung aller „transzendenten" Reflexion aus, *zielt* aber auf die Erklärung der Möglichkeit einer bewußten *Transformation* eben dieses Denkens in das in ihm selbst unbewußt wirksame *absolute Denken*. Dieses aber ist der Status oder die „Dimension" eigentlicher Selbsterkenntnis als des Bewußtseins des wahren Selbst. Während eine Teil-durch-Teil-Erkenntnis, in der das Eine (Denkende, Erkennende, Sehende) immer wieder ein von ihm selbst Verschiedenes – *Anderes* – denken würde (ἑνὶ

---

[9] „Selbsterkenntnis" 83. 96ff. 111ff. 121. 173ff. Index s. v. ἐπιστρέφειν. DdE u.a.57ff. Oben S. 24ff. 40ff.
[10] Zu dem Einwand des Sextus Empiricus: "Selbsterkenntnis" 100–102. J. Halfwassen, Geist und Selbstbewußtsein (wie Anm. 7) 12f.

τινι τὰ ἄλλα, ἄλλο ἄλλο)[11], und somit eine unendliche Wiederholung dieses Vorgangs durch eine Selbstzerteilung (μερισμὸς ἑαυτοῦ[12] – Zerstückelung, Selbstparzellierung des Denkens) eine Selbst-Erkenntnis zumindest als ganze in der Tat unmöglich machte, will Plotin die *Einheit* des Nus, in dem die Selbst-Erkenntnis sich als ganze – ohne trennende Teile – vollziehen soll, gerade von dessen *Selbst-durch-sich-selbst*-Denken her als eine „abgeschlossene" oder gelungene einsichtig machen: das Selbst *dieses* Denkens ist ein in sich differenzierter Bezug, der im einzelnen Zu-Denkenden sich selbst und *zugleich* das Ganze eben dieses Bezugs umfassend begreifen und es als eine (relationale) Einheit bewußt machen soll. Plotin kann gegen die behauptete Aporie einer Teil-durch-Teil-Erkenntnis gerade für das absolute, zeit-freie Denken eine Erkenntnis des *Ganzen durch das Ganze* oder durch den Nus selbst als Ganzen (ὅλος ὅλῳ[13]) beanspruchen, weil er für diese Form des Denkens im Gegensatz zum intentional-dianoetischen eine Differenz von Denken und Gedachtem zwar beibehält, damit überhaupt Denken sein könne, diese aber in eine höchstmögliche, sie übergreifende Einheit führt.

Die verschiedenen Facetten dieses Gedankens des Sich-selbst-Denkens als Selbst-Erkenntnis signalisiert ein sprachliches „Leitmotiv": τὸ αὐτὸ ἑαυτό – „selbst sich selbst", das in unterschiedlichen Stufen den Gedanken als ganzen durchzieht. Dieses „τὸ αὐτὸ αὐτό" (ἑαυτὸ) oder ἑαυτῷ αὐτό ist offensichtig die plotinische *Gegenformel*[14] zu der Konzeption des Sextus Empiricus, die den Akt oder den intendierten Vorgang der Selbst-

[11] V 3,1,1f. 12.
[12] 5,1ff. 7. 20. 6,7f. Vgl. auch V 9,5,9ff. 8,19ff.
[13] V 3, 6,7. Henry und Schwyzer weisen zu V 3,5,1 auf *Augustinus* hin, de trinitate X 3,5–4,6: [mens als ‚analogia trinitatis' im Menschen] scit se *totam...Totam* se novit (und nicht ‚ex parte'). 
[14] V 3,1,1ff. 1,12: τὸ αὐτὸ ἑαυτό. 2,20 (idem). 4,28 (idem). 4,30: αὐτῷ δὲ ἑαυτόν (νοῦν). 5,3: αὐτὸ ἑαυτό. 5,6: αὐτῷ εἶδεν ἑαυτόν. 6,1. 8,22: αὐτὸ...αὐτὸ ὁρᾷ [φῶς]. 8,37ff. 41. 10,9ff. 13,13f:...ὅταν αὐτό τι ἑαυτὸ νοῇ, ὃ δὴ καὶ κυρίως ἐστὶ νοεῖν. Vgl. auch V 6,1,1: αὐτὸ αὑτό (H-S²). Gegen die Teil-durch-Teil-Erkenntnis:...ὅλος ὅλῳ, οὐ μέρει ἄλλο μέρος (V 3,6,7f.): nur das Ganze kann das Ganze als sich selbst im Sinne einer gegenseitig sich aufschließenden Korrelation oder „Spiegelung" erkennen. 6,23: αὐτῷ ὅσα ὁρᾷ γινώσκει. – Relationalität des Denkens als Einheit mit sich selbst: 6,33f: συνεῖναι αὐτῷ τὴν γνῶσιν ἑαυτοῦ. 7,19f: ἑαυτὸν νοεῖν = πρὸς αὑτῷ καὶ εἰς ἑαυτὸν τὴν ἐνέργειαν ἴσχειν. 13,20f: συνὸν ἑαυτῷ καὶ εἰς αὑτὸ νεῦον. – Vgl. auch V 6,1,1f: Τὸ μέν ἐστι νοεῖν ἄλλο ἄλλο, τὸ δὲ αὐτὸ αὑτό, ὃ ἤδη φεύγει μᾶλλον τὸ δύο εἶναι. Denken(des) und Gedachtes sind in dieser „ersten" (πρώτως) Form von Denken trotz und in ihrer zweiheitlichen Differenz *Eines*: ἓν εἶναι ἄμφω (11f). ...ὅτι νοεῖ (das Gedachte intentional erfassend, „habend"), δύο, καὶ ὅτι

Das wahre Selbst 91

Erkenntnis so beschreibt, als ob in ihm notwendigerweise *ein Teil* oder Element eines Erkennenden innerhalb eines (angenommenen) kontinuierlichen Ganzen oder eines Zu-Erkennenden im Ganzen immer nur ein *Anderes*, vom jeweils Erkennenden selbst *verschiedenes* Element oder einen verschiedenen Teil aus der Summe des Ganzen zu erkennen imstande wäre. Damit wäre – wie zuvor angedeutet – unter der Voraussetzung ständiger Sukzession von erkennenden Einzelnen (Teilen) zu einem möglicherweise Ganzen hin nie das Ganze *zumal* (ὁμοῦ πάντα, ἓν πάντα) zu erfassen und wohl auch nicht *Einzelnes* im oder als *Zusammenhang* eines möglicherweise Ganzen, sondern immerfort nur Eines durch's Andere: ἑνὶ ἄλλο oder ἄλλο ἄλλο. Das Denken bliebe immer nur bei dem jeweils Einen oder Anderen, ohne daß klar wäre, ob es das von ihm schon durchdachte Einzelne überhaupt festhalten und das „Zukünftige" (d.h. das zukünftig Denkbare) jemals erreichen könnte. Wenn also ständig nur ein Eines ein jeweils Anderes erkennte, wenn aber andererseits (dies im Sinne Plotins) eine Selbst-Erkenntnis eine Erkenntnis des *ganzen Selbst* sein können sollte, dann wäre vom erstgenannten (skeptizistischen) Konzept her gesehen lediglich ein ‚regressus in infinitum' immerfort von einem „Teil" zum anderen „denkbar", nicht aber die vollendete (abschließende) Erkenntnis eines auch als vollendet gedachten Selbst. Plotins Modell der Selbst-Erkenntnis müßte von daher gesehen schon deshalb apriori als absurd erscheinen, weil es die *Ganzheit* dieses Vorgangs trotz gerade dieser seiner Intention – in einer systematischen Selbsttäuschung – gar nicht erfüllen *könnte*. Das Erkennende aber, das alles in ihm Zu-Erkennende erkennte, muß – dies ist zentral für *Plotins* Argumentation – *primär* als der leitend aufschließende Akt seiner selbst *sich selbst und* genau damit seine *Selbst-Gehalte* erfassen. Nur so erkennte es das (freilich nur hypothetische) „Andere"[15] seiner selbst *in* ihm *als* sich selbst, identisch mit seinem eigenen denkend-tätigen Anfang. Differenz von Denkendem und Zu-Denkendem oder Gedachtem ist in diesem Akt

αὐτό, ἕν (23). V 9,5,15f: Selbst-Denken des Nus ist nicht von anderswoher (von außen) bestimmt, sondern vollzieht sich „in sich selbst" (ἐν αὐτῷ).
[15] V 3,10,23ff: τὸ νοοῦν...ἐν δυσὶν εἶναι...καὶ ἀεὶ ἐν ἑτερότητι τὴν νόησιν εἶναι καὶ ἐν ταυτότητι δὲ ἐξ ἀνάγκης. V 6,6,23ff: πολλὰ ἄρα καὶ οὐχ ἓν τὸ νοεῖν...26ff: Διπλᾶ τοίνυν ἅπαντα καὶ τὸ ἓν δύο, καὶ αὖ τὰ δύο εἰς ἓν ἔρχεται. „Andersheit" oder „Gegenständigkeit" des Zu-Denkenden ist Bedingung von Denken überhaupt, im Sich-selbst-Denken aber ist sie Moment einer dynamischen Einheit oder Identität. Vgl. V 1,4,30ff. – ID 30ff. Zu „Aufhebung" siehe die folgende Anmerkung.

in In-Differentes bewahrend aufgehoben[16], ohne freilich ins pure Nichts oder in unaufschließbare Unmittelbarkeit reduziert zu sein; dies käme einer Selbstaufhebung des grundsätzlich reflexiven Selbst gleich. Das Selbe denkt sich vielmehr selbst *als* SELBST – so daß das Denkende, sich selbst als *Ganzes* trotz innerer Differenz erkennend, sehend, durchlichtend[17], sich selbst als intensivste, sich selbst als in klarster Bewußtheit gegenwärtige Einheit *hat*. Sogeartete Einheit ist eine höchst innige Reziprozität, in der es letztlich kein „Subjekt" oder „Objekt" *für sich selbst* gibt, sondern nur ein im oder als Denken sich vergegenwärtigendes „Subjekt" – eben den „Nus" als Entfaltung der In-Differenz *absoluter* Einheit in die höchste Einheit *in* Differenz. Wenn der Nus im denkenden Selbstbezug sich selbst ganz *als* sich selbst bewußt gegenwärtig hat und somit *seine* Einheit der intensivsten, d. h. symmetrischen Korrelativität von Denken und Gedachtem im Einen „Subjekt" gleichkommt, dann trifft für diesen Akt der Einwand eines ‚regressus in infinitum' oder der iterativen Verdoppelung der Reflexion keineswegs zu. Vielmehr muß für ihn geradezu gefordert werden, daß er das denkende Von-sich-Ausgehen *zugleich* als ein Auf-sich-selbst-Zugehen – in einem Kreis-Gang also – vollzieht. – Diese kreishafte Selbst-Identität des Nus oder seine die Differenz in Einheit fügende Selbstgegenwart – die *„Spiegelung"* seiner selbst (des Denkenden) *in* seinem *Anderen,* die zugleich die im „Spiegel" (als Metapher der Differenz) suggerierte Andersheit in sich in Einheit *aufhebt* – entspricht einer „duplex theoria" des Selben[18], die zunächst die

---

[16] VI 7,41,12f: εἰ δὲ ταὐτὸν νοῦς, νόησις, νοητόν, πάντη ἓν γενόμενα ἀφανιεῖ αὐτὰ ἐν αὑτοῖς (H-S²). Zum Theorem ‚ὁμοῦ πάντα' als Grundzug des Nus, trotz des denkenden Bezugs in ihm (Umdeutung von Anaxagoras Frg, B 1): V 3,15,21. V 9,6,3; 8f: ὁμοῦ πάντα καὶ αὖ οὐχ ὁμοῦ. Gerade diese Formulierung zeigt, daß die Identität von Denken und Gedachtem im Nus nicht als eine unvermittelt diffuse vorgestellt werden soll, als ein ununterscheidbares „Einerlei", sondern vielmehr als eine durch Reflexivität in sich bewegte Einheit. Vgl. auch VI 4,14,4f. – W. Beierwaltes, Plotin III 7, u. a. S. 177. PI und ID passim, Index s.v. „dynamische Identität". – Diese Selbst-Identität des Nus *in* seiner Differenz ist sachlich und sprachlich paradox charakterisiert z.B. auch als in sich ununterschiedene Unterschiedenheit: πλῆθος ἀδιάκριτον καὶ αὖ διακεκριμένον (VI 9,5,16. Analog Augustinus über die *Trinität*: „inseparabilis distinctio et tamen distinctio, videat qui potest"). Weiterhin: V 3,15,30ff. I 1,8,7f.

[17] V 3,8,38ff. Das „sehende" Licht im oder des Nus ist dem „gesehenen gleich": V 6,1,18f. – Zu V 8,4 (διαφανῆ γὰρ πάντα...): DdE 57ff (über die gegenseitige reflexive Durchdringung oder das korrelative In-Sein von Denken und Gedachtem, welches im zeit-freien Nus zugleich ein Denkendes ist).

[18] Vgl. unten S. 114.

Das wahre Selbst 93

im Denken und Sprechen „normalerweise" notwendig gegebene *Unterscheidung* von Denken und Gedachtem bewußt macht, aber sie „dann" *zugleich* wieder in eine Einheit von höchstmöglicher Intensität überführt: was im Erfassen des Phänomens als eines Ganzen (*für uns* zumindest) in Denken und Sprechen ein gedoppelter Akt ist, ist an sich als ein „immer schon" Einer in ihm selbst zu denken: Nus als zeitlose ἐνέργεια[19].

Αὐτὸ ἑαυτό oder αὐτῷ ἑαυτόν ist also die für Plotins Denken des in sich differenten, seienden Einen *nach* dem Denken des absoluten Einen die Formel des sich durch sich selbst erkennenden Selbstbezugs des Geistes: der in ihm selbst einige Akt des Geistes als Selbst-Erfassung seines Seins, seines Aktes selbst *und* seiner Inhalte *als* seines ganzen Selbst im Bereich der (in ihm zu überwindenden oder in Einheit immer schon gebundenen) Andersheit.

Diese sein Selbst erkennende Gegenwart absoluten, zeit-freien Denkens aber ist das in der Zeitlichkeit – im Nus der Seele – von ihr selbst *bewußt zu machende* absolute Paradigma und damit auch der Lebensimpuls im Bereich des Menschlichen für sein aus dem Absoluten her begründetes Selbst-Bewußtsein, das „es selbst" wird und in eigener Kontinuität „es selbst" bleibt durch die Realisierung des ihm möglichen – ihm „gegebenen" – Bezugs zum Einen selbst *durch* den Geist[20]. Der im αὐτὸ ἑαυτὸ oder im ἑαυτῷ αὐτὸ angezeigte Akt fordert den scharfen Ausschluß eines Anderen im Sinne eines (extern-)„Fremden", der eine Erkenntnis des Selbst von *ihm* her verursachen könnte. „Selbst durch sich-selbst", „Selbst sich selbst", „Durch sich selbst sich selbst" (sein eigenes Selbst) zu denken, zu erkennen, zu sehen und zu durchlichten[21] – dies ist der Zielpunkt des apollinischen Imperativs.

Dadurch bleibt freilich die ihm – dem Denken oder Selbst-Denken – eigentümliche Gegenwart des *Einen* im Nus der Seele als eine indirekt wirkende und dann auch bewußt tätige und promovierende Einungskraft

[19] Er bedarf keiner „zusätzlichen", doppelten oder weiter iterierbaren Reflexion auf diesen Denk- und Seins-Akt (vgl. Anm. 7), sie höbe geradezu dessen Identität auf und schwächte seine Intensität. Die Identität von Denken und Gedachtem vollzieht sich in sich und für sich selbst – dies analog dem Phänomen schon im Bereich sinnlich-geistiger Tätigkeiten, daß ein sie eigens begleitendes oder sie „fest-stellendes" Bewußtsein (παρακολούθησις) hemmend oder zerstörend wirkt, etwa wenn man beim Lesen ständig sich bewußt machte, *daß* man liest: I 4,10,21ff.
[20] Siehe VI 5,7,4ff. V 3,16,21ff. 17,5ff. Zu „gegeben" vgl. Anm. 23.
[21] Zur Synonymität von „denken", „erkennen", „sehen", „blicken", „durchlichten" (8,38) vgl. für V 3: „Selbsterkenntnis" 173.

unberührt. Die Formel αὐτὸ ἑαυτὸ und der darin angezeigte Sachverhalt meint nicht ein zirkulär in sich *Fixiertes*, ein *nur* auf sich selbst hin bezogenes Geschehen; auch keine solipsistisch-„narzistisch" auf sich selbst bezogene Tendenz, die gerade nicht etwas „über" oder „vor" ihr wahrzunehmen imstande wäre, sondern vom eigentlichen Selbst und dessen Grund wegführte: Narziss als Gegenfigur zu Odysseus, dem durch Umwendung aus der Vielheit und Sinnlichkeit die Rückkehr in die ‚patris' gelingt[22]. Τὸ αὐτὸ ἑαυτὸ und αὑτῷ ἑαυτόν steht vielmehr für die auf das Eine selbst als den ersten Grund und das letzte Ziel von Einung hin offene Bewegung.

## 2. Verursachung als „Geben"

„Aber er betrachtet den Gott", ἀλλὰ τὸν θεὸν θεωρεῖ (7,1). – Die denkende Betrachtung des Gottes – des Einen oder des absoluten Geistes als Ziel der Selbsttransformation des Menschen – vollzieht sich als oder in der Rückwendung des Denkens auf sich selbst (6,40). Die für den auf sich selbst konzentrierten Geist „notwendige" (6,41) – d.h. geforderte *und* in der ἐπιστροφή „notwendig" sich ergebende – Selbsterkenntnis führt in diese „Betrachtung" – ins „Sehen" – des eigenen göttlichen Grundes; zugleich intensiviert oder vollendet eben dieses ‚τὸν θεὸν θεωρεῖν' die Erkenntnis seiner selbst, insofern der Nus sich selbst als ein in jeder Hinsicht von dem *Gott Gegebenes* erkennt: „eines aus dem [vom Gotte] Gegebenen ist er selbst, mehr noch: all das Gegebene ist er selbst" – πάντα τὰ δοθέντα αὐτός (7,6f)[23]. Die Korrektur oder Steigerung: „mehr noch", bestärkt den Gedanken Plotins, daß der Nus nicht

---

[22] I 6,8,6ff. Hierzu: P. Hadot, Le mythe de Narcisse et son interprétation par Plotin (1976), jetzt in: Plotin, Porphyre. Études Néoplatoniciennes, Paris 1999, 225–266, bes. 243ff.
[23] Vgl. auch 7,9: κομισάμενος. Zu διδόναι als Modus unterschiedlicher Entäußerung: 7,4. 8,29. 14,15. παρέχειν als Synonym: 9,25. 14,20. 15,1f. παραχωρεῖν: 12,25. ῥυεῖν: 12,40. Meine Überlegungen hierzu in SEE 118f. 142ff. 155ff. DdE 155ff zur „Entfaltung der Einheit". Plotin III 7, S. 12ff. – Das Konzept des verursachenden, uneigennützigen oder „freundlichen", sich selbst im Geben nicht vermindernden „Gebens" ist freilich nicht auf V 3 beschränkt, vgl. z.B. V 2,2,26: ἐκεῖνος (νοῦς) ἐφ' ἑαυτοῦ μένων ἔδωκεν...VI 8,10,7f: μορφὴν διδοῦσα (ἀρχή). VI 7,17,3ff. 22,7; 19. 25,32. – V 6,6,33–35: Das Gute „gibt" (δίδωσι) dem aus ihm Hervorgegangenen „Besseres" als eine Ihm immanente Weise des Wissens eben dieses Hervorgegangenen: es „gibt" ihm die Möglichkeit, „Es zu berühren" (ἐφάπτεσθαι ἐκείνου). προχεῖν: V 2,1,14.16; III 8,10,4. χορηγεῖν: VI 9,9,10.

Das wahre Selbst 95

*ein* „Gegebenes", gleichursprünglich und „gleichwertig" gegenüber noch Anderem (anderem Gegebenen) ist, sondern daß der erste zeit-freie Hervorgang aus dem Einen als die erste Seinsweise von Zweiheit, Andersheit oder Vielheit *insgesamt (πάντα)* eben dieser Nus ist, der sich in der Rückwendung zu seinem Ursprung selbst als sich denkende Einheit *in* der Vielheit oder Differenz oder *aus ihr heraus* konstituiert: in seinem denkenden Bezug zum Einen zu sich selbst kommt.

Die Aussage: „all das Gegebene ist er selbst" als eine Aussage über die Herkunft des Nus, und der Gedanke, daß dieser das in ihm Empfangene an Seele und Kosmos weitergibt, sollte den Perspektivenreichtum der plotinischen Konzeption von *Kausalität*[24] in Erinnerung bringen: *eine* Perspektive verweist auf aktive, ‚intentionale' Verursachung, Sein-konstituierende Grundlegung, unmittelbares, selbsttätiges Hervorbringen (ποιεῖν[25]) oder „Zeugen" (γεννᾶν[26]), auf eine die Eigentümlichkeit der aus dem Einen/Guten entspringenden Dimensionen setzende (ὑφιστάναι) „Mächtigkeit zu Allem" (δύναμις τῶν πάντων[27]), ein absolutes Schaffen (ἀπόλυτος ποίησις[28]) in ihm selbst (causa sui) *und* für Anderes, verursachendes Erwirken des Einen von bleibend Existierendem *durch* sein Sein oder seine Tätigkeit (oder „aufgrund" dieser), sprachlich bisweilen auch durch einen instrumentalen Dativ angezeigt[29].

Diese Perspektive von Kausalität entspricht – trotz ihrer platonischen Elemente – eher dem aristotelischen Modell einer bewegenden, hervorbringenden, herstellenden Ursache, die den Übergang von Möglich-Seiendem in Wirklich-Seiendes im sublunaren Bereich mitbestimmt; Plotin überträgt diese Weise von Ursächlichkeit auf das Absolute oder auf die ihm unmittelbar (aus ihm) folgende Dimension. – Derartige Akte des Gründens, Zeugens, Hervorbringens etc. rechtfertigen die Benennung des Einen/Guten als ἀρχή[30] (in sich seiender Anfang, Alles [be]gründen-

---

[24] C. d'Ancona Costa, Plotinus and later Platonic philosophers on the causality of the First Principle, in: The Cambridge Companion to Plotinus, ed. L.P. Gerson, Cambridge 1996, 356–385.
[25] z.B. III 8,11,35. V 2,1,8f: οἷον ὑπερερρύη καὶ τὸ ὑπερπλῆρες αὐτοῦ πεποίηκεν ἄλλο. V 3,15,28f; 36f. 17,4; 10–12. VI 8,18,32: δύναμις ὄντως ποιητική.
[26] z.B. V 1,7,5. V 3,16,5; 10. V 4,2,35ff. V 5,5,6. 12,43.
[27] III 8,10,1. SEE 142. 160f.
[28] VI 8,20,6.
[29] VI 9,1,1: πάντα τὰ ὄντα τῷ ἑνί ἐστιν ὄντα.
[30] In V 3: 11,16. 12,8. 15,23f; 27. 16,7; 38. – SEE 162ff. 238ff. Vgl. auch unten S. 124, Anm. 4.

der Ursprung) oder αἰτία/αἴτιον[31] (hervorbringende, in die Existenz setzende Ursache) oder als πατήρ, "Vater"[32]. – Dieser primär die konstitutive Aktivität des Ersten zeigenden Perspektive steht eine *andere* gegenüber, die der ersten nicht widerspricht oder sie aufhebt: das Gute, mit dem Einen identisch, gibt an seiner in ihr selbst in-differenten Fülle "ohne Mißgunst" (ἀφθόνως) teil und "schafft" so "Anderes", in sich Differentes, die Dimension des Vielen[33]. Es entfaltet (ἐξελίττειν) sich von sich selbst her, ohne sich mit etwas außerhalb seiner identisch zu setzen[34], ohne sich zu verbrauchen – der "Quelle" oder dem "Licht" analog – : es *gibt* frei von sich selbst her *sich,* d.h. seine begründende, Sein-setzende Kraft, in Anderes, welches durch eben diesen Akt freien Gebens (οἷον ἐν χάριτι δόντος[35]) allererst "wird", was es ist; es "gewährt" dieses, "reicht es dar" (χορηγεῖν[36]). Das Schaffen oder aktive Hervorbringen gründet sich im Sinne Plotins nicht auf einen vorhergehenden, in ihm selbst Differenz voraussetzenden "Entschluß" des Einen, und das "Überfließen"[37] des Guten folgt nicht einem quasi automatischen Selbstzwang. Vielmehr ist die ,intentionale', frei-gebende Tätigkeit des Prinzips und seine seinem Wesen (dem Gut-Sein) entsprechende, aus ihm resultierende Selbst-Entfaltung als eine paradoxe Einheit zu denken: seine *Freiheit* ist mit seiner, es zu dieser seiner verursachenden, gründenden Tätigkeit ermächtigenden Wesens-*Notwendigkeit* identisch[38]. Die schaffende "Intentionalität" des Einen und seine Selbst-Entfaltung aus dem Wesen des Guten sind so im *freien Geben* des Einen/Guten in eine produktive Vermittlung gebunden.

[31] vielfach, z.B. VI 8,18,38ff, trotz der Einschränkung in VI 9,3,49ff (das Problem der präzisen, angemessenen Benennung des Einen/Guten betreffend).
[32] z.B. V 1,2,37. VI 8,14,38f: πατήρ – ἀρχή – παράδειγμα.
[33] Vgl. II 9,3,7ff. V 4,1,23ff. V 5,12,33ff. W. Beierwaltes, Plotin III 7,13f. DdE 411f. Der Gedanke hat einen platonischen Ursprung: Phaidros 247 a 7. Tim. 29 e 1f.
[34] IV 8,6,8. V 2,1,1.
[35] IV 8,6,23. Vgl. auch VI 7,22,7.
[36] VI 9,9,10. χορηγός: III 6,6,28.
[37] V 2,1,8.
[38] W. Beierwaltes, Plotin, Geist – Ideen – Freiheit XXXIII f. – K. Kremer erörtert in "Bonum est diffusivum sui. Ein Beitrag zum Verhältnis von Neuplatonismus und Christentum" (Aufstieg und Niedergang der Römischen Welt, hg. von W. Haase, Teil II Principat, Bd. 36,2, Berlin 1987, 994–1032) die Frage nach einer Alternative von ,freigewollter' oder "notwendiger Emanation" (1005–1017) bei Plotin; er versteht sie letztlich aus seinem Blick auf den christlichen Begriff von Schöpfung, die primär eine "freigewollte" ist.

Die Behauptung, „Gabe"(δόσις) oder freies Geben (oder Sich-Geben) des göttlichen Ursprungs oder Teilgeben an seiner Fülle sei erst innerhalb christlicher Theologie als Gedanke möglich geworden oder sei zumindest *spezifisch* christlich[39], widerspricht der hier angedeuteten Perspektive neuplatonisch gedachter Kausalität. Freilich ist im Konzept freien Gebens nicht auch zugleich der *spezifische* Begriff von „Gnade" impliziert.

III

*Systematische Bedeutung von Plotins Gedankengang*

Zurecht sagt Arthur Hilary Armstrong in seiner „Introductory Note" zu V 3, dieser in Porphyrs chronologischer Anordnung neunundvierzigste Traktat Plotins, zusammen mit dem dreiundfünfzigsten (I 1: „Was das Lebewesen sei und was der Mensch"), „represents the last, most fully developed and clarified stage of Plotinus's long reflection upon human nature and human thinking"[40].

1. Vollzug des Zusammenhangs der Kräfte ‚Seele – Geist'
Selbst-Transformation der Seele: νοωθῆναι

Die philosophische oder – im Blick auf die Sachproblematik – systematische Bedeutung dieser in sich perspektivenreichen Schrift liegt zunächst –

[39] B. Brons, Gott und die Seienden. Untersuchungen zum Verhältnis von neuplatonischer Metaphysik und christlicher Tradition bei Dionysius Areopagita, Göttingen 1976, 205f. – Auch der dionysische Begriff des „Geschenks" (δωρεά – z.b. „Geschenk des Seins": de div. nom. V 6; 184,17 [Suchla]: πρώτην...τὴν τοῦ αὐτὸ εἶναι δωρεὰν ἡ αὐτοϋπεραγαθότης προβαλλομένη) hat z.B. im spätneuplatonischen Gedanken der „Geschenke" des Demiurgen einen sachlichen und terminologischen Anhalt: Proclus, in Tim. III 66,21f: θεὸς...δοτήρ. 196,25ff: θεοί... ζωῆς αἴτιοι νοῦ χορηγοὶ δυνάμεως ἀποπληρωταὶ ψυχῆς *δοτῆρες ἀγαθῶν ἀρχηγοὶ πάντων*. In Remp. II 124,13: ἡ κατὰ πρόνοιαν δόσις. Hierocles, in Aur. Pyth. Carmen Com. XXI; 90,17f (Koehler): πηγὴ τῆς δόσεως τῶν ἀγαθῶν [παρὰ θεοῦ]. 20: τοῦ θεοῦ δόσις.

[40] Plotinus, with an English Translation by A.H. Armstrong, Cambridge Mass./London 1984, vol. V 69.

für Plotins Philosophie in sich – in einer differenzierenden Ausarbeitung des Begriffes *Nus:* im Zusammenhang mit seinen früheren Bemühungen um die Konzeption des Seins und Wirkens eines zeit-freien und (in diesem Sinne) absoluten *Geistes,* sowie um die noetische Bestimmung des zeithaften Seins von *Seele* im Kosmos und im menschlichen Individuum, konzentriert sich Plotin in V 3 auf die Herkunft oder die Begründetheit des Nus aus dem Einen selbst *und* auf das In-sich-selbst-Sein des Nus. Ersteres – seine Herkunft – hat für den Nus zur Konsequenz, daß er als oder durch Denken die aus dem Einen entsprungene Vielheit der Ideen in eine in sich differenzierte, relationale Einheit zu fügen vermag; in seiner Rückwendung auf seinen Ursprung konstituiert er denkend sich selbst[41].

Das Zweite – das In-sich-selbst-Sein des Geistes – bestimmt Plotin aus dem ersten „Vorgang" heraus als *Sich-selbst-Denken*: reflexiver Selbstbezug, innere und ihm innebleibende Hinwendung des Denkens zu sich selbst (ἐπιστροφή)[42] oder zu dem von ihm Gedachten *als* seinem eigenen Selbst. Diese Selbstgegenwart des zeitfreien Denkens, das Wissen oder Bewußt-Sein seiner selbst im je Gedachten *ist* der Nus als ein in sich „bewegtes" *Leben.* Das in ihm und durch ihn Gedachte oder „immer" Zu-Denkende ist durch eben diesen Akt in seinem jeweiligen Unterschied zueinander in eine dynamische Einheit oder Identität sich zentrierend aufgehoben: in die Selbst-Übereinstimmung des Denkens. Plotin versteht diese als die *Wahrheit* des Denkend-Seins selbst – als seine sich im Einzelnen aufs Ganze hin lichtende Selbstdurchdringung[43].

Plotins Reflexion auf das Selbstverhältnis des Nus vollzieht sich in ständiger Abgrenzung dieser intensivsten, absoluten Weise des Denkens vom *Nicht*-Denken des Einen und vom Denken, das der Seele aufgrund ihrer Funktion der Vermittlung zwischen Sinnlichkeit und intelligiblem Sein primär möglich ist. Dieses verfährt „diskursiv" (διέξοδος, διάνοια), d.h. es ist durch Nacheinander und Auseinander argumentativer Denkschritte und propositionaler Akte durchgängig und primär bestimmt; im Gegensatz zum Nus denkt das „dianoetisch" fortschreitende Denken der

---

[41] ID 28ff. „Selbsterkenntnis" 129ff. 138f. 212ff. D. O'Brien, Immortal and necessary being in Plato and Plotinus, in: The Perennial Tradition of Neoplatonism, ed. J.J. Cleary, Leuven 1997, 39–103, bes. 77ff. 89ff.
[42] Daß dieser Intention der Blick auf die *Verbindung* des Nus zu beiden Dimensionen entspricht, verdeutliche ich später (vgl. S. 105f). „Selbsterkenntnis" 175ff. 213ff. 244f. PiC 172ff. 191ff.
[43] Vgl. oben S. 35ff.

Seele nicht „Alles (zeit-frei) zugleich" (ὁμοῦ πάντα )⁴⁴, sondern, begrifflich entfaltend, in zeitlicher Folge immer jeweils Anderes (ἄλλο καὶ ἄλλο)⁴⁵. Während der Geist aufgrund seiner totalen Reflexivität nach innen auf sich selbst hin gewendet ist und dadurch in seinem Selbst- und Eins-Sein auch seinen Ursprung zumindest als Spur und Bild in sich „hat"⁴⁶, ist das diskursive Denken der Seele – trotz eines gewissen Maßes an konzentrischer „Immanenz" ihrer Kräfte – primär „nach außen" gerichtet: in den Akten der sinnlichen Wahrnehmung, um das von außen Wahrgenommene in ihr selbst auf den Begriff zu bringen, *und* in der Öffnung auf die Dimension des Nus hin, in der und durch die ihr die aus ihr heraus zukommenden apriorischen Strukturen (Regeln, Gesetze)⁴⁷ für ihr eigenes Denken bewußt werden. Darin wird ihr „amphibisches" Wesen oder ihr aktives (vermittelndes) Mitte-Sein zwischen Sinnlichkeit und reinem Denken (des Nus)⁴⁸ evident. – Nun zeigt sich gerade in V 3 die von ihm mit Emphase vorgetragene Überzeugung Plotins, daß die Seele als die das Sein des Menschen bestimmende Denkkraft über ihre zunächst erfahrene eigene Grenze hinausgehen muß: in der Realisierung des in der Seele – anfänglich unbewußt – wirksamen Nus ergreift oder *be*greift sie ihren eigenen *Grund* und macht sich in ihm durch einen Einungsprozeß mit ihm ihr eigentliches *Selbst* bewußt.

Plotins Forderung einer Entgrenzung des diskursiven Denkens der Seele in das noetische Identitäts-Denken hinein ist nur im Blick auf seinen Grundgedanken sinnvoll, daß die jeweils intensivere Seinsweise oder Begriffsform von Einheit zugleich als die bessere, stärkere, klarere, in ihrer Verwirklichung wertvollere verstanden werden muß. Damit wird die in der sinnlichen Wahrnehmung anfangende Bewegung weg vom Bereich des Materiellen und Vielheitlichen hin zum Begriff – also von außen nach innen – favorisierend fortgesetzt. Der Vollzug dieser Bewegung auf immer einigere Einheit, Einfachheit oder Identität hin setzt

---

44 V 3,15,21. I 1,8,8. V 9,6,3.Vgl. oben S. 39. 78.
45 V 3,17,23ff. Ferner zur Diskursivität: 3,17. 4,16. 6,20. 7,27.
46 4,1ff. 21.
47 Νόμοι, κάνονες: V 3,4,2. 17. Zur damit verbundenen Königs-Metapher: „Selbsterkenntnis" 106f. Für den weiteren Umkreis dieser Metapher vgl. D. O'Brien, Origène et Plotin sur le roi de l'univers, in: ΣΟΦΙΗΣ ΜΑΙΗΤΟΡΕΣ, „Chercheurs de sagesse". Hommage à Jean Pépin, hg. v. M.-O. Goulet-Cazé, G. Madec, D. O'Brien, Paris 1992, 317–342. Oben S. 40.
48 IV 8,4,32. V 3,3,38ff. W. Beierwaltes, Plotin III 7,51ff (Seele als „Mitte").

freilich voraus, daß keine der Erkenntniskräfte des Menschen als in sich rigoros auf eine je eigentümliche Funktion hin *abgegrenzt* begriffen werden darf, daß sie aber auch nicht nur in einem je gleichwertigen Funktions-Zusammenhang unter- und miteinander stehen, sondern einer je immanenten *Transformation* ins Höhere, Werthaftere, d.h. ins in sich Einigere fähig sind. Damit ist der Appell an den Einzelnen verbunden, aus dem als „normal" erfahrenen Leben herauszukommen, aus dem Bewußtsein von dessen Defizienz dieses in ein sich selbst licht- und denkend-präsentes Leben gemäß dem im Denken entdeckten und ergriffenen Grund seiner selbst (dem „reinen" Nus[49] und letztlich dem Einen) zu verändern. „*Uns* ist das Leben geteilt, wir haben vielerlei Leben"[50]; wir *sollten* freilich nur das Eine Leben haben, welches sich selbst – mit sich selbst denkend eins – gegenwärtig ist, wie die reine, absolute Form des Nus sich selbst reflektierend gegenwärtig ist[51]. Wenn wir schon danach suchen, im Selben beständig zu sein[52], dann sollte es dem Denken, das immer intensivere Einheit anstrebt, gelingen, sich in diese, sich ihm in ihm selbst zeigende Sphäre des Nus zu „erheben"[53], auf ihn hin zu leben und ihn dann nicht nur wie ein Anderes seiner selbst zu „haben", sondern sich mit ihm als mit dem *Eigenen in ihm* zu identifizieren[54]. Plotin cha-

[49] Νοῦς ἄκρατος: 2,22. νοῦς καθαρός: 3,22f. ὅταν νοῦν καθαρὸν ἔχωμεν: 14,14. τὸ καθαρὸν τῆς ψυχῆς: 3,11. νοῦς τέλειος: 8,50. Geist als Ursprungsbereich der Seele: 8,9–11: τὸ ἐναργὲς καὶ τὸ ἀληθινὸν καὶ τὸ πρώτως, ὅθεν καὶ ἑαυτοῦ ἐστι καὶ αὐτῷ. 8,35ff. – Vgl. „Selbsterkenntnis" 190ff.
[50] 9,23f. – „Durch reinen Geist das Wahre zu schauen" (νῷ καθαρῷ θεᾶσθαι τὸ ἀληθές: 6,11f), ist gerade nicht die „normale" Lebenssituation.
[51] 9,22: πάρεστι...ἀεὶ αὐτῷ.
[52] 16,21ff.
[53] 8,45f. 9,28ff. 17,6. 17,17: ἀΐσσειν (auch VI 7,16,2).
[54] 9,47 (ὤν aus ἔχων: „Sein", nicht nur „Haben"!). – Die „normale" Verfassung „unseres" Wesens und Wirkens, im Blick auf ihre Weise des Denkens, ist durch die „überlegend", dianoetisch-argumentativ verfahrende, in Zeit fortschreitende Denkkraft bestimmt (τοῦτο γὰρ ἡμεῖς: V 3,3,23ff. 36. W. Beierwaltes, „Selbsterkenntnis" 103ff. 190ff). Diese ist aufgrund ihrer Intention und Fähigkeit, im Vielen und aus ihm heraus ein jeweils Eines im Begriff zu denken, auch die Basis zur Selbst-Transformation der Seele in den Nus als die intensive Form von Einheit, Sein und Denken. Diese wiederum, als In-Differenz oder Einheit des *Wissens* von uns selbst" mit „uns selbst" (οὕτω δ' ὄντες μάλιστα πάντων ἐσμὲν αὑτοῖς συνετοὶ τὴν ἐπιστήμην ἡμῶν καὶ ἡμᾶς ἓν πεποιηκότες...: V 8,11,31–33), ist Voraussetzung oder Bedingung der intensivsten, abstandlosen „Einung" mit dem Einen selbst [vgl. hierzu das Folgende], in der die „Gegenständigkeit" des Sehens in ein mit dem Licht des Einen sich einigendes *Nicht*-Sehen übergegangen ist: V 5,7,29ff. I 6,8,24–27. VI 9,10,11ff.

## Das wahre Selbst 101

rakterisiert das bewußte Ergreifen der ontologischen und gnoseologischen *Möglichkeit*[55] einer Erhebung der dianoetischen Seele in den Geist emphatisch als eine *Selbst-Transformation*: „durch jenen Geist denkt er sich selbst nicht mehr als Mensch, er ist vielmehr ein *völlig Anderer* geworden und hat sich selbst in die Höhe gerissen, nur den besseren Teil der Seele mitziehend..."[56]. Dieses ‚völlig ein Anderer Werden' "ist für den Menschen zwar ein gesollter Akt, aber dennoch, sofern er gelingt, ein außergewöhnliches Ereignis: Konsequenz einer radikalen Konzentration auf das Innere und Obere, auf dasjenige, was durch seine größere Intensität an Durchsichtigkeit, Evidenz und Denkkraft *und* damit zugleich: durch seine innigere Gefügtheit in Einheit oder Eines, als der ermöglichende und vollendende Grund der anfänglichen Denk-Tätigkeit begriffen und im Sinne einer Steigerung der *Bewußtheit* ergriffen werden kann. Dieses ‚völlig ein Anderer Werden' übersteigt das „an sich" Menschliche, es erweist sich, sofern es dem Menschen gelingt, als ein wesentliches Element im Bewußtwerden seines eigenen *göttlichen Grundes,* als eine glückhafte, der Anstrengung des Begriffs sich verdankende [und sie im Ziel des Weges „lassende"] Phase seiner „*Vergöttlichung*", die in der Einung mit dem Einen selbst die umfassende Veränderung seines Lebens vollendet"[57].

Die erste Stufe der Transformation: die Veränderung des Bewußtseins über das eigentliche oder reine absolute Sein des Geistes in uns, hat Plotin mit dem Begriff νοωθῆναι – „Zu-Geist-Werden" – prägnant umschrieben[58]; als die nächste und letzte Stufe der Selbst-Transformation ist

---

[55] „Selbsterkenntnis" 152f. 194.
[56] 4,10–13. – Zu „Transformation" oder „Selbst-Transformation" der Denk- und Lebensform vgl. „Selbsterkenntnis" 106ff. 112. 167. 251. Hierbei ist auch der Imperativ „μεταθέτω" (6,28; „Selbsterkenntnis" 116) zu bedenken: „Wir" sollen eine lebendige, „aktive Metapher" sein, uns selbst in einen höheren Bereich „übertragen" – eine ‚metaphora rerum' also, nicht nur ‚verborum' (vgl. zu dieser Formulierung Luthers mein Eriugena-Buch 77).
[57] „Selbsterkenntnis" 107. VI 9,9,58: θεὸν γενόμενον, μᾶλλον δὲ ὄντα. Ebd. 10,15ff (ἄλλος γενόμενος – in der Einung mit dem Einen). Verbindung des eigenen mit dem absoluten „Zentrum": ebd. Z. 17. 8,19f.
[58] VI 7,35,5. VI 8,5,35. Vgl. W. Beierwaltes, „Selbsterkenntnis" 107. 116. 152. 190ff. 251. Die Erhebung in die ζωὴ νοερά (V 3,8,35) als ein „Werden zu...": V 3,4,7. 11f. 29. 8,48f. IV 7,10,30–52. Über die Göttlichkeit dieser Dimension: ebd. Z. 5ff oder auch V 8,11,1ff. – Zum Problem der ‚deificatio' vgl. G.J.P. O'Daly, Plotinus' Philosophy of the Self, Shannon 1973, 55f.

der Selbstüberstieg des Denkens – die ἔκστασις – und die ἕνωσις – die „Einung" mit dem Einen selbst zu denken[59]. *Vorbereitet* ist dieser im zeitlosen Nu (ἐξαίφνης) sich ereignende sprunghafte Übergang durch das eben angedeutete Identifikationsgeschehen des Nus der Seele mit dem in ihr anwesenden, aus dem Stadium der Unbewußtheit befreiten oder erweckten „reinen" Geist. Der Weg des Denkens ins vollendende Ziel zeigt sich als ein in sich vermittelter Zusammenhang, in dem jede Stufe für den Fortgang im ganzen oder auf die Ganzheit der Denk-Bewegung hin notwendig ist[60].

Plotins sich selbst bestätigende Anknüpfung an die philosophische Tradition, die zu seiner eigenen Ausformung einer Philosophie des Geistes führte, kann ich hier nur durch die für sie wesentlichen Namen andeuten: Platons Seelenlehre und ihren Bezug zur Erkenntnis der Ideen und deren Grund – der Idee des Guten oder des Einen; weiterhin die Lehre von den „wichtigsten Gattungen": in einer charakteristischen Auslegung des „vollkommenen Seins" (παντελῶς ὄν) gemäß dem ‚Sophistes' als eines durch Identität und Differenz bestimmten auf sich selbst bezogenen Denk-Zusammenhangs (κοινωνία); Aristoteles' Theorie der dianoetischen und noetischen Erkenntnis und seines Konzepts des göttlichen Sich-selbst-Denkens (νοήσεως νόησις); die Aristoteles weiter führende Nus-Theorie des Alexander von Aphrodisias[61] und Plotins kritische Gegenwendung gegen die Nus-Theologie des Numenios[62].

[59] „Selbsterkenntnis" 167f. DdE 123ff. 140ff (ἔκστασις).
[60] Dies ist gut *platonisch:* der kontinuierliche Aufstieg des Denkens zur Idee aus der sinnlichen Erfahrung in die reine Intelligibilität (νόησις, τόπος νοητός) und letztlich Idee des Guten als die ἀρχὴ ἀνυπόθετος – etwa im „Liniengleichnis" (Pol. 509 d ff), in der Diotima-Rede des Symposium (209 e 5ff), im VII. Brief in dem Denkweg zum sog. „Fünften" (πέμπτον) hin (342 a 7ff). Die plotinische Transformation des Bewußtseins hat einen sachlichen Anhalt im Akt der Umwendung und der Befreiung (λύσις) des Denkens aus der „Höhle" (des unphilosophischen, unkritischen, sich selbst täuschenden Bewußtseins, 515 c ff) in ein prinzipiengeleitetes, klares Denken der Ideen und in die Erkenntnis der Idee des Guten als des „Jenseits des Seins" (509 b 9f. 517 c 1. 518 c 9ff); sie hat einen weiteren Anhalt in der dialektischen Annäherung des Denkens an das *Eine* durch ein metaphysisches Verständnis der Ersten Hypothesis des Parmenides und – ausschlaggebend für die Lebensform eines solchen Weges – die „Anähnlichung an Gott" (ὁμοίωσις θεῷ), soweit „dies dem Menschen möglich ist" (Theait. 176 b).
[61] „Selbsterkenntnis" 88f.
[62] J. Halfwassen, „Geist und Selbstbewußtsein" (wie Anm.7) 34ff.

## 2. Selbsterkenntnis als bewußte Wendung ins wahre Selbst, den „reinen" Geist
### Vom Geist ins Eine selbst

Die Überlegungen zum Sich-selbst-Denken des reinen, absoluten Nus, zu seiner Verbindung mit dem Denken der Seele oder zu ihrer Wendung in ihren eigenen Grund haben schon den Blick vorbereitet auf den anderen, nicht minder bedeutsamen Schwerpunkt des Textes: die Frage nach der Möglichkeit und dem Vollzug von *Selbst-Erkenntnis,* nach ihrem „Ort" im Denken und Leben und nach der Bestimmung ihres „Subjektes" innerhalb der Denk- und Erkenntniskräfte des Menschen. Sicherlich trifft es auch die Intention Plotins, seine spezifische eigene Fortentwicklung des alten, einer göttlichen Weisung (παρακέλευσμα)[63] entsprechenden Imperativs γνῶθι σαυτόν[64] als zentralen Gedanken seiner Nus-Reflexionen in V 3 anzunehmen: Absolutes Sich-selbst-Denken des Nus und die Selbstzuwendung der Seele in ihrer noetischen Sphäre sind die Fundamente eines Begriffes von Selbsterkenntnis, in der es um die Vergewisserung eines transzendenten Grundes *in* der Seele geht und die nur *in diesem* – in einem Akt der Selbst-Transformation in den Bereich des Absoluten – ihr *wahres Selbst* erreicht. Damit zeigt sich auch, daß die Reflexion auf Sein und Wirken des Nus in ihm selbst und in uns nicht ein bloß objektivierendes Tun eines abstrakten Verstandes ist, sondern ein wesentliches Element der *Lebensform* des Menschen im ganzen. Sorge (σωφροσύνη) für deren Entfaltung und Gelingen ist ein das Philosophieren Plotins im ganzen tragender Grundzug: die ethische Bedeutung spekulativen Denkens.

Das zur Forderung der Selbst-Transformation Gesagte deutet schon darauf hin, daß Selbsterkenntnis im Sinne Plotins dieses sein muß: Selbstvergewisserung des Nus in der Seele, Erhebung ihres Denkens in das Identifikationsgeschehen des sich selbst denkenden reinen Geistes. *Diskursives* Denken (διάνοια, διέξοδος) in sich – für sich selbst genommen und aus sich selbst – ist zu dieser Leistung nicht imstande. Der *Nus* der Seele hingegen ist einer ausschließlichen und für sie nachhaltigen

---

[63] IV 3,1,8.
[64] Zur Geschichte des Gedankens der Selbsterkenntnis: SEE 77–93. Zur spezifischen Deutung Plotins u.a. 173ff. Zu Porphyrios, Julian und Proklos: W. Beierwaltes, „Sokratischer Impuls" 99–116.

Wendung in sich selbst, nach „innen" und „oben", fähig und vollzieht darin die ursprüngliche Selbstkonstitution des absoluten Nus auf das Eine selbst hin jeweils, d. h. in den individuellen Akten der Selbstzuwendung in zeithaftem Kontext, nach. Diese Wendung in sich selbst als Selbstreflexion, als denkender Selbstbezug oder als begreifende Erfassung seines eigentlichen Seins kommt einer Einung des im Denken Vielen, Differenten: des Erfahrenen oder des als Idee Begriffenen gleich, in der sich Denken und Gedachtes bewußt als Einheit oder als in sich „bewegte" Identität gründen und im Denken bewahren (στάσις in der κίνησις!).

„Diese Weise des immer intensiveren Eins-Werden mit sich selbst, die sich steigernde Selbst-Gegenwart im Denken und durch es, die wachsende Anähnlichung des Denkens an die *absolute* Einheit als den Ursprung aller Differenz und damit auch des Denkens selbst, ist der Grund dafür, warum allein der in sich *einigsten* Form von *Denken*, dem Geist, die Möglichkeit der eigentlichen, „vollendeten" Selbsterkenntnis zugedacht wird: Der solcherart tätige, über das diskursiv-folgernde Denken noch hinausgehende, sich in sich selbst denkend einigende *Geist* kann als das Ziel seiner selbst im Denken, als das eigentliche oder *wahre Selbst*[65] des Men-

---

[65] Daß die Vergewisserung des „reinen", durch das Eine selbst bestimmten Geistes Selbsterkenntnis im eigentlichen Sinne ist und daß dieser Akt das „*wahre Selbst*" eröffnet und durchlichtend bewußt macht, durchzieht den gesamten Traktat. *Terminologisch* ist die Intention auf das „wahre Selbst" hier dadurch umschrieben: daß wir uns in den „reinen Geist" transformieren sollen, daß „wir ihm gehören" (4,26), daß von ihm her auch „unser König-Sein" bestimmt ist (4,1: βασιλεύομεν δὲ καὶ ἡμεῖς), daß dieser „unvermischte", „reine", „seins"- oder „wesenhafte" (νόησις οὐσιώδης) oder „wahre" und „wahrste" Nus (5,37. 6,28. 8,36. 39. „Selbsterkenntnis" 110f. 197ff) auch das „ursprunghaft" (πρώτως) im „eigentlichen" Sinne oder in „eigentlicher" Weise (κυρίως, 6,2. 13,14) sich selbst denkende und erkennende „Subjekt" („Wer") des Denkens ist. – Außer den Hinweisen aus V 3 vgl.: III 9[13]6,7f: εἰ δὲ νόες αἱ ἐνέργειαι αἱ κατὰ τὸ νοεῖν οὕτως ἑαυτούς, τὸ νοητὸν ἡμεῖς οἱ ὄντως. Höchste Form der Existenz des „Selbst" ist radikale Freiheit vom „Vielen", so daß Plotin paradox sagen kann: Αὔξεις τοίνυν σεαυτὸν ἀφεὶς τὰ ἄλλα καὶ πάρεστί σοι τὸ πᾶν ἀφέντι: VI 5,12,24f. IV 7,10,32ff. – Zu den Termini αὐτός, ἡμεῖς, εἴσω ἄνθρωπος und deren philosophischer Bedeutung, die für Plotin das ursprüngliche, eigentliche, wahre Selbst des Menschen bezeichnen, vgl. G.J.P. O'Daly, Plotinus' Philosophy of the Self, (wie Anm. 58) bes. 20ff und 52ff. – Zu *Porphyrios'* sent. 40; 50,16ff (Lamberz) vgl. W. Beierwaltes, „Selbsterkenntnis" 91f. „Sokratischer Impuls" 104ff. Der plotinischen Intention analog formuliert *Porphyrios,* de abstinentia I 29,3f; 63 (Bouffartigue) über ἡμετέρα σύμφυσις τῷ θεωροῦντι καὶ θεωρουμένῳ: οὐ γὰρ εἰς ἄλλο, ἀλλ᾽ εἰς τὸν ὄντως ἑαυτὸν ἡ ἀναδρομή. [Für die ἕνωσις mit dem Einen bei Plotin vgl. VI 9,11,38f: ἥξει οὐκ εἰς ἄλλο, ἀλλ᾽ εἰς αὐτὴν (ἡ ψυχή).]

schen in sinnvoller Weise begriffen werden"⁶⁶ – als der lebendige Bezugspunkt und Ort der Vergewisserung des Zusammenhangs von Seele, Geist und Einem.

Selbsterkenntnis als derartige begreifende Durchdringung des Nus selbst – als denkende Erhebung in dessen reinste Seins-Form – oder die Entdeckung des eigenen noetischen, „über" und „in" ihm seienden und wirkenden Grundes aber ist die notwendige und fortbewegende Voraussetzung im Menschen, daß er durch eben dieses Sich-selbst-Begreifen oder Sich-selbst-Wissen *sich selbst* im Akt einer Selbst-Transzendenz (in einem aktiven Sinne) in den Einheits-Grund des Geistes – ins *Eine selbst*, dieses berührend oder sich mit ihm einend, – überführe. Plotin hat vor allem – unausgesprochen – im Bezug zum „Augengleichnis" des ‚Großen Alkibiades' und zu der platonisch-aristotelischen Grundüberzeugung, *Seele* oder *Nus* sei das Wesen des Menschen⁶⁷, Selbsterkenntnis in der beschriebenen doppelten Weise zu einem wesentlichen Moment in der ontologisch und gnoseologisch höchst komplexen Entfaltung des Nus-Begriffes gemacht. Dadurch hat er den ursprünglichen *ethischen* Impuls des apollinischen Spruches keineswegs geschwächt, sondern ihn in differenzierter Form metaphysisch begründet und in seinem Anspruch intensiviert.

Die sachliche und von Plotin überzeugend vertretene Möglichkeit, deren Realisierung von jedem Einzelnen im Blick auf Selbsterkenntnis gefordert ist, den Nus in uns in den zeit-freien, absoluten Nus zu erheben (νοωθῆναι), gründet in einem für Plotin charakteristischen Gedanken: „Unsere Seele ist nicht ganz hinabgesunken [in den Bereich der Sinnlichkeit eingetaucht], sondern immer bleibt ein Teil ihres Wesens in der intelligiblen Welt"⁶⁸. Die apriorische Grundgelegtheit unserer denkerischen Fähigkeiten in einem das unsere übergreifenden Denken ist somit die ontologische Voraussetzung dafür, daß *unser* Denken eine Um- und Rückwendung ins absolute Denken zu vollziehen imstande ist – Bedingung also für seine Selbst-Transzendierung in das wahre Selbst. Das stän-

---

66 W. Beierwaltes, „Sokratischer Impuls" 101.
67 Alc. 130c 1ff. „Selbsterkenntnis" 82f. VI 7,4,28ff. Vgl. auch Aristoteles, Frg. 6 (Ross): ἡμεῖς ἐσμεν τὸ μόριον τοῦτο (= λόγος und διάνοια).
68 IV 8[6]8,2f – in Reminiszenz an den platonischen Phaidros, sprachlich vor allem 247 e 3f. Zu diesem Aspekt von Plotins Philosophie vgl. Th.A. Szlezák, Plotins Nuslehre 181–183. 189f. W. Beierwaltes, DdE 174ff – im Zusammenhang mit Proklos' Kritik an dieser Lehre Plotins.

dige, uns zunächst unbewußte Wirken absoluten Denkens in uns oder unsere „faktische" Gegenwart in *ihm* ist bewußt zu machen, das uns „Gegebene" in seinem Vermögen für uns zu realisieren, das „Zuhandene" zu ergreifen oder begreifend zu gebrauchen[69]. Darin erweist sich der Mensch durch die Struktur seiner Psyché als ein – „amphibisches"[70] – Wesen der Mitte oder aktiven Vermittlung: „Jeder von uns ist eine intelligible Welt [ἐσμὲν ἕκαστος κόσμος νοητός]; mit den unteren Seelenteilen berühren wir den hiesigen Bereich, mit den oberen, die in der [intelligiblen] Welt sind, das Intelligible; mit unserem geistigen Teil bleiben wir ganz in der oberen Welt, nur mit dem letzten Stück sind wir gefesselt an die untere Welt, wir vermitteln gleichsam aus dem Oberen ins Untere einen Ausfluß, vielmehr eine Wirkkraft, wobei jenes sich nicht mindert"[71]. Diese Bewegung aus dem reinen Intelligiblen in unser Denken hinein entspricht als „Antwort" dessen Rückgang in sein Inneres als Anfang des Weges in den eigenen Grund – den „reinen" und „wahren" Nus – und das Eine selbst. Dadurch daß die Forderung nach dem „Geist-Werden" in die Fundierung des zeithaften Nus der Seele in dem zeit-freien, ihr transzendenten und ihr zugleich immanenten Nus zurückzubinden ist, hat Plotin Wesentliches zu einer Theorie einer in sich differenten Einheit der Erkenntniskräfte beigetragen.

Das Selbst des Menschen, sein „wahres Selbst" als der apriorisch-bestimmende (Einheits-)Grund der in Zeit und Differenz verflochtenen Lebensform der Seele hat in diesem philosophischen Kontext eine Konturierung erfahren, die so zum *sachlichen* (geschichtlich freilich nicht immer in *direkten* Bezügen aufweisbaren) Prototyp neuzeitlicher Theorien des Selbstbewußtseins werden konnte[72].

3. Einung mit dem Einen und die Frage nach der Möglichkeit, über beide zu sprechen (‚duplex theoria')

Wendung des Denkens nach „innen" und „oben" als Wendung ins eigentliche Selbst durch eine Intensivierung des Einheitspotentials in

---

[69] Vgl. zu προσχρῆσθαι Anm. 92.
[70] IV 8,4,32.
[71] III 4[15]3,22–27.
[72] Vgl. Schelling als Paradigma dieser Entwicklung: unten S. 187ff.

Das wahre Selbst 107

ihm soll im Blick auf das in sich relationslose, *nicht-*denkende Ziel des Weges im ganzen ekstatisch in Nicht-Denken übergehen. Um die Sinnhaftigkeit oder gar Notwendigkeit dieser „Phase" einer durch wachsende ἀφαίρεσις vorangebrachten Denkbewegung mit Gründen verstehbar zu machen, muß Plotin den *Zusammenhang des Einen zum Nus und des Nus zum Einen* als eine freilich ungleiche Korrelationalität in allen ihren Hinsichten (Sein, Erkennen, Leben) thematisieren. Er tut dies mit großer Intensität für einen Bereich seines eigenen Denkens, den er in vielen seiner Schriften aus unterschiedlichen Perspektiven heraus immer wieder bedacht hat, ein Grundgedanke, den er hier – im zweiten Teil von V 3 – auf die Vollendung der Selbsterkenntnis in der *Henosis*[73] mit dem Einen selbst bezieht: die Aporie des *Hervorgangs* des Einen aus reiner, in sich relationsloser Einheit oder absoluter Einfachheit in ein sich selbst als es selbst auf das Eine hin konstituierendes und so in sich bestehendes und lebendes Sein[74], das die ihm immanente Vielheit in Einheit durch Sich-selbst-Denken fügt; *Hervorgang* als aktiv (aus unendlicher Fülle: δύναμις πάντων[75]) schaffender, zeugender, frei-gebender und die von Ihm als ein Anderes seiner selbst gesetzte Wirksamkeit (ἐνέργεια)[76] in ihrem Sein bewahrender Ursprung, *und Hin- oder Rückwendung* des Verursachten in seinen Ursprung, der ihm ‚Quelle', ‚Wurzel' und ‚Zentrum' ist.

Diese kreishafte Korrelationalität von Ursprung und Entsprungenem, von Hervorgang und Rückkehr, die Dialektik von Immanenz und zugleich Transzendenz des Einen erfaßt das individuelle Denken im Rückgang aus der sinnlich erfahrbaren phänomenalen Welt in sich selbst als einen Impuls zum inneren Aufstieg in den Bereich seiner eigenen Herkunft. Seine begriffliche „Rekonstruktion" der als zeitfrei gedachten

[73] „Selbsterkenntnis" bes. 165ff. DdE 123ff.
[74] V 3,16,25; 35ff.
[75] V 3,15,33. 16,2. „Selbsterkenntnis" u.a. 159ff.
[76] Im Nus findet kein Übergang von Möglichkeit zu Wirklichkeit statt, sein Sein oder was in ihm er selbst ist, *ist* reine Wirklichkeit oder Wirksamkeit des Denkens in ihm selbst, vgl. z. B. V 3,5,36; 5,41f; 6,6ff; 7,15ff; 7,26. II 5,3,22ff (dazu: J.-M. Narbonne, Plotin, Traité 25. Introduction, traduction, commentaire et notes, Paris 1998, 53–55. 112–114). Denken als reine, zeitlos wache (II 5,3,30: ἀεί; 36: ἄγρυπνος) Wirklichkeit ist zugleich der „Ort des (besten) Lebens" (37. 39) – die plotinische Deutung eines zentralen Gedankens aus der Theologik des Aristoteles (Met. XII 7): der Gott als reine, sich selbst denkende Wirklichkeit: ζῷον ἀίδιον ἄριστον, ὥστε ζωὴ [ζωὴ ἀρίστη] καὶ αἰὼν συνεχὴς καὶ ἀίδιος ὑπάρχει τῷ θεῷ, ein Gedanke, der auf der Bestimmung des intelligiblen Lebens gründet: ἡ γὰρ νοῦ ἐνέργεια ζωή: 1072 b 26ff.

Selbst-Entfaltung des Einen/Guten in ‚Geist – Seele – Welt' führt zu einer „psychischen" und „noetischen" (Nus in uns) Umkehr und lebensweltlichen Verwandlung der „ontologischen" Entfaltungsbewegung in eine in sich bewegte Konzentration auf das eigene Einheitspotential, die letztlich in den Selbstüberstieg des Denkens in die dem Einen selbst – quantum potest – angemessene Henosis mit ihm übergehen soll[77].

Neben der Frage nach dem Verhältnis des Einen zum Nus und des Nus zum Einen hat Plotin (auch) in V 3 Einiges dazu beizutragen versucht, die Antwort auf eine Grundfrage seines Philosophierens: „Wie kann das Eine geben, was es selbst nicht hat?" nicht einfach in einer Aporie stehen zu lassen. Sie verweist, so möchte ich sie verstehen, auf ein Konzept *ungegenständlichen, nicht-relationalen, differenz-losen* Habens, gemäß dem das reine Eine weder in eine Form von Vielheit destruiert, noch zu einer totalen Leere verdünnt würde, die nun in der Tat nicht das All des vielheitlich Seienden als ein Verursachtes oder Entsprungenes erklären könnte. Das „Nichts" des Einen ist also kein privatives, sondern ein ‚nihil per excellentiam sive infinitatem', die absolute *IN*-Differenz all dessen, was *aus* ihm als in sich selbst und zu ihm hin Differentes *ist, Alles* in Seiner Weise des Über-Seins, oder: Alles als ES SELBST – das EINE selbst –, paradoxerweise also Nichts und Fülle zugleich![78] – Zum annähernden Verständnis dieses plotinischen Gedankens könnte auch *Schellings* Überlegung aufschlußreich sein: Der „Urgrund" oder das Absolute – so Schelling – geht „allen Gegensätzen vorher"; „so können sie in ihm [auch]

---

[77] Vgl. W. Beierwaltes, „Geist – Ideen – Freiheit" XIV-XXI. XXVf. „Selbsterkenntnis" 138ff zu Kapitel 11.

[78] Siehe Kapitel 15 und 16 von V 3 und meine Überlegungen zu diesem Gedanken in „Selbsterkenntnis" 154–165. – ἀλλ' ἄρα οὕτως εἶχεν ὡς μὴ διακεκριμένα, das Eine als Ursprung „hat [das „später Hervorgebrachte"] als Nicht-Geschiedenes [Un-Unterschiedenes, In-Differentes] in sich": V 3,15,31. – Die Spannung zwischen Nichts und Fülle (ὑπερπλῆρες, V 2,1,9) als IN-Differenz (ἀδιάφορον in sich, VI 2,9,9), gemäß der dem πάντως ἕν nichts hinzukommt ( ᾧ μηδὲν ἄλλο πρόσεστι, VI 2,9,6), *ist* die Paradoxie des Einen: nur *als solche* ist sie sagbar. – In Analogie zu anderen Termini für die absolute Transzendenz oder Andersheit habe ich diese „in-differente Fülle" des Einen im Blick auf das von ihm Verursachte als „*Vor-Habe*" zu charakterisieren versucht: „Selbsterkenntnis" 158ff. 162. 209f. DdE 48f, ohne daß durch diesen Begriff ein „Vorhaben" des Einen im Sinne einer überlegenden, abwägenden βούλευσις suggeriert werden sollte, die dem Einen im Sinne Plotins fremd wäre. – Zur ‚quaestio vere satisque vexata' Plotins vgl. auch K. Kremer, Wie geht das Viele aus dem Einen hervor? Plotins quaestio vexata im Spiegel der Schrift V 3,11(49), in: Aus reichen Quellen leben. Ethische Fragen in Geschichte und Gegenwart. Festschrift für H. Weber, hg. v. H.-G. Angel u. a., Trier 1995, 251–262.

Das wahre Selbst 109

nicht unterscheidbar [different], noch auf irgend eine Weise vorhanden seyn". Die angemessene Benennung dieses ‚Verhältnisses' ist daher nicht so sehr „Identität", als vielmehr „Indifferenz". Diese ist „ein eignes von allem Gegensatz geschiednes Wesen, an dem alle Gegensätze sich brechen, das nichts anderes ist, als eben das Nichtseyn derselben und das darum auch kein Prädikat hat [noch nicht einmal eines von der Art plotinischer Selbst-Prädikation: „εἰμὶ εἰμί", „ἐγὼ ἐγώ"[79]], als eben das der Prädikatlosigkeit, ohne daß es deswegen ein Nichts oder ein Unding wäre"[80] – im Sinne Plotins demnach gerade höchste, stärkste Realität, weil innigste (in-differente) Einheit des aus Ihm heraus Möglichen (δύναμις πάντων). In-Differenz von „denkbar" Differentem wäre bei Plotin freilich auch nicht auf „Gegensätze" einzugrenzen, sondern umfaßte oder bedeutete jede Form von Vielheit, die im Einen als dem absolut Nicht-Vielen als das ‚Nichts von Allem'[81] gerade mächtigste Wirklichkeit wäre.

Bedeutender für V 3 als diese auch anderwärts von Plotin geführte Erörterung scheint mir allerdings dieses zu sein: die Vergewisserung der Möglichkeit, Reichweite oder Angemessenheit der *Sprache* angesichts der in eben dieser Sprache gedachten und ausgesprochenen Überzeugung, daß das Eine an ihm selbst, so wie es sich uns als in sich selbst „seiend" zu denken gibt, nicht sagbar ist[82].

Ich habe Plotins kritische Einschätzung dieser – auch spätere Formen des Platonismus bewegenden – Problematik vielfältig thematisiert[83]. Im

---

[79] V 3,10,37.
[80] Philosophische Untersuchungen über das Wesen der menschlichen Freyheit und die damit zusammenhängenden Gegenstände, in: Philosophische Schriften I 497f, Landshut 1809. [Eine editio vere critica dieses Textes gibt es bisher noch nicht. Zur Interpretation: Klassiker Auslegen, Bd. 3: F.W.J. Schelling, Über das Wesen der menschlichen Freiheit, hg. v. O. Höffe und A. Pieper, Berlin 1995. Eine kommentierte und mit einer Einleitung versehene Ausgabe der Freiheitsschrift von Th. Buchheim: Philosophische Bibliothek 503, Hamburg 1997.]
[81] Z.B. III 8,9,53f: οὐδὲν τῶν πάντων, ἀλλὰ πρὸ τῶν πάντων. – „Selbsterkenntnis" 132. 146. 150. 159. 226.
[82] ἄρρητον: V 3,13,1. οὐ ῥητόν: V 5,6,24. VI 9,4,11f. III 8,10,29f: μηδενὸς αὐτοῦ κατηγορεῖσθαι δυναμένου. – „Selbsterkenntnis" 149ff. 222ff.
[83] Z.B. DdE 97. 102–107. 265–268. „Selbsterkenntnis" 140f. 149ff. 153f. 199ff. Kapitel „Causa sui", unten S. 139ff. – Zu Augustins Metaphysik der Sprache, in: Augustinian Studies 2, 1971, 179–195. PiC 54f. 61f. 142ff. F.M. Schroeder, Form and Transformation, Montréal 1992, 66ff. Ders., Plotinus and language, in: The Cambridge Companion to Plotinus, ed. L.P. Gerson, Cambridge 1996, 336–355.

gegenwärtigen Zusammenhang möchte ich lediglich die zuvor gemachte Andeutung über die „Sprache der Differenz" präzisierend fortführen.

Wenn das Eine, so wie es in sich selbst ist, nicht „Etwas" oder ein in sich begrenzt „Seiendes" ist, Sprechen (λέγειν) oder Aussagen aber von seiner Struktur her sich ausschließlich auf Etwas und auf ein in sich bestimmt Seiendes zu beziehen imstande ist ( τὶ κατά τινος ) und dieses (zumindest seiner Intention nach) als solches begreifend erfaßt, dann ist das Eine in einer *so* strukturierten Sprache auch nicht angemessen sagbar – aber auch nicht in *seiner eigenen,* sozusagen „absoluten" Sprache, also weder durch Sich Selbst noch durch Andere. Die „absolute" Sprache müßte, *wenn* sie denn ohne Implikation von Vielheit möglich wäre, eine Copula-freie und nicht-praedikative sein („εἰμὶ εἰμί" „ἐγὼ ἐγώ...")[84]; als solche wäre sie der Differenz-Sprache wiederum gar nicht zugänglich und entzöge sich jedem Begriff und jeder Verstehbar- und Darstellbarkeit. Wenn also in das Eine selbst nicht Relationalität und Differenz gesetzt werden darf, sofern seine Selbstaufhebung vermieden werden soll, dann muß ihm ebenso wie ein Sich-selbst-Denken oder ein Selbstbewußtsein auch die Möglichkeit zu einer Selbst-Aussage in einem realen Sinne abgesprochen werden. Es würde nämlich durch sie *trotz* Gleichheit oder Identität des Aussagenden und Ausgesagten gerade eine Differenz in Ihm selbst durch Es selbst gesetzt, Es widerspräche also durch eine (zumindest) intentionaliter absolute Sprache seinem eigenen „Wesen": der reinen Einheit und Einfachheit, indem Es sich zum „Anderen" seiner selbst machte.

Daß Plotin eine derartige Form des Selbstausdrucks für das Eine selbst verworfen hat, zeigt deutlich dieses an: ihm war ganz entschieden bewußt, daß selbst die auf Gleichheit oder Identität von Subjekt und Prädikat copula-frei reduzierte Selbst-Aussage des Absoluten für Es selbst undenkbar und nicht wesenserschließend sein könne – dies freilich nicht aus einem – in unserem Sinne – unterstellten Unvermögen heraus, gemäß dem Es überhaupt nicht sprechen *könnte,* sondern aus der begründeten Annahme, daß Es von ihm selbst her gar nicht sprechen *müsse,* da

---

[84] In meiner Übersetzung von 10,37 fehlt leider ein „ich bin". Sie sollte lauten: ‚„ich bin ich bin" [oder, das Griechische eher „abbildend": „bin bin"] und „ich ich".' Zur Problematik: „Selbsterkenntnis" 131ff. Die Verdoppelung käme durch die semantische Gleichheit oder Identität dem Einen noch am nächsten. (Vgl. zu *Cusanus'* trinitarischer ‚aequalitas' *in* der oder trotz der ‚distinctio': ‚idem idem idem' / „unum unum unum". „Non aliud est non aliud quam non aliud": W. Beierwaltes PiC 160ff)

Das wahre Selbst                                                    111

Es *vor* der Sprache der Differenz (wie *vor* dem Denken) deren Grund ist. In der Differenz-Sprache – und dies ist eines ihrer Positiva – wird erst denkbar und sagbar, daß die radikale In-Differenz – das Eine selbst – als *deren* Grund, d. h. nur durch *sich selbst* in *seiner* Entäußerung in die Differenz (im νοῦς oder λόγος) einen Verweis *für uns* überhaupt möglich (sozusagen ἐν χάριτι δός!)⁸⁵, ein Zeichen oder eine Spur *für uns* sichtbar werden läßt, *daß* es eine solche Wirklichkeit von Eins-„Sein" gibt, die *über* Sein, Sprache, (ontologisch gedachter) Differenz als das absolut ANDERE von *all diesem* als deren gründender und erhaltender und auf ihn selbst wieder hin bewegender Grund und Ursprung west und wirkt.

– Damit könnte das Eine in seiner radikalen Andersheit als Grund von Denken und Sprechen auch die *Negation* dieser beiden Möglichkeiten – von Denken und Sprache – als einen bewußten *Übergang* in ein aus der Reflexion entspringendes und Denken und Sprache in deren sprachlosen Grund zurückführendes und übergreifendes, „vernunftbegründetes" Schweigen einsichtig machen.

Wenn wir das Eine weder im Begriff noch in einer ihm folgenden Sprache – unmittelbar – „haben" können, wenn wir aber dennoch nicht „schweigend davongehen"⁸⁶ können oder wollen, sondern über Es, um welches unsere ganze denkende Bemühung kreist, durchaus zu sprechen uns getrieben fühlen, dann müssen wir uns dessen vergewissern, daß unsere Sprache auch in der Metapher, der Analogie oder Paradoxie, selbst im hyperbolischen Zusprechen positiver Prädikate für das Eine nicht einzig dessen blinder Spiegel ist, sondern auch die Andeutung oder der Hinweis auf die *Spur* oder das *Bild* und *Zeichen* des Einen im vielheitlichen Anderen seiner selbst sein kann⁸⁷. Könnte man der Sprache in und aus der Differenz *nicht wenigstens* zutrauen, für den geforderten Weg der Selbstvergewisserung eine einigermaßen stimmige Orientierung, eine *relative* Sicherheit zu geben, die auf einer im *Begriff* nicht einholbaren, aber dennoch „unbewußt" wirksamen Erfahrung gründet⁸⁸, dann müßte unser Bewußtsein im Blick auf seinen (an sich) höchsten Gedanken in

---

85  IV 8,6,23. Vgl. oben S. 96.
86  V 3,17,15. VI 8,11,1.
87  „Selbsterkenntnis" 200f, mit Hinweis auf Heraklits Fragment B 93: das Sprechen zwischen den Extremen direkter Aussage und Verbergen als „Zeichen gebend": „Der Herr, dessen Orakel das in Delphi ist, sagt nicht [direkt] und verbirgt nicht [radikal], sondern *zeigt an* [gibt ein Zeichen]" – οὔτε λέγει οὔτε κρύπτει ἀλλὰ σημαίνει.
88  V 3,14,9ff. 17,33.

defaitistischer Verzweiflung oder resignativem Schweigen[89] versinken. Dennoch *bleibt die radikale Andersheit des Einen selbst gegenüber jeder Form von Vielheit in jedem Falle als wirklich bewußt zu halten*, damit aber zugleich seine Uneinholbarkeit durch solchen Begriff und derartige Sprache, die ihm zumindest per desiderium angemessen sein *könnten*, seinem An-Sich-„Sein" entsprächen aufgrund seiner ihm „wesens"-eigenen IN-Differenz. – „*Wie* also sagen wir etwas *über* Es aus, wenn wir Es selbst nicht *haben*"[90]? Nur in dem klaren Bewußtsein, daß wir „vom Späteren" her[91] reden und Ihm daher Etwas zusprechen, was Es selbst *nicht* ist, daß unsere Rede „über" Es prinzipiell ungenau sein muß, daß sie nur „ahnend"[92], vermutend, umkreisend sich ihrem Ziel annähern kann. Um diese Annäherung nicht *nur* in einer in Extreme führenden, d.h. dem Einen auch das allgemeinste Prädikat absprechenden negativen Dialektik zu üben, erprobt Plotin vor allem in VI 8 die aufschließende Kraft von *Affirmationen*, sofern sie unter dem οἷον -Vorbehalt verstanden werden. Dieser hat nicht die Funktion einer systematischen Abschwächung oder Pejorisierung positiver Prädikate für's Eine; vielmehr schärft er den Sinn für die Unangemessenheit reiner, schutzlos ausgesagter Affirmationen über das Eine/Gute und macht dadurch erst ein genaueres Verständnis positiver Rede über das an sich Unsagbare möglich[93].

Eine andere Möglichkeit, die Leistung von Sprache zwischen relativer Angemessenheit und strukturbedingter Defizienz[94] einzuschätzen oder abzuwägen, deutet in V 3 auf eine Grundüberzeugung Plotins: daß wir in der Intention, über das Eine in ihm selbst zu sprechen, in Wahrheit (nur) „*uns selbst* ein Zeichen über Es zu geben versuchen"[95]. Unsere Aussagen über Es – z.B. daß Es Ursache sei – „legen eher das aus, was *wir selbst*, die wir das Eine gleichsam von außen umspielen, dabei erfah-

---

[89] das ich als die Alles (d.h. Denken, Sprechen, Handeln) beendende Variante des oben von mir „vernunftbegründeten" Schweigens betrachten würde.
[90] V 3,14,1ff.
[91] 14,7f: ἐκ τῶν ὕστερον περὶ αὐτοῦ λέγομεν.
[92] χρώμενοι, „ahnend" (14,14) – assoziiert das Befragen des Orakels (vgl. Liddell-Scott-Jones, A Greek-English Lexicon [1968] 2001, Sp.1 unten und 2 oben; Ficino übersetzt: ‚vaticinamur'), aber auch das προσχρῆσθαι (V 3,3,27ff): das uns Gegebene, uns „Zuhandene" (πρόχειρον) bewußt zu machen und zu „gebrauchen". Vgl. „Selbsterkenntnis" 152f.
[93] Vgl. unten S. XXX [209].
[94] ...λεγόμενον ὑπ' ἀνάγκης τῶν λόγων εἶναι: VI 8,11,26.
[95] V 3,13,5.

ren ..."⁹⁶. Unser an sich paradoxes Unterfangen über ein οὐ ῥητόν oder ἄρρητον dennoch zu reden, muß sich bewußt machen und in diesem Bewußtsein bleiben, daß wir in unserem Nicht-Wissen, „wie wir Es [als *Es selbst*] benennen *sollen*, Es [für] *uns selbst* bezeichnen wollen"⁹⁷. Das über das Absolute Ausgesagte trifft also Dieses nicht als *Es selbst*, sondern „ist" oder „erscheint" so „in unserem Begriff" (ἐπίνοια) in der Weise, wie *wir* Es sagen – dies indes nicht als subjektive Fiktion, Projektion oder Setzung *unseres* Denkens⁹⁸, sondern als das uns einsehbare Bild des in seiner unaussagbaren Andersheit verbleibenden Ur-Bildes: dieses allein ist der ontologische Grund unseres Begreifens und Sprechens in *der* Form und Intensität, wie das Absolute für uns in gewissem Maße zugänglich werden kann. Einerseits führt diese Sicht in eine Restriktion der Sprache; sie entspringt der Einsicht in deren systematische Defizienz gegenüber dem „Sein" des Absoluten. Andererseits gibt sie ein gewisses Maß an Sicherheit über das, was menschlicher Rede über das Absolute an der *Grenze* des Schweigens überhaupt zu sagen möglich ist⁹⁹. Über Es als absolut Eines im Bereich der Andersheit und Vielheit zumindest in der Weise des *Bildes* (im universalen Sinne) und in einer ambivalenten, paradoxen, scheinbar widersprüchlichen Form sprechen, dadurch aber in die geforderte Selbstverständigung menschlichen Denkens und Lebens über unser eigenes „Zentrum" gelangen zu können, zeugt von der bild- und spurhaften *Gegenwart des Einen im Sein und Wirken des Nus und der Seele*.

Plotins Gedanke, daß das Eine dem Denken nicht „an sich", als Es

---

⁹⁶ VI 9,3,49ff.
⁹⁷ V 5,6,25.
⁹⁸ *Unsere* Erfahrung (πάθος: VI 9,3,53. πάθημα τῆς ψυχῆς: VI 6,12,2;4) negiert keineswegs ein „objektives", durch sein Über-Sein eben diesem πάθος entzogenes Existieren des Einen/Guten selbst, sondern hebt – trotz unserer Verbundenheit mit ihm – seine radikale Andersheit heraus; diese ist nicht angemessen, d.h. nicht *ohne* ‚coniectura' analysierbar. Der „Ursprung" *in unserem Begriff* (ἐπίνοια) ist zugleich die höchste oder intensivste Weise, wie wir ihn *bewußt* – gegenwärtig – „haben" können. Vgl. unten S. XXX [206ff]. – Dies ist wohl das stärkste Motiv für Proklos' Konzeption des ‚unum in nobis'. Siehe hierzu W. Beierwaltes, Proklos 367–382.
⁹⁹ Vgl. *Hölderlin*, über die reiche Aussagemöglichkeit durch die Sprache und zugleich den Entzug in der Sprache – den faktischen Texten Plotins über das Höchste und Innerste analog: „ Glaube mir und denk, ich sags aus tiefer Seele dir: die Sprache ist ein großer Überfluß. Das Beste bleibt doch immer für sich und ruht in seiner Tiefe, wie die Perle im Grunde des Meeres" (Hyperion, Stuttgarter Ausgabe III 118).

Selbst, gegenwärtig sein kann, sondern nur in der Weise *unseres* Begreifens und nach der Maßgabe *unserer* Sprache (der Differenz), habe ich in anderem Zusammenhang als den sachlichen Ansatzpunkt einer ‚*duplex theoria*' – einer doppelten Perspektive (oder Weise des Betrachtens) auf das göttliche Absolute hin im Denken und Sprechen verstanden, wie sie *Johannes Scottus Eriugena* für sein gesamtes Denken folgenreich entfaltet hat. ‚Duplex theoria' impliziert u.a., daß Aussagen über Gott, „einseitig" und „beim Wort" genommen, in die Irre führen. Sie „entsprechen" dem Gedanken und dessen Sache nur in der Weise, wie er dem *Denkenden erscheint*, nicht wie der Gedanke selbst oder wie das in ihm sich zeigende (oder intendierte) *Sein* in sich selbst *ist*[100]. Die Ambivalenz derartigen Sprechens macht auch das Zusammenbestehen von Gegensätzen im Absoluten plausibel und macht mit der gegenseitig sich erhellenden Kraft unterschiedlicher Bedeutungsebenen vertraut. Insofern fördert die Einsicht in Grund und produktive Möglichkeit einer ‚duplex theoria' die ohnehin schwierige Kommunikabilität einer Theorie des Absoluten.

Aufgrund der Einsicht in die durch Negation *und* durch gesteigerte, *un*eigentlich gedachte Positivität erfahrene *Andersheit* des Ersten ist (wie etwa in VI 8) das *uns* Nächste, *unsere* ἐπίνοια, das Maß unserer Rede über das, was wir *nicht* oder nur als Bild und Spur sind – eine Grundsituation, die nur momenthaft in einem Identifikationsakt mit dem Einen selbst, in der Einung mit ihm, aufgehoben werden kann. – Die von Plotin geübte ‚duplex theoria' sollte freilich nicht den Gedanken suggerieren, das Eine sei vielleicht lediglich eine *Setzung unseres begreifenden Denkens* und dessen *Hyperbolé,* da wir es in jeder Form von Denken des Einen als einer Einheit aus Vielem oder durch Vieles hindurch *voraussetzen;* es ist vielmehr – das ist die Grundüberzeugung Plotins und sein Lebensnerv – ein real *in sich selbst Wirkliches,* auf das unser Denken, aus diesem seinem Einheits-Grund begründet, in jedem seiner Akte bezogen bleibt[101].

---

[100] W. Beierwaltes, Eriugena 80–114. Bezug zu Plotin: ebd. 105. 108–112. „Selbsterkenntnis" 153f. 158f. – Für *Eriugena* heißt dies z.B., daß die „von uns" als vielheitlich und unterschieden *gedachten* ‚causae primordiales' in Gott eine Einheit *sind:* ‚unum simplex atque individuum'. Ihre Differenzierung oder „Reihung" gründet in der Begriffsform des „betrachtenden Geistes" (in mentibus theorizantium).

[101] VI 6,13,43ff.

## IV

### *Wirkungsgeschichtliche Aspekte*

Der von Plotin in V 3 entfaltete Gedanke einer Vergewisserung des Nus in uns als des wahren Selbst ist auf dem direkten Weg einer *Wirkungsgeschichte* dieses Textes oder aber durch eine indirekte Vermittlung der (neuplatonischen) Denkform für die Entwicklung des Begriffes ‚Selbsterkenntnis' und ‚Selbstbewußtsein' bedeutsam geworden.[102] Die unmittelbaren Impulse des plotinischen Gedankens habe ich in einigen *spätantiken* Modifikationen evident zu machen versucht: im Denken des Porphyrios, bei Julian und Proklos[103]. Diejenige Konzeption, die Plotin als ermöglichendes Fundament oder Begründung von

[102] Zu diesem Problembereich im allgemeinen: K. Oehler, Subjektivität und Selbstbewußtsein in der Antike, Würzburg 1997. Vielfältige Aspekte für Differenz und Verbindung antiker Konzepte zur Neuzeit – *Plotin* allerdings nur akzidentell und am äußersten Rande – sind thematisiert in: Geschichte und Vorgeschichte der modernen Subjektivität, hg. v. R. L. Fetz, R. Hagenbüchle u. P. Schulz, Berlin 1998, 2 Bände; vgl. darin für unseren Zusammenhang v. a. die Beiträge von A. Schmitt, Freiheit und Subjektivität in der griechischen Tragödie, I 91–118; R.L. Fetz, Dialektik der Subjektivität: Die Bestimmung des Selbst aus der Differenz von Ich und Mein, Sein und Haben: Alkibiades I, Epiktet, Meister Eckhart, I 177–203; und weitgehend textidentisch mit der zuvor genannten Abhandlung: K. Oehler, Subjektivität und Selbstbewußtsein in der Antike, I 153–176. Oehlers Feststellung, daß „Platon und Aristoteles das Wissen des Selbst von sich, die wissende Selbstbeziehung, nicht aus einem schon vorausgesetzten Begriff des Ich abgeleitet haben" (174), trifft durchaus auch auf Plotin zu. „Der Begriff des Ich als philosophischer Begriff" – so Oehler ebd. [und 1997, 49] – „wird in der antiken Philosophie erst bei Plotin Terminus, und auch dort [natürlich, W.B.] nicht Grundbegriff im neuzeitlichen Sinne" – von Plotin nur sehr zaghaft als ein Wesenszug des Menschen gedacht, klar aber in der Selbstaussage des absoluten Nus (vgl. oben S. 37f und SEE 132; 136f, die Bemerkungen zu „Wir" – ἡμεῖς –, in dem „Ich" in bestimmtem Maße mitgemeint ist: SEE 103ff zu Plotin V 3,3,31ff; VI 4,14,16ff [„Wer sind wir?"]). Für „Ich" – dies sollten meine Reflexionen zum „wahren Selbst" deutlich machen – steht bei Plotin zunächst das *Selbst* (αὐτός) des zeit-freien, absoluten Nus in sich: dessen denkender Selbstbezug ist aber „dann" der Ziel- und Identifikationspunkt für die dem Nus der *menschlichen* Seele aufgegebene Selbst-Transformation in ihn. Plotin denkt in diesen beiden untrennbar zusammengehörenden Perspektiven die „Selbstbeziehung des Denkens" (Oehler 167) im Kontext der antiken Philosophie am intensivsten und paradigmatisch für die geschichtliche Entfaltung dieser Theorie.

[103] v.a. in meiner Abhandlung „Selbsterkenntnis als sokratischer Impuls im neuplatonischen Denken".

Selbsterkenntnis als Erster ausgearbeitet hat: den *Rückgang des Denkens in sich selbst* und das darin sich vollziehende *Sich-selbst-Denken des Nus*, habe ich als den Grundzug der Selbstvergewisserung des Denkens, der Erkundung der ihm eigenen Möglichkeiten und der Reflexion auf seinen göttlichen Grund in einigen Paradigmen eines Platonismus im Christentum analysiert[104]. Sie könnten erweitert werden für die unmittelbare und indirekte Rezeption neuplatonischen Denkens im Mittelalter[105], die z.B. in der Intellekt-Lehre des *Dietrich von Freiberg*, einem Schüler des Albertus Magnus und Zeitgenossen Meister Eckharts, und des *Berthold von Moosburg*, des kundigen Kommentators der proklischen ‚Elementatio theologica', eine besonders intensive Wirkung entfaltete. Primär Dietrich hat aus dem neuplatonischen Gedanken des absoluten und individuellen Sich-selbst-Denkens in einer Verbindung mit der aristotelischen Theorie des ‚intellectus agens' einen Begriff des Intellektes entwickelt, der *in* der Wendung auf sich selbst eine *seins*-konstituierende Tätigkeit vollzieht: eine Spontaneität und Produktivität, die mit seiner *Selbsterkenntnis* eins ist und sich in ihr seines göttlichen Ursprungs vergewissert: intellectus nihil intelligit extra se, quia non intelligit nisi essentiam suam et suum principium sive causam suam, quae est intima sibi,...vel etiam intelligit illud in suo principio secundum modum ipsius principii[106].

[104] Insbesondere in ‚Regio beatitudinis'. Zu *Augustins* Theorie des Rückgangs des Denkens in sich selbst und des inneren Aufstiegs, die die Selbstreflexion des Menschen als Bedingnung der Gotteserkenntnis evident zu machen versucht – in enger sachlicher Verbindung zu Plotin: PiC 180 ff [„Der Selbstbezug des Denkens: Plotin – Augustinus – Ficino"]. Eriugena 241ff [zu Augustinus] über ‚trinitas nostra' – die innere Abbildhaftigkeit unseres Bewußtseins im Blick auf die göttliche Trinität: reflexive Selbstdurchdringung der Erkenntnis-Momente und der von ihnen geleiteten oder bestimmten Affekte (voluntas, amor). Ebd. 248f zu *Eriugenas* Konzept des Sich-selbst-Wissens oder Selbstbewußtseins. – Zur „Selbstreflexion des Denkens" (reditio completa) im Kommentar des *Thomas v. Aquin* zum ‚Liber de causis': Philosophische Rundschau 11, 1964, 192–215, bes. 202ff. Zu *Cusanus*' früher Rezeption des ‚Alkibiades'-Motivs: ‚Centrum tocius vite' 639ff. Selbsterkenntnis als ‚reditio in se ipsum' bei *Ficino*, PiC 190ff.
[105] Hierfür grundlegend: P. Courcelle, Connais-Tu-Toi-Même de Socrate à S. Bernard, 3 Bde, Paris 1974/75.
[106] De intellectu et intelligibili II 40,3 (Dietrich von Freiberg, Schriften zur Intellekttheorie, mit einer Einleitung von K. Flasch, hg. v. B. Mojsisch, Hamburg 1977, I 177). – Zur Sachproblematik: K. Flasch in seiner Einleitung zum III. Band der Dietrich-Ausgabe (Schriften zur Naturphilosophie und Metaphysik), Hamburg 1983, LXXI ff und B. Mojsisch, Die Theorie des Intellekts bei Dietrich von Freiberg, Hamburg 1977, bes. 63ff. – Zu Meister Eckhart: W. Beierwaltes, PiC 120ff. J. Halfwassen, Gibt es eine Philosophie

Die *neuzeitliche* Philosophie, insbesondere die des ‚*Deutschen Idealismus*', hat Theorien des Selbstbewußtseins – oder Elemente von solchen – aus einem zentralen Interesse am Begriff der Subjektivität heraus nuancenreich entwickelt[107]. In ihnen verbinden sich – von Kants ‚kopernikanischer Wende' nachhaltig bestimmt – Transzendentalphilosophien mit entschieden metaphysischen Motiven. Nicht zuletzt aus diesem Grund können *Fichtes* Philosophie des Absoluten als der Beziehung absoluten Wissens auf sich selbst im Kontext seiner Frage nach der synthetischen Einheit von Sein und Denken[108], oder *Hegels* Entfaltung der „Idee" im Sinne des sich selbst begreifenden Begriffs, der sich als absolute Subjektivität – Grund und „Resultat" der reflexiven Bewegung in Einem – vollzieht[109], sowie *Schellings*[110] Konzeption des absoluten Ichs und des Selbstbezugs des transzendentalen Subjekts aus der Perspektive Plotins – in ihren unterschiedlichen Analogien *und* Differenzen – durchdacht werden.

Die wirkungsgeschichtliche Bedeutung des Grundgedankens von V 3 und seines sachlichen Kontextes – die universale Gegründetheit des vielheitlich Seienden durch das absolute Eine – betrifft nicht nur die Entwicklung des Begriffs des Selbstbewußtseins und der damit verbundenen Selbsterkenntnis, oder – in der Neuzeit – der reflexiven Subjektivität, sondern auch ein anderes für das neuplatonische Denken des Einen insgesamt zentrales Gedankenelement, das für die Einschätzung der geschichtlichen Entfaltung von *Metaphysik* bedenkenswert ist: In V 3,12,47–52 heißt es: „Jenes [das Eine] aber, so wie Es jenseits von Geist ist, ist auch jenseits von Erkenntnis; wie Es in nichts etwas bedarf, so auch

der Subjektivität im Mittelalter? Zur Theorie des Intellekts bei Meister Eckhart und Dietrich von Freiberg, in: Theologie und Philosophie 72, 1997, 337–359.

[107] Vgl. D. Henrich, Die Anfänge der Theorie des Subjekts (1789), in: Zwischenbetrachtungen, hg. v. A. Honneth u.a., Frankfurt 1989, 106–170. Ders., Subjektivität als Prinzip, in: Deutsche Zeitschrift für Philosophie 46, 1998, 31–44. K. Düsing, Selbstbewußtseinsmodelle. Moderne Kritiken und systematische Entwürfe zur konkreten Subjektivität, München 1997.

[108] Vgl. M. Baumgartner, Die Bestimmung des Absoluten. Ein Strukturvergleich der Reflexionsformen bei J.G. Fichte und Plotin, in: Zeitschrift für philosophische Forschung 34, 1980, 321–342.

[109] W. Beierwaltes, PI 144ff. ID 241ff. DdE 446ff. Visio facialis 43ff. – J. Halfwassen hat die Frage nach dem Verhältnis von idealistischem und neuplatonischem Denken vor allem für Hegel umfassend aufgegriffen in: Hegel und der spätantike Neuplatonismus.

[110] W. Beierwaltes, PI 100–144. ID 214–221. Visio facialis 47ff. Unten S. 187ff. S. Peetz, Die Freiheit im Wissen. Eine Untersuchung zu Schellings Konzept der Rationalität, Frankfurt 1995.

nicht des Erkennens; denn das Erkennen *ist* erst in der zweiten Wesenheit. Etwas Eines [in sich Einiges] nämlich ist auch das Erkennen; Jenes aber ist Eines *ohne* das „Etwas"; denn wäre Es etwas Eines, so wäre Es nicht das „Eine-selbst"; das „S[s]elbst" nämlich ist *vor* dem Etwas"[111]. 13,4: οὔτε τι τῶν πάντων – „[das Eine ist] nicht [ein] Etwas von Allem", oder „Nichts von Allem" – οὐδὲν πάντων. Oder in VI 9,3,37f: „Jenes [das Eine/Gute] ist nicht Etwas, sondern vor jedem Einzelnen [Etwas], es ist auch nicht seiend"[112]. – In diesen Aussagen wird hinreichend deutlich, daß Plotin das Eine selbst – gemäß der negativen Dialektik der ersten Hypothesis des platonischen Parmenides – aus dem Bereich des kategorial faßbaren Seienden herausnimmt und es „über", „vor" oder „jenseits" (ἐπέκεινα) der Dimension des Seins die höchste Wirklichkeit sein läßt.

Der Ausschluß des „*Etwas*" aus dem Einen selbst entspricht dessen primärer Bestimmung, absolut nicht Vieles (Nicht-Vieles, Ἀ-πόλλων[113]) zu sein und so keine reale Differenzierung in ihm selbst zu haben. „Etwas" nämlich meint ein Seiendes, das in sich bestimmt (πέρας) und gerade dadurch – durch seine je eigene Identität – von Anderem (anderem

---

[111] Πρὸ πάντων: III 8,9,50f. Das Eine denkt nicht, weil es nicht „Etwas" ist; Etwas-Sein aber ist die Bedingung von Denken: „Selbsterkenntnis" 147ff. 159. 203. „Vor" dem „Etwas": ebd. 141. 146. 150. 159. 222f. DdE 43ff. 198f. 220f.

[112] Vgl. weiter III 8,9,53f (vgl. oben Anm. 81). 41: οὐδέ τι τῶν πάντων. DdE 41f. 39f zu V 2,1,1: τὸ ἓν πάντα καὶ οὐδὲ ἕν. V 5,6,5ff: ἀνείδεον ὂν οὐκ οὐσία. οὐσία und εἶδος würden aber auf ein bestimmtes, abgegrenztes Etwas (τόδε τι, ὡρισμένον) verweisen. Ebd. Z. 13: τὸ οὐ τοῦτο. 22f: Nicht-Etwas-„Sein" schließt auch Wie-Beschaffen-„Sein" (οἷον) aus – *alles* kategorial Faßbare, dessen Grund und Ausgangspunkt das „Sein" oder das „Seiendes[ὄν]-Sein" ist. Während auch „Eins" (ἕν) als ein Bestimmtes (τι) existent oder „seiend" ist (VI 6,12,2: οὐδὲν γὰρ ἕν, ὃ μὴ τὶ ἕν), ist das *absolute* Eine oder das „Eine-selbst" die Negation von οὐσία und εἶναι und damit auch von „Etwas" (VI 7,41,35; 37. VI 6,11,20 und den oben zitierten Text aus V 3,12!). *Wäre* das Eine „Etwas", könnte oder müßte es auch *denken*, denn dies setzte Zweiheit *in* der im Denken vollzogenen Einheit voraus: V 6,2,16–18: οὐκ ἄρα νοήσει..."Ἔτι εἰ νοήσει τὸ πρῶτον, ὑπάρξει τι αὐτῷ. – Die Formulierung (V 4,2,42f), daß es „*etwas*" jenseits des νοῦς gebe, das *nicht* denkt, widerspricht *nicht* der Aussage, das Eine sei „vor" dem „Etwas". Das Eine, das die Stelle dieses in Z. 43 unbestimmt gelassenen „etwas" (τι) innehat, ist selbst nicht als „Etwas" (einschränkend) bestimmbar. *Wäre* es „Etwas" als ein Bestimmtes, könnte es auch denkend sich auf sich selbst beziehen. Zum „Über-Sein" des Einen: V 3,14,16f: [τὸ ἕν] τι κρεῖττον τούτου, ὃ λέγομεν „ὄν". „Selbsterkenntnis" 146. DdE, Index, s.v. „das Eine". PI 122. – VI 8,14,42: ὑπερόντως αὐτός. VI 9,2,46f. 5,30f: θαῦμα τοῦ ἕν, ὃ μὴ ὄν ἐστιν...ᾧ ὄνομα μὲν κατὰ ἀλήθειαν οὐδὲν προσῆκον... – J.-M. Narbonne, L' *ou ti* de Plotin, in: Les Cahiers Philosophiques de Strasbourg, 8, 1999, 23–51.

[113] Vgl. Anm. 3 (= V 5,6,26ff).

Das wahre Selbst 119

Etwas) abgegrenzt (ὡρισμένον), von ihm unterschieden ist und nur so als je Einzelnes (ἕκαστον) auch kategorial faßbar, d.h. denk-, begreifbar und sagbar ist. Die Negation von „Sein" oder „seiend", „Etwas" oder „Etwas-Sein" vom Einen selbst stellt freilich die Grundüberzeugung Plotins nicht in Frage, daß das Eine/Gute die erste, ursprunghafte, alles Andere aus sich selbst begründende *Realität* ist. Dessen unbezweifelbare *Existenz*, ohne die weder Zweiheit, Vielheit, Andersheit und Identität und damit auch ein Bezug des Vielen auf eine ihm immanente *und/oder* transzendente Einheit hin gar nicht denkbar wäre, gibt dem Denken den Impuls, sich im Rückgang auf sich selbst und im inneren Selbst-Überstieg seines eigenen – absoluten – Grundes bewußt zu machen, der noch „vor" dem Nus – *über*-seiend und *über*-denkend – das Ziel jeglicher begrifflichen Anstrengung und Selbstreflexion ist: εἰς αὐτὸν ἐπιστρέφων εἰς ἀρχὴν ἐπιστρέφει[114]. Eine „Verdinglichung" des Einen als eines „Etwas"-Seienden beließe das seiner aktiven Dynamis nach selbst Un-Endliche im Bereich des Endlichen und schlösse das Denken genau von dem aus, worauf es aufgrund seiner inneren Einheit zielt: von einem Sehen oder Berühren des Einen oder einer Einung mit Ihm.

Diese „Bestimmung" des Einen selbst, daß es *vor* dem Etwas, *vor* dem bestimmt und begrenzt Seienden oder je Einzelnen als dessen Grund eben dieses *nicht* ist und so *nicht* wie alles Andere „*seiend*" ist – als Eines neben oder im Kontext mit Anderem –, entspricht auch der Aussage, daß das Eine das „*von Allem Verschiedene*", das allem Anderen gegenüber *Andere* ist: ἕτερον ἁπάντων[115] – *absolute Differenz* und radikale Transzendenz; gerade als ein solches Un-Bestimmtes, Nicht-Etwas, Un-Endliches ist Es auch und zugleich der schaffende und gebende und dennoch in sich Er selbst bleibende Grund von Allem, was von Ihm her etwas Bestimmtes oder ein als „Etwas" Bestimmtes ist: *Sein* „Sein" *vor* dem Etwas also, in sich nicht different, nicht bestimmt oder begrenzt, sondern

---

[114] VI 9,2,35f. 7,28–34.
[115] V 3,11,18f. V 4,1,6. VI 7,42,12 (vgl. „Selbsterkenntnis" passim, s.v. „das Eine"; „Differenz"). Die Benennung „von Allem verschieden" meint natürlich nicht, daß dem Einen selbst Verschiedenheit in irgendeiner ihm immanenten Form zukomme, es ist vielmehr aus dem Blick vom „Anderen", vom Einen selbst Hervorgegangenen her gesagt. – Inhaltlich entspricht es der absoluten Andersheit des Einen, das „*Jenseits*" von Allem zu sein. Das ἐπέκεινα πάντων-Sein (V 3,13,2; 17,13f. V 1,6,13) des „Einen-selbst" (αὐτοέν) *ist* und *meint* also dessen absolute Differenz zu Allem. – Vgl. auch DdE 312ff über den (proklischen) Hymnus ᵀΩ πάντων ἐπέκεινα.

vielmehr die absolute Negation von Bestimmtheit und Grenze in Ihm selbst zu sein, gibt Ihm die „grenze-lose Mächtigkeit"[116] im Blick auf das, was in-different *in* Ihm aber *durch* Es gründend in die Differenz entfaltet und „dann" außer Ihm ist. Das Vor-Sein des Einen oder seine absolute Differenz „vereint" also in sich reine, an ihr sie selbst bleibende Transzendenz mit einem ursprunghaften Erwirken alles Anderen, *ohne* daß durch eben diesen Akt der δύναμις πάντων eine reale, ontologisch zu denkende Relation des Einen/Guten zum Gegründeten entstünde; dieses besteht vielmehr als es selbst – durch das Eine – nur in dessen eigener, sein eigenes Sein konstituierender Bezüglichkeit zu Ihm. Das In-Sein des Einen als ein mit ihm selbst identisches Vor-Sein kommt daher einem In-Sein des Gegründeten „im" Einen oder auf dieses hin gleich. Nur durch ein solches dialektisches IN und ÜBER zugleich ist die Kontinuität der Wirklichkeit insgesamt garantiert – „gleichsam als ein großes Leben"[117].

Dieser Gedanke Plotins – von späteren Neuplatonikern bis hin zu Nicolaus Cusanus energisch fortgeführt – hätte für alle diejenigen zum Anstoß und zu einer kritischen Selbstbefragung werden müssen, die wie *Martin Heidegger* ohne wirkliche Einsicht in diesen Grundzug der Denk-Geschichte beharrlich behaupten, „Metaphysik" habe die *Differenz*, die „ontologische Differenz" von SEIN zu Seiendem oder von SEIN zu Sein des Seienden nicht gedacht oder gar nicht denken *können*. Statt dessen habe sie *ihr* Erstes und Letztes, selbst wenn sie es bisweilen als „Sein" benannte, immer nur als *Seiendes* oder als *Etwas* ‚vorgestellt', selbst der Gott sei als ‚ens primum et realissimum' zu Etwas-Seiendem verdinglicht worden. „Seinsvergessenheit" oder „Seinsverlassenheit" der „Metaphysik" wäre in diesem gewaltsam seligierenden Konstrukt mit ihrer als grundsätzlich behaupteten „onto-theologischen" Verfassung (θεός = ὄν = τι) identisch. Indem Heidegger – „Seit ein Gespräch wir sind/ Und hören können voneinander"[118] – sich (sogar) dem starken „Einspruch" Plotins gegen ein derartiges Gebilde verschlossen hat[119], hat er sein eigenes

---

[116] z.B. V 3,15,33. 16,2f. III 8,10,1. VI 9,6,11: das Eine als ἄπειρον...τῷ ἀπεριλήπτῳ τῆς δυνάμεως: zur Modifikation des aristotelischen δύναμις-Begriffs in eine ‚puissance – *productrice – active – première*', die das göttliche Eine selbst charakterisiert, vgl. J.-M. Narbonne, La Métaphysique de Plotin, Paris 1994, 27ff. 33ff. W. Beierwaltes, „Selbsterkenntnis" 142. 160f. 241.
[117] οἷον ζωὴ μακρὰ εἰς μῆκος ἐκταθεῖσα: V 2,2,26f.
[118] Hölderlin, Friedensfeier, Dritter Ansatz: Hölderlin, Werke und Briefe, hg. von F. Beißner und J. Schmidt, Frankfurt 1969, I 163.

Das wahre Selbst 121

SEYNS-Denken weder einsichtiger noch ursprünglicher machen können. Weder das plotinische EINE noch Plotins Konzeption von ‚Sein' möchte ich in eine unmittelbare sachliche Nähe zu Heideggers SEYN – auch nicht zu SEYN als „Ereignis" [„Es gibt"] – zwingen, weil die Unterschiede in den Voraussetzungen und Intentionen bei beiden Denkern, trotz mancher Berührungen, intransigent scharf bleiben.

Im Blick auf Heideggers Konstruktion der Geschichte von „Metaphysik" und ihres in dieser komplex sich zeigenden Wesens ist mit Gründen allerdings dies zu sagen: Wenn irgendwo und irgendwann in der Geschichte der (*nicht* amputierten und *nicht* in Vielem verdeckten) Metaphysik Differenz *als* Differenz nicht nur angedeutet, sondern in aller Entschiedenheit und begrifflicher Intensität gedacht wurde, dann in *Plotins* Philosophie. Sein Denken geht geradezu mit innerer Notwendigkeit auf diese zu als auf dessen höchste Möglichkeit – aus einer Reflexion auf Geist und Sein und deren Identität heraus entspringend: Das EINE als ES selbst ist „vor", „über", „jenseits" von sich selbst denkendem *Denken;* aber auch *in* diesem sich als Wahrheit denkend-durchlichtenden *Sein* selbst ist ES zugleich *über* ihm und *jenseits* seiner die *absolute Differenz* zu eben diesem Sein, das alles vielheitlich Seiende umfaßt.

---

119 Heideggers Verhältnis zur neuplatonischen Philosophie und die daraus folgende Destruktion und Verengung einer geschichtlich genuin gedachten Metaphysik habe ich in einigen Ansätzen deutlich zu machen versucht: ID 4ff. 131ff. DdE 438f. 440f. ΕΠΕΚΕΙΝΑ. Eine Anmerkung zu Heideggers Platon-Rezeption, in: Transzendenz. Zu einem Grundwort der klassischen Metaphysik, Festschrift für K. Kremer, hg. v. L. Honnefelder und W. Schüßler, Paderborn 1992, 39–55. Heideggers Rückgang zu den Griechen, Sitzungsberichte der Bayerischen Akademie der Wissenschaften, phil.-hist. Kl., Jg. 1995, Heft 1, München 1995. Heideggers Gelassenheit, in: Amicus Plato, magis amica veritas. Festschrift für W. Wieland zum 65. Geburtstag, hg. v. R. Enskat, Berlin 1998, 1–35. K. Kremer, Zur ontologischen Differenz. Plotin und Heidegger, in: Zeitschrift für philosophische Forschung 43, 1989, 673–694, der eine der meinen ähnliche Position vertritt. Für den größeren Zusammenhang dieses Problembereichs siehe J.-M. Narbonne, Hénologie, ontologie et *Ereignis* (Plotin – Proclus – Heidegger), Paris 2001. – Ebenso wie Heidegger die von Plotin klar entwickelte Konzeption über das Nicht-Seiend- oder Nicht-Etwas-Sein des absoluten *göttlichen* Einen (αὐτόθεος) und damit über dessen „Sein" *vor* und *über* allem Sein und Seienden, über dessen Andersheit oder *Differenz* zu Allem, beiseite ließ, ging er an deren *theologischer*, für die Geschichte des Gedankens folgenreicher Formulierung Eriugenas vorbei: *Deus non est quid* (Periphyseon II 28; 142,38. 146,19f Sheldon-Williams); sie steht im Zusammenhang einer Diskussion des aus dem „non est quid" heraus konsequent gedachten Satzes: *Deus itaque nescit se, quia non est quid* (142,32f). Hierzu W. Beierwaltes, Eriugena 193ff.

‚Denken der Differenz *als* Differenz' – plotinisch *oder* heideggerisch – ist für beide Denker alles andere als eine bloß formale Reflexion: Trotz inhaltlich begründbarer Verschiedenheiten des jeweils „Differenten" ist es ein wahrhaft zentraler Gedanke ihres Philosophierens. *Dieser* – nicht seine variable Bestimmung von ‚Sein als Dasein' oder ‚Seyn als Ereignis' im Seyns-Geschick – bindet Heidegger sachlich, von ihm freilich uneingestanden und systematisch verdeckt wie in Vielem, *enger* und *folgenreicher* an genuine Metaphysik (im besonderen des plotinischen Typos), als er es durch seine schroffe Abstoßbewegung gegenüber seinem eigenen Konstrukt von „Metaphysik" zu einem praetendiert „anderen Anfang" hin zugestehen möchte.

Ein „Wirbel ursprünglichen Fragens", der Heidegger neue Einsichten hätte eröffnen und damit das bei ihm selbst begrifflich Petrifizierte selbstkritisch hätte aufbrechen können, ist jedenfalls in *dieser* Dimension der Geschichte des Denkens bei ihm nie spürbar geworden. In ihr ist er über Andeutungen von Klischees, wie sie in einer Reihe von Geschichten der Philosophie – nicht so sehr in der für Heidegger erreichbaren Plotin-Forschung als solcher – durchaus gängig waren, nicht hinweggekommen.

*Hegel* hingegen hat sich durch seine begriffliche Anstrengung im Blick auf Dignität von geschichtlich vermittelten Gedanken durch die seine eigene Zeit beherrschende Philosophiegeschichtsschreibung (Johann Jakob Brucker, Dietrich Tiedemann, Wilhelm Gottlieb Tennemann) *nicht* beruhigen lassen. Gerade dies führte bei ihm zu einer gegenüber Heidegger grundverschiedenen Einschätzung der geschichtlichen Bedeutung des Neuplatonismus als eines philosophischen Gedankengefüges, das unser Bild von der Welt in zentralen Perspektiven veränderte.

# CAUSA SUI

## Plotins Begriff des Einen als Ursprung des Gedankens der Selbstursächlichkeit

> That which is creative
> must create itself
> John Keats*

## I

‚Causa sui', – Ursache, Ursprung oder Grund seiner selbst – ist ein zentraler Begriff philosophischer Theorie, die sich selbst aus platonischer und aristotelischer Tradition heraus als Erste Philosophie oder Metaphysik versteht. ‚Causa sui' charakterisiert in unterschiedlich begründeter Form und in unterschiedlicher Absicht das Erste und Letzte eines Denkens: seine Absolutheit, Autarkie und Freiheit, seine Kraft zur absoluten Selbst-Bestimmung oder Selbst-(Be-)Gründung; aus ihr leitet sich sein Wirken als un-endlich gründender Grund von Anderem, Endlichem her, das selbst wiederum Grund nur in einem begrenzten Maße zu sein vermag.

Konsequenzen hat der Begriff des Absoluten als Grund oder Ursache seiner selbst demnach auch für die Einschätzung des verursachend-schaffenden Wirkens des Menschen und nicht zuletzt des Raums seiner Freiheit. Im Kontext neuzeitlicher Problemlagen z.B. ist die Frage nach dem Verhältnis einer absoluten ‚causa sui' zur menschlichen Freiheit in *Spinozas* metaphysischer Ethik nachhaltig aufgekommen – ‚causa sui' als Bestimmung eines Wesens, das mit Notwendigkeit da ist, d.h. Dasein oder Existenz von sich selbst her in sich schließt und deshalb frei ist, *weil* es nur aus eigener Notwendigkeit heraus existiert und sich nur durch sich selbst zum Handeln bestimmt[1].

---

  \* John Keats in einem Brief an J.A. Hessey vom 8. Oktober 1818 (The Letters of John Keats 1814–1821, ed. H.E. Rollins, Cambridge 1958, 374).
  [1] Spinoza, Ethica I, def. 1: Per causam sui intelligo id, cuius essentia involvit existen-

Nicht so sehr der Begriff (im terminologischen Sinne) als vielmehr die Grundform des Gedankens ist bestimmend geworden für die in sich differenten Systeme des Deutschen Idealismus – etwa in Hegels Konzept eines aus seinem abstrakten Anfang heraus – ‚sich konkretisierend' – zu sich selbst kommenden Absoluten, das sich in seiner Selbst-Vollendung als absolute Persönlichkeit selbst begründet und begreift[2].

*Plotin* hat Begriff und Gedanke eines αἴτιον ἑαυτοῦ in einer kraftvollen, perspektivenreichen Reflexion über das erste Prinzip seines Denkens, das Eine oder Gute, grundgelegt – freilich mit einer grundsätzlichen Epoché; im Nachdenken über deren ambivalenten Sinn folge ich einer noch nicht abgegoltenen (und vielleicht auch nicht zu bestehenden) Herausforderung, die von Plotins Denken des Einen ausgeht.

*Ohne* die zu analysierende Epoché gegenüber dem Gedanken absoluter Selbst-Gründung ist Plotins eindringlicher Anfang in der *christlichen Trinitätsspekulation aufgenommen* worden. Auch dies möchte ich im Folgenden wenigstens durch drei Hinweise – auf Marius Victorinus, Johannes Scottus Eriugena und Meister Eckhart – deutlich machen.

## II

In einer innovativen, bewußten Nachfolge von Platons ‚Politeia' und seines ‚Parmenides' begreift neuplatonisches und damit auch plotinisches Denken das Erste Eine und das mit ihm identische[3] uneingeschränkt Gute als Grund oder Ursprung (ἀρχή)[4] allen Seins und Denkens, als universale Ursache (αἴτιον, αἰτία)[5] zeit-freier, rein intelligibler *und* zeithaft

---

tiam, sive id, cuius natura non potest concipi, nisi existens. Def. 7: ea res libera dicitur, quae ex sola suae naturae necessitate existit, et a se sola ad agendum determinatur.
    [2]  Eine wesentliche Rolle spielt die Konzeption des Sich-selbst-Herstellens und -Verursachens in unterschiedlichen zentralen Bereichen in *Schellings* Philosophie, vgl. hierzu: S. Peetz, Die Freiheit im Wissen, Frankfurt 1995, bes. 99–104. – Zu Schelling: unten S. 223ff.
    [3]  II 9,1,1ff. V 5,9,35f. V 8,7,44ff. VI 8 (als Basis des gesamten Gedankengangs).
    [4]  Plat. Politeia 510 b 7. 511 b 7. – Plotin III 8,9,38ff. 10,27ff. V 2,1,1f (dazu: W. Beierwaltes, Denken des Einen 39ff), V 3,15,23f (hierzu W. Beierwaltes, Selbsterkenntnis 238ff). V 5,9,7. 11,10. V 8,7,44ff. VI 2,10,20. VI 8,9,20f. 14,38. VI 9,5,24.
    [5]  V 5,13,35. VI 7,19,19. VI 8,18,36. 59. 38f: αἴτιον αἰτίου...οἷον αἰτιώτατον καὶ ἀληθέστερον αἰτία. Zu VI 9,3,49ff vgl. Anm. 69. Zu Plotins Konzept der ‚Kausalität' siehe oben S. 94ff.

bewegter, in Materie gebundener und in ihr sich ausformender Wirklichkeit. Die jeweils Sein und Gestalt gebende Tätigkeit des Einen schließt auch die Bewahrung des Seins des Verursachten durch eine die jeweilige Einheit garantierende Kraft ein.

Denk- und begreifbar, sprachlich faßbar und darstellbar ist das Eine nicht in seinem An-sich, so wie es in sich selbst ist oder gedacht werden *müßte*, sondern primär durch *Negation* – in einer ihm sich lediglich nähernden, es umkreisend ausgrenzenden *negativen Dialektik*. Aus einem freilich unausgesprochen bleibenden „Wissen" dessen, was das Eine *eigentlich* ist, spricht dieses Verfahren ihm alle diejenigen Seinsweisen oder kategorialen Bestimmungen ab, die selbst im strikten oder eigentlichen Sinne für das Sein aus dem und außerhalb des Einen gültig sind und es in seiner Struktur bis zu einem bestimmten Grade aufzuschließen vermögen[6].

Blickt man auf die Grundintention von Plotins Denken als eines Ganzen, so ist es evident, daß in seinem Versuch, das Eine/Gute möglichst angemessen zu denken und zu sagen, die *Negation* entschieden *vorherrscht*. Sie erreicht ihr Extrem in Plotins Überzeugung, daß – genauer gesprochen – noch nicht einmal das Gute selbst als Gutes benannt werden könne oder dürfe, da es nicht für *sich selbst*, sondern für *Anderes* als dessen erhaltender Grund und als vollendendes Ziel gut ist[7] und deshalb – wie das Sein oder das Schöne als absolute Prädikate – „anders" oder als das von allem Anderen schlechthin Verschiedene (ἄλλως, ἕτερον)[8], „jenseits" (ἐπέκεινα)[9] oder „vor" und „über" (ὑπέρ) dem eigentlichen, d.h. hier dem normalen Sinn dieser Begriffe gedacht werden müsse: als *„über-seiend"*, ὑπεράγαθον, ὑπέρκαλον[10]. Analoges gilt vom Prädikat des Einen selbst[11].

---

[6] Zu der das neuplatonische Denken bestimmenden Methodik der *Negation* vgl. W. Beierwaltes, Proklos 339ff. 348–366. Denken des Einen 104f. 277f. 286ff. 342ff. „Geist – Ideen – Freiheit" XXVII f. Hen 455f. R. Mortley, From Word to Silence, Bonn 1986, I 125ff. II 85ff. D. Carabine, The Unknown God. Negative Theology in the Platonic Tradition: Plato to Eriugena, Louvain 1995, bes. 103ff.
[7] VI 9,6,39ff. 55ff. V 3,11,23 ff. V 8,7,46f (ἀρχή mit τέλος identisch).
[8] III 8,9,48f. V 3,11,18f. VI 7,42,12f. VI 9,6,55.
[9] V 1,6,13. V 3,13,2 (hierzu W. Beierwaltes, Selbsterkenntnis 129ff. 218f). V 4,2,39f: ἐπέκεινα τῶν πάντων.
[10] VI 7,32,28ff. VI 9,6,40. V 8,8,21 (hierzu W. Beierwaltes, Marsilio Ficinos Theorie des Schönen 23f).
[11] Vgl. z.B. V 5,6,23ff. J. Halfwassen, Der Aufstieg zum Einen. Untersuchungen zu Platon und Plotin, Stuttgart 1992, 170. – Es ist auch nicht einfachhin θεός – „Gott" –, sondern „mehr als" dieser Begriff oder Name über Es von sich her angemessen zu sagen imstande ist (VI 9,6,12).

## III

Von der strengen Entfaltung dieser negativen Dialektik her kann es als Irritation *oder* aber als Grund der Ermöglichung einer anderen, letztlich dem Schweigen sich entziehenden Perspektive erfahren werden, wenn Plotin in seiner chronologisch 39. Schrift über menschliche Freiheit und den Willen des Einen als die absolute Freiheit eine sachlich konsequente Reihe von *Affirmationen* oder *positiven Prädikaten* in Bezug auf das Eine/Gute einführt, allerdings ohne den Vorrang der Negation grundsätzlich aufzuheben oder Affirmation und Negation (zusprechendes und absprechendes Denken und Reden) in ein stabiles Gleichgewicht zu bringen. Die affirmierende Gedankenfolge in VI 8 läßt Aussagen für das Eine zu, die allesamt einen in sich differenzierten Selbst-Bezug des Einen und damit sein vielfältiges (komplexes) inneres Wirken einsichtig machen können und sollen; sie scheinen also die im Kontext negativer Dialektik energisch behauptete Relationslosigkeit des Einen in ihm selbst aufzuheben. Damit die beiden Verfahrensweisen (Negation und Affirmation) aber nun nicht als ein sich ausschließender Widerspruch verstanden werden können, hat Plotin die von ihm eingeführten oder vorgeschlagenen positiven Prädikate unter einen grundsätzlichen Vorbehalt gestellt, indem er ihnen jeweils (oder in den meisten Fällen) ein οἷον – „*gleichsam*" – beigibt[12]. Dadurch wird der Sinn des jeweils bejahend Ausgesagten in bestimmtem Maße modifiziert. Es kommt also Alles darauf an ermessen zu können, wie die im οἷον-Vorbehalt intendierte Modifikation zu begreifen und in den ihr immanenten Folgerungen zu bewerten ist. Darin vor Allem ist es begründet, wie die Bedeutung der Schrift VI 8 für das Ganze von Plotins Philosophie angemessen eingeschätzt werden kann. Auch Interpreten, die sich gründlich mit ihr auseinandergesetzt haben, wie W. Theiler, H.J. Krämer, Thomas A. Szlezák und Dominic O'Meara[13], arti-

---

[12] Vgl. v.a. 7,40. 47ff. 13,4ff. 47–51. 16,12ff. 18,49. – οἷον steht in VI 8 meist attributiv zwischen Artikel und Substantiv, das jeweils als positives Prädikat des Einen/Guten gedacht ist, z.B. ἡ οἷον ὑπόστασις, ἡ οἷον ἐνέργεια, ἡ οἷον ζωή (7,47ff). – Marsilio Ficino übersetzt (1492) das οἷον in VI 8 unterschiedlich, z.b. mit ‚velut' in 7,46, oder mit ‚tanquam' in 13,6. An der Stelle, an der Plotin auf den Sinn der Verwendung von οἷον eigens hinweist (13,50), fächert er es dreifach auf in: ‚quasi et velut et tanquam' (Plotini...libri LIV in Enneades sex distributi, Basel 1512, 352ᵛ, 354ᵛ). – Plotin verwendet οἷον auch im Komparativsatz, z.B. III 8,8,36ff.

[13] The Freedom of the One, in: Phronesis 37, 1990, 145–156.

kulieren angesichts der absoluten Differenz des Einen/Guten gegenüber dem aus ihm sich selbst konstituierenden Geist durchaus *Skepsis* bezüglich einer sachlich erhellenden Funktion des plotinischen Versuchs der affirmierenden Annäherung an das Erste: VI 8 – so ist zu lesen – sei eine „kühne" oder gar „überkühne" „Ausnahme" (die Episode bleibt oder aber ernsthaft auf andersgeartete Aussagen über das Eine bezogen werden sollte?); eine „Abweichung" Plotins von der Normal-Form seines Denkens (die durch die als beruhigend aufgefaßte Funktion des οἷον wieder ins Geläufige und „Stimmige" zurückgebogen oder eingeebnet wird in eine als bequem[14] [was sie gerade nicht ist] eingeschätzte ‚negative Theologie'); ein „kühnes Gedankenexperiment"[15] (dem kein bleibendes, maßgebendes Resultat entspricht, das also mißlingt?); eine metaphorische „Fiktion"[16] (die im Blick auf das Eine dem *notwendig* Uneigentlichen – der uneigentlichen Rede – wenig erschließende Kraft beimißt); eine „Verdoppelung" der Bereiche[17], so daß das „positiv" und (in VI 8) vor allem auch als denkend gedachte Eine sich im Nus dupliziert oder dieser (nur „graduell" erhoben) im Einen sich widerspiegelt – eine Einebnung also der ansonsten emphatisch herausgestellten Differenz oder Transzendenz des Einen gegenüber der in sich „bewegten" Dimension von Sein und Denken. So könnte – gemäß dieser Skepsis – in dem bewußten „Experiment" Plotins „von wirklichen Einblicken keine Rede sein"[18]...„Wohl aber wird hier die in anderer Weise auf sich selbst bezogene innere „Mächtigkeit" und Intensität des Grundes in ihrer spezifischen Spannung und zugleich Einstimmung mit sich selbst zu indirekter Anschauung gebracht"[19]. – Diese Sicht öffnet durchaus einen Weg der Deutung von VI 8, die die modifizierende oder zurückhaltende Funktion des „gleichsam" de facto vergißt oder zumindest bewußt suspendiert, um das „innere Leben" des Einen quasi uneingeschränkt beschreiben zu kön-

---

[14] Th. A. Szlezák, Nuslehre Plotins 153.
[15] W. Theiler, IV b 372. H.J. Krämer, Geistmetaphysik 398.
[16] G. Leroux, Plotin. Traité sur la Liberté et la Volonté de l'Un, Paris 1990, 77. 358. Krämer, aaO 400. 399.
[17] A.H. Armstrong, The Architecture of the Intelligible Universe 12f. 115f.
[18] Krämer 398.
[19] Ebd. 401.Vgl. auch Krämers für das Neue in Plotin zutreffende Bemerkung S. 403, daß Plotins Philosophieren in VI 8 „der Sache nach am weitesten gekommen" sei; hier liege „wohl einer der Punkte, wo die Originalität Plotins am ehesten greifbar wird".

nen[20]. Ein solches Verfahren ist jedenfalls für Plotins Intention angemessener und aufschlußreicher als eine *Verdrängung* oder Bagatellisierung der *Affirmationen* durch eine übersteigernde Einschätzung der Funktion des οἷον im Sinne einer mißverstandenen Anzeige einer Philosophie des „Als ob", deren Aussagen als reiner Schein die Wirklichkeit des in den Affirmationen Gemeinten noch ferner rücken als negative Dialektik dies ohnehin tut. Die vielfach artikulierten Schwierigkeiten des plotinischen Versuchs sind letztlich vielleicht gar nicht aufhebbar; die als aporetisch erfahrene Situation könnte jedoch an Plausibilität gewinnen, sofern man konsequent der Frage nachgeht, wie und in welchem Maße die auch unter Vorbehalt gemachten Aussagen über das Eine zur wenigstens versuchsweisen Klärung von Problemen beitragen können, die durch eine radikal negierende Annäherung allein nicht gelöst werden. Dabei kommt dem Konzept der *Selbstursächlichkeit* als dem Grund absoluter Freiheit eine besondere Bedeutung zu.

IV

Nahezu alle Affirmationen, die Plotin unter dem οἷον-Vorbehalt dem Einen/Guten zuspricht, benennen solche Weisen des Seins, die sich in einem *Selbst-Bezug* vollziehen, die also das Erste und Eine als eine innere Relationalität bestimmt sein lassen, deren Relata (etwa Denken und Sein, Wille und Gewolltes) eine dynamische Identität *in* der Differenz ausmachen[21]. Aber auch Aussagen, die nicht unmittelbar einen Selbst-Bezug

---

[20] So etwa J. Bussanich in seinem Aufsatz „Plotinus on the Inner Life of the One" (Ancient Philosophy 7, 1987, 163–189) und in „Plotinus's metaphysics of the One (The Cambridge Companion to Plotinus 45. 53. 61. 63). – Auch G. Reale faßt Plotins affirmierenden Umgang mit dem Einen gerade vom Aspekt seiner „Freiheit" her als gedanklich produktiv auf: I due assi-portanti del pensiero di Plotino, in: Archivio di Filosofia 63, 1995, 175–187, bes. 178f.

[21] Theiler – Beutler heben in ihrem griechischen Text von VI 8 (Plotins Schriften IV a 2ff und die von mir eingeleitete Sonderausgabe) die Reflexivität der Formen des pronomen personale αὐτός, αὐτό mit einem spiritus asper jeweils heraus, während Henry – Schwyzer mit Ausnahme von 12,24 (im Gegensatz zu 9,44 bei der selben Formulierung) den spiritus lenis setzen. Die Möglichkeit der Interpretation ist jedoch bei beiden Textgestaltungen die selbe, nämlich „reflexiv". Dies zeigen eindeutig schon Verbindungen wie αἴτιον ἑαυτοῦ (14,41) oder ἀρέσκειν ἑαυτῷ (7,40).

nennen, zeigen zumindest einen immanenten Prozeß (des an sich Prozeß-Freien) an – so etwa das Prädikat „Leben".

1. Isoliert in sich genommen und ohne Interpretation des οἷον-Vorbehalts könnte eine derartige Annahme von Selbst-Bezügen für das Eine wie eine sachlich erweiterte Aufnahme der *aristotelischen* Konzeption des Gottes als Denken seiner selbst oder Denken des Denkens (νοήσεως νόησις) verstanden werden. Plotin hat aber gerade in einer entschiedenen Kritik an Aristoteles' Fassung des Ersten ein Denken oder Selbst-Denken des Einen im eigentlichen Sinne für argumentativ nicht begründbar vorgestellt[22]. νόησις als reiner (*an sich* nicht-denkender) Denkvollzug[23] bedarf zu seiner Realisierung oder Erfüllung notwendig eines Denkenden und eines Zu-Denkenden oder Gedachten. Dächte das Eine „Etwas", dächte es auch „nur" sich selbst, so höbe es dadurch seine reine Einfachheit, seine differenz-lose und damit auch immanent beziehungsfreie Einheit auf, unterschiede sich von sich selbst, um im Akt einer Rückwendung auf sich selbst sich allererst zu „finden" und sich so „reflexiv" selbst als in sich differente Einheit gegenwärtig zu haben. Denken wäre eine Hinzufügung (πρόσθεσις) zur reinen Einheit und ließe sie deshalb in Vieles (Vielheit) auseinandertreten[24]. Die reine Einheit aber bedarf im Sinne Plotins zu ihrer „Würde" (σεμνόν), Vollkommenheit (τελειότης) und Autarkie (αὔταρκες) nicht einer denkenden Selbstgegenwart[25]. Dieses Bedürfnis ist einzig – im eigentlichen Verständnis des Begriffs ‚Denken' – für das Zweite, den zeit-freien Nus bestimmend; *er* vermag es auch selbst zu erfüllen durch die ihm *in* der Rückwendung auf seinen Ursprung, das Eine, von diesem her zukommende Kraft zur Einung des in ihm real Unterschiedenen. Dadurch *konstituiert er sich selbst* zu einer eigenen, aber dennoch vom Einen her ermöglichten und in

---

22    Zu Plotins Kritik an Aristoteles' Konzeption des ersten (göttlichen) Prinzips v.a. in V 1,9,7ff und in VI 7,36–41: Das Erste ist nicht als „Denken" oder „Selbst-Denken" denkbar und sagbar. – Aufschlußreich für diese Fragestellung ist der Kommentar von P. Hadot ad locum 346ff. – Die Tatsache, daß Plotin in VI 8 dem Ersten sozusagen (οἷον!) Prädikate des „aristotelischen" Gottes zuspricht (also: Sein, Wirksamkeit, Geist, Denken, Leben), widerspräche nur dann seiner Kritik an Aristoteles' Begriff des göttlichen Ersten, wenn man sie *nicht* in der von ihm intendierten Weise der Modifikation und des gesteigerten Einheitspotentials auffaßte. Vgl. hierzu unten S. 131. 146f.
23    VI 9,6,53. V 6,6,9.
24    V 5,13,9–13.
25    VI 7,39,34. III 9,9,10.

sich gehaltenen Wesenheit, die sich „dann" als Einheit *in* der Differenz selbst denkt. Diesen Grundgedanken eines *nicht*-denkenden Einen im Gegensatz und als Ursprung eines sich denkenden „relativen" Einen, das im Rückbezug auf das absolute Eine sich selbst als Sein gründet, versucht Plotin durch weitere Argumente zu stabilisieren[26].

Umso erstaunlicher muß es erscheinen, wenn Plotin in VI 8 für das Eine – zumindest „gleichsam" – Selbst-Verhältnisse zuläßt: sein „Sein" oder „Bewegt-Sein" „zu sich selbst, auf sich selbst hin und in sich selbst hinein", „*ganz* zu sich selbst hin"[27]. Zu den von Plotin hier ins Auge gefaßten Formen des Selbstverhältnisses gehört primär der *Nus*. In einer früheren Schrift – der siebenten – ist Plotin schon ähnlich weit gegangen, indem er die Erwägung aussprach, ob dem Einen nicht ein Selbstgewahren (κατανόησις αὑτοῦ) oder ein Selbstbewußtsein (συναίσθησις) zugedacht werden müsse: das Eine ist als eine noch nicht radikal gedachte In-Differenz „nicht gleichsam bewußtlos, sondern all das Seine ist in ihm und mit ihm selbst, es vermag sich durchaus [in jeder Hinsicht] von sich selbst zu unterscheiden, Leben ist in ihm und Alles ist in ihm und es ist selbst ein Sich-selbst-Gewahren, gewissermaßen durch ein Selbstbewußtsein ist es in einem immerwährenden (Still-)Stand und in einem *Denken*, welches [allerdings] *anders* verfährt (νοήσει ἑτέρως) als das Denken des *Geistes*"[28]. Plotin hat zwar dieser Erwägung unmittelbar (in VI 9) die frühere und auch später fortgeführte These vom *nicht*-denkenden Einen folgen lassen. Daß er nun in VI 8 dem Einen wieder Denken zuspricht, ist m.E. kein „Rückfall" in eine längst überholte und von ihm selbst vielfach „korrigierte" Position des eigenen Denkens, es ist vielmehr eine Anzeige dafür, daß er diese mit den notwendigen Differenzierungen zu denkende Möglichkeit nicht einfach verdrängt hat und sie nicht als derart abwegig und inkonsequent für einen Begriff strenger und reiner Einheit erachtet, als daß er sie nicht noch einmal aussprechen könnte – und

---

[26] III 8,11,9ff. V 6. VI 7,37f. W. Beierwaltes, Selbsterkenntnis 147ff. Denken des Einen 43ff. 198f. 220. III 6,6,22 (HBT).
[27] 17,25ff.
[28] V 4,2,15–19. Vgl. die Hinweise in Anmerkung 25 und F.M. Schroeder, Conversion and Consciousness in Plotinus, *Enneads* 5.1 [10].7, in: Hermes 114, 1986, 195f. *Synousia, Synaisthesis* and *Synesis*: Presence and Dependence in the Plotinian Philosophy of Consciousness, in: Aufstieg und Niedergang der Römischen Welt, 2.36.1, ed. W. Haase, Berlin 1987, 677–699, hier: 692. Form and Transformation 52. 110. J. Halfwassen, auch mit Blick auf VI 8, in: Der Aufstieg zum Einen (wie Anm. 11) 135f.

Causa sui 131

dies nachdrücklich im Kontext v. a. durch Selbstbezüglichkeit analoger Prädikate. Das sowohl in V 4 als auch in VI 8 gebrauchte οἷον enthält insofern die dringende Anweisung auf Differenzierung im Gebrauch der Begriffe (auch des „Denkens"), als es nicht so sehr eine Ähnlichkeit der einzelnen Akte auf verschiedenen Ebenen, sondern eher deren Unterschied herausstellen möchte – hier das *Anderssein* des uneigentlichen absoluten „Denkens" des Einen (νοήσει ἑτέρως) gegenüber dem eigentlichen, in immanenter Selbstreflexion auf sich selbst bezogenen Denken, für das das Eine als Ausgangs- und Bezugspunkt der Grund für seine eigene Selbstkonstitution ist. Dieses andersartige, gegenüber dem Nus *un*eigentliche, *absolute* „Denken" müßte demnach als ein in sich indifferentes, gegenstands- und abstands-los auf sich selbst gesammeltes, intuitiv unmittelbar in sich „ruhendes" gedacht werden, als eine Steigerung und Intensivierung dessen, was das Denken des Nus als Einheitsbewegung *im* Differenten, als Identifikationsakt von Denken und Gedachtem vor und außer ihm leistet. Dies ist im Sinne des οἷον und des ἑτέρως deshalb auch angemessener als ein „*Über*-Denken" (ὑπερνόησις)[29] zu verstehen, als eine „Tätigkeit und Wirksamkeit über dem [Differenz-Denken des] Nus und über Vernunft und Leben"[30], so daß das Eine *inkommensurabel* und *absolut* „Geist" ist dergestalt, daß es zugleich „*nicht* Geist" ist im Sinne des realen, durch Andersheit bestimmten und damit „eigentlichen" Selbstbezugs[31]. Dieses die νοήσεως νόησις des aristotelischen Gottes für das reine Eine modifizierende Über- und Vor-Denken ist von Plotin – auch dies eine Aristoteles-Reminiszenz – ausdrücklich als ein „immerwährendes Wachsein" (ἐγρήγορσις καὶ ὑπερνόησις ἀεὶ οὖσα)[32] bezeichnet; es will metaphorisch das ständige und *über* dem Leben des Geistes wirkende Bewußthaben des eigenen *absoluten* „Denkens" herausheben.

---

[29] 16,32.
[30] 16,35.
[31] 18,21f.
[32] 16,31ff. V 8,4,27f, vom Nus gesagt:...οὔτε κάματός ἐστιν. 31: ἄτρυτά τε τὰ ἐκεῖ. 34f: ἡ ζωὴ μὲν οὐδενὶ κάματον ἔχει, ὅταν ᾖ καθαρά. Bezug zu Aristoteles' Metaphysik 1072 b 14ff über die διαγωγή des Gottes. 1074 b 18 (καθεύδων). Ethica Nicomachea 1178 b 19: die Götter schlafen nicht wie Endymion. 25ff: Differenz des immer wachen und glückhaft erfüllten Status der Götter zu dem der Menschen.

132 Causa sui

2. Bedingung der Möglichkeit aller Selbst-Bezüge im Einen ist die *Selbstursächlichkeit* oder *Selbst-Gründung* des Einen: „es schafft (ποιεῖν) sich selbst" oder sein „Sein"[33], „es bringt sich selbst hervor" (παράγειν), „stellt sich selbst als Selbstand her" (ὑφιστάναι), ist „es selbst von sich selbst her und durch sich selbst"[34], damit ist es *Ursache oder Grund seiner selbst* (αἴτιον ἑαυτοῦ[35]), als „ewiges Gebären" (ἀΐδιος γέννησις) die ununterschiedene Einheit von Sein und Schaffen[36]. *Ohne* dieses Fundament der Selbstgründung des Einen ist in ihm eine selbstbezügliche Tätigkeit oder Wirksamkeit nicht denkbar. Da diese Selbstgründung eine absolute und auf nichts Anderes außer ihr bezogene ist, ist auch der Selbstbezug des Einen ein absoluter und absolut Erster im Blick auf den Selbstbezug des Nus. – Im Achten auf das im οἷον jeweils erinnerte „Anderssein" des vom Einen affirmierend Gesagten ist durch „Ursache seiner selbst" nicht ein realer, d.h. von realer Differenz bestimmter Prozess aus einem (möglichen) Noch-nicht-Sein in eine eigene Wirklichkeit zu denken, nicht ein vom verursachenden Ursprung zu unterscheidendes und daher auch zeitlich[37] späteres Resultat; Wirken (ἐνέργεια) und Erwirktes (ἐνέργημα)

---

[33] 7,53. 13,55. 15,8. 16,25. 20,2; 6. Diesem in VI 8 vielfältig variierten Gedanken widerspricht nicht der Satz in VI 8,7,25f: der *Begriff* (ἐπίνοια) setze nicht von sich aus das *Sein* im Sinne der Existenz, denn es sei „*unmöglich, daß etwas sich selber schafft und zum Selbstand [εἰς ὑπόστασιν, zur Existenz] führt*". Von dieser Aussage ist gerade das Eine ausgenommen, das – inkommensurabel zu jedem Etwas – Grund seines eigenen Seins, sich selbst aus sich selbst heraus schaffend, ist.

[34] 10,24: ὑποστήσας ἑαυτόν. 11,32f: ἐφ' αὑτοῦ γὰρ καὶ ὑφέστηκε, πρὶν ἄλλο. 13,57f: ...αὐτὸς ἂν οὕτως ὑποστήσας ἂν εἴη αὐτόν. 14,41f. 20,18f: καὶ οὕτως αὐτὸς παρ' αὐτοῦ αὐτός. 16,28ff; 38ff.

[35] 14,41, von Ficino durch „sui ipsius causa" übersetzt (in der Anm. 12 genannten Ausgabe S. 355ᵛ). – Ich nehme an, daß Plotin diesen Begriff als Erster geprägt hat (bekannt war ihm wohl die Formulierung des Aristoteles über das ἐνέργεια seiende „Erste" [πρῶτον]: αὐτῷ τε αἴτιον κἀκείνῳ [„Ursache für sich selbst und für das Andere"], Metaph. XII 7, 1072 a 15). Obwohl αἴτιον ἑαυτοῦ hier (14,41) *ohne* οἷον steht (freilich ist 13,49f: λαμβανέτω δὲ καὶ τὸ „οἷον" ἐφ' ἑκάστῳ auch hier mitzubedenken), ist „Ursache seiner selbst" im *eigentlichen* Sinne der Differenz-Sprache der *Nus* (vgl. z.B. V 5,5ff, auch in der Terminologie deutlich; der Nus konstituiert sich selbst gerade durch eine Rückwendung zu seinem Ursprung: V 5,5,18). Ἕν hingegen ist „Ursache seiner selbst" im *uneigentlichen* Sinne; dies heißt allerdings in meinem Verständnis des οἷον: es ist dies in einer durch eine *gesteigerte* Einheits-Intensität und Wirksamkeit, wie sie dem *Ersten* als dem Grund von Allem zukommt, herausgehobenen Weise: das Eine muß Grund seiner selbst sein, um das Erste sein zu können.

[36] 20,27. 21,18

[37] 20,17; 23. 21,19: τοῦτο γὰρ ἤδη ἦν.

oder Hervorgebrachtes sind im Einen vielmehr als das innigste Zusammenwirken zu denken. Benennungen, die für diesen Sachverhalt eine Differenz anzeigen – wie Grund und Gegründetes, Ursache und Verursachtes, Denken und Gedachtes, Wollen und Gewolltes – meinen daher eine *an sich* in-differente Verbundenheit durch intensivstes Wirken ‚in ihm' und ‚durch es' selbst. Mit dem Konzept der Selbstursächlichkeit des Einen möchte Plotin einsichtig machen, daß das Eine als *absolute* Ursache oder als durch nichts Anderes außer und vor ihm selbst bedingtes „absolutes [zeitfreies] Schaffen" seiner selbst (ἀπόλυτος ποίησις[38]) und von Anderem *in* Zeit das wahrhaft *Erste* ist, dem nichts, d.h. kein anderes Sein als Ursache vorgesetzt sein *kann*[39], das aber auch zugleich (von dem aus ihm Hervorgegangenen her gesehen) als das *Letzte* zu denken ist, über das hinaus nichts Anderes ist und sein kann; es ist selbst – als Ziel- und Ruhepunkt[40] jeder Rückwendung auf es – „jenseits von Allem" (ἐπέκεινα πάντων): uneingeschränkte Transzendenz und radikale Andersheit gegenüber dem Entsprungenen. Seine Selbst-Gründung gibt dem Einen daher absolute Autonomie und Autarkie; sie ist damit auch der „Grund" seiner *absoluten Freiheit*, die als unhintergehbarer Wille durch nichts Anderes „bestimmt" ist als durch sich selbst[41]. Der autonome und autarke Grund seiner selbst ist – als der das eigene „Sein" Schaffende[42] – auch „seines eigenen Seins *mächtig*" (τῆς αὐτοῦ οὐσίας κύριος[43]); als Herr seines eigenen, aus ihm selbst und *es* selbst seienden Seins verfügt oder „herrscht" nur es selbst über sich; Relationen mit unterordnendem „Objekt"-Bezug in der Weise von Herrschen und Beherrscht-Werden, die das Unter- oder Nachgeordnete zu einem Teil des Herrschenden selbst machen würden, sind in ihm ebensowenig denkbar, wie in den zuvor genannten absoluten Formen des Selbstbezugs. Es steht also weder in ihm selbst noch von außerhalb seiner selbst her in Verhältnissen der Abhängigkeit; es ist somit das „einzige", „reine",

---

[38] 20,6.
[39] V 5,4,10ff. Der selbe Gedanke ist intendiert durch die Bezeichnung der Transzendenz, Jenseitigkeit, radikaler Andersheit.
[40] I 8,2,3: οὗ πάντα τὰ ὄντα ἐφίεται. I 7,1,20ff. V 8,7,44ff. VI 8,15,34: εἰς τοῦτο λήγει τὰ πάντα. VI 9,8,43f: τέλος καὶ ἀνάπαυλα.
[41] In der Darstellung dieses Gedankens der „absoluten Freiheit" folge ich meiner „Einführung" in „Geist – Ideen – Freiheit" XXXIIf.
[42] 16,25f: τὸ εἶναι ὅ ἐστι ποιεῖ.
[43] 10,22f.

„ganze" und „in Wahrheit Freie": die absolute Freiheit[44]. Die so gedachte absolute Freiheit des Einen impliziert für sie allerdings nicht eine *Wahlmöglichkeit*, auch anders sein zu können; das Eine ist vielmehr *notwendig* so, wie und was es ist[45]. Eine derartige Notwendigkeit ist gerade nicht mit einem von außen kommenden Zwang, auch nicht mit einem letztlich doch heteronomen Selbstzwang identisch, sondern – mit der Freiheit vermittelt – Ausdruck dafür, daß es das Beste ist, *so* zu sein, wie es ist[46]. Absolute Freiheit als umfassende Mächtigkeit zu Allem schließt konsequenterweise den Gegensatz, auch anders als das Beste und Vollkommenste sein und wirken zu können, aus sich selbst aus; es wäre gerade „Macht*losig*keit" (ἀδυναμία), das seinem Sein Gegensätzliche *auch* (beliebig) zu vermögen und damit die höchste Form von „Sein" und Einheit selbst aufzugeben[47]. Eine derartige Möglichkeit zur Schwäche, von dem notwendig „Besten" auch „ frei" abweichen zu können, liegt ausschließlich in der „Macht" *menschlicher* Freiheit.

Der allgemeine sachliche und begriffliche Horizont von Selbstursächlichkeit ist der in Plotins Theorie des „Uneigentlichen" (οἷον) modifizierte Sinn von ἐνέργεια (Wirksamkeit oder Tätigkeit), den ich zuvor angedeutet habe: *„Wirksamkeit"* steht auch für das plotinisch gedachte Erste[48] – das Eine/Gute – nicht in einem Verhältnis zu einer noch zu verwirklichenden *Möglichkeit,* was dem aristotelischen Erklärungsmodell des von Veränderlichkeit bestimmten Wirklichen entspräche; „Wirksamkeit" als Prädikat des Einen meint auch nicht nur den Ausschluß von Möglichkeit aus dem Einen, wie es im eigentlichen Sinne für den ploti-

---

[44] 20,18f; 34. 21,31.Vgl. auch V 5,9,14f; 17. 10,3.
[45] 18,41ff.
[46] 10,26.
[47] 21,6. Zum Begriff der „Notwendigkeit" und des „Zwanges" im Zusammenhang mit dem Einen vgl. L.P. Gerson, God and Greek Philosophy, London/New York 1990, 218f. – Paradox ausgedrückt der selbe Gedanke einer hypothetischen ἀδυναμία bei Augustinus (De civitate dei V 10): (deus) quaedam non potest, quia omnipotens.
[48] Plotin zögert mit der Verwendung dieses Begriffs für das Eine selbst oder aber er negiert ihn für es: V 3,10,16f. III 8,11,9ff. VI 7,17,10: ἐπέκεινα ἐνεργείας. W. Beierwaltes, Selbsterkenntnis 144f. Die δύναμις des Einen ist auch nicht durch eine ἐνέργεια zu überbieten. Ein Grund für Plotins Epoché (die allerdings in VI 8 konsequent aufgegeben oder suspendiert ist) gegenüber dem Prädikat ἐνέργεια für das Erste und die daraus folgende Umkehrung des aristotelischen Verhältnisses von δύναμις zu ἐνέργεια mag auch in einer ihn bestimmenden Reminiszenz an den Ersten Gott des *Numenios* liegen: dieser ist ἀ(ε)ργός (Fr. 12,13 des Places).

nischen Nus und für den aristotelischen Gott als reine Wirklichkeit des Geistes zutrifft[49]. Die vom Einen modifiziert ausgesagte „Wirksamkeit" ist vielmehr identisch mit δύναμις im Sinne von aktiver „Mächtigkeit": Das Eine ist gerade aufgrund seiner Selbst-Gründung oder seines Sich-selbst-Erwirkens (seines von seiner ἐνέργεια nicht differenten ἐνέργημα) intensivste „Mächtigkeit zu Allem" (δύναμις πάντων[50]), nach „außen" wirkender, auch Anderes als es selbst aufgrund innerer *in*-differenter Fülle gründender Ursprung.

Der „intentionale" Grundzug der ihm selbst immanenten Wirksamkeit des Einen aus seiner *Selbstverursachung* heraus erweist sich als *Wollen* oder *Wille* des Einen. Ohne daß ich in diesem Zusammenhang der philosophischen Bedeutung dieses Begriffs für Plotin und für die spätere Entwicklung des Gedankens genauer nachgehen könnte[51], möchte ich aber dennoch dieses herausheben: Erstmals und einzig identifiziert Plotin in VI 8 das Erste Prinzip von Sein und Denken mit dem Willen, das bisher in der für ihn maßgebenden Tradition – Platon und Aristoteles – als Idee des Guten oder als denkender Selbstbezug und – teleologisch – als Unbewegt-Bewegendes gedacht wurde. Nicht den „Willkür-Willen" favorisierend bedeutet Plotins Konzeption indes keine Verdrängung von Rationalität, sondern eher deren Stärkung. Als Wesensausdruck des

---

[49] 16,16. 28ff: Gegen die Vorstellung eines „Werdens" des Einen/Guten aus einem Noch-nicht-Sein in sein (dann) Wirklich-Sein stellt Plotin emphatisch dessen Selbstidentität heraus: „Das Sein-was-Er [das Eine]-ist ist seine Wirksamkeit auf sich selbst hin; diese(s) ist Eines und Er selbst [Eins mit Ihm selbst]. Er selbst also hat sich selbst gegründet [ins Sein gebracht], indem seine Wirksamkeit zugleich mit Ihm selbst herausgeführt wurde", d.h. der Akt des Sich-Gründens, Sich-selbst-Herstellens oder Sich-selbst-Schaffens *ist* sein zeit-freies, „immer schon" (vgl. Z. 31) seiendes Wirken oder Wirksam-Sein im Sinne der ἐνέργεια. Die genannten Akte sind also allesamt Formen oder Konkretionen der umfassenden Wirksamkeit des Einen in ihm selbst (πάντα εἴσω). Zur Denkform in Identitätssätzen vgl. Anm. 54. Über die Aufhebung der Möglichkeit in reine Wirksamkeit (des Denkens) im Nus siehe z.B.: II 5,3. – VI 8,6,34: „Sein Werk *ist* er selbst": τὸ ἔργον αὐτοῦ αὐτός.
[50] III 8,10,1ff. 25f: τὸ δυνατώτατον. V 3,15,33 (W. Beierwaltes, Selbsterkenntnis 160f). VI 8,20,37. 10,33: ὑπερβολὴ τῆς δυνάμεως. Wirken dieser δύναμις nach außen: VI 8,18,31f: δύναμις...ὄντως ποιητική. 20,6: ἀπόλυτος ποίησις.
[51] Zu diesem Problemfeld in einem weiteren Sinne vgl. A. Dihle, Die Vorstellung vom Willen in der Antike, Göttingen 1985; dasselbe, mit ausführlicheren Anmerkungen, in englischer Fassung: The Theory of Will in Classical Antiquity, Berkeley/Los Angeles/London 1982. C. Horn, Augustinus und die Entstehung des philosophischen Willensbegriffs, in: Zeitschrift für philosophische Forschung 50, 1996, 113–132.

Guten und der darin sich zeigenden „Intentionalität" schließt er Zufall und Geschick, aber auch blinde, alternativlos bezwingende Notwendigkeit als Formen der Irrationalität für ein Verstehen des Ursprungs und des Seins von Welt entschieden aus. Die in VI 8 durch zahlreiche Beweisketten hindurch wie ein Leitmotiv immer wiederkehrende Abwehr von τύχη, τὸ συνέβη, αὐτόματον („Geschick", „Zufall", „Von-selbst") als (vermeintliches) Wesen oder Struktur des Prinzips und damit auch seiner Welt läuft auf die Begründung eines in sich klaren und „vernünftigen" Ursprungs hinaus, der als absolute Freiheit will, was er ist – und nur dies wollen „kann", weil er *ist,* was er *will.* Der Wille des Einen nämlich hat als *absoluter* Wille in sich keinen Grund, durch eine Abweichung von sich selbst etwas Anderes zu wollen als sich selbst. Der absolute Wille also will – ohne von der „normalen" Differenz von „intentional"-planender Überlegung oder Ausbildung einer Absicht und deren Realisierungen bestimmt zu sein – unveränderbar nur das, was er *immer schon ist.* Darin, daß er dies einzig *kann,* besteht seine Absolutheit oder ursprunghafte Selbstbestimmung. In seinem von ihm selbst verursachten eigenen Sein (οὐσία) artikuliert er daher *sich selbst* als ein mit ihm *Identisches*; er will in diesem Selbstbezug „Er selbst" sein (αὐτὸς εἶναι[52]), er *will* in diesem Selbst-Sein *sich selbst*: ἑαυτό τε θέλει[53]. Wenn der mit seinem Sein identische Wille also für seine Selbstverursachung oder Selbst-Gründung „intentional" leitend ist, dann will er gerade *durch* diese und *in* ihr – ohne inneren Unterschied – immer schon (und primär nur) sich selbst. Die sprachliche Formulierung von Differenzen, die strukturell unumgänglich ist, bleibt freilich hinter dem hier Gemeinten – dem Absoluten – zurück. Das Gemeinte selbst verstehen zu wollen, fordert ständig zu interpretierender, den normalen oder eigentlichen Sinn der Worte modifizierender Korrektur heraus. Im Blick auf das schlechterdings inkommensurable Eine/Gute ist jedoch die *uneigentliche* und bewußt ungenaue Rede die letztlich aufschlußreichere, philosophisch wahrere.

Für das zum absoluten Willen und zu seinem Verhältnis zur Selbstverursachung Gesagte heißt dies, daß eine Priorität von Wollen und Gewoll-

---

[52] 13,37. 16,22. 39.
[53] 13,21. 40: ἑαυτὸν ἑλομένου. 13, 27–33. 38: ἔστι γὰρ ὄντως ἡ ἀγαθοῦ φύσις θέλησις αὑτοῦ... – *Schelling* bezieht sich auf diesen Gedanken Plotins, indem er einige zentrale Aussagen von VI 8 miteinander verbindet (13,55. 14,41f. 16,38f). Hierzu siehe unten S. 223ff.

tem im absoluten Willen ebenso wenig denkbar ist, wie es aus dem Gedanken der Identität von absolutem Willen mit seinem eigenen Sein heraus weder eine Priorität des Wollens vor dem Akt des *Verursachens* oder *Gründens*, noch eine Priorität des Verursachens oder Gründens vor dem *Sich-selbst-Wollen* geben kann, so daß der Wille erst als *Resultat* des Verursachens sich selbst hätte wollen können. Vielmehr *will* der Wille *im* Sich-selbst-*Verursachen* des Einen sich selbst *als* eben diese Selbst-Gründung seines eigenen Seins und damit seines Wirkens; diese ist ohne den Willen zu sich selbst nicht denkbar. Plotins Absicht, eine derart intensive *gegenseitige Verschränkung* oder Beziehung von Wirksamkeiten als *in*different und damit als „Momente" des Absoluten evident zu machen, zeigt sich in VI 8 sprachlich an dem reichen Gebrauch von *Identitätssätzen*[54]. Sie sind – wie sich zuvor schon zeigte – ein wesentliches Mittel in Plotins Versuch der Annäherung an das in seinem An-Sich nicht (oder zumindest nicht angemessen) sagbare Eine. Außer auf Wirksamkeit, Wollen, Verursachen, Denken treffen Identitätssätze als Denkfigur auch auf die übrigen Selbstbezüge im Einen zu: neben dem „Herr-seinerselbst"-, oder dem „Seiner-selbst-mächtig-Sein" als dem Grundzug von Freiheit also die aus der freien Zustimmung des Einen zu sich selbst entspringenden oder mit dieser Zustimmung identischen Akte wie „Liebe des [Einen] zu sich selbst" (αὐτοῦ ἔρως[55]); weiterhin: daß das Eine/Gute,

[54] Ich verweise im Folgenden auf solche *Identitätssätze* in VI 8; sie haben nicht schematisch die selbe Form, ihre gemeinsame Intention aber ist es, die „Einheit" von Subjekt und Prädikat darzustellen. Sie wären einer eigenen Diskussion würdig [zu beachten ist auch die oft wiederkehrende Formel: εἶναι (ἔστιν) ὅπερ ἔστιν]: 6,34. 36. 9,33f. 9,44. 10,22. 12,25. 13,7.8f. 19. 30. 52f. 15,4. 7. 16,4. 7. 14. 16. 28. 17,13. 20,18f. 26f. 21,16ff. – 12,14: αὐτοουσία als Prädikat des Einen/Guten meint: nicht ein Anderes ist *es* selbst, ein Anderes seine οὐσία, sondern: das Selbe.
[55] 15,1. Vgl. hierzu J.M. Rist, Eros and Psyche, Studies in Plato, Plotinus and Origen, Toronto 1964, 76ff. Die gerade in diesem plotinischen Kontext sich aufdrängende Frage, ob dem Einen – analog dem christlichen Gott – der Wesenszug der „Personalität" zukomme, kann erst dann mit einiger Aussicht auf Klärung diskutiert werden, wenn die christliche und neuzeitliche Voraussetzung dieser Fragestellung bewußt gemacht werden. Dabei muß auch der Sinn von Plotins Changieren (auch in VI 8) zwischen dem Neutrum und dem Maskulinum des Personalpronomens und des Demonstrativpronomens: αὐτός – αὐτό. ἐκεῖνος – ἐκεῖνο) bedacht werden. – *Ausdrückliche* Gleichung des Einen/Guten mit θεός in VI 8,21. 9,18 und 20: βασιλεύς.
Zurecht weist F.M. Schroeder (Form and Transformation 99) für den plotinischen αὐτοῦ ἔρως auf Aristoteles Eth. Nic. IX 4; 1166 a 1 – b 29 als Modell der Freundschaft hin. Vgl. hierzu auch C.J. de Vogel, Selbstliebe bei Platon und Aristoteles und der Cha-

"in sich selbst hinein getragen wird" (in sich selbst eindringt), "gleichsam sich selbst liebend" (ἑαυτὸν ἀγαπήσας[56]); daß es "sich selbst gefällt" (ἀρέσκει ἑαυτῷ[57]), mit "sich selbst zusammen ist" (τὸ συνεῖναι ἑαυτῷ[58]); daß es in seiner Selbst-Liebe den mit ihm identischen, differenzlos schauenden Nus als das "am meisten Geliebte" (τὸ ἀγαπητότατον[59]) *in sich* als eigene Wirksamkeit hat[60]; daß es ein "Hinneigen ist zu sich selbst" (νεῦσις πρὸς αὐτόν[61]) als Ausdruck eines bewußt auf das "Beste" gerichteten Willens; daß es sich "gleichsam stützt [auf sich selbst]" und "gleichsam auf sich selbst hin blickt" (στηρίζει[62], οἷον πρὸς αὐτὸν βλέπει[63]); daß es, indem es dieses Blicken *ist*, "sich [*durch* es oder *in* ihm] selbst schafft" (οἷον ποιοῖ ἂν αὐτόν[64]). All diese Akte als eine Einheit oder ein "Zusammen-Sein" mit sich beschreiben die innere Tätigkeit des Einen als des absoluten, freien Grundes seiner selbst; durch sie oder *als* sie ist und lebt das Eine als eben dieser freie Grund seiner selbst.

---

rakter der aristotelischen Ethik, in: Aristoteles Werk und Wirkung, hg. v. J. Wiesner, Berlin 1985, 393–426, bes. 403ff. Über das Fortwirken der aristotelischen Konzeption im Mittelalter: J. McEvoy, Zur Rezeption des Aristotelischen Freundschaftsbegriffs in der Scholastik, in: Freiburger Zeitschrift für Philosophie und Theologie 43, 1996, 287–303. Für die göttliche Selbst-Liebe ist im Kontext christlicher Theologie primär die Trinitäts-Theorie aufschlußreich, z.b. bei Marius Victorinus oder Augustinus (der Heilige Geist als die conexio der Liebe). Thomas von Aquin, Summa Theol. I q. 37, a.2, corp. art. Duns Scotus, De primo principio n. 60f: Primam naturam (deum) amare se est idem naturae primae.
[56]  VI 8,16,12f. 13.
[57]  7,40. 13,42. 46f.
[58]  15,3f – als Ausdruck des innigsten liebenden Eins-Seins mit sich.
[59]  16,15.
[60]  Hier nicht analog zu Aristoteles' ὡς ἐρώμενον (Met. 1072 b 3) gedacht, wie Theiler ad locum (IV b 378) meint; der plotinische Gedanke scheint mir eher den aristotelischen umzuinterpretieren: das *Eine* ist *in sich selbst* auf den mit ihm identischen Nus liebend bezogen. – Freilich steht ansonsten die teleologische Bewegung des Seienden auf das Erste/Eine/Gute hin für Plotin außer Frage.
[61]  16,24 (HBT).
[62]  16,19f.
[63]  16,20f (H-S²). Blicken und Sehen sind auch als Metaphern für νεύειν verstehbar.
[64]  16,21 (HBT). 20,2ff. 7,53. – Zu Denken und Sehen als *Schaffen* vgl. W. Beierwaltes, Identität und Differenz 146. Eriugena 275ff.

## V

Bevor ich noch einmal – vor allem auf ‚causa sui' bezogen – die Frage aufgreife, welche Intention Plotin mit der so eindringlich entfalteten Affirmationskette verfolgt haben könnte, erinnere ich an seine einschränkende und bisweilen skeptische Einschätzung von *Sprache*, sie hängt eng mit der Bewertung von Affirmationen – auch unter dem οἷον-Vorbehalt – zusammen. Sprache, d.h. besonders: Prädikationen in Aussagesätzen, ist im Bezug auf das Eine prinzipiell ungenau, notwendig (strukturell) *uneigentliche* Rede, weil sie selbst durch nicht-absolute Denkakte und Denkformen bestimmt ist. Eine Aussage nämlich, die „etwas über etwas" aussagt, bleibt immer in der Differenz (in ihr selbst *und* zum Absoluten). Derartige Differenz-Struktur der Sprache ist auch gegenüber dem Absoluten grundsätzlich nicht zu suspendieren, allenfalls zu modifizieren: *Identitätssätze* z. B. heben *im* formalen Gebrauch der Differenz von Subjekt und Prädikat im Satz eben diese Differenz zumindest intentional auf, indem sie das Subjekt des Satzes dem Prädikat logisch und sachlich gleichwertig sein lassen und umgekehrt[65]. Immerhin denkt in solchen Formulierungen unser Sprachbewußtsein auf eine „Copula-freie" *Einheit* von Differentem hin, das über die konkrete Form auch der Identitätssätze noch hinausweist – in eine ersehnte Sprache des Absoluten. Wenn aber das Eine *nicht* ein in sich begrenztes, seiendes Etwas, sondern *vor* diesem „über-seiend" trotz seines Grund-Seins nichts (oder: das Nichts) von allem kategorial Bestimmbaren und Aussagbaren „ist", Denken und Sprache hingegen immer ein als Seiendes Umgrenztes, also Form, Gestalt, ‚Etwas' denken und sagen, so ist das Eine als solches, in dem, was es in ihm selbst „*ist*", im Medium der Differenz-Sprache nicht angemessen denkbar und sagbar. Allenfalls ist es sprach-los (weil nicht-denkend) in der Einung mit ihm erfahrbar; aus dieser Erfahrung der einen und intensivst lebendigen *Wirklichkeit* des Einen selbst heraus zu sprechen ist durchaus legitim oder gar notwendig – dies allerdings im Bewußtsein der Unzulänglichkeit auch solcher Rede, die lediglich ein „Verweis" oder „Zeichen"[66] für das Erfahrene sein kann, in der sich das Unsagbare bild-

---

[65] Vgl. oben S. 28. 30ff. Über die sachliche Analogie zu Hegels Konzeption des „speculativen Satzes" siehe W. Beierwaltes, Platonismus und Idealismus 45ff.

[66] *Heraklits* Charakterisierung der Orakel-Sprache in Frg. B 93 ist auf die plotinische Rede vom Einen übertragbar: vgl. oben S. 111.

haft gebrochen als ferne Erinnerung artikuliert. Derartige Erfahrungs-Rede, aber auch jede Form der Negation *und* Affirmation entspricht dem Grundsatz Plotins: „Wir sagen zwar etwas *über* (περὶ αὐτοῦ) Es [das Eine] aus, nicht jedoch sagen wir Es selbst" (αὐτό)⁶⁷. In der vom „Begriff" des Einen her begründeten Überzeugung, daß das Eine als ein Nicht-Etwas ein durch Denken nicht präzise Abgrenzbares (νοητόν) ist, geht die durchaus inständig verfolgte Intention, das Eine begreifend als ein „Wiebeschaffenes" (οἷον, hier Relativ-Pronomen) erfassen zu wollen, in die *Negation* eben dieses οἷον über; es wird ihr bewußt, daß – da wir über das Nicht-Sagbare reden: λέγομεν περὶ οὐ ῥητοῦ – diese und andere Kategorien hier nichts begreifen können, also paradox: τὸ δὲ ‚οἷον' σημαίνοι ἂν τὸ οὐχ οἷον· οὐ γὰρ ἔνι οὐδὲ τὸ ‚οἷον', ὅτῳ μηδὲ τὸ ‚τὶ'. – „Das ‚Wiebeschaffen' bedeutet wohl das ‚*Nicht*-Wiebeschaffen'; denn auf das Eine trifft das ‚Wiebeschaffen' nicht zu, da auch das ‚Etwas' auf Es nicht zutrifft"... „*Wir* sind es, die in unseren Geburtsnöten [Sehnsüchten] nicht wissen, wie wir Es benennen sollen,...wir geben Ihm Namen, indem wir Es [für] uns selbst bezeichnen [anzeigen] wollen, soweit wir dies vermögen"⁶⁸. – Ähnliches zeigt Plotins Reflexion über die dem Einen/Guten ein *verursachendes Wirken* zusprechende Aussage, es sei αἴτιον, die im Blick auf das An-sich-Sein des Einen im Grunde negiert werden müßte. Sie ist nämlich aus der Perspektive der Verursachten gegeben und sagt deshalb mehr über „uns" als über den Ursprung an ihm selbst aus. „Wenn wir das Eine als die *Ursache* benennen, so bedeutet dies nicht, daß wir ein Ihm Zukommendes aussagen, sondern etwas, was *uns* zukommt, daß wir nämlich etwas von Jenem her haben, während Es doch in sich *ist.* Ja selbst ‚Jenes' dürften wir Es im eigentlichen Sinne nicht nennen, wenn wir genau reden wollen [weil wir Es, dadurch möglicherweise irreführend, wie ein einzelnes Etwas neben anderen benennten], sondern es will dies nur dasjenige auslegen, was *wir selbst*, die wir das Eine gleichsam von außen umspielen, dabei erfahren, indem wir Ihm bald nahe sind, bald [aber auch] ganz zurückfallen durch die Weglosigkeit um Es selbst"⁶⁹. Dennoch „reden und schreiben wir" – ἀλλὰ λέγομεν καὶ γράφομεν –⁷⁰

---

⁶⁷ V 3,14,2ff. VI 8,8,4f: τὰ ἐλάττω ἀπὸ ἐλαττόνων μεταφέροντες ἀδυναμίᾳ τοῦ τυχεῖν τῶν ἃ προσήκει λέγειν περὶ αὐτοῦ. Zum Problem der Sprache: D. O'Meara, Le problème du discours sur l'indicible chez Plotin. Ders., Plotinus, 54ff. Oben im Abschnitt über „Das wahre Selbst" S. 109ff.
⁶⁸ V 5,6,21–25.
⁶⁹ VI 9,3,49–54. – Ein dem plotinischen Gedanken analoges Phänomen beschreibt

im klaren Bewußtsein der Unangemessenheit und prinzipiellen Ungenauigkeit unseres Denkens und Sprechens, in unterschiedlichen Weisen und Graden der Annäherung.

In diesem Bewußtsein der beschriebenen Defizienz der Sprache gegenüber dem Absoluten, zugleich in dem Willen, dasjenige, um das letztlich mittelbar und unmittelbar alle Anstrengung des begreifenden Denkens und analysierend-darstellenden Sprechens geht und das in gleicher Kraft und in gleichem Anspruch die Lebensform des Menschen als ganze bewegend bestimmt, das Eine und Gute also zu denken und zu sagen oder zumindest „über" es annähernd „wahr" zu reden, *durchbricht* Plotin in VI 8 energisch das systematische Nicht-Wissen der negativen Dialektik, ohne diese zu zerstören oder ständig zu verlassen[71]. Eine (*auch* vorübergehende) Alternative zu Negation *und* Affirmation zeigt sich in Plotins Text: man müsse schweigend weggehen, um die Frage im Ausweglosen zu lassen und nicht mehr zu suchen und zu fragen[72]. Die Frage nach der anfanglosen, un-bedingten ἀρχή setzt Plotin indes im Bewußtsein einschränkender, aber doch aufschließender Bedingungen, die mit der Sprach-Not zusammenhängen, ganz entschieden fort. „Der-

---

Gregor von Nyssa in Contra Eunomium II 148–166. Hierzu: Th. Böhm, Theoria, Unendlichkeit, Aufstieg. Philosophische Implikationen zu De Vita Moysis von Gregor von Nyssa, Leiden 1996, 195.

[70] VI 9,4,12. – Eine Steigerung der Skepsis gegenüber einem sachlich angemessenen Modus der Benennung des Einen selbst stellt die *Negation des Einen vom Einen* dar: an sich bedeutet ἕν eine Aufhebung (ἄρσις) des Vielen (Ἀ-πόλλων). Vollzieht man jedoch in dem (Identitäts-) Satz: „Das Eine ist Eines, oder: das Eine" eine Setzung (θέσις), dann sagt man sowohl durch die Unterscheidung von Wort (ὄνομα) und Bedeutung (δηλούμενον) des Einen, als auch durch eine solche Satzstruktur, in der Subjekt und Prädikat das Selbe sind und bedeuten, eine Vielheit, ein Verhältnis, eine Differenz im Selben aus. Dies höbe, streng gedacht, die reine Einfachheit des Einen auf: οὐκ ἄξιον μὴν οὐδὲ τοῦτο [τὸ ἕν] εἰς δήλωσιν τῆς φύσεως ἐκείνης (V 5,6,26ff; 34). „Das Eine" *überhaupt nicht zu benennen* – wir sprechen ja über ein nicht Sagbares, λέγομεν περὶ οὐ ῥητοῦ (ebd. 24) – wäre die angemessene, im Bereich unserer Differenz-Sprache freilich nicht durchzuhaltende Konsequenz, sofern wir uns selbst und Anderen unsere Erfahrung aus der Einung mit dem Einen mitteilen wollen.

[71] Negationen auch in VI 8,21,26. 11,34f. – Ein radikales Negieren aller Prädikate (ἀποτιθεμένοις δὴ πάντα) müßte dem Einen auch das absprechen, was in VI 8 für Es gerade erwiesen werden soll: sein absolutes Frei-Sein (αὐτεξούσιον), sofern wir dieses nicht – wie die übrigen positiven Aussagen auch – aus der Differenz-Sprache heraus auf das Absolute hin hyperbolisch modifiziert denken. Vgl. auch Anm. 11.

[72] 11,1f.

gestalt [in durch das „gleichsam" modifiziert und ins Uneigentliche gesteigert zu denkenden Affirmationen] müssen wir von Ihm reden, da wir nicht die Kraft haben, so zu reden, wie wir wohl möchten. So soll aber einer, durch das [so vom Einen] Gesagte auf Es hin bewegt [angestoßen, befeuert], Jenes selbst ergreifen, und er wird Es schauen und selbst wird er nicht auszusprechen imstande sein, was er [aussprechen] *will*"[73]. Was wir im Grunde *nicht* sagen wollen, daß es „sei", sagen wir dennoch – aufgrund „der Notwendigkeit oder des Zwangs der Worte [oder Aussagen]" (ὑπ' ἀνάγκης τῶν λόγων[74]) ungenau, das Gesagte Mißverständnissen aussetzend; was wir aber aus einer intensiven Erfahrung der Einheit heraus *und/oder* vom Weg der Negationen her, begrifflich ungenau wissend, sagen *wollen*, dies *können* wir nicht sagen. Aus dieser Denk- und Sprachaporie heraus kommt dem οἷον – wie zuvor stückweise und vorläufig gesagt – eine eminente philosophische Bedeutung zu. Es schärft einerseits den Sinn für die Unangemessenheit reiner, schutzlos ausgesagter Affirmationen über das Eine/Gute und macht dadurch ein genaueres Verständnis positiver Rede über das an sich Unsagbare möglich, es läßt die Negationen nicht einfach als widersprechende Gegensätze zu den durch οἷον klar modifizierten Bejahungen erscheinen, es fordert jeweils dazu heraus, positive Aussagen über das Eine gemäß der Sphäre des *Absoluten* – ihrem Bezugspunkt – zumindest versuchsweise zu verstehen, also die *Andersheit* (ἑτέρως) derartiger positiver Prädikationen oder Sätze gegenüber ihrem eigentlichen Geltungsbereich sich ständig bewußt zu machen und damit auch den aufschließenden Wert *un*eigentlicher Aussagen (auch der Metaphern und Bilder) evident werden zu lassen. Also: πῶς φθεγγόμεθα τοῦτο;[75] – „Man muß es den Worten zugestehen, wenn jemand im Reden [Sprechen, Aussagen] über Jenes notgedrungen, um einer Andeutung willen (ἐνδείξεως ἕνεκα), solche Aussagen gebraucht, die wir in genauer Rede nicht zulassen; möge man [deshalb] bei jedem Einzelnen das ‚gleichsam' hinzunehmen [mitverwenden]"[76]. Um die aus der Sprach-Not heraus vollzogene *Andeutung*, den aufzeigenden Verweis oder Hinweis, zu einer sachlich überzeugenden und überzeugten *Einsicht* werden zu lassen, darf man

---

[73] 18,5f. 19,1–3.
[74] 11,26.
[75] 11,34.
[76] 13,47–50. Beispiele besonders c.7 s.f.

sogar von dem streng logischen, genauen Reden abweichen: παρανοητέον ἐν τοῖς λόγοις⁷⁷: sprachliche Lizenz aus „pädagogischen" Gründen also, um einer anders nicht in gleicher Intensität erreichbaren, tieferen Einsicht willen, ohne daß dieses Verfahren zur primären Zugangsweise avancierte. Das Bewußtsein der prinzipiellen Uneigentlichkeit und schwebenden Ambivalenz der Aussagen über den Einen Grund wird dem Denken zum Impuls, das Ziel der begrifflichen Anstrengung *ständig neu* meditativ zu umkreisen.

## VI

Worauf will nun im Kontext von VI 8 das Gleichsam-Zusprechen wesentlicher Prädikate „verweisen"? In welche Überzeugung oder Einsicht möchte es das Denken des Einen führen (πειθοῦς χάριν)⁷⁸?

Die von Plotin so eindringlich und zugleich behutsam entfalteten Bejahungen von Wirksamkeiten und Selbstverhältnissen *im* Einen vermögen trotz der grundsätzlichen, durch die Struktur von Sprache bedingten Einschränkungen dennoch einiges Licht in das durch Negationen notwendig unaufgeschlossen, verborgen Bleibende zu bringen.

1. ist durch eine implikationsreichere – positive – Annäherung an das Eine ein *absoluter* Vorrang der Negation zumindest in suspenso gehalten⁷⁹. Der heuristisch hilfreichen Anweisung des „gleichsam" folgend

---

[77] 13,4f. W. Beierwaltes, Selbsterkenntnis 202ff.
[78] Zu πειθώ vgl. ebd. 202. – Daß wir über „etwas" (das Eine), über das weder zu reden noch zu schreiben ist (Plat. Ep. 341 c 5), dennoch „reden und schreiben", hat einen Grund auch in einer protreptischen Absicht (δίδαξις): zu Ihm hin zu „geleiten", dem, der „schauen" will, „den Weg dorthin zu zeigen", ihn „aus den Begriffen [aus dem rein begrifflichen Denken] aufzuwecken auf eine [nicht mehr begreifende, das Denken übersteigende] Schau hin", die er dann selbst „wirken" (ἔργον) muß (VI 9,4,12ff). – Aus dem Zweifel, ob in VI 8 eine „neue positive Theologie" entwickelt werden solle, vertritt D. O'Meara die durchaus diskutable Auffassung, die positiven Prädikate seien als Elemente im Kontext des eben angedeuteten Versuches der πειθώ („persuasive arguments") zu verstehen, die das in Schwierigkeiten oder in Auswegslosigkeit geratene Denken zur Einsicht in die absolute Freiheit des Einen bringen sollten (The Freedom of the One 348f [wie Anm. 13]).
[79] Negationen finden sich auch innerhalb der Reihe der Affirmationen (VI 8,8,14. 11,34f); der Gedankengang kehrt auch an seinem Ende in Negationen als „Basis" zurück (21,26ff).

wird der umsichtig Verfahrende Affirmationen nicht als schlechthin irrelevant oder gar als systematisch irreführend betrachten. Es ist evident, daß für das, was Plotin im Ganzen denkt und sagen möchte, primär positive Prädikate für das Wirken des Ersten und Einen nicht grundsätzlich aufgehoben werden können: daß es etwa als ἀγαθόν, ἀρχή, δύναμις, πηγή, πατήρ ... benannt wird. Affirmationen – als Intensivierungen von deren ‚Normalsinn‘, als deren Modifikationen in ein zu denkendes Anders-Sein hinein – könnten aber auch als radikalisierte *Negationen* aufgefaßt werden: als Negation der Negation zugunsten einer Affirmation, die wenigstens momenthaft „erahnen" oder ermessen läßt, *was* die Negation an ‚Sachgehalten‘ systematisch *ausgrenzt*. Wenn auch bei Plotin im Versuch, das Eine zu denken, die Negation in der Form negativer Dialektik vorherrscht, so plädiert die οἷον-Reihe – durchaus im Bewußtsein dieses Sachverhalts – doch für *zwei* verschiedene, aber dennoch zusammengehörige, sich gegenseitig durchaus erhellende *Perspektiven* auf das Eine hin, die in ihrem Unterschied – nicht Widerspruch – *auszuhalten* sind. Dies entspricht einer plotinischen Denkfigur, die *Gegensätzliches* im Blick auf das in sich in-differente Eine als *zugleich* gültig begreift: daß es als ursprunghafter Grund Alles und zugleich nichts von Allem sei, überall und zugleich – entzogen – nirgends sei[80], *in* Allem und zugleich *über* oder jenseits, *verschieden* von Allem, gründend gegenwärtig und dennoch von ihm getrennt, ‚absolut': ἔστι γὰρ ... παρεῖναι χωρὶς ὄν[81], daß es sich entfaltet und doch (oder: *indem* es ) in sich selbst bleibt („gleichsam entfaltet ohne sich entfaltet zu haben" – οἷον ἐξελιχθὲν οὐκ ἐξεληλιγμένον[82]), daß „Nus im Einen *nicht* Nus" ist[83], oder daß der „nicht-sehend Sehende" von dem ihm in der Einung lichthaft und plötzlich erscheinenden Einen nicht zu sagen vermag, ob es ihm von außen oder innen erscheint (ἐφάνη): ἔνδον ἄρα ἦν καὶ οὐκ ἔνδον αὖ...φαίνεταί τε καὶ οὐ φαίνεται[84].

[80] Denken des Einen 39ff. 50ff.
[81] VI 4,11,20f. Zur Begründung meiner Konjektur κεχωρισμένον in VI 8,9,10 vgl. „Geist – Ideen – Freiheit" 91. Neben den dort angegebenen Textstellen ist auch Aristoteles Met. 1075 a 12 (κεχωρισμένον τι καὶ αὐτὸ καθ' αὑτό...) und 1041 a 8 zu beachten (als mögliche Bezugspunkte Plotins für ein Konzept des „Transzendenten").
[82] VI 8,18,18. Zum Ganzen: W. Beierwaltes, Selbsterkenntnis 161f.
[83] 18,21. Denken des Einen 44f.
[84] V 5,7,34f. 8,2f; auch 8,14f: ἦλθεν ὡς οὐκ ἐλθών. 23f: θαῦμα δὴ...πῶς οὐκ ὢν οὐδαμοῦ οὐδαμοῦ οὐκ ἔστιν ὅπου μὴ ἔστιν. 9,13: ἔστι καὶ οὐκ ἔστι (vom Einen als ἀρχή). Vgl. auch V 2,2,24: πάντα δὲ ταῦτα ἐκεῖνος καὶ οὐκ ἐκεῖνος (vom Nus im Blick auf seinen Herkunftsbezug zum Einen gesagt).

Erst das *Zusammendenken* der *beiden* Perspektiven (des Absprechens und Zusprechens) macht den Gedanken *als ganzen* in seiner Paradoxalität verstehbar – als die höchst mögliche Annäherung an den sich zeigenden[85] und *zugleich* verborgen bleibenden Ursprung. Das paradoxe „Zugleich" besteht – gegen die im Absoluten suspendierte Gültigkeit des Satzes vom Widerspruch – darauf, daß wir über das Eine etwas affirmierend sagen und ebendiese (Etwas-)Aussage unmittelbar negieren, ohne sie dadurch zu vernichten oder quasi ungesagt zu machen. Insofern erläutert das „Zugleich" das „Gleichsam", das ein Verständnis des Bezugs *unterschiedlicher* Bedeutungsebenen – gegen eine hier nicht denkbare Ein-Eindeutigkeit – einfordert. – Analoges läßt sich wohl von einem „semantischen" Verfahren *Martin Heideggers* sagen: um deutlich bewußt zu machen, daß der Gebrauch des Wortes *Sein* als Ausdruck von Heideggers eigener Grundintention, „Sein" (SEYN) in Differenz zum Begriff ‚Sein' der „Metaphysik" anzudenken, streicht er dieses mit einem Kreuz durch: S̶e̶i̶n̶[86]. Dadurch wird der Unterschied von SEYN (einer anderen Form zur Verdeutlichung des Intendierten) zu einem ‚Sein', das in der Vorstellung Heideggers immer nur als „Sein des Seienden" oder als „Sein von Seiendem" gedacht wurde, (auch für's Auge) hinreichend markiert; zugleich ist in der Durch-Kreuzung auf Heideggers Ineinssetzen von SEYN und ‚Geviert' ambivalent verwiesen – ‚Geviert' als Ort der Lichtung der ἀλήθεια – „es zeigt...in die vier Gegenden des Gevierts und deren Versammlung im Ort der Durchkreuzung"[87].

2. Ein wesentlicher Impuls Plotins dazu, für das Eine – bewußt *im* Kontext primär bestimmender Negationen – *Affirmationen* zuzulassen, mag seine Absicht sein, das Eine/Gute qua sich entfaltenden Ursprung in sich nicht als ein absolut *Leeres* und *Abstraktes* erscheinen zu lassen – hegelisch gesagt: nicht als „das fade Gas des être suprême". Vielmehr könnte der gegenüber dem Nus bis zur *Un*unterschiedenheit der Relata gesteigerte

---

[85] VI 8,18,17;52 (ἐμφαίνεται. ἐκφαίνειν). 19,10 (προφαίνεσθαι).
[86] Vgl. Zur Seinsfrage, Frankfurt 1959 2,31 (dies ist der um einige Zeilen erweiterte Beitrag zur Festschrift für Ernst Jünger 1955), jetzt auch in: Wegmarken, Frankfurt 1967, Zitat auf S. 239. – Das „neue" oder „andere" Sein ist nicht (⨯) das Sein der Metaphysik, das für Heideggers Absicht auch nicht als Bezeichnung brauchbar ist.
[87] Ebd. S. 31, bzw. 239. – Zu Heideggers Begriff von „Metaphysik": W. Beierwaltes, Heideggers Rückgang zu den Griechen, Sitzungsberichte der Bayerischen Akademie der Wissenschaften, phil.-hist. Kl., Jg. 1995, Heft 1.

Selbst-Bezug *im* Ursprung gerade dessen All-Macht, sein aktives δύναμις-πάντων-"Sein", seine in ihr selbst sich nicht aus Einzelnem heraus artikulierende oder sich als Unterschiedenes ineinander fügende „Überfülle" evident machen, durch die er alles „Andere" als er selbst aus sich selbst – es dadurch erst als Einzelnes, voneinander Differentes, als eigene (dann) in sich stehende Wirklichkeit konstituierend – hervorgehen läßt: [τὸ ἕν] οἷον ὑπερερρύη καὶ τὸ ὑπερπλῆρες αὐτοῦ πεποίηκεν ἄλλο[88]. Hielte man die *anders*artige Geltung des vom Einen Affirmierten in ihm bewußt, dann verlöre auch das Aporetische in Plotins Grundfrage an Schärfe: wie denn das Eine „geben" könne, was es selbst nicht „hat"[89]: Es „hat" das nachmals (als Entfaltetes) Differente als *In*-Differentes derart (ohne Abständigkeit: ἀδιάστατον[90]) in sich, daß Alles „in" ihm absolut ES SELBST ist. Die dem Einen zugesprochenen Selbstbezüge bestehen in ihm nicht realiter, d.h. als eigene und eigentümliche, in ihrem Unterschied aufeinander bezogene Wirklichkeiten, wie sie für die Selbstreflexivität des Nus als je selbst seiende bestimmend sind; sie unterscheiden sich vielmehr von den Selbst-Verhältnissen in den Dimensionen der Differenz (Einheit *in* der Differenz) durch einigende Intensität oder identifikatorische Einheit wesentlich. Ihre *In*-Differenz aber ist der *Grund* der Möglichkeit zur Entfaltung von Differenz, deren *wahrer* Anfang. Die (absolute) Einheit oder Einfachheit der Selbstbezüge im Einen/Guten ist deshalb auch nicht vergleichbar mit mittelplatonischen oder christlichen Konzeptionen, die das göttliche Erste als reflexiv einenden Ort der voneinander unterschiedenen Ideen annehmen[91]. – Wenn das Eine per negationes letztlich als das *nicht* privative „Nichts von Allem" herausgestellt wird, so bestärken die affirmierenden οἷον-Prädikate den paradoxen

---

[88] V 2,1,8f. III 8,10,1: δύναμις τῶν πάντων. V 4,1,36.
[89] Zu dieser Frage vgl. oben S. 108ff.
[90] VI 8,17,21: das Eine als λόγος ist ἀδιάστατος.
[91] Alkinoos (früher Albinos), Didaskalikos IX (163,11ff; 20 Whittaker). Vgl. zu dieser Problematik die beiden Abhandlungen von R. Miller Jones und N.M. Rich („Ideen als die Gedanken Gottes") in: C. Zintzen (Hg.), Der Mittelplatonismus (Wege der Forschung LXX), Darmstadt 1981, 187ff; 200ff. J. Dillon, The Middle Platonists, London 1977, 282. 254–256. K. Alt, Gott, Götter und Seele bei Alkinoos, Abh. der Akademie der Wissenschaften und der Literatur Mainz, geistes- und sozialwiss. Kl., Jg. 1996, 3, Stuttgart 1996, bes. 14ff, im Gesamtkontext mittelplatonischer „Theologie". – Zur spezifischen Entfaltung dieser Konzeption in Plotins Begriff des Nus: V 5 ("Ὅτι οὐκ ἔξω τοῦ νοῦ τὰ νοητά), oben S. 32. – Augustinus, qu. 46 (de ideis) in dem ‚De div. quaest. LXXXIII liber unus'.

Gedanken, daß das Eine das ‚Nichts der (oder *als*) Fülle' sei: nicht nur als Anderes *gründender* Grund „Alles und Nichts", sondern vielmehr primär Alles und Nichts [Einzelnes, Differentes] zugleich *in ihm selbst* – durch die *Kraft* der *In*-Differenz. Die einer immanenten Vermittlung „noch nicht" bedürfenden Selbstbezüge im Einen „begründen" allerdings als Formen des Sich-selbst-Schaffens oder Sich-selbst-Verursachens dessen Selbstgenügsamkeit, seine Unabhängigkeit von Anderem oder seine Bestimmtheit durch sich selbst und sein „Seiner-selbst-Herr-Sein" und damit seine absolute Freiheit.

3. Genau diesem Ziel, das Eine/Gute als *absolute Freiheit* zu erweisen, gilt Plotins Überlegung, daß es nur dann als das „allein im wahren Sinne Freie" (μόνον τοῦτο ἀληθείᾳ ἐλεύθερον[92]) gedacht werden könne, wenn es das uneingeschränkt und herausgehoben *Erste*, – unableitbar – der absolut Allem vorgängige[93] Ursprung ist, der zu dem nach und aus ihm Seienden in keinem Verhältnis der Ähnlichkeit steht[94], auf den hin aber als Ur-Bild alles vielheitlich Seiende seine eigene Bildhaftigkeit in sich selbst realisiert und nur durch diese Hinwendung überhaupt jeweils es selbst sein kann. Wenn also das Eine nicht als „statische", abstrakte Leere vorgestellt werden sollte, sondern (gemäß VI 8 unter den diskutierten Bedingungen) primär als *innere,* selbstbezügliche Wirksamkeit, Verursachen und Gründen aber als eine Form von ἐνέργεια oder aktiver δύναμις angesehen werden müssen, dann kann das Erste als Ursache, Grund und Ursprung wiederum nur absolut gedacht werden. Dies heißt: absolute Ursache ist insofern das Erste, oder: das Erste ist insofern absolute Ursache, als es zu seinem Sein (Existenz, Wirklichkeit) keiner ihm vorangehenden Ursache bedarf, sondern in seiner verursachenden und gründenden Tätigkeit („zunächst") nur auf sich selbst bezogen sein *kann*: Als absoluter selbstbezogener Akt – in und durch eben diese Wirksamkeit – *verursacht* oder *gründet* er in-different vom Gegründeten: *sich selbst*. Die absolute Selbst-Gründung des Einen, gegenüber einer relati-

---

[92] VI 8,21,31. Auch V 5,9,14f. 17. 10,3.
[93] ὑπεράνω: VI 8,21,30. ἐπέκεινα πάντων, z.B. V 3,13,2.
[94] VI 8,8,12f: δεῖ δὲ ὅλως πρὸς οὐδὲν αὐτὸν λέγειν. 15. 22: οὔτε γὰρ αὐτῷ οὔτε πρὸς ἄλλο. 9,10: κεχωρισμένον (vgl. Anm. 81). – Sachlich vergleichbar ist der Gedanke des *Nicolaus Cusanus* von der Inkommensurabilität der Unendlichkeit Gottes – trotz dessen Wirkens als ‚creator': „infiniti ad finitum proportionem non esse" (De docta ignorantia I 3).

ven Selbstkonstitution des Nus in ihm selbst auf das Eine hin, in dem dieser sich als er selbst „begrenzt", ist also der zentrale, alle übrigen Selbstbezüge einschließende und ermöglichende Gedanke dieser außerordentlichen Schrift über die Möglichkeiten und Grenzen der menschlichen Freiheit und über die Unvordenklichkeit des „Willens des Einen"[95].

## VII

Mein Blick auf die weitere Entfaltung des Gedankens der Selbstursächlichkeit des Absoluten soll sich auf drei karge Hinweise beschränken, die drei Theologen der Spätantike und des Mittelalters betreffen[96]. Gemein-

---

[95] Was den Gang des Gedankens jetzt vielleicht stören könnte, möchte ich dennoch kurz andeuten: Eine weitere Folge aus einem auch unter Vorbehalt affirmativ gesehenen Einen oder Guten für das Ziel eines bewußten Lebens des Menschen ist es, daß die Einung mit dem Einen nicht einer ‚Vernichtung' (annihilatio mystica) der das begriffliche Denken übersteigenden und sich einenden Seele gleichkommt – einer Selbstdestruktion –, sondern eher einer Erhöhung und Verwandlung des eigenen Selbst-Bewußtseins in das Eine als Über-Sein und Über-Denken. Wenn man das Eine, wie es Plotin in VI 8 versteht, nicht von den übrigen Analysen des Einen strikt trennen möchte (indem man das οἷον in bestimmtem Sinne überschätzend seine philosophische Bedeutung systematisch herunterspielt), dann führt die Einung als *Identifikations*akt gerade in die „*Fülle*" des Ursprungs, nicht in ein abstraktes, leeres Nichts. – Vgl. hierzu das Kapitel „Henosis" in meinem „Denken des Einen" 123–154, bes. 142ff und F.M. Schroeder, Form and Transformation 44. 64. J. Bussanich, Plotinus on the Inner Life of the One (wie Anm. 20) 183.

[96] Ich resumiere im Folgenden einige Gedanken, die ich in früheren Publikationen ausführlicher dargestellt habe, um mögliche Perspektiven der plotinischen Konzeption für den gegenwärtigen Zweck wenigstens zu skizzieren; damit zeige ich auch meine Absicht an, daß ich die Begriffsgeschichte von ‚causa sui' über das bisher von mir Erörterte hinaus weiterführen möchte. Dazu gehört auch ein Blick auf die *Gnosis*, das *Corpus Hermeticum* und auf den Begriff des αὐθυπόστατον im späteren Neuplatonismus (vgl. J. Whittaker, Abhandlung XVI und XVII in seinen „Studies in Platonism and Patristic Thought", Variorum Reprints, London 1984), vor allem bei *Proklos* (siehe unten S. 160ff.) und *Damaskios*, ferner auf den Hymnus I 145ff des *Synesios* (vgl. hierzu: S. Vollenweider, Neuplatonische und christliche Theologie bei Synesios von Kyrene, Göttingen 1985, 219. Synesios von Kyrene, Hymnen, eingeleitet, übersetzt und kommentiert von J. Gruber und H. Strohm, Heidelberg 1991, 48; 150). – Einige Hinweise zur *Geschichte* des Begriffes ‚causa sui' finden sich z. B. bei P. Hadot, Artikel ‚causa sui', in: Historisches Wörterbuch der Philosophie, hg. v. J. Ritter, Bd.I, Sp. 976f, Basel-Stuttgart 1971. W. Theiler, Plotins Schriften IV b 384. 394. J.-M. Narbonne, Plotin, Descartes et la notion de *causa sui*, in: Archives de Philosophie 56, 1993, 177–195. Ders., La notion de puissance dans son rapport à la *causa sui* chez les stoiciens et dans la philosophie de Spinoza, in: Archives de Philoso-

sam ist ihnen der Versuch, einen argumentativ gesicherten, systematisch begründeten Begriff der *christlichen Trinität* zu entfalten. Sie sind ein eindrucksvolles Zeugnis dafür, in welcher Weise und in welchem Maße Philosophie, speziell die neuplatonische, zu einem sachlich konstitutiven Element des theologischen Gedankens, der Reflexionsform und einer nicht nur äußerlich aufgenommenen oder einem sachlich gänzlich andersgearteten Gehalt „aufgesetzten" Terminologie werden konnte, ohne das Wort der ‚Sacra Scriptura' seinem ursprünglichen und „eigentlichen" Sinn radikal zu entfremden.

1. *Marius Victorinus* war ein früher Zeitgenosse des Augustinus. In seinen Confessiones[97] beschreibt er des Marius Victorinus Konversion zum Christentum, die sich nach den Worten Augustins ‚mirante Roma, gaudente ecclesia' spektakulär vollzog – vom römischen Rhetor und Übersetzer von ‚Libri Platonicorum' (wohl des Plotin und des Porphyrios) zum christlichen Theologen, der beherzt und scharfsinnig in den antinicänischen trinitarischen Streit um den Begriff der ‚Homousia' eingriff. Seine Trinitäts-Theologie basiert auf neuplatonischen Konzeptionen des Einen und des Geistes; wie es vor allem Pierre Hadot als höchst plausibel erwiesen hat, sind ihm diese zuvörderst in einem Parmenides-Kommentar des Porphyrios, Plotins prominentestem Schüler, vermittelt worden[98].

---

phie 60, 1997, 5–24. – Ausgehend von Überlegungen Wolfhart Pannenbergs versucht Joachim Ringleben aus einer „Reformulierung des Gedankens der causa sui" (mit Hinweis auf Texte, die z.T. *hier* diskutiert werden) Folgerungen für eine Theologie zu ziehen, die sich von den kritischen Einwänden gegen das causa-sui-Konzept mit Gründen emanzipiert hat: „Der Begriff der causa sui im Sinne des Werdens zu sich bzw. Sichhervorbringen Gottes als er selbst will die göttliche Lebendigkeit als absoluten Selbstvollzug auffassen". In einer Verschränkung von Zeit („lebendiges Werden zu sich") und Ewigkeit „hebt jedes (zeitliche) Anfangen Gottes sich eo ipso in seine „voranfängliche" Ewigkeit auf: indem er (bei etwas) mit sich anfängt, ist er immer schon er selbst (gewesen)". Damit ist die reine, weltbestimmende Zeitlichkeit oder Geschichtlichkeit eines „werdenden Gottes", der sich als causa sui oder Werden zu sich mit der sinnenfälligen Welt identifiziert oder selbst *als* diese wird, aus dem Blick gerückt. Das Zitierte aus: Gottes Sein, Handeln und Werden, in: Vernunft des Glaubens, Festschrift zum 60. Geburtstag von Wolfhart Pannenberg, hg. von J. Rohls und G. Wenz, Göttingen 1988, 457–487; 482f.

[97] VIII 2.
[98] Vgl. P. Hadot, Porphyre et Victorinus, Paris 1968, 2 Bände; der Text von Fragmenten dieses Kommentars, überliefert in einem Turiner Palimpsest, findet sich im zweiten Band 64–113. A. Smith hat ihn *nicht* in die von ihm edierten Porphyrii Philosophi Fragmenta (Stuttgart-Leipzig 1993) aufgenommen, „quia adhuc pro certo haberi non

In ihm wird eine Perspektivität des Absoluten entfaltet, das sich als Einheit von reinem, über-seiendem Einen *und* absolutem Sein und Erkennen bestimmt oder als die *Einheit* von Negation (Nicht- oder Über-Sein des Einen) und Affirmation (seiendes und denkendes Eines) begriffen werden kann[99]. Dieser Gedanke macht eine wesentliche Voraussetzung für die begriffliche Erfassung der Trinität aus, die ohne innere Relationalität und Reflexivität nicht denkbar ist. Mit Plotin primär verbindet sie das Theorem der ‚causa sui‘, – aber nun ganz *ohne* einen οἷον-quasi-Vorbehalt.

Das Sein der Trinität ist im Sinne des Marius Victorinus[100] dreifach subsistierende Substanz als eine in sich selbst hervorgehende und in sich selbst stehende Bewegung oder Bewegtheit: dynamischer Selbstbezug, in dem Dreiheit sich aus der Einheit – sich gründend – aufschließt und *zugleich* zu einer Drei-Einheit sich fügt. Diese Dynamik der Selbstschließung und Selbstvermittlung wird durch den Gedanken absoluter, zunächst ihr selbst immanent bleibender *Kausalität* noch eigens herausgehoben: ‚Kausalität‘ gibt dem Verhältnis vom Zeugen des Vaters zum Gezeugtsein des Sohnes sein logisches, philosophisches Fundament. Trinität ist somit *absolute Selbstkonstitution*. Ihre innere Bewegung und damit auch die unterschiedlichen (‚personalen‘) Konkretionen ihres *Seins* gehen von dem Ersten Ursprung (‚Vater‘) als einer „quellhaften Mächtigkeit" (‚potentia fontana‘[101]) aus, der als eine solche Alles in der oder als

potest Porphyrium eos [scil. Commentarios in Parmenidem] conscripsisse" (XIII). – Für eine „Wiedergewinnung" der Fragmente des porphyrianischen Parmenides-Kommentars vgl. G. Girgenti, Il pensiero forte di Porfirio. Mediazione fra henologia platonica e ontologia aristotelica, Milano 1996, bes. 167ff. [Einen neuen philologischen und philosophischen Verstehensversuch hat G. Bechtle vorgelegt: The Anonymous Commentary on Plato's „Parmenides", Bern 1999.]

[99] Denkbar scheint mir auch ein Einfluß von VI 8 auf diesen Text. Vgl. auch W. Beierwaltes, Denken des Einen 198ff. Eriugena 235f.

[100] Vgl. hierzu und für das Folgende: W. Beierwaltes, Identität und Differenz, das Kapitel „Trinität. Christliche Transformation des Bezuges von Identität und Differenz durch Marius Victorinus" 57–74. Zu ‚causa sui‘ 71f. [„Selbstursprünglichkeit" Gottes als eines aus Nichts Schaffenden bei Augustinus ebd. 94f, obgleich dieser den Begriff eines „sich selbst zeugenden Gottes" ablehnt: de trin. I 1.] Ders., Trinitarisches Denken. Substantia und Subsistentia bei Marius Victorinus, in: Platonismus im Christentum 25 ff. – Kritische Edition der theologischen Texte des Victorinus: Traités théologiques sur la Trinité, Sources Chrétiennes 68/9, Paris 1960 (der lateinische Text ist von Paul Henry erstellt, französische Übersetzung und Anmerkungen [im 2. Band] von Pierre Hadot).

[101] Adversus Arium I 52,42.

Trinität Seiende, Lebende, Denkende, Gezeugte, Geformte und Ausgesprochene (Verbum divinum!) in der Weise des Vor-Seins (proon), verborgen ('occultum'), „noch" in-different in sich umfaßt. Diese Selbstkonstitution einer Drei-Einheit ‚entspringt' ('proexsiluit') einer unhintergreifbaren, absolut-ersten Ursache, die gerade deshalb Ursache von *Allem* ('causa omnium') – in der Trinität selbst *und* in der Welt als geschaffener – sein kann, weil sie selbst „*für sich selbst* Ursache dessen ist, was sie ist": „[...]sibi causa est ut hoc ipsum sit quod exsistit"[102]. Der Akt der Selbstursprünglichkeit des Ersten als eines Ganzen entfaltet sich *in ihm* selbst aus seinem ersten, vor-seiend und daher in-different „noch" verborgenen Einen zum Anderen seiner selbst, welches sich unmittelbar auf seinen Ursprung zurückbezieht: „pater [...] suae ipsius substantiae generator et aliorum secundum verticem fontana est exsistentia"[103]. Der sich als Kreis vollziehende Prozess der trinitarischen Selbstkonstitution (‚constitutivus est...ipsius τοῦ λόγου')[104] wird beschlossen oder in seinen Ursprung zurückgeführt durch den Heiligen Geist. Dieser ist als die reflexive, sein eigenes Sein bestimmende Rückbindung (‚conexio' oder ‚conplexio') des Sohnes zum Vater oder des Vaters *durch* den Sohn zu sich selbst zu denken. Er ist als ein derartiger denkender Selbstbezug zum Ersten Ursprung hin – als ‚Begriff' ('notio') seiner selbst und des ihn gründenden Hervorgangs – für die ‚Vollendung' der zeitlos sich vollziehenden Selbstkonstitution der Trinität ‚*notwendig*' und in seinem Wesen nichts anderes als die reflexive und worthafte Manifestation des Ersten im Sohn: gleichwesentlich mit ihm als dem Vater. Im Heiligen Geist ist der verbindende, über sich selbst hinausgehende Bezug jeder ‚subsistentia' in der Einen Dreiheit als *Liebe* eigens herausgehoben: communicatio, conexio. Im Blick auf die je eigentümlichen inneren Wirksamkeiten von Vater – Sohn – Geist zeigt sich die Absolutheit des trinitarischen Einen Gottes als *causa sui*.

Marius Victorinus' in sich höchst differenzierte Theorie der Trinität erweist sich als unmittelbare oder auch (durch Porphyrios) vermittelte Wirkung von Plotins Gedanke der Selbstursächlichkeit des Absoluten. Damit ist sie ein herausragendes Zeugnis dafür, daß eine ihrer selbst

---

[102] Adv. Arium IV 6,38f. Vgl. auch Candidi Epistula I 3,12f: prima causa et *sibi* causa.
[103] Adv. Arium I 55,19–21. 53,43: potentia fontana. Hymnus I 7 : Unum primum, unum *a se ortum*.
[104] Ad Candidum I 18.

bewußte, auf ihre begrifflichen Möglichkeiten reflektierende Theologie nicht ohne Philosophie sein kann, und daß Philosophie sich in christlicher Theologie ohne Hellenisierungsangst produktiv weiter zu entfalten vermag.

2. Die Theorie des trinitarischen, sich selbst begründenden Seins ist das Alles bestimmende Zentrum von Victorins philosophisch-theologischem Denken. Es war v.a. von nachweisbarer sachlicher Bedeutung für den begrifflich kraftvollsten Philosophen und Theologen des frühen Mittelalters: *Johannes Scottus Eriugena*[105]. Dieser war schon vor 847 Vorsteher der Schola Palatina Karls des Kahlen und Lehrer der ‚Artes liberales' in ihr. Besonders im Rückgang auf die griechischen Väter (Gregor von Nyssa, Dionysius Areopagita, Maximus Confessor) legte er eine argumentativ scharfsichtige Analyse der Wirklichkeit im Ganzen vor – ihr Titel: ‚Periphyseon' oder ‚De divisione naturae' (864–866). ‚Natura' meint in diesen Reflexionen die göttliche, kosmische und menschliche Wirklichkeit als einen jeweils in sich und im Ganzen dynamischen Prozess, der sich gemäß der neuplatonischen Grundgesetzlichkeit vollzieht: transzendentes In-sich-Bleiben des Gottes als ‚principium sine principio', sein creativ-setzender und erhaltender Hervorgang in oder als Welt *und* der eschatologisch gedachte, universal spiritualisierende ‚reditus' oder ‚transitus' von Welt und Mensch in seinen Ursprung – als Vollendung der ‚divina historia'. Die Philosophie ist ihm nicht eine zutragende Magd der Theologie, beide machen vielmehr eine sachlich notwendige, gegenseitig sich durchdringende Einheit aus. Sein Selbstverständnis in dieser Frage artikuliert sich in dem Grundsatz: „Conficitur inde veram esse philosophiam veram religionem conversimque veram religionem esse veram philosophiam"[106]. Die ‚ratio', die wissenschaftlich widerspruchsfreie Problemanalyse, ist für ihn das Maß der Wahrheit jeder ‚auctoritas': „nil enim aliud videtur mihi esse vera auctoritas, nisi rationis virtute reperta veritas"[107].

---

[105] W. Beierwaltes, Eriugena 204–261, bes. 218ff. Für das Verhältnis Eriugenas zu Marius Victorinus vgl. G.A. Piemonte, ‚Vita in omnia pervenit'. El vitalismo eriugeniano y la influencia di Mario Victorino, in: Patristica et Mediaevalia 7, 1986, 3–48; 8, 1987, 3–38.
[106] De praedestinatione I 1; 5,16–17 (Madec).
[107] Periphyseon I 69; 198,7 (Sheldon-Williams) [in der neuen kritischen Ausgabe von É.A. Jeauneau, 1996ff: I 3056–58].

Der Gedanke einer ‚*causa sui*' liegt auch im Sinne Eriugenas der zeitfreien, nicht aus einem Vorher in ein Nachher übergehenden, sondern ‚simul et semel' sich vollziehenden Selbstkonstitution als deren trinitarischer Selbstentfaltung zugrunde[108]. *Vor* oder *mit* allem Anderen „außer" ihm selbst „*schafft er sich selbst*": „Deus seipsum fecit (sive creat), a se ipso creatur"[109]. Als zeitlose Prozessualität ist er absoluter Grund seiner selbst, der seine eigene trinitarisch sich entfaltende Einheit durch die Vermittlung von Denken, Sprechen (Verbum als *im* Principium selbst Ausgesprochenes), Sehen und Wollen herstellt. Die Selbstbezüge dieser in ihrem Unterschied ineinander verschränkten Akte, also das Sich-selbst-Denken, Sich-selbst-Sehen als ein aktives *Er*-Sehen seiner selbst, das Sich-selbst-Aussprechen und das Sich-selbst-Wollen sind *im* Ursprung mit dessen ‚Schaffen' (creare) identisch. Der Satz der Genesis ‚In principio Deus fecit caelum et terram' als eine ‚creatio ex oder de nihilo' ist zunächst als absoluter Vorgang der Selbstbestimmung oder Selbst-Formung Gottes *aus* dem (d.h. seinem eigenen) ‚Nichts' – dem mit dem göttlichen Anfang selbst identischen ‚nihil per excellentiam sive infinitatem' – *in* ‚Etwas' zu denken: eine „produktive" Negation des Nichts, ein „Verlassen" oder „Herabsteigen" aus ihm (dem Nichts als dem „anfänglichen" Selbst der Gottheit) in *sich selbst*. Dieser zeitfreie Prozess wird von Eriugena in Termini der Dialektik (ars dialectica) nicht nur beschrieben, sondern als eine selbst in sich bleibende dialektische Kreisbewegung, also als eine ‚*ontologische*' Dialektik Gottes selbst, seines trinitarischen ‚Über-Seins' (superesse, superessentialitas) und seines in ihm „Zu-sich-selbst-Kommens" begriffen. So heißt es an einer für diese dialektische Bewegung des göttlichen ‚Über-Seins' höchst aufschlußreichen Stelle von ‚Periphyseon'[110]: „Die göttliche Güte" – mit dem ‚Nichts' der Fülle iden-

---

[108] Vgl. mein „Denken des Einen" 351ff. Eriugena 228ff. 237ff.

[109] Periphyseon III 17; 150,31f. 156,6f. 20; 172,3 [III 2247. 2340. 2640f Jeauneau]. Vgl. auch Seneca Fr. 15 (Haase), der gegenüber der vielfältigen Abhängigkeit des Menschen die Autarkie Gottes in der causalen Perspektive heraushebt: Nos...aliunde pendemus...alius nos edidit, alius instruxit: deus ipse se fecit. Zur geschichtlichen Einordnung dieses Fragments vgl. M. Lausberg, Untersuchungen zu Senecas Fragmenten, Berlin 1970, 93–95; dort auch ein Hinweis auf den Kontext bei Laktanz, der den zitierten Text überliefert: ipse [deus] ante omnia ex se ipso...procreatus...ex se ipso est.

[110] III 19; 168,10–20 [III 2565–81]. Zur weiteren Interpretation dieses Textes vgl. W. Beierwaltes, Denken des Einen 359f. Eriugena 69f. Vgl. auch die von mir dort S. 70 angegebenen Stellen.

tisch – „steigt aus der Negation aller Wesenheiten oder alles Seins [= Nichts als Über-Sein] in die Affirmation des ganzen Alls des Seins von sich selbst her in sich selbst herab, gleichsam aus dem Nichts in [das] Etwas, aus der Nicht-Seiendheit in die Seiendheit, aus der Ungeformtheit [Unbestimmtheit] in die unzählbaren Formen und Gestalten. Ihr erster Hervorgang in die ursprunghaften Ursachen, in denen sie [geschaffen] wird, wird von der Schrift gleichsam als ungeformte Materie bezeichnet; ‚Materie', weil sie der Anfang des Seins der Dinge ist, ‚ungeformt' aber, weil sie der Ungeformtheit der göttlichen Weisheit am nächsten ist. Die göttliche Weisheit aber wird zu recht ungeformt genannt, weil sie sich zu ihrer eigenen Formung auf keine ihr übergeordnete Form zurückwendet". – „Divina igitur bonitas, quae propterea nihilum dicitur quoniam ultra omnia quae sunt et quae non sunt in nulla essentia invenitur, ex negatione omnium essentiarum in affirmationem totius universitatis essentiae a se ipsa in se ipsam descendit, veluti ex nihilo in aliquid, ex inessentialitate in essentialitatem, ex informitate in formas innumerabiles et species. Prima siquidem ipsius progressio in primordiales causas [Versio III], in quibus fit, veluti informis quaedam materia a scriptura dicitur: Materia quidem quia initium est essentiae rerum, informis vero quia informitati divinae sapientiae proxima est. Divina autem sapientia informis recte dicitur, quia ad nullam formam superiorem se ad formationem suam convertitur".

Die in anderen Texten eindringlich als ein Begriffsgeflecht der drei causal verbundenen Substanzen aus dem Gedanken absoluter *Selbstverursachung* heraus entwickelte ‚triunitas' Gottes ist Eriugenas originärer Beitrag zur philosophisch begründeten und geleiteten Theologie der Trinität[111]. Starken Impulsen aus Dionysius Areopagita und aus der differenziert entfalteten Trinitäts-Konzeption des Marius Victorinus folgend hat Eriugena Trinität – trotz seiner Überzeugung von der prinzipiellen ‚ineffabilitas' Gottes – als veritable „*Theogonia*" gedacht[112]. Diese trinitarische Selbstverursachung ist die „ontologische" Voraussetzung für das göttliche Wirken „nach außen", in dem diese sich als allumfassende Ursache des Seins von Welt erweist – „Theophanie" *im Anderen* als bildhafte Spiegelung der inneren „Theogonie".

---

[111] Hierzu ausführlich W. Beierwaltes, Eriugena 218ff.
[112] Ebd. 233f.

3. *Meister Eckhart* hält, im begrifflichen Kontext aristotelischer Kausalität gesprochen, den Begriff ‚causa sui' für logisch undenkbar, so daß für den Bereich des Verursachten insgesamt gilt: „nihil est causa sui ipsius"[113]. Er folgt darin Thomas von Aquin: „Nec est possibile, quod aliquid sit causa efficiens sui ipsius, quia sic esset prius seipso, quod est impossibile"[114]. Dieser Satz von der Priorität der erwirkenden Ursache gegenüber dem Verursachten ist von allem Geschaffenen gesagt, für dessen Sein Zeit bestimmend ist; er schließt aber auch den Gedanken ein, daß Gott als ‚prima causa' logisch und ontologisch *vor* allem Verursachten ist. Auf sein eigenes, durch sich selbst bestehendes Sein (esse per se subsistens), in dem Früher und Später nicht denkbar sind, kann also der Begriff ‚causa sui' – präzise aristotelisch – nicht angewandt werden. – Von der Denkform der aristotelischen Kausalitätstheorie löst sich Eckhart allerdings – sogar in der Formulierung –, wenn er einen Begriff von Freiheit und willentlicher Spontaneität ausbildet, der vom Ich des Menschen in seinem ‚absoluten Stand' ausgeht. So sagt er in der deutschen Predigt 52: „Dô ich stuont in mîner êrsten sache [causa prima], dô enhâte ich keinen got, und dô was ich *sache mîn selbes* [causa mei ipsius]; dô enwolte ich niht, noch enbegerte ich niht, wan ich was ein ledic sîn und ein bekenner mîn selbes nâch gebrûchlîcher wârheit. Dô wollte ich mich selben und enwolte kein ander dinc; daz ich wollte, daz was ich, und daz ich was, daz wollte ich, und hie stuont ich ledic gotes und aller dinge. Aber dô ich ûzgienc von mînem vrîen willen und ich enpfienc mîn geschaffen wesen, dô hâte ich einen got..."[115]. Wenn das menschliche Ich *in* Gott oder *als* Gott ‚sache sîn selbes' (causa sui) ist, und wenn diese Formulierung nicht ausschließlich auf die von Aristoteles herkommende Definition von Freiheit durch Thomas von Aquin verweist: „liber est, qui sui causa est" und ‚causa sui' das griechische αὐτοῦ ἕνεκα übersetzt und somit „um seiner selbst willen, autark" meint[116], dann kann *Gott selbst*

---

[113] Expos. Libri Sap. n. 133, Lateinische Werke (LW) II 470,3.
[114] Summa theologiae I q.2, a.3, corp. art. Summa c. gent. I q. 22.
[115] Deutsche Werke (DW) II 492,3ff. Siehe auch die analogen Formulierungen 503,1; 6. – Zu der sog. Armutspredigt (DW 52) vgl. K. Ruh, Geschichte der abendländischen Mystik, Band III, München 1996, 342ff.
[116] Quaest. disp. de veritate q. 24 a. 1 corp. art.: „liberum...est quod sui causa est, secundum Philosophum in princ. Metaphysicae" (982 b 26: ἐλεύθερος ὁ αὐτοῦ ἕνεκα). Thomas' Kommentar zu dieser Stelle, in XII libr. Met. Arist. Expos., lectio I 1. III 58 [Spiazzi]: Ille homo proprie dicitur liber, qui non est alterius causa, sed est causa suiipsius.

ebenso, oder besser: primär und *ursprunghaft als Ursache seiner selbst* gedacht werden. So begreift Eckhart, auch ohne den Terminus ‚causa sui' zu gebrauchen, der „Sache" nach die trinitarische Selbstentfaltung Gottes als eine *Selbst-Gründung* seines Seins. Ähnlich wie bei Eriugena werden die logischen Grundoperationen der ‚affirmatio' und ‚negatio' als Grundzüge oder Tätigkeiten des göttlichen *Seins* gedacht (d.h. nicht nur als Weisen des Prädizierens): Gott ist als die reine Einheit Ausschluß alles Anderen und damit alles Negativen aus ihm selbst, ‚negatio negationis'; diese, als innere Bewegung aus der Einheit in Dreiheit hinein verstanden, ist mit *Selbst-Affirmation* identisch, in der Gott – sich zeugend – als Drei-Einheit sich selbst reflektiert. Eckhart versucht dies vor allem in seiner Auslegung von Gottes Selbstaussage in Exodus 3,14: „Ich bin der ich bin" – „Ego sum qui sum" – evident zu machen. Ich muß mich jetzt auf einen bloßen Hinweis auf den zentralen Text von Eckharts Auffassung dieses Satzes trinitarischer Einheit beschränken: „Drittens ist zu bemerken: Die Wiederholung, weil er zweimal sagt: ‚ich bin der ich bin', zeigt die Reinheit der Bejahung [Affirmation] unter Ausschluß jeder Verneinung [Negation der Negation oder des Negativen] von Gott selbst an; ferner eine reflexive Wendung und ein Bleiben [Verharren] in sich selbst oder ein Feststehen; weiter aber ein Aufwallen oder Gebären seiner selbst – in sich glühend und in sich und auf sich selbst fließend und wallend, Licht, das in Licht und zu Licht durch sich ganz sich ganz durchdringt, das allwärts durch sich ganz und über sich ganz gewendet und zurückbezogen ist, nach dem Wort des Weisen: ‚Die Einheit zeugt – oder hat gezeugt – Einheit und hat auf sich selbst ihre Liebe und ihre Glut zurückgewendet'. Deshalb heißt es bei Johannes im ersten Kapitel: ‚In Ihm war das Leben'. Leben nämlich bedeutet eine Art Überquellen, wodurch etwas in sich selbst anschwillt und sich zuerst ganz in sich selbst ergießt, jeder Teil in ihm in jeden anderen in ihm, bevor es sich ausgießt und [nach außen] überwallt"[117]. *Denken* zeigt sich als die gründende

---

Servi enim dominorum sunt, et propter dominos operantur...Liberi autem homines sunt suiipsorum, utpote sibi acquirentes et operantes. Dies meint natürlich *auch* Selbstursprünglichkeit eigener Akte des Menschen als den Grundzug von Freiheit.

[117] LW II 21,7ff: Tertio notandum quod repetitio, quod bis ait: *sum qui sum*, puritatem affirmationis excluso omni negativo ab ipso deo indicat; rursus ipsius esse quandam in se ipsum et super se ipsum reflexivam conversionem et in se ipso mansionem sive fixionem; adhuc autem quandam bullitionem sive parturitionem sui – in se fervens et in se ipso et in se ipsum liquescens et bulliens, lux in luce et in lucem se toto se totum pene-

Form der inneren Bewegung im trinitarischen Selbstaufschluß, als der *reflexive* Vollzug der göttlichen, d.h. absoluten Selbstvermittlung in seine Einheit und Gleichheit mit sich selbst. Die „êrste sache" (causa prima) erweist sich gerade durch die konstitutive Kraft des reinen ‚intellectus' in der Selbstreflexion seines in eben diesem Akt konstituierten eigenen Seins als die „sache sîn selbes" – Selbstverursachung des göttlichen (Über-)Seins *als* reines Denken.

## Unwissenschaftliche Nachbemerkung

Am Ende einer Überlegung, in der das angemessene Verständnis des Adverbs (oder vergleichenden Partikels) οἷον eine herausgehobene Rolle spielte, scheint es mir legitim, an eine Predigt des Meister Eckhart zu erinnern, in der er dem lateinischen Synonym von οἷον: dem *„quasi"*, eine fundamentale Bedeutung für die Erfassung des Verhältnisses des Menschen zu Gott zuspricht und es emphatisch als ein Leit-Wort für die gesollte Lebensform vorstellt. Der Predigt (9)[118] liegt ein Text aus dem Ecclesiasticus (Jesus Sirach) 50,6/7 zugrunde: „*Quasi* stella matutina in medio nebulae et *quasi* luna plena in diebus suis lucet et *quasi* sol refulgens, sic iste refulsit in templo dei". In seiner kühnen Auslegung dieses Textes[119] intendiert er zwar eine Übertragung des Verhältnisses von Morgenstern und Mond zur Sonne auf das Verhältnis der Seele zu Gott; dieser ist im „eigentlichsten" Sinne als „Wort" und „Wahrheit" zu denken: als das aus dem Vater geborene, aber doch *in* ihm bleibende Wort, das deshalb gemäß dem Johannes-Prolog *„apud* deum", *„bei* Gott" ist[120].

---

trans, et se toto super se totum conversum et reflexum undique, secundum illud sapientis: ‚monas monadem gignit – vel genuit – et in se ipsum reflexit amorem – sive ardorem'. Propter hoc Ioh. 1 dicitur: ‚in ipso vita erat'. Vita enim quandam dicit exseritionem, qua res in se ipsa intumescens se profundit primo in se toto, quodlibet sui in quodlibet sui, antequam effundat et ebulliat extra. – Zur Interpretation dieser Stelle und der Konzeption als ganzer: W. Beierwaltes, Platonismus und Idealismus 47ff. Ders., Primum dives per se. Meister Eckhart und der *Liber de Causis*, in: On Proclus and his Influence in Medieval Philosophy, ed. E.P. Bos and P.A. Meijer, Leiden 1992, 141–169; hier: 148ff. Ferner das Kapitel über „Meister Eckharts Begriff der Einheit und der Einung" in meinem Buch „Platonismus im Christentum" 100ff.

[118] DW I 141–158.
[119] Zu seiner Interpretation vgl. S. Köbele, Bîwort sîn. „Absolute" Grammatik bei Meister Eckhart, in: Zeitschrift für Deutsche Philologie 113, 1994, 190–206.
[120] DW I 154,9ff.

Den Gedanken des innigen Bezugs von Seele zu Gott intensiviert Eckhart jedoch darüber hinaus durch die Erinnerung, daß „quasi" ein ‚adverbium', ein „bîwort" sei[121], das eine ‚relatio similitudinis' bezeichnet[122]. Der Vergleich mit dem Morgenstern, durch ‚quasi' eingeleitet, führt zu einer Übertragung der grammatischen Kategorie auf das Sein oder Sein-Sollen des Menschen: dieser soll „bei dem [göttlichen] Worte ein Bei-Wort" sein, d. h. immerfort ihm gegenwärtig und letztlich mit ihm eins sein. Das Motiv des Verständnisses von ‚quasi' als „Beiwort" bleibt an diesen Vergleich gebunden. Nicht *jedes* Adverbium unterstützt den intendierten Gedanken in dieser Weise. ‚Quasi' speziell verweist auf den *Bild*-Charakter des Menschen, auf das Prinzip der ‚analogia entis'. Dieses Prinzip bewirkt in der Rede über Gott ein genaues Achten darauf, wie die selben Worte je nach der Bezugsebene des Sprechens eine unterschiedliche, den Ausgangspunkt – das Endliche – modifizierende Bedeutung erreichen und so verstanden allererst das Un-Endliche quantum potest aufzuschließen vermögen; eben dies hat das eckhartische ‚quasi' mit dem plotinischen οἷον gemeinsam. – Wenn Eckhart sagt, daß er „dies in allen seinen Predigten meine"[123], dann identifiziert er sich mit der Aufgabe des Predigers („refulsit in templo dei", wie das Ende des auszulegenden Textes aus Jesus Sirach sagt), genau diesen Gedanken zu vermitteln: daß die Seele als „Wort" in innigste Verbundenheit mit dem trinitarisch gezeugten Wort kommen und in ihm bleiben solle, also beim WORT ein Bei-Wort sein, wie *dieses* „bei" oder in seinem Ursprung ist: deus *apud* deum.

Aus Eckharts Stärkung des an sich unscheinbaren „Beiwortes" ‚quasi' zu einem „Hauptwort" seines Denkens und Sprechens möchte ich rückblickend für *Plotins* Gebrauch des οἷον einen Verstehensimpuls ableiten – ich weiß, er ist ganz „unwissenschaftlich", aber dennoch ist er für mich sachlich erhellend[124]: die Bedeutung von οἷον kann nicht wie ein

---

[121] Ebd. 154,8. 155,3. 157,2. 158,8.
[122] In Eccli. n.4; LW II 233,1.
[123] DW I 154,10f.
[124] In der syntaktischen Verwendung von οἷον in VI 8 und dem ‚quasi' in Predigt 9 besteht freilich ein Unterschied: Eckhart intendiert vor seiner isolierenden Interpretation des ‚quasi' als eines „Beiwortes" einen Vergleich in der Form „wie...so". Plotins ‚gleichsam' in VI 8 hingegen ist (meist) jeweils unmittelbar auf ein Substantiv oder ein Verbum bezogen und möchte sagen, die Aussage des jeweiligen Substantivs oder Verbums vom Einen selbst sei nur dann gültig, wenn man es mit seinem Herkunftsbereich (in seiner eigentlichen Verwendung etwa für die Dimension des Nus) vergliche und es dadurch im

folgenloses „Als-ob" verdrängt werden, οἷον bekräftigt vielmehr den Gedanken, daß im *Zusammenwirken* mit der Negation eine modifiziert, d.h. *ins* Eine erhoben gedachte Geltung der Affirmation durchaus begründbar und für eine anfängliche Einsicht in das Eine, die weder in absoluter Negativität noch in reiner Affirmation sich vollendet, vielleicht sogar notwendig ist. Es hat eine für das Denken und seinen Selbstüberstieg anagogische Funktion. Im Blick *darauf* ist οἷον auch ein „Hauptwort" *Plotins.*

beschriebenen Sinne modifiziere, d.h. durch die *Ähnlichkeit* der Prädikation hindurch deren *Andersheit* einsähe.

# PROKLOS' THEORIE DES „AUTHYPOSTATON"
## UND SEINE KRITIK AN PLOTINS KONZEPT EINER ‚CAUSA SUI'

### I

Proklos' Theorie des „authypostaton" (αὐθυπόστατον) ist ein wesentlicher Beitrag zur Entwicklung des Begriffes „Substanz" als eines *absoluten* Selbstandes, der absoluten Substanz (ὑπόστασις), die in der ihr eigentümlichen Seinsweise aus sich selbst sie selbst ist. Dies als einen spezifischen, herausgehobenen Grundzug der Wirklichkeit *nach* dem Ersten Einen evident zu machen, ist wohl die primäre Intention des Proklos innerhalb dieses Problemfeldes. Zugleich eröffnet seine Theorie des αὐθυπόστατον die Möglichkeit einer Kritik an Plotins Versuch, das *Eine* – konvergierend mit αὐθυπόστατον – als Ursache seiner selbst zu bestimmen. Von daher gesehen kann sie sowohl von ihrer sachlichen Fragestruktur als auch von ihrem geschichtlichen Stellenwert her im Kontext von ‚*causa sui*' begriffen werden.

Stephen E. Gersh[1] versteht αὐθυπόστατον – wie E.R. Dodds zurecht[2] – in unmittelbarem Zusammenhang mit dem Begriff des „Sich-selbst-Genügenden" (αὔταρκες) – dies freilich nicht in einem *absoluten* Sinne – und des „Unbewegten" (ἀκίνητον), welches als Grundzug geistigen Seins allerdings nicht als un-dynamisch Statisches mißverstanden werden sollte. Gersh nimmt αὐθυπόστατον zum Ausgangspunkt einer Diskussion der Arten der kausalen Bewegung, speziell der Bewegung der Rückkehr des Verursachten in seine Ursache als eine Relation in Ähn-

---

[1] ΚΙΝΗΣΙΣ ΑΚΙΝΗΤΟΣ. A study of spiritual motion in the philosophy of Proclus, Leiden 1973, 7ff. 11. In Appendix II skizziert Gersh u.a. die Hinweise von L.J. Rosán und P. Hadot zu „αὐθυπόστατον" (ebd. 128–135).
[2] Proclus. The Elements of Theology. A revised Text with Translation, Introduction and Commentary, Oxford 1963², 224, gemäß propositio 40. – Bei Verweisen auf die Elem. theol. im Folgenden nenne ich jeweils zuerst die Zahl der propositio, danach Seite und Zeile der Doddsschen Ausgabe.

lichkeit oder Identität *und* Differenz. Er schließt damit den Begriff der "spiritual motion", speziell den einer "motion of immobility", vom Gedanken der Kausalität her als einen zeit- und raum-freien Vorgang auf.

*John Whittakers* Hauptinteresse ist es – dokumentiert in seinem an historischen Perspektiven reichen Vortrag während der ‚Entretiens' in der Fondation Hardt "De Jamblique à Proclus" 1974 –, die *Quellen* dieses Begriffes bei Proklos in einem weiten Sinne zu eruieren. Mit ungleicher Evidenz macht er aufmerksam auf Theoreme in der Stoa, im Mittelplatonismus, bei Plotin und Porphyrios, im Neupythagoreismus, bei Iamblich, Syrian, in den Orphischen Hymnen, in den Hermetischen Schriften, in Ägyptischer Mythologie in griechischer Brechung, in Magischen Papyri, in Gnostischer Literatur und in analogen christlichen Konzepten. Dabei bezieht er auch eine Reihe von Begriffen ein, die in den Bedeutungsumkreis von αὐθυπόστατον gehören, so etwa: αὐτοφυής, αὐτόγονος, αὐτογενής, αὐτογέννητος, αὐτοπάτωρ, αὐτοτόκος, αὐταίτιος, αὐτόσσυτος, αὐτοποιεῖν[3].

*Meine* Absicht ist es, die philosophische Bedeutung des Begriffes als eines Paradigmas des *Selbstbezugs* überhaupt, spezifischer: als einer Form selbstbezüglicher *Kausalität* oder aktiver, seinsbestimmender Selbst-

---

[3] J. Whittaker, The historical background of Proclus' doctrine of the ΑΥΘΥΠΟΣΤΑΤΑ, in: De Jamblique à Proclus, Entretiens préparés et présidés par Heinrich Dörrie, Vandoeuvres-Genève, 1975, 193–230. Wieder abgedruckt in: J. Whittaker, Studies in Platonism and Patristic Thought, Variorum Reprints, London 1984, XVI. Vgl. auch die Hinweise von J. Amann zu dem Prädikat αὐτοπάτωρ für Zeus in der Zeus-Rede des Ailios Aristides (43,9), Stuttgart 1931, 49ff; 54f [Erinnerung auch an Lobecks „Aglaophamos"]. – Zu αὐθυπόστατον bei Proklos vgl. weiter: E.R. Dodds, Elem. Theol. (wie Anm.2), Commentary 223–227. J. Trouillard, Proclos. Éléments de Théologie. Traduction, introduction et notes, Paris 1965, 51f. Ders., L'Un et l'Ame selon Proclos, Paris 1972, 81–83. Ders., La Mystagogie de Proclos, Paris 1982, 188 (im Zusammenhang mit dem Begriff der αὐτάρκεια). W. Beierwaltes, Proklos 119f; 350f. St. Gersh, From Iamblichus to Eriugena. An Investigation of the Prehistory and Evolution of the Pseudo-Dionysian Tradition, Leiden 1978, 48–55 (Damaskios). 143–150. 305–307 (Termini für die Formen der Selbstbestimmung in Verbindung mit αὐτο-...). G. Reale in seinem Saggio introduttivo zu: Proclo Licio Diadoco. I Manuali. Elementi di Fisica. Elementi di Teologia. I Testi Magico-Teurgici. Marino di Napoli, Vita di Proclo. Traduzione, prefazioni, note e indici di Chiara Farragiana di Sarzana, Milano 1985, CXIIIf. J.M. Dillon, in: Proclus' Commentary on Plato's Parmenides, translated by G.R. Morrow and J.M. Dillon, Princeton 1987, 476f. C. Steel, Conversion vers soi et constitution de soi selon Proclus, in: A. Charles (éd.), Retour, repentir et constitution de soi, Paris 1998, 161–175.

Reflexivität zu zeigen. Den Begriff αὐθυπόστατον möchte ich dabei nicht nur abstrakt in sich bestimmen, vielmehr soll deutlich werden, für welche Bereiche der Wirklichkeit in Proklos' philosophischer Theorie αὐθυπόστατον einen prägenden Wesenszug darstellt. Eine Antwort auf diese Frage wird erleichtert durch eine Bestimmung des systematischen Ortes des Begriffs im Kontext der ‚Elementatio theologica'. – Mein geschichts-philosophisches Interesse ist darauf gerichtet, wie und in welchem Maße der Begriff αὐθυπόστατον die mit *Plotin* komplex anfangende Theorie der „Selbstursächlichkeit" im griechischen Neuplatonismus fortbestimmt oder aber reduziert und verengt, ohne daß dadurch dessen spätere Rückkehr in die Sphäre der Prädikationen des Absoluten inhibiert würde[4]. Ich reflektiere damit auf ein Moment in der Geschichte des Konzepts ‚*causa sui*'[5], gegenüber Plotin auf die Umbesetzung einer Prädikation des Ersten oder Absoluten in eine Seinsform des „Zweiten" innerhalb der Wirklichkeit im ganzen.

II

Das Verbal-Adjektiv αὐθυπόστατον ist von einem nomen agentis abgeleitet, das sich in seiner Tätigkeit oder ein seinem Wirken auf den Inhalt seiner eigenen Tätigkeit, also auf sich selbst, bezieht: ἑαυτὸ ὑφίστησι, „etwas stellt sich selbst [in seinem So-Sein oder Wesen] her, legt selbst den Grund zu seinem Wesen, gründet oder begründet sich selbst", so daß das „Resultat" dieser Tätigkeit ein „durch sich selbst gegründetes oder selbstbegründetes Sein" (οὐσία αὐθυπόστατος), in sich selbst gründendes (oder selb-

---

[4] Eine besondere Bedeutung innerhalb der Wirkungsgeschichte der proklischen Konzeption des αὐθυπόστατον, die ich in anderem Zusammenhang thematisieren möchte, kommt dem ‚*Liber de causis*' und seiner Kommentierung etwa durch Albertus Magnus, Thomas von Aquin, Heinrich von Gent zu. Die Übersetzung von αὐθυπόστατον im ‚Liber de causis' (vgl. die Anmerkung 6) ist „causa suiipsius", „per se subsistens". – Ein zentraler Gedanke in *Thomas'* Gottestlehre hängt mit dieser Fassung von *Substanz* zusammen: deus est ipsum esse per se subsistens (z.b. Summa theologiae I qu. 4, a. 2, corp. art.), dem „esse absolutum" im Sinne des Dionysius entsprechend. Siehe hierzu die perspektivenreiche Abhandlung von J.B. Lotz, Das Sein und das subsistierende Sein nach Thomas von Aquin, in der er sich aus der Sicht einer angemessenen Thomas-Interpretation mit Heideggers Verdikt der „Seinsvergessenheit" auseinandersetzt, in: Martin Heidegger zum Siebzigsten Geburtstag. Festschrift, Pfullingen 1959, 180–194.

[5] Vgl. oben S. 148ff.

Proklos' Theorie des „authypostaton" 163

ständiges) Sein heißen kann⁶. Weil Verursachendes und Verursachtes – ἅμα ποιεῖν καὶ πάσχειν⁷ – im αὐθυπόστατον selbig sind, muß die gründende Tätigkeit des αὐθυπόστατον als *Einheit* von Akt⁸ und „Resultat" begriffen werden: αὐθυπόστατον ist demnach Sich-selbst-*Gründendes* und zugleich Selbst*begründetes*, durch und aus sich selbst Bestehendes, im gründenden Akt *und* in seinem „Resultat" ist *es* das *Selbe*, unterschieden jedoch ist jeweils die Perspektive, aus der es gedacht wird. Die Einheit oder Identität von Akt und „Resultat" macht auch deutlich, daß mit dieser Form des selbstbezogenen Seins *Leben*, auf sich selbst wirkende *und* Anderes erwirkende Aktivität unmittelbar verbunden sind. – αὐθυπόστατον im proklischen Kontext ohne Einschränkung mit „*selbstursächlich*"zu übersetzen, könnte insofern irreführend sein, als αὐθυπόστατον das „Sich-selbst-Gründende" oder „Selbstbegründete" nicht in einem *absoluten* Sinne als Ursache seiner selbst, d.h. seiner eigenen *Existenz* und von deren Möglichkeiten, also als ein absolut Sich-selbst-Herstellendes oder -Schaffendes gedacht werden kann, sondern durchaus als ein von einer höhergeordneten Ursache selbst *Abhängiges* zu verstehen ist. Unter dieser relativierenden Voraussetzung ist das „Selbstbegründete" auch als „*Selbständiges*" im Sinne eines aus sich selbst und in sich selbst „Bestehenden" zu begreifen. So haben vor allem die neuplatonischen Aristoteles-Kommentatoren die aristotelisch gedachte οὐσία bezeichnet – allerdings ohne dadurch die innere „Bewegtheit" des geistigen Seins, wie sie dem proklischen αὐθυπόστατον zukommt, in jedem Falle mitzumeinen⁹.

Die zuvor ausgesprochene Epoché gegenüber einer Benennung der

---

6 *Übersetzungen*, die allerdings unmittelbar aus dem Griechischen oder Lateinischen abgeleiteten Paraphrasen gleichkommen: Wilhelm v. Moerbeke: authypostaton (id est per se subsistentem), Elem. theol. (ed. H. Boese) prop. 40,2; p.24. – Liber de causis XXIV – XXVIII (ed. A. Pattin p.99 sqq): Substantia stans per essentiam suam [n. 189, p. 101: causa suiipsius]. – The self-constituted (Dodds, Whittaker); self-constituted entity (Gersh); self-subsistent (Lloyd); autoconstituant (Trouillard); l'autoconstitué (Hadot); autocostituentesi (Farraggiana di Sarzana, Reale).

7 Proklos nimmt diesen Text aus dem platonischen Parmenides 138 b in seinem Kommentar 1148,29 zum Ausgangspunkt für die Konzeption der Zwei-Einheit von „Aktiv" und „Passiv" im αὐθυπόστατον. Das reine, vielheit-lose Eine hingegen, so Platon, kann weder in einem Anderen noch in sich selbst sein, es kann auch nicht zugleich „leiden" und „tun", als das Selbe „umfassen" und „umfaßt sein".

8 Vgl. auch Elem.theol. 40; 42,8f: πάντων τῶν ἀφ' ἑτέρας αἰτίας προιόντων ἡγεῖται τὰ παρ' ἑαυτῶν ὑφιστάμενα καὶ τὴν οὐσίαν αὐθυπόστατον κεκτημένα.

9 Zu οὐσία αὐθυπόστατος vgl. z.B. Ammonios, in Porph. isagogen, CAG IV 3 (Busse) 70,12. Joh. Philop., in Arist. cat., CAG XIII 1 (Busse) 49,19, zu cat. 2 a 11 περὶ

αὐθυπόστατα im Sinne *absoluter* Selbstursächlichkeit soll nicht den Blick darauf verstellen, daß Proklos die auf sich selbst bezogene, das in sich bestimmte Wesen oder So-Sein begründende Tätigkeit aspektreich mit selbstbezüglichen kausalen Verben beschreibt: das αὐθυπόστατον bringt sich selbst hervor oder verursacht sich selbst: ἑαυτὸ παράγει[10], es ist daher ein ἑαυτοῦ παρακτικόν (als Wesenszug); es stellt sich selbst als Selbstand her oder gründet sich selbst als solchen: ἑαυτοῦ ὑποστατικόν[11]; es zeugt sich selbst: γεννᾶν ἑαυτό, ἑαυτοῦ γεννητικόν, αὐτογενές[12]; es geht von sich selbst her (d.h. aus seinem Sein realer Möglichkeit zur Selbstgründung) in sich selbst hervor und kehrt zugleich in sich selbst als Gegründetes zurück: ἀφ ἑαυτοῦ – εἰς ἑαυτὸ – πρόεισι, ἐπιστρέφει εἰς ἑαυτό[13]; es ist „Ursache seiner selbst": ἑαυτοῦ αἴτιον[14].

Die Diskussion des Begriffes αὐθυπόστατον und der durch ihn bezeichneten Formen der Wirklichkeit steht in der „Stoicheiosis Theologiké", der „Theologischen", d.h. metaphysischen „Elementarlehre", im Kontext einer universalen Bestimmung von Kausalität: Verursachung oder Ursächlichkeit. Durch die in sich differenzierte Bestimmung dieses Begriffs[15] analysiert Proklos einerseits eine Form des Denkens oder Begreifens von Wirklichkeit, andererseits die hierin sich zeigende Struktur der Wirklichkeit selbst: Vielheitliches Sein ist in einsehbar miteinander zusammenhängenden Stufungen oder Dimensionen aus dem Ersten Grund und Ursprung, dem Einen und Guten selbst, verursacht. Die Wirklichkeit aus und nach dem Einen ist in ihr selbst als eine kausal bestimmte *Relationalität* zu denken, die in der Differenz zum Einen *und* in sich – aus ihr heraus – in ihren jeweiligen nächsten und durch diesen in den universalen oder absoluten Grund zurückgebunden ist[16]. Auf-

οὐσίας: αὐτὴ μὲν [πρώτη οὐσία] αὐθυπόστατός ἐστι καὶ οὐ δεομένη τῶν ἄλλων εἰς ὕπαρξιν, αἱ δὲ ἄλλαι ἐν ταύτῃ τὸ εἶναι ἔχουσιν. 53,10. – Zum Verhältnis Substanz und Akzidenz im aristotelischen Sinne vgl. J. Halfwassen, Substanz, in: Historisches Wörterbuch d. Philosophie, hg. v. J. Ritter u. K. Gründer, Bd. 10, Basel 1999, Sp. 497–500. Zu den Aristoteles-Kommentatoren ebd. 502.
[10] Elem. theol. 40; 47,11f. 24. 41; 44,4. 45; 46,14f. 18. in Parm. 1146,14f. 1151,32. Theol. Plat. IV 19; 55,21ff.
[11] Elem. theol. 40; 42,9. in Parm. 1146,6f. 1151,9.
[12] Ebd. 41; 42,32f. 44,1. in Parm. 1146,3. 1148,21. 1151,28.
[13] Ebd. 40; 42,25. 41; 44,4f. 42; 44,14ff. Vgl. auch unten S. 168f. 171f.
[14] in Parm. 1145,35. Theol. Plat. III 6; 20,17: αἴτιον ἑαυτῷ.
[15] Zu diesem Begriff bei Proklos vgl. W. Beierwaltes, Proklos 130ff. 150ff.
[16] Elem. theol. 33; 36,16: πάντα κύκλῳ πρόεισιν ἀπὸ τῶν αἰτίων ἐπὶ τὰ αἴτια.

grund dieses Rückgangs ins Eine ist das Ganze des Seins als ein durch Kausalität geordnetes, „dynamisches Identitätssystem" zu begreifen[17]. Die ‚Elementatio theologica' versucht eine logische und methodisch überzeugende Absicherung des Gedachten oder der in sich differenzierten, in ihren Elementen aufeinander bezogenen Wirklichkeit im Ganzen. Diese spiegelt sich in der zumindest intendierten argumentativen Stimmigkeit der einzelnen „propositiones" („Sätze") und ihrer Entfaltung wider. „Die Struktur der Entwicklung der einzelnen „Sätze" soll ein stringenter Beweis sein, so daß jeder Satz, der dem ersten überhaupt bewiesenen Satz folgt, als ein schon bewiesenes, begründetes und zugleich begründendes Element in den Folge-Sätzen fungieren kann"[18] – die logische ‚catena aurea' als Denk-Bild der Wirklichkeit des Verursachten. – Meist verfährt Proklos in der Begründung der Sätze so, daß er die hypothetische Geltung der Negation des jeweiligen Satzes syllogistisch ad absurdum führt: der Satz wird also jeweils durch einen Aufweis der Unmöglichkeit seines Gegenteils – per impossibile contrarii – bestärkt.

„Allem, was aus einer anderen Ursache hervorgeht, geht das durch sich selbst Bestehende [sich von sich selbst her Gründende] und dasjenige voran, das ein durch sich selbstbegründetes Sein besitzt"[19]. Das Sichselbst-Gründende oder Selbstbegründete ist aufgrund seines kausalen *Selbst*bezugs als eine herausgehobene Weise des aus dem Einen selbst Verursachten zu betrachten. Vorbereitet ist der für das αὐθυπόστατον wesentliche Gedanke des Rückbezugs auf sich selbst[20] einmal durch die immer wiederkehrende Feststellung zur Bewegungsstruktur von Kausalität: daß „alles aus einer Ursache Hervorgehende (προϊόν) sich gemäß seinem Sein auf jenes, aus dem es hervorgeht, [wieder] zurückwendet"[21] – in einem Kreis-Prozess, der die verursachte Andersheit aufgrund von im Hervorgang bleibender Ähnlichkeit [„Verwandtschaft", „Sympathie"][22] mit dem Ursprung wieder in diesen zurückbindet[23]. Der Vollzug

---

[17] W. Beierwaltes, Proklos – ein „systematischer Philosoph"?, in: Proclus – Lecteur et interprète des Anciens, ed. J. Pépin, Paris 1987, 351–368.
[18] Ebd. S. 367.
[19] Elem. theol. 40; 42,8f – die erste propositio zum αὐθυπόστατον. – Die deutschen Übersetzungen von Proklos-Texten stammen von mir.
[20] prop. 42–44.
[21] 31; 34,28f.
[22] 28; 32,28ff.
[23] 32; 36,3f. 33; 36,11f: κυκλικὴ ἐνέργεια. 16 (Anm. 16).

dieses kausalen Kreises ist der Grund dafür, daß das Verursachte als es selbst *ist* und *bleibt*, was es ist. – Das andere Moment der Vorbereitung der Analyse der Wesenszüge der αὐθυπόστατα besteht darin, daß Proklos – gemäß aristotelischer Tradition[24] – bewußt macht, daß nur ein Unkörperliches (ἀσώματον), d.h. also ein Geistig-Seiendes, einer Rückwendung auf sich selbst fähig ist[25]. Dies zu sehen ist die Voraussetzung dafür, daß Nus und Psyché als Konkretionen des ursächlichen Selbstbezugs verstanden werden können.

## III

1. Um nicht alle Bestimmungen des αὐθυπόστατον, die in zeitlichen Kategorien oder in Formen der Distanz und Differenz (und damit auch des Raumes) beschrieben werden, jeweils mit Kautelen von der Art versehen zu müssen: „Die entsprechenden Sätze sind allerdings *gegen* ihren geläufigen Sinn zu lesen!", beginne ich mit einem Blick auf die drei letzten propositiones (49 – 51) innerhalb der Folge von 12 propositiones über die αὐθυπόστατα (40 – 51). So lautet die Propositio 49: „Alles Selbstbegründete ist immerwährend" (ἀίδιον). Dies ist – in Aussagen des Timaios-Kommentars erläutert – gerade nicht als unendliche *Zeit* zu verstehen: ἀεὶ ὄν – „immer seiend" – eines Selbstbegründeten ist vielmehr mit αἰώνιον – also zeit-freiem Ewig-Sein synonym[26]. Wenn also „alles Selbstbegründete herausgenommen ist aus dem, was von Zeit gemäß seinem Sein gemessen wird" (prop.51), dann meint „immerwährend" die reine, „dauernde" Gegenwart. Diese aber schließt alle Modi der Zeit aus dem Sich-selbst-Gründenden strikt aus: Vergangenheit und Zukunft, Vorher und Nachher einer zeitlichen Entfaltung, die immanente reale, unaufhebbare Distanz der Stadien eines solchen Prozesses, seine Teilhaftigkeit und sein Zusammengesetztsein (σύνθετον), sein Sein in einem Anderen *außerhalb* seiner selbst (prop. 48). Zeit – in dieser Weise durch

---

[24] de anima 430 a 3f: ἐπὶ μὲν γὰρ τῶν ἄνευ ὕλης τὸ αὐτό ἐστι τὸ νοοῦν καὶ τὸ νοούμενον.
[25] Elem. theol. 15; 16,30.
[26] in Tim. I 239,27f. 256,4: τὸ μὲν αὐθυποστάτως ὁμοῦ πᾶν ὑφεστάναι. – Zwei Formen von ἀιδιότης: Elem. theol. 55; 52,30ff:...διττὴ ἦν ἡ ἀιδιότης, αἰώνιος μὲν ἄλλη, κατὰ χρόνον δὲ ἄλλη· ἡ μὲν ἑστῶσα ἀιδιότης, ἡ δὲ γινομένη· καὶ ἡ μὲν ἠθροισμένον ἔχουσα τὸ εἶναι καὶ ὁμοῦ πᾶν, ἡ δὲ ἐκχυθεῖσα καὶ ἐξαπλωθεῖσα κατὰ τὴν χρονικὴν παράτασιν.

Differenz in ihr selbst bestimmt, als ein nie vollendetes sondern immer nur intendiertes Ganzes – höbe das für jedes Selbstbegründete konstitutive Einfach-Sein (ἁπλοῦν, prop. 47) auf. Es ist deshalb sinnvoll, wenn Proklos unmittelbar auf die beiden propositiones, die das Prädikat „immerwährend" in Negation (48) und Affirmation (49) erläutern, eine e contrario stringente Erwägung der Konsequenzen einer *zeithaften* Auffassung des αὐθυπόστατον folgen läßt (prop. 50), die für es destruktiv wären. Sie zeigt auf das teil-lose Einfach-Sein des αὐθυπόστατον, seine reine Gegenwart hin. Das durch Zeit Meßbare oder Gemessene ist durch die innere Differenz von „War" und „Wird sein" bestimmt, „Früher" oder „Später" in ihm ist immer ein Verschiedenes (ἀεὶ ἄλλο)[27]; damit ist auch das „Jetzt" des zeithaften Seins immer ein Anderes. Dies aber, immer als Verschiedenes in sich zu sein, in dem „Sein" ständig in „Nicht-Sein" übergeht, ist der Grundzug von *Werden* (γένεσις) als einer zeitlichen Erstreckung oder Zerstreuung[28]. Das zeitlich Verfaßte hat deshalb kein *eigentliches* Sein, in dem es als „dem Selben stehen" könnte, sondern sein Sein „ist" im Werden, es „ist" aber nicht, was es war und wird; es hat vielmehr – paradox gesagt – im jeweiligen „Nicht-Sein das Sein"[29]; deshalb kann es auch nie ein „vollendet" und „zugleich" Ganzes in sich sein, wie es für das Ewige oder zeit-freie Immerwähren, die reine Gegenwart, zu sein wesentlich ist. Als zeit-loses Sein impliziert diese auch, daß sie weder aus einem zeitlichen Anfang entstanden ist (ἀγένητον, prop. 51), noch daß sie ein zeitliches Ende erfährt (ἄφθαρτον, prop. 46; ἀνώλεθρον, ἀθάνατον[30]), das ihre Gegenwart in eine Zukunft überführte oder ihr Sein als ganzes beendete. – Wenn also eine zeitliche Verfaßtheit aus den αὐθυπόστατα generell auszuschließen ist, dann sind auch Sätze über die Grund-Tätigkeit eines αὐθυπόστατον, das Begründen oder Verursachen seiner selbst, seines eigenen Wesens, nicht als Anzeige eines zeithaften Prozesses zu verstehen, der ein Früher und Später des Verursachens gegenüber dem Verursachten, ein Werden eines Seienden zu sich selbst (γένεσις εἰς οὐσίαν) implizierte. Der Gedanke der *Zeitlosigkeit* dieser Tätigkeit macht erst den Gedanken der Einheit *in* der Zweiheit oder Differenz für ein Selbstbegründetes möglich. Das über die Zeit-Freiheit

---

[27] Elem. theol. 50; 48,21f. Vgl. Plotin III 7, 11,40f. 52. 55.
[28] 27f: ...ἐν τῷ σκιδναμένῳ τῆς χρονικῆς παρατάσεως.
[29] d.h. sein „uneigentliches" Sein: 48,24. 29.
[30] in Tim. I 252,26ff. III 216,1ff.

des αὐθυπόστατον Gesagte gilt in analoger Weise auch für sein Herausgehobensein aus einem *räumlichen* Hier und Da, einer durch eine innere räumliche Differenz bedingten Erstreckung, Teilung oder Zerstreuung.

2. Die Grundfrage, in deren Horizont Proklos den Begriff des αὐθυπόστατον bestimmt, richtet sich – dies habe ich zuvor angedeutet – auf die verschiedenen Formen der Verursachung (Kausalität), damit auch auf deren jeweiligen Vollzug und auf deren Funktion für das Ganze von Wirklichkeit. Die Gedankenentwickung folgt der fundamentalen Unterscheidung zwischen einem Akt des Verursachens oder Gründens und Begründens von *Anderem* als es das Verursachende oder Gründende selbst ist, und einem Verursachen oder Gründen seiner *selbst*. Von seiner radikalen Grundannahme her, daß das Eine selbst (αὐτοέν) – mit dem Guten selbst identisch[31] – ohne jede Weise der Zweiheit oder Vielheit in sich selbst relationslos es selbst und *als solches* die absolute Erste Ursache oder der umfassend gründende, in sich selbst grund- oder ursachlose[32], Grund von allem Anderen, d.h. des in differenzierten Formen vielheitlich Seienden ist, steht diese Form des Verursachens oder Gründens von Anderem als absolute „jenseits" aller anderen Formen von Kausalität[33], ist „höher" auch als ein Sich-selbst-(Be-)Gründen[34]. Dieses nämlich muß als eine Realisierung von Zweiheit (oder Andersheit) „*nach* dem Ersten"[35] sein; und durch ihm immanente Zweiheit ist es bestimmt, sofern es *aus sich selbst* hervorgeht[36] – dadurch schon ist es „Eines und Nicht-Eines zugleich" [40; 42,26] – und sich als das Selbe auf sich selbst zurückbezieht. In dieser inneren Bewegung oder Tätigkeit macht es sich allererst zu sich selbst, gründet sein Wesen aus der Zweiheit in Einheit.

[31] z.B. Elem. theol. 13; 14,25. 16,2. 25; 28,24.
[32] Theol. Plat. II 9; 58,24: ἀναιτίως αἴτιον, um die Ursächlichkeit des Einen/Guten als eine radikal transzendente hervorzuheben. αἴτιον allein, ohne seine paradoxe Negation, könnte eine Quasi-Gleichrangigkeit innerhalb der Relation ‚Ursache und Verursachtes', mindestens aber eine in sich ungestufte Dimension suggerieren. Daher auch der Terminus προαίτιος für das Eine (ebd. 59,24. in Parm. 1210,11). ὑπεραίτιον: in Parm. 962,18. Vgl. Plotins Epoché gegenüber dem Terminus αἴτιον: VI 9,3,49ff.
[33] in Parm. 1143,15ff. 37ff: τὸ ὑπὲρ πάντα πάντων αἴτιόν ἐστι τῶν ὄντων τὸ ἕν, αὐτοῦ δὲ αἴτιον οὐδέν ἐστιν.
[34] κρεῖττον: in Parm. 1144,33. 39. Das in prop. 40 Gesagte gilt also nicht in einem absoluten Sinne, sondern nur für das, was *nach* dem Selbstbegründeten ist; insofern ist das πάντων (p. 42,8) leicht irreführend.
[35] μετὰ τὸ πρῶτον: Elem. theol. 40; 42,27.
[36] Ebd. 25: ἀφ' ἑαυτοῦ γὰρ πρόεισιν.

Zum *Vollzug* dieser auf sich selbst, in die Vollendung seiner selbst[37] hin, gerichteten immanenten Kausalität bedarf es nicht einer von außerhalb seiner selbst wirkenden anderen Ursache, sie „genügt sich" vielmehr hierzu „selbst" (αὐταρκες[38]). *Diese* Weise der Selbstgenügsamkeit ist jedoch eine bloß relative im Blick auf das absolute Über-Sein des Einen/Guten. Während dieses als Erstes keine Ursache vor sich selbst haben kann, um „es selbst" zu sein, ist das Vermögen (δύναμις) der Selbstbegründung als eine Form von Zwei-Einheit vom Einen selbst her verursacht[39], in seiner *Existenz* oder als existierendes gegeben; der Vollzug jedoch der sich selbst vollendenden Selbstbegründung dieser Zwei-Einheit nach dem Einen geht spontan von eben dieser gegebenen „ontologischen" Voraussetzung selbst aus: Das sich selbst gründende und „dann" selbstbegründete, selbständige oder „im Selben stehende"[40] Sein ist trotz seiner relativen Autarkie abhängig von der Ersten Ursache – ist also eine von ihrem Grunde her *verursachte* Selbstverursachung oder Selbstbegründung, die ihrerseits wiederum Anderes verursacht[41]. – Die αὐθυπόστατα haben innerhalb des kausalen Gesamtzusammenhangs eine herausgehobene Funktion der Vermittlung, weil sie als immanent „sich selbst genügende" Ein-Vielheiten dem Guten/Einen am nächsten sind[42]. Vor allem aus einem modernen Bewußtsein muß die „Zweitrangigkeit" des Sich-selbst-Gründenden gegenüber dem alles Andere gründenden Einen absoluten Grund als fremd erscheinen: Selbst-Gründung oder Ursache-seiner-selbst-Sein sollte gerade als Bedingung absoluter Kausalität begriffen werden können, die sich selbst *und* allem Anderen das Erste und damit auch absoluter Grund und uneingeschränkter Ursprung ist. Genau diese Konzeption aber wird Proklos in ihrer *plotinischen* Form kritisieren und als Widerspruch zum Begriff des Einen betrachten, sofern er dieses als *reine,* d.h. vielheits-, differenz- und relationslose Einheit in

---

[37] in Parm. 1146,2.
[38] Elem. theol. 40; 42,12f. 20.
[39] in Parm. 1143,14. 1151,15ff. 1150,19f: τὸ ἕν...καὶ τῶν αὐθυποστάτων ἁπάντων αἴτιον. αὐθυπόστατα als τὰ πρῶτα ἐκ τἀγαθοῦ ὑποστάντα: Elem. theol. 40; 42,19. – in Tim. I 232,11ff: τὸ μὲν οὖν ἓν καὶ τοῦ αὐθυπόστατον εἶναι κρεῖττόν ἐστι... 299,5f. III 210, 30–32: αὐθυπόστατον in doppelter Bedeutung: ὡς μόνον πάντα ἑαυτῷ χορηγοῦν, τὸ δὲ ὡς *καὶ* παρ' ἑαυτοῦ μὲν ὑφιστάμενον *καὶ παρ'* ἄλλης δὲ τῆς πρὸ ἑαυτοῦ αἰτίας.
[40] zur Formulierung vgl. Elem. theol. 50; 48,24f.
[41] Ebd. 40; 42,27f. in Parm. 1151,8–10: πᾶν μὲν τὸ ἑαυτοῦ ὑποστατικὸν καὶ ἄλλων ἐστὶ παρακτικόν.
[42] 40; 42,13ff.

jedem Sinne festhält[43]. Das Sich-selbst-Gründende oder Selbstbegründete ist – wie zuvor gesagt – als etwas *nach* dem Einen auf jeden Fall bereits Zweiheit[44]; es ist dies als *In*-sich-selbst-Seiendes (ἐν ἑαυτῷ, prop. 41) und auf sich selbst hin Bezogenes oder sich selbst in seinem So-Sein Erwirkendes[45]: immanenter Unterschied[46], der durch den in sich selbst gründenden Selbst-Bezug zugleich in eine Einheit aufgehoben „wird", bzw. ist. An die Stelle des ansonsten gültigen Gefälles zwischen Verursachendem und Verursachtem: daß das eine das Erste, Höhere, „Ehrwürdigere", „Frühere" gegenüber dem anderen als dem Resultat des kausalen Aktes ist, tritt im αὐθυπόστατον eine gleichpolige Relation oder eine tätige Verbindung, die trotz der immanenten Differenz die in diesem Status höchstmögliche Einheit erwirkt: das in und auf sich selbst wirkende αὐθυπόστατον ist Gründendes oder Verursachendes und Gegründetes oder Verursachtes *zugleich* (ὁμοῦ, τὸ αὐτό, ἅμα), das sich Verursachende umfaßt sich selbst (περιέχειν), ist also zugleich Umfassendes und Umfaßtes, Zusammenhaltendes (συνέχειν; Vereinendes), Bewahrendes (σῴζειν) *und* Zusammengehaltenes und Bewahrtes, oder es hält sich selbst als differenzierte Einheit zusammen und bewahrt sich selbst in seinem Wesen auf diese Weise[47].

[43] vgl. unten S. 178ff.
[44] 40; 42,24ff.
[45] für αὐθυπόστατον aus dem Gedankenexperiment zum Einen als einer Differenz von περιέχον καὶ περιεχόμενον abgeleitet: in Parm. 1147,12ff. 24. 26. 1149,13ff.
[46] in Parm. 1150,38ff.
[47] Ebd. 1145,24–27. 1146,4f. 17f: ὁμοῦ δὲ αἴτιον ὄν καὶ αἰτιατόν... Elem. theol. 41; 44,2ff. in Parm. 1146,14–29, von Platons Parmenides 138 a ausgehend als Aussage über αὐθυπόστατον (1146,3ff), was vom Einen auszuschließen ist, gilt durchaus vom αὐθυπόστατον als einer nicht-absoluten Form von Einheit. – Meine Behauptung, es handle sich bei dem kausalen Selbstbezug des αὐθυπόστατον um eine „gleichpolige Relation", sehe ich in den hier genannten Aussagen zur Einheit oder Identität dieses „Prozesses" begründet. Diese steht allerdings in einem schwierigen, wenn nicht widersprüchlichen Verhältnis zu der Aussage des Proklos in Parm. 1150,7–10: καὶ τὸ αὐθυπόστατον ἀνάγκη διαιρετὸν εἶναι κατὰ τὸ κρεῖττόν τε καὶ χεῖρον· κρεῖττον γὰρ καθὸ ὑφίστησιν, ἧ δὲ ὑφίσταται καταδεέστερον. Daß das αὐθυπόστατον durch Zweiheit oder immanente Andersheit bestimmt ist, habe ich hinreichend deutlich gemacht. Eine διαίρεσις in „Besser" und „Schlechter" [„Geringer"] – also das genannte „Gefälle" – widerspräche nicht nur den Identitäts-Aussagen („Verursachendes und Verursachtes sind im αὐθυπόστατον das Selbe"), sondern auch der Forderung in der ‚Elementatio theologica', prop. 47; 46,29ff, das αὐθυπόστατον müsse „teillos" (ἀμερές) und „einfach" (ἁπλοῦν) sein. „Wäre [das αὐθυπόστατον] zusammengesetzt [σύνθετον – Voraussetzung für διαιρετόν-, Teilbar-Sein], so wäre das eine in ihm schlechter, das andere aber besser, und das Bessere wäre

Proklos' Theorie des „authypostaton" 171

Den selben Gedanken, der die Einheit der Unterschiede in der Selbst-Gründung bedenkt, formuliert Proklos im Zusammenhang einer negativen Antwort auf die stoische Frage, ob der Kosmos „selbstbegründet" sei[48], mit weiteren kausalen Verben: im Sich-selbst-Gründenden oder Selbstbegründeten sei „Schaffendes und Geschaffenes, Zeugendes und Gezeugtes das Selbe"[49]. Oder, auf der Basis des In-sich-selbst-Seins (ἐν ἑαυτῷ) gilt für das αὐθυπόστατον: das Verursachte ist und bleibt in seiner Ursache als diese selbst *und* als dieses (d.i. als das Verursachte) selbst zugleich – „mit sich selbst identisch", ἑαυτῷ ταὐτόν[50]. Dieser sich selbst konstituierenden Einheit aus der Vielheit und Differenz heraus kommt durchaus das Prädikat „einfach" (ἁπλοῦν)[51] zu. Diese Benennung ist allerdings nur dann angemessen, wenn „einfach" nicht reine, d.h. absolute Einheit anzeigen soll, sondern ein *geeintes* Eines intendiert. ‚Geeint' meint hier freilich nicht ein aus Teilen Zusammengesetztes (σύνθετον), das ein Gefälle von Besserem zu Schlechterem, oder von Möglichem zu Wirklichem und damit ein „Bedürfnis" des einen gegenüber dem anderen implizierte – also der relativen oder immanenten Selbstgenügsamkeit des αὐθυπόστατον widerspräche[52].

3. Selbst-Gründung ist nicht eine ‚creatio ex nihilo'[53] in einem absoluten Sinne; das durch das Eine selbst gegebene Seiende geht vielmehr aus seinem eigenen Sein als dem Anfang aus sich selbst in sich selbst hervor[54] und wendet sich zugleich (im Sinne der zuvor beschriebenen Einheit) auf sich selbst – sich selbst vollendend – zurück, gründet also sich selbst als τέλος und τέλειον (Ziel und Vollendung) des Anfangs, führt

---

aus dem Schlechteren und das Schlechtere aus dem Besseren [abgeleitet], sofern es als Ganzes aus sich selbst als Ganzem hervorginge". Dies aber kann für ein in sich teilloses, einfaches oder geeinte Einheit seiendes αὐθυπόστατον nicht zutreffen. „Gefälle" der genannten Art widerspräche auch der Zeit- und Raumlosigkeit des Durch-sich-selbst-Begründeten.

[48] Vgl. J. Whittaker, The historical background (wie Anm. 3) 197f.
[49] in Parm. 785,15–17: τὸ δὲ αὐτὸ ποιοῦν ἐστι καὶ ποιούμενον γεννῶν τε καὶ γεννώμενον ἐν τοῖς αὐθυποστάτοις.
[50] Elem. theol. 41; 44,6 und 8. 45; 46,18f: ἀεὶ τῇ ἑαυτοῦ αἰτίᾳ συνόν, μᾶλλον δὲ ἐνυπάρχον... 22f: ἅμα καὶ αἴτιόν ἐστι καὶ αἰτιατόν. in Parm. 1145,8ff. 34ff. 1146,17f. 33ff.
[51] Elem. theol. prop. 47. 89; 78,25f. Theol. Plat. III 6; 20,11ff. 21,6ff.
[52] Elem. theol. 47; 46,33ff.
[53] in Tim. I 281,7ff: αὐθυπόστατον ἀφ' ἑαυτοῦ γεννώμενον οὐκ ἐκ τοῦ μὴ ὄντος πρόεισι.
[54] Elem. theol. 41; 44,4f: αὐτὸ εἰς ἑαυτὸ προϊόν. 42; 44,14f: ἀφ' ἑαυτοῦ...εἰς ἑαυτό.

im Ende der reflexiven Bewegung den Anfang mit dem konstituierenden Ziel der Bewegung zusammen. *Rückwendung auf sich selbst,* sich selbst gründender Selbstbezug ist also Bedingung und Form der Einheit oder Identität *in* der Differenz von Anfang und Ziel, Verursachen und Verursachtem, Schaffen und Geschaffenem. Die propositiones 42–44 befestigen diesen zentralen Gedanken. In den propositiones 42 und 43 sind Subjekt und Prädikat „chiastisch" vertauschbar – zu einer Spiegelung des Selben: „Alles Selbstbegründete ist auf sich selbst zurückbezogen [ἐπιστρεπτικόν]" („ist fähig, sich auf sich selbst zurückzubeziehen", „kehrt in sich selbst zurück"); und: „Alles auf sich selbst Zurückbezogene ist selbstbegründet" (oder als Akt: „gründet sich selbst").

Im Gegensatz zu einer Verursachung von *Anderem,* bei der das Verursachte aufgrund seiner Ähnlichkeit mit dem Verursachenden in eben dieses als ein Höheres oder ontologisch Früheres zurückgeht oder zurückgebunden bleibt[55], ist *Selbst*gründung als eine Bewegung aus dem Selben in das Selbe zu begreifen, oder – sofern man die innere Unterschiedenheit von Anfang und Ziel beachtet – Rückgang des Selben in *sein* Anderes, das sich als Vollendung (τελείωσις, τέλειον εἶναι) des gründenden Aktes erweist, der zu dem führt, was es als Selbst oder aus sich selbst gegründetes Wesen *ist.* Wie Ursache und Verursachtes, Zeugendes und Gezeugtes in diesem Vorgang Eins und das Selbe sind, so sind auch das Selbe (als Anfang) und *sein* Anderes (als Ziel) Eines (d.h. ein geeintes Eines) und das Selbe. „Wenn es [das αὐθυπόστατον] nämlich von sich selbst [und nicht von einem Anderen außerhalb seiner selbst] ausgeht, dann vollzieht es auch die Rückkehr zu sich selbst; woraus sich jedem Einzelnen der Hervorgang vollzieht, auf das hin geht auch die dem Hervorgang entsprechende Rückkehr" – also auf das Selbe[56]. – Propositio 42 bestimmt das Ziel der Rückkehr des Verursachenden als das ihm *„eigene Gute"* (οἰκεῖον ἀγαθόν[57]). Dieses ereignet oder erfüllt sich ihm gerade in der „Umwendung" des Hervorgehens in den Selbstbezug auf seinen inneren Anfang hin. In dieser Form der Selbstaneignung[58] und Konzentration

---

[55] W. Beierwaltes, Proklos 133f. 159ff. Konsequenzen dieses Gedankens für Denk- und Lebensform: ebd. 329ff.
[56] Elem. theol. 43; 44,28f: πρὸς ὃ γὰρ ἡ κατὰ φύσιν ἐπιστροφή, ἀπὸ τούτου καὶ ἡ πρόοδος ἡ κατ' οὐσίαν ἑκάστοις.
[57] 42; 44,19. 23. Z. 18: τὸ εὖ. Gemäß aristotelischer Tradition: τἀγαθόν, οὗ πάντα ἐφίεται, z.B. Eth. Nic. 1094 a 3. Proclus, Theol. Plat. I 22; 101,27ff.
[58] Elem. theol. 44; 46,6 ἑαυτοῦ ὄν. – Diesen Akt des geistigen Selbstbezugs könnte

auf sich *selbst* als Ziel seiner Tätigkeit erweist sich seine Selbstgenügsamkeit und sein τέλειον-Sein[59]. Konstitution des eigenen Selbst in oder durch ἐπιστροφή garantiert daher durch die Realisierung des eigenen Gut-Seins auch die Selbsterhaltung[60] des Selbstbegründeten. Die „chiastische" Umkehrung oder Spiegelung der 42. propositio in der ihr folgenden: „Alles auf sich selbst Zurückbezogene [oder hierzu Fähige] ist selbstbegründet" bestätigt die Selbst-Gründung als eine Bewegung der Identität *in* der Differenz aus dem universal gültigen Satz: „Das Ziel der wesensgemäßen Rückkehr ist bei jedem [Seienden] mit dem Ausgangspunkt des Hervorgangs des Seins selbig"[61]. Aufschlußreich für den Gedanken, daß das Sich-selbst-Gründende sein eigenes *Sein* oder *Wesen* auf der Basis der vom Einen hierzu gegebenen Möglichkeit (oder Fähigkeit) schaffe, ist der Hinweis, daß die tätige Hinwendung zu seinem eigenen *Gut*-Sein als Telos der Bewegung sich *zugleich* sein eigenes *Sein* „gewährt" (παρέχει) und es „so über seinen eigenen Selbstand verfügen wird"[62].

Rückwendung in sich selbst (als verursachende, das Selbst gründende Bewegung), Selbstbezug auf sein eigenes Sein und Gut-Sein als tätige Konzentration auf sich selbst erweist sich also als Grund der eigenen *Einheit* des αὐθυπόστατον, seiner immanenten kausalen Identität und damit auch aller übrigen Wesenszüge, die durch die bereits genannten Prädikate bezeichnet werden: das zeit-los Ewige, seine reine Gegenwart, sein Ungeworden- und Unvergänglich-Sein, sein Teil-los und Einfach-Sein. Kausales Umfassen (περιέχειν) und bewahrendes Zusammenhalten (συνέχειν) sind Wirkweisen des Selbstbezugs. – Diese innere dynamische Einheit des αὐθυπόστατον im oder durch konstituierenden Selbstbezug sieht Proklos auch realisiert durch die unmittelbare Zusammengehörigkeit von Wirksamkeit oder Tätigkeit (ἐνέργεια) mit Sein oder Wesen

---

man als neuplatonische Form der stoischen οἰκείωσις [οἰκειῶσαι πρὸς ἑαυτό] verstehen: Selbst-Werden, mit sich selbst Identisch-Werden, Selbstaneignung als Selbstvollendung und Selbsterhaltung – die biologische *und* ethische Dimension umfassend, vgl. Chrysipp, SVF III 178; 179. Cicero, De finibus III 5,16: [animal] ipsum sibi conciliari et commendari ad se conservandum.
[59] Elem. theol. 42; 44,21ff.
[60] Ebd. 41; 44,2f. 44; 46,7: ἑαυτοῦ σωστικόν. in Parm. 1146,26f: ἑαυτὸ γὰρ σῷζον ἑαυτὸ περιέξει.
[61] 43; 44,28f.
[62] 43; 44,30f:...καὶ ἔσται τῆς ἑαυτοῦ κύριον ὑποστάσεως.

(οὐσία)⁶³. Eine Isolation beider höbe die Einheit des Sich-selbst-Gründenden auf: ἐνέργεια ist immer ἐνέργεια einer οὐσία, sie ist deren Wirklichkeitsgrund und deren tätige Selbstäußerung, macht, daß eine οὐσία sie selbst ist, sich selbst gehört (ἑαυτοῦ εἶναι⁶⁴) und sich selbst zu bewahren imstande ist (ἑαυτοῦ σωστικόν⁶⁵). Durch den Selbstbezug in seinen Tätigkeiten – des Schaffens, Zeugens, Gründens – ist das αὐθυπόστατον in einem herausgehobenen Sinne αὐτενέργητον⁶⁶: selbst-tätig, in seiner Tätigkeit oder als solche auf sich selbst bezogen (εἰς ἑαυτὸ ἐνεργεῖν), sich selbst tätigend (analog dem ἑαυτὸ ὑφιστάναι im αὐθυπόστατον). Aus der Einheit oder der Zusammengehörigkeit von ἐνέργεια und οὐσία ergibt sich für den Selbstbezug des αὐθυπόστατον, daß er nicht in einen durch ἐνέργεια und einen durch οὐσία realisierten geschieden werden kann, sondern daß er als die Eine Tätigkeit der Einen οὐσία verstanden werden muß: „Wenn also etwas gemäß seiner von seinem Sein ausgehenden Wirksamkeit zu sich selbst zurückzukehren fähig ist, dann hat es auch ein rückbezügliches Sein erlangt"⁶⁷. Sein – οὐσία – ist durch die ihm eigene Wirksamkeit oder Tätigkeit auf sich selbst zurückbezogen – durch sich selbst auf sich selbst. Sein ist nicht das „Resultat" einer in ihm wirkenden Tätigkeit, sondern vielmehr die mit dieser Tätigkeit unmittelbar verbundene „Basis" und zugleich das „Medium" ihres Vollzugs, für Sein als mit sich selbst identischem konstitutiv.

4. Die Tätigkeit der αὐθυπόστατα hat sich als ein immanenter, in der selben Dimension verbleibender Selbstbezug erwiesen – dies im Unterschied zu anderen Formen der ἐπιστροφή, die über das jeweilig Seiende hinausgeht, ein Ziel außerhalb ihrer selbst intendiert. Immanente ἐπιστροφή bestimmt vor allem den Bereich des *Nus* – als Rückgang des absoluten *und* individuellen Denkens in sich selbst – und der *Seele*, die *im* Rückgang in sich selbst jedoch zugleich über sich hinaus in ihren eigenen Grund – den Nus und letztlich das Eine – übergeht⁶⁸. Im Blick auf die zunächst immanent sich vollziehende ἐπιστροφή sind Nus und Seele

---

63 Elem. theol. prop. 44.
64 Ebd. 44; 46,6. 11.
65 Ebd. Z. 7 und Anm. 60
66 in Parm. 785,19–24. Vgl. auch in Crat. 17,11ff (Pasquali) – ex negativo: ein αὐτόγονον καὶ αὐθυπόστατον bedarf keiner Hilfe durch eine bewirkende Ursache zu seiner eigenen ἐνέργεια, es *ist* diese. Zum Terminus noch Prov. 56,5 (Boese).
67 Elem. theol. 44; 46,8–10.
68 Vgl. W. Beierwaltes, Denken des Einen 254ff. Proclus, in Parm. 1148,14–17.

Proklos' Theorie des „authypostaton" 175

als Konkretionen des Sich-selbst-Gründenden zu verstehen. Die bisher eher abstrakt abgeleiteten Wesenszüge des Begriffs αὐθυπόστατον, die dem differenz- und relationslosen Einen selbst als Formen von Zweiheit oder Vielheit allesamt nicht zukommen *können,* sind innerhalb der unterschiedlichen Dimensionen intelligiblen Seins – des Nus und der Seele – in einer eben diesen Dimensionen entsprechenden Modifikation wirksam.

a. Trotz der Abhängigkeit vom Einen und trotz seines Rückbezugs zum Einen selbst, der über ihn selbst hinausweist, ist der denkende Selbstbezug des *Nus* als die Gründung und immanente Vollendung seiner selbst, als eine dynamische Identität durch Reflexivität zu begreifen.

Aus dem Einen als eine Form der Einheit *in* der Vielheit, als aktives Vermögen zu sich selbst gegründet, konstituiert der Geist sich selbst zu einer in sich seienden Wesenheit durch eine ihm innerliche, von ihm selbst vollzogene Bewegung. Diese führt sein Hervorgehen, seine Entfaltung in sich selbst hinein: in die dadurch „entstehende" „Fülle der Ideen"[69], in den Ursprung eben dieses Hervorgangs zurück. Der Modus dieser Bewegung ist Denken (νόησις, νοεῖν), das in seinen „Gegenständen" sich selbst denkt und sich so in diesem Selbstbezug mit seinem eigenen Sein identifiziert, dieses zu einem sich selbst zugleich als ganzes denkenden Sein macht. Nicht das Eine selbst also gründet das Sichselbst-Gründende als solches und „vollendetes", sondern dessen ureigenes Wirken selbst macht die Hypostasis Nus zu einer αὐθυπόστασις: zu einem Kreis von in sich selbst hervorgehender Entfaltung und von Rückkehr zugleich in den in ihm selbst als Telos der Bewegung bleibenden Anfang[70]. Der denkende Selbstbezug, der die in sich differenzierte Einheit des Nus begründet, vollzieht sich als eine *doppelte* Reflexion: sie bezieht sich nicht nur auf ihre „Gegenstände", das Sein der Ideen, sondern ebensosehr auf ihre eigene Tätigkeit oder ihr eigenes Wirken; dieses ist – trotz der prozessualen Sprache – freilich nicht als eine sich erst verwirklichende Möglichkeit zu verstehen, sondern als reines Wirken, in dem es aufgrund der Zeitlosigkeit des Aktes kein „Noch nicht" geben kann. „Jeder Geist, der in Wirken ist, weiß, daß er denkt; und nicht einem Anderen eigen ist das Denken [als solches, als „gegenstands"-bezogenes Denken], einem Anderen aber das Denken, daß [der Geist] denkt.

[69] πλήρωμα εἰδῶν: Elem. theol. 177; 156,1. 178; 156,25: ὑποστατικόν.
[70] Ausführlicher hierzu: W. Beierwaltes, Proklos 119ff.

Wenn der Geist in Wirken ist und sich als nicht verschieden vom Gedachten denkt, weiß er sich selbst und sieht er sich selbst. Indem er sich als Denkenden sieht und als Sehenden erkennt, weiß er, daß er Geist ist in Wirken: dies wissend weiß er, *daß* er denkt, und nicht nur, *was* er denkt. Zugleich also weiß er beides: das Gedachte und daß er jenes denkt und daß er von sich selbst als dem Denkenden gedacht wird"[71]. – Dieser Akt, in dem der Geist sich selbst zu einer αὐθυπόστασις gründet und sich in einer doppelten Reflexion selbst als zugleich ganzen (ὁμοῦ πάντα) erfaßt, kann als „vollendete" Selbsterkenntnis des Geistes, als sein absolutes Selbst-Bewußtsein verstanden werden. Es ist dies die intensivst einige Form der Selbst-Bezüglichkeit, die sich *nach* den Henaden[72] als ein Sein selbst begreift, das dem Einen als der Negation jeder ihm immanenten Bezüglichkeit *in* der Dimension des Mannigfaltigen und Differenten am ähnlichsten ist.

b. Das Sein der *Seele*, das als in ihr seiendes und bleibendes zeitlos, unsterblich, deren auf Anderes gerichtete Tätigkeit aber zeithaft ist (prop. 191), ist von seinem Selbstbezug her ebenso als sich selbst gründend zu begreifen[73]: „Wenn die Seele fähig ist, in sich selbst zurückzukehren [sich auf sich selbst zurückzubeziehen], alles sich auf sich selbst Zurückbeziehende aber selbstbegründet ist, ist auch die Seele selbstbegründet und gründet sich selbst [stellt sich selbst her]" – καὶ ἡ ψυχὴ ἄρα αὐθυπόστατος καὶ ἑαυτὴν ὑφίστησιν[74]. Von der Voraussetzung der universalen Ursächlichkeit des Einen/Guten her kann dies freilich nicht als ein absoluter Akt eingeschätzt werden. Selbst Grund ihres spezifischen Seins innerhalb der ihr eigenen Dimension ist die Seele gerade durch ihren tätigen Selbstbezug: zu ihrem *Sein* gehört unmittelbar das *Leben* und *Erkennen*. Da sie nach platonischer Konzeption[75], der Proklos folgt, gar nicht als nicht-lebend gedacht werden kann, ist sie als ein Sich-selbst-Gründendes nicht nur als Sein im Sinne des So-Seins oder Wesens aus sich selbst, sondern ebensosehr als Leben aus sich selbst, als *Grund* ihres eige-

---

[71]  Elem. theol. 168; 146,16–23.
[72]  *Henaden*, die als je Eine doch schon zugleich in ihrem „Kontext" pluralisch sind – als „Stufe" der *Vermittlung* der reinen Einheit des Einen selbst in eigentliche Vielheit. Vgl. hierzu mein „Denken des Einen" 207f.
[73]  Vgl. J. Trouillard, L'Un et l'Ame, Paris 1972, 83.
[74]  Elem. theol. 189; 164,21–23. 190; 166,3. 191; 168, 3–5. in Parm. 1004,18f.
[75]  Phaidon 105 dff. 106 dff (Seele als „Idee" des Lebens, Grund ihrer Unsterblichkeit).

nen Lebendig-Seins zu begreifen: αὐτόζως. Die Seele gibt sich selbst (*und* Anderen) an Leben teil „allein durch ihr Sein" (αὐτῷ τῷ εἶναι), d.h. nicht durch eine besondere, zu ihrem Sein hinzukommende Tätigkeit. Aufgrund der unmittelbaren Zugehörigkeit von Leben zu ihrem Sein – weil dieses in ihr gar nicht *ohne* Leben denkbar ist –, wird als eine Engführung des Gedankens einsichtig: Leben *ist* ihr – der Seele – Sein; „ihr Sein ist mit ihrem Leben identisch". Auf den Begriff des αὐθυπόστατον und αὐτόζως zurückbezogen folgt daraus: „Wenn sie also das Sein [als sich selbst Gründende] von ihr selbst her hat, dieses aber mit dem Leben identisch ist und sie gemäß ihrem Sein das Leben (τὸ ζῆν) hat, so gewährt sie auch sich selbst das Leben (τὴν ζωήν) und hat es von ihr [sich] selbst her. Wenn dies so ist, dann ist die Seele Durch-sich-selbst-Leben" (αὐτόζως)[76]. Dieses selbstursprüngliche Leben ist seinerseits qua Erkenntnis als ein sich selbst erkennendes Denken bestimmt; dies freilich nicht als erste Form von Erkennen und Selbst-Denken innerhalb der Stufen der Wirklichkeit[77]; es steht *unter* dem reinen Denken des teillos Intelligiblen (des Nus). Dennoch macht es mit Sein und Leben eine triadische Einheit aus: Seele ist die sich selbst gründende Einheit von Sein – Leben – Erkennen oder Denken[78]. In ihr ist jedes der Momente ein für sich selbst Abgegrenztes und je in und für sich Bestimmtes, zugleich erwirken sie zusammen eine in sich differenzierte Einheit, sie durchdringen sich gegenseitig (δι' ἀλλήλων πεφοίτηκε[79]) zu jeweils „neuer" oder anderer Bezüglichkeit, ohne sich jeweils im Anderen selbst aufzugeben: „Alles ist in Allem und jedes getrennt" [für sich][80], was dem für die Selbstdurchdringung des Nus geltenden Satz in seiner eigenen Dimension durchaus entspricht: „Alles ist in Allem, aber jedes in jedem auf je

---

[76] Elem. theol. 189; 164,28–32. Die Selbstzeugung der Seele (λέγεται πᾶσα ψυχὴ γεννᾶν ἑαυτήν) wird im Parmenides-Kommentar 1148,1ff – nicht unmittelbar übereinstimmend mit den Überlegungen in der ‚Elementatio theologica' – als ein Zusammenwirken der γεννητικαὶ καὶ ἐπιστρεπτικαὶ δυνάμεις beschrieben: die aus ihr selbst anfangenden zeugenden Kräfte „bringen ihr Leben hervor" (τὴν ἑαυτῆς παράγειν ζωήν), die rückführenden Kräfte indes „binden die Seele mit sich selbst zusammen in einem lebendigen Kreis [κατά τινα κύκλον ζωτικόν] *und* auf den Geist hin, der vor der Seele seinen Ort hat".
[77] Elem. theol. 190; 166,18ff.
[78] Zu dieser Trias vgl. W. Beierwaltes, Proklos 93ff.
[79] Elem. theol. 197; 172,13.
[80] Ebd. 197; 172,4. 12–14: πάντα ἄρα καὶ ὁμοῦ καὶ χωρίς. εἰ δὲ ὁμοῦ καὶ ἐν ἑνὶ πάντα ἀμερεῖ. δι' ἀλλήλων πεφοίτηκε· καὶ εἰ χωρίς, διῄρηται πάλιν ἀσυγχύτως...

eigentümliche Weise" – πάντα ἐν πᾶσιν, οἰκείως δὲ ἐν ἑκάστῳ[81]. Das gegenseitige Inne-Sein oder Ineinander-Wirken des Einzelnen in der Trias erweist sich als eine Einheit, die perspektivisch von einem dreifach verschiedenen „Subjekt" her zu sehen ist: Das Eine *Sein* der Seele ist zugleich – in ihm selbst und auf es selbst bezogen – Leben und Erkennen; das *Leben* der Seele ist Sein und Erkennen oder es *ist* als Erkennen, als selbstbezügliches *und* über sich hinausgehendes Denken, Denken *im Sein* und *über* dieses in seiner Grund-Intention *hinaus*; dieses *Erkennen* oder *Denken* aber ist Sein und Leben, oder: es lebt als sich selbst denkendes, sich selbst erkennendes Sein. Sich gegenseitig durchdringend wirkt also das Eine *im* jeweils Anderen das jeweils *ihm* Zukommende und bestimmt es so mit dem jeweils Anderen zusammen als Einheit eines Ganzen *in* der Differenz. Propositio 197: „Jede Seele ist lebendiges und erkennendes Sein, und seiendes [wesenhaftes] und erkennendes Leben, und Erkennen als Sein und Leben; und zugleich ist in ihr all dies: das Seiende, das Erkennende, und Alles ist in Allem und [zugleich] jedes getrennt [für sich]"[82]. Der Rückbezug der Seele ist auf diese Drei-Einheit gerichtet; er trifft also in einem der Drei aufgrund ihrer Korrelationalität zugleich die beiden Anderen und damit perspektivisch das Ganze.

5. Während für diese Form intensiver Einheit *in* der Differenz, die sich im Nus, dem reinen Denken, und in der Seele verwirklicht, der Begriff des Sich-selbst-Begründenden wie des Selbstbegründeten angemessen ist, muß er im Sinne des Proklos von dem *Einen selbst* strikte ausgeschlossen bleiben. Von seiner uneingeschränkten Überzeugung her, daß der Erste Grund und Ursprung, das Eine oder Gute selbst, reine, d.h. differenzlose und relationslose Einheit ist, kritisiert er *Plotin* ganz entschieden, weil dieser das Eine/Gute als Sich-selbst-Gründendes (αὐθυπόστατον) oder als „Ursache seiner selbst" (ἑαυτοῦ αἴτιον) denke. Dabei hat er offensichtlich Plotins Reflexionen über das Eine in VI 8 im Blick, ohne auch nur anzudeuten, daß diese einen extremen Status von Plotins Henologie darstellen. Ansonsten unterscheidet sich Plotins Denken des Einen in seiner negierend ausgrenzenden Dialektik – auch sprachlich – von Proklos nicht wesentlich.

Auf der „Basis" grundsätzlicher Negation, die dem Einen im Gefolge

---

[81] 103; 92,13. Zur gegenseitigen Durchdringung der Momente einer Trias: W. Beierwaltes, Proklos 24ff. 31ff.
[82] p. 172,1–4. 15ff. 17ff. 20ff.

der ersten Hypothesis des platonischen ‚Parmenides' alles kategorial faßbare, als Etwas bestimmte Sein abspricht, um das Eine als das universal begründende „Nichts von Allem" auszugrenzen und herauszuheben, unternimmt Plotin in VI 8 den Versuch, das Eine/Gute durch *Affirmationen* gerade in seinem Anders-Sein zu „begreifen". Über das hinaus, womit Plotin (und auch Proklos) als positiven Prädikaten mehr oder weniger problemlos und bewußt umgeht – ἀγαθόν, ἀρχή, αἰτία, etc. – läßt er in diesem Traktat über die „Freiheit und den Willen des Einen"[83], – wie ich zuvor gesagt habe – „Aussagen über das Eine zu, die allesamt einen in sich differenzierten *Selbstbezug* des Einen und damit sein vielfältiges (komplexes) inneres Wirken einsichtig machen können und sollen"[84]. Das in dem Abschnitt „Causa sui" zu dieser Frage im ganzen und zu der modifizierenden Funktion von οἷον („gleichsam") Entwickelte setze ich im Folgenden voraus. – Aus seiner Auffassung von „gleichsam" im Blick auf ein präziseres Sagen des an sich selbst Unsagbaren versteht Plotin die in VI 8 gebrauchten affirmativen Aussagen über einen absoluten inneren Selbst-Bezug des Einen gerade *nicht* in der Weise, um sie zu bagatellisieren oder wieder aufzuheben und so zur „Normalität" des Denkens und Redens über das Eine zurückzukehren, so als ob „nichts gewesen wäre". Zum Verständnis der proklischen Kritik an der angeblichen inneren Entzweiung des Einen durch Plotin will ich die Formen des Selbstbezugs wenigstens erinnernd *nennen*, die alle aus dem Grundgedanken der Selbstursächlichkeit oder Selbst-Gründung des Einen ableitbar sind: das Eine schafft (ποιεῖν) sich selbst „oder sein Sein", „es bringt sich selbst hervor" (παράγειν), „stellt sich selbst als Selbstand her" (ὑφιστάναι[85]), ist „es selbst von sich selbst her und durch sich selbst", damit ist es *Ursache oder Grund seiner selbst* (αἴτιον ἑαυτοῦ), als „ewiges Gebären" (ἀΐδιος γέννησις) ist es die ununterschiedene Einheit von Sein und Schaffen in ihm selbst[86]. Es ist als Ursache seiner selbst auch als die Einheit von Wirksamkeit und Erwirktem (ἑαυτοῦ

---

[83] Vgl. oben S. 126ff.
[84] Siehe oben S. 126. 144.
[85] VI 8,13,57f (vom Einen selbst gesagt): αὐτὸς ἂν οὕτως ὑποστήσας ἂν εἴη αὐτόν. 16,14f : ὑποστήσας αὐτόν. Vgl. auch den bei Dodds, Elem. theol. 345 zu p. 224 mit Hinweis auf W. Theiler zitierten Text aus Porphyrios' hist. phil. fr. XVIII Nauck [223F,4; 246 Smith], der für die Vorgeschichte des Terminus bedeutsam ist: νοῦν...καθ' ἑαυτὸν ὑφεστῶτα.
[86] Oben S. 132f. Zu weiteren Selbst-Bezügen: 136. 137f.

ἐνέργημα⁸⁷) in ihm selbst verstehbar. Die für die Absicht des Traktats VI 8 bedeutsamste Weise des Selbst-Bezugs, die in der Selbst-Gründung des Einen „ermöglicht" ist oder sich als deren wesentliches Moment erweist, ist der „Wille des Einen zu sich selbst". Im Sinne Plotins zeigt sich das Eine *durch* sein Grund-seiner-selbst-Sein als das unableitbar Erste, das keine Ursache „vor" sich haben kann, das all das SELBST „ist", was bedingend oder einschränkend „vor" ihm sein könnte. Also schließt der „Wille [des Einen, Ersten] zu sich selbst" jeden anderen Willen aus, der es bestimmen könnte. Es ist somit *absolute Freiheit*, das „allein im wahren Sinne Freie"⁸⁸.

Plotin versteht die Prädikate des Selbst-Bezugs, die dem Nus im *eigentlichen* Sinne zukommen, in diesem Kontext nicht, wie Proklos in *jedem* Falle, als Formen der realen Zweiheit, Differenz, Relationalität, sondern als Anzeige dafür, daß dem Einen die in eben diesen Prädikaten intendierte „Seins"-Weise in *un*eigentlicher, d.h. hier in eminenter Intensität zugedacht werden können; sie deuten, paradox gesagt, auf die *In*-Differenz der „Über-Fülle" des Einen, welche „Anderes [d.h. unter anderem Vielheit und Differenz] schafft"⁸⁹.

Nicht in der ‚Elementatio theologica', in der weder ein Name genannt wird und auch keine philosophische Position angedeutet wird, sondern im Parmenides-Kommentar thematisiert Proklos den *Ausschluß* des αὐθυπόστατον *vom Einen selbst* mehrere Male⁹⁰. Plotin begreift das Eine in VI 8 zwar als αἴτιον ἑαυτοῦ – „Ursache seiner selbst" – benennt es aber nicht mit dem Terminus αὐθυπόστατον, was Proklos suggeriert. Dieser hat allerdings in Plotins Text sprachlich und sachlich einen Anhaltspunkt: ἡ βούλησις [des Einen] ... ταὐτὸν τῇ ὑποστάσει αὐτοῦ, αὐτὸς ἂν οὕτως ὑποστήσας ἂν εἴη αὐτόν (H-S², 13,56–58). – „Wenn der Wille aus

---

⁸⁷ VI 8,16,17.
⁸⁸ VI 8,21,31.
⁸⁹ V 2,1,8f.
⁹⁰ in Parm. 1145,34ff. 1146,8ff. 1149,32ff. 1150,16ff. Vgl. auch Theol. Plat. II 2; 18,15–17: οὔτε γὰρ ἑαυτὴν δυνήσεται γεννᾶν [ἡ ἀρχή] (οὐδὲ γὰρ ἔστιν εἴπερ μὴ ἀίδιος) οὔτε ἄλλο αὐτήν, εἴπερ ἀρχή ἐστι τῶν πάντων. Ziel der im Parmenides-Kommentar vorgetragenen Kritik ist offensichtlich Plotins Konzeption des Einen in VI 8. Proklos ist allerdings nicht der Erste, der Plotin in diesem Punkte kritisiert, dies hat bereits Iamblich getan. Vgl. die Argumente hierzu von J.M. Dillon, Porphyry and Iamblichus in Proclus' *Commentary on the Parmenides*, in: Gonimos, Festschrift L.G. Westerink, jetzt in: Dillon, The Great Tradition, Aldershot (Ashgate Variorum) 1997, Abhandlung XVII, bes. 36–39.

ihm [dem Einen] kommt und gleichsam sein Werk ist, dieser aber mit seiner Wesenheit [seinem Selbstand] identisch ist, dann hat er sich selbst so, wie er ist, gegründet". Zudem sind – dies hat sich gezeigt – für Proklos Konzeptionen und Formulierungen im Umkreis des Sich-selbst-Verursachens mit der spezifischen Bedeutung von αὐθυπόστατον kompatibel. Plotins οἷον – „gleichsam", auf positive Prädikate des Einen, also auch auf „Ursache seiner selbst" bezogen – zieht Proklos noch nicht einmal in der (später von Anderen favorisierten) abschwächenden Bedeutung in Betracht. Dadurch muß Plotin als einer erscheinen, der durch die Konzeption des Sich-selbst-Gründens oder -Verursachens ein reales Vorher und Nachher, einen von Differenz und Teilung geleiteten Prozess, auch wenn man sich ihn als einen zeitfreien vorstellte, in das Eine gebracht hat: Das *Eine* ist indes ἀδιαίρετον, oder ἀμερές, „unteilbar und ungeteilt"[91], das *Sich-selbst-Gründende* aber ist διαιρετόν, „teilbar", vielheitlich, durch innere Unterscheidung (διακρινόμενα) bestimmt, ergo wird durch diese und analoge Benennungen, wie sie Plotin erwägt und zuläßt, gemäß der Alternative, an der Proklos streng festhält, das Eine selbst als reine, absolute Einheit destruiert. Daß eine solche Unterstellung Plotins Grundintention, das Erste als reine Einheit zu denken, zuwiderläuft, hätte Proklos aus seiner Kenntnis anderer Texte Plotins klar sein müssen; auch daß eine derartige Konsequenz noch nicht einmal aus VI 8 gezogen werden muß, dafür hätte Umsicht und ‚benevolentia' des Lesers genügen können. Auch hätte er sehen und aussprechen können, daß Plotins Aristoteles-Kritik in die selbe Richtung weist wie seine eigene an Plotins komplexer Zuschreibung von innerer Relationalität an das Eine, deren Geltungsbedingung Proklos nicht zum Ausdruck brachte.

---

[91] dies ist es natürlich auch für Plotin, vgl. z.B. V 3, 10,31; 33. VI 9,5,40f.

# PLOTINS GEDANKEN IN SCHELLING

## I

*Bezüge*

Das Denken des Deutschen Idealismus ist in der Geschichte der Auseinandersetzung mit ihm über die lange Zeitdifferenz hinweg in unterschiedlicher Intensität mit dem Neuplatonismus in eine enge sachliche Verbindung gebracht worden. Dies gilt vor allem für eine Affinität oder Analogie der Denkformen und Inhalte von Hegels und Schellings Philosophie zu der des Plotin und des Proklos. Auf einem *indirekten* Wege sind neuplatonische Theoreme nachhaltig prägend im Idealismus wirksam geworden durch die Rezeption des Dionysius Areopagita, des Johannes Scottus Eriugena, des Jakob Böhme und vor allem des Giordano Bruno, der im Zusammenhang einer folgenreichen Auseinandersetzung mit Spinoza durch Friedrich Heinrich Jacobi und Schelling eine wahrhafte Renaissance erlebte[1].

*Schellings*[2] Philosophie ist schon zur Zeit ihrer Entfaltung mit Struk-

[1] Diese Zusammenhänge habe ich ausführlich dargestellt vor allem in „Platonismus und Idealismus", dann in „Identität und Differenz", bes. in dem Kapitel „Absolute Identität. Neuplatonische Implikationen in Schellings ‚Bruno'", 204–240, ferner in: „Denken des Einen".

[2] Folgende Schriften Schellings zitiere ich in Abkürzungen nach der von K.F.A. Schelling in 14 Bänden besorgten Gesamtausgabe, Stuttgart und Augsburg 1856–1861. Die Ausgabe ist in 2 Abteilungen gegliedert (I 1–10 und II 1–4). Ich zähle die Bände durch, so daß z.B. II 1 = Bd. XI.

*Vom Ich:* Vom Ich als Princip der Philosophie oder über das Unbedingte im menschlichen Wissen (1795) Bd. I, 149ff. [Vgl. auch die kritische Ausgabe dieses Textes innerhalb der Ausgabe der Bayerischen Akademie der Wissenschaften, Reihe I, Werke 2, hg. von Hartmut Buchner und Jörg Jantzen, Stuttgart 1980, 69–175.]

*Ideen:* Ideen zu einer Philosophie der Natur als Einleitung in das Studium dieser Wissenschaft (1797) Bd. II, 1ff.

*Weltseele:* Von der Weltseele, eine Hypothese der höheren Physik zur Erklärung des allgemeinen Organismus (1798) Bd. II, 345ff. [jetzt in der Akademie-Ausgabe, hg. von J. Jantzen, Stuttgart 2000].

turen neuplatonischen Denkens in positivem *und* in kritischem Sinne verbunden worden[3]. So hat Friedrich *Schlegel* umstandslos behauptet: „Plotinus System ist fast ganz das Schellingische", oder: Schellings spätere Werke enthielten offensichtlich nichts anderes als „eine Ergänzung des Spinozismus und der plotinischen Philosophie"[4]. Samuel Taylor *Coleridge,* der manche signifikanten Übereinstimmungen seines Philosophierens mit Schelling aus „dem gemeinsamen Ansatzpunkt bei Kant, der

*Entwurf:* Erster Entwurf eines Systems der Naturphilosophie (1799) Bd. III, 1ff.

*Einleitung:* Einleitung zu dem Entwurf eines Systems der Naturphilosophie, oder über den Begriff der speculativen Physik und die innere Organisation eines Systems dieser Wissenschaft (1799) Bd. III, 269ff.

*Idealismus:* System des transcendentalen Idealismus (1800) Bd. III, 327ff.

*Bruno:* Bruno oder über das göttliche und natürliche Prinzip der Dinge. Ein Gespräch (1802) Bd. IV, 213ff.

*Philosophie der Kunst:* (1802), Bd. V, 357ff. Auswahl daraus in: Schelling, Texte zur Philosophie der Kunst, ausgewählt und eingeleitet von W. Beierwaltes, Stuttgart, 1982.

*Philosophie und Religion* (1804) Bd. VI, 11ff.

*System:* System der gesammten Philosophie und der Naturphilosophie insbesondere (1804) Bd. VI, 131ff.

*Rede*: Ueber das Verhältniß der bildenden Künste zu der Natur (1807) Bd. VII, 289ff (auch in „Texte zur Philosophie der Kunst" 53–95).

*Freiheit:* Philosophische Untersuchungen über das Wesen der menschlichen Freiheit und die damit zusammenhängenden Gegenstände (1809*)* Bd. VII, 331ff.

*Weltalter:* Die Weltalter. Fragmente. In den Urfassungen von 1811 und 1813 herausgegeben von M. Schröter, München 1946. Ein von dieser Ausgabe wesentlich unterschiedener Text im VIII. Band der Gesamtausgabe („Dritter Druck": 195–344).

*System der Weltalter:* Münchener Vorlesungen 1827/28 in einer Nachschrift von Ernst von Lasaulx, herausgegeben und eingeleitet von Siegbert Peetz, Frankfurt 1990.

*Mythologie:* Philosophie der Mythologie Bd. XI und XII.

*Offenbarung:* Philosophie der Offenbarung Bd. XIII und XIV.

Bei den letzten beiden Werken ist eine eindeutige chronologische Angabe nicht möglich. Vgl. hierzu die Ausgabe Manfred Schröters, München 1927, 1. Hauptband, S. XI.

[3] etwa durch Carl Joseph Hieronymus Windischmann, Friedrich Creuzer, Franz Berg, Friedrich Schlegel, J.F. Winzer, Johann Ulrich Wirth, Samuel Taylor Coleridge. Vgl. hierzu W. Beierwaltes, PI 100ff und das Folgende.

[4] Kritische Ausgabe, hg. v. E. Behler u.a. Bd. XIX, „Zur Philosophie" 1804, München 1971, 44: „Manche Philosophie ist in dem Geist des Zeitalters gegründet...aber es gibt denn auch nur *Einen,* der sie *vollendet,* und wissenschaftlich ausspricht, so *Plotin* in der alexandrinischen Philosophie der einzige Verständige" [danach folgt der oben zitierte Satz über Plotins Verhältnis zu Schelling]. – Bd. XII, Philosophische Vorlesungen [1800–1807], hg. v. J.-J. Anstett, München 1964, 294. – Über Schlegels Verhältnis zur platonischen Tradition vgl. M. Elsässer, Friedrich Schlegels Kritik am Ding, Hamburg 1994.

polaren Logik und dynamischen Philosophie Brunos und Böhmes und der neuplatonischen Tradition zu erklären" versuchte[5], changiert in seinen geschichtlichen Identifikationen für Schelling zwischen Proklos und Plotin, etwa wenn er sagt: „Die Wissenschaftslehre Fichtes und Schellings ist pura parte die Alexandrinische Philosophie...Schelling = Proklos" oder Schelling sei „a sort of Plotinised Spinozism"[6].

Derartige Identifikationen treffen schon aufgrund ihres pauschalisierenden Charakters und ihres universalisierenden Anspruchs *aufs Ganze gesehen* ebensowenig zu wie nationale Zuweisungen und Umbenennungen etwa von der Art, daß Hegel der „deutsche Aristoteles" oder der „deutsche Proklos", Jacobi aber der „deutsche Platon" sei[7]. Dennoch verweisen sie – ernsthaft in bestimmten Perspektiven analysiert – auf wesentliche Momente in der neueren philosophischen Theorie, die mit neuplatonischen – trotz ihrer Differenzen – durchaus vergleichbar sind und in einem neuen Kontext von deren gedanklicher Überzeugungskraft und ihrer prägenden Wirkung zeugen.

Wenn ich mich im Blick auf Schelling auf dessen Bezug zu *Plotin*[8] als

[5]  F.A. Uehlein, Die Manifestation des Selbstbewußtseins im konkreten „Ich bin", Hamburg 1982, 6.
[6]  The Notebooks, ed. by Kathleen Coburn, New York, Princeton, London 1956, I 457. The Philosophical Lectures, ed. by Kathleen Coburn, London 1949, 390 – in der Charakterisierung Schellings: „I might at one time refer you to Kant...another time to Spinoza....and then again I should find him in the writings of Plotinus, and still more of Proclus". Zum Verhältnis Coleridges zum Platonismus allgemein vgl. D. Hedley, Coleridge, Philosophy and Religion. *Aids to Reflection* and the Mirror of the Spirit, Cambridge 2000.
[7]  Vgl. W. Beierwaltes, PI 186f. Schelling, Offenbarung, XIII 106.
[8]  Über *Plotins* Bezug zu Schelling: PI 100ff. M.G. Vater, Schelling's Neoplatonic System-Notion: ‚Ineinsbildung' and Temporal Unfolding, in: The Significance of Neoplatonism, ed. R. Baine Harris, Norfolk 1976, 275–299, meine Überlegungen zu diesem Verhältnis voraussetzend, mit dem besonderen Blick auf unterschiedliche Strukturen im „System"-Begriff Schellings und des Neuplatonismus im ganzen. – Zu *Proklos* vgl. die Hinweise in PI 105 [dazu auch Mythologie XII 288]. 109f. 142f und Vater aaO, z.B. 279ff. – *Dionysius*: PI 112. Siehe auch „Über die Natur der Philosophie als Wissenschaft", IX 217, wo Schelling auf den Begriff ὑπέρθεος oder ὑπερθεότης bei Dionysius verweist: [das absolute Subjekt] „*ist* nicht nicht Gott, und es ist doch auch nicht Gott, es ist auch das, was nicht Gott ist. Es ist also insofern über Gott, und wenn selbst einer der vorzüglichsten Mystiker früherer Zeit gewagt hat von einer Uebergottheit zu reden, so wird dies auch uns verstattet sein". Dion., De div. nom. IV 1; 143,10 (Suchla). XI 6; 223,6. XIII 3; 229,13. Die Stelle De div. nom. XI 6; 223,6: ὑπέρθεος...θεότης ist bei *Johannes Gerhard* zitiert, den Schelling kannte und benutzte: Locorum Theologicorum, Tomus Tertius...

einem Grundtypus neuplatonischen Denkens konzentriere[9], so ist nicht nur ein Strukturvergleich in einigen für das Gesamt des Schellingschen Denkens bedeutsamen Theoriepotentialen in sich selbst möglich; es kann für einen derartigen Versuch auch eine historische Voraussetzung erwiesen werden: Schelling konnte seine Kenntnis des Neuplatonismus nicht nur aus den gängigen und einflußreichen Darstellungen der Geschichte der Philosophie (von Johann Jakob Brucker, Dietrich Tiedemann, Wilhelm Gottlieb Tennemann z.B.) oder aus anderen Quellen zur Philosophie Platons und dem Platonismus (z.B. aus Nicolas *Souverains* „Platonisme devoilé"[10]) gewinnen, sondern auch aus einem direkten Zugang zu Plotin-Texten – so aus *Marsilio Ficinos* lateinischer Übersetzung der Enneaden, aus den „Stellen aus Plotinos", die ihm der Philosoph Carl Joseph Hieronymus *Windischmann* 1805 in deutscher Übersetzung zur Verfügung stellte, weiterhin aus Friedrich *Creuzers* Übersetzung von Plotin III 8 „Von der Natur, von der Betrachtung und von dem Einen" in den „Studien" 1805, aus der Ausgabe Creuzers von Plotin I 6 (‚De Pulcritudine') von 1814, die als Geschenk Creuzers in Schellings Besitz war, und nicht zuletzt aus Creuzers Versuch einer kritischen Edition des gesamten griechischen Plotin-Textes (mit Ficinos Übersetzung) von 1835[11].

denuo edidit variisque annotationibus auxit I.F. Cotta, Tübingen 1764, 72. – Weltalter 16: „Daher wir [gewagt], jene Einfalt des Wesens über Gott zu setzen, wie schon einige der Älteren von einer Übergottheit geredet". 43: „Denn jenes uranfängliche Wesen der Lauterkeit erklärten wir als das, was selbst über Gott und die Gottheit in ihm ist". Weltalter, Dritter Druck, VIII 236. Vgl. auch unten S. 205, Anm. 81 zu „übersiend". – *Giordano Bruno*: W. Beierwaltes, ID 204ff.

[9] Vgl. PI 83ff.

[10] 1700, anonym publiziert; aus dem Französischen übersetzt und mit Vorrede und Anmerkungen begleitet von *Josias Friedrich Christian Löffler,* in Züllichau und Freystadt in zweiter, vermehrter Auflage 1792 veröffentlicht unter dem Titel: „Versuch über den Platonismus der Kirchenväter. Oder Untersuchung über den Einfluß der Platonischen Philosophie auf die Dreyeinigkeitslehre in den ersten Jahrhunderten". – Zu Löffler: W. Beierwaltes, ID 205f. – Neuplatonische Texte finden sich auch in den „Loci Theologici" von *Johannes Gerhard* und *J.C. Suicerus* (Thesaurus Ecclesiasticus e Patribus Graecis, Amsterdam 1682, 1728 mit derselben Paginierung), den Schelling ebenso wie Gerhard kannte und nutzte. Aus den zahlreichen Hinweisen vgl. z.B. für Gerhard: Mythologie XII 13. 27. 100. 102; für Suicerus 62. 91.

[11] Zur Verifikation dieser Hinweise vgl. W. Beierwaltes, PI 100ff. 210ff. Horst Fuhrmans hat die von mir a.a.O. zum ersten Mal aus dem Berliner Schelling-Nachlass herausgegebenen „Stellen aus Plotinos" und die vielfach auf Plotin sich beziehenden

Schellings Äußerungen über Plotin und „die Neuplatoniker" sind ambivalenter Natur: sie erkennen zum einen deren philosophische Bedeutung preisend an, besonders wenn sie eine produktive Verbindung zum neueren und zu seinem eigenen Denken ermöglichen, zum anderen aber zeigen sie bisweilen auf die sachliche Defizienz dieser Philosophie hin, insbesondere in seiner Kritik der sogenannten „Emanationslehre"[12].

Ich reflektiere im Folgenden auf einige Perspektiven aus Schellings früher, mittlerer und später Zeit, um evident zu machen, daß der Blick

„Bemerkungen" Windischmanns zu Schellings „Aphorismen zur Einleitung in die Naturphilosophie" (ebd. 202 ff) in den III. Band seiner Sammlung von Briefen und Dokumenten (F.W.J. Schelling, Briefe und Dokumente, Zusatzband), Bonn 1975, 235–252 aufgenommen. Die dort S. 241 von Fuhrmans ohne weitere Umsicht aufgestellte Behauptung, „faktisch" habe Schelling Plotin „nur"(!) „kritisch"...oder „ablehnend" erwähnt, trifft in seiner pauschalisierenden Einseitigkeit nicht zu. (Er weist auf eine Stelle hin, in der Schelling die „Emanationslehre" diskutiert; vgl. dazu auch unten S. 219ff.) Dies zeigen schon meine Überlegungen in PI und hier im Folgenden in nachprüfbaren Begründungen. Ebensowenig einsichtig ist die Folgerung, die Fuhrmans aus Schellings Bitte (in einem Brief an Windischmann v. 7.4.1804) um „Plotin's Enneades edit. Marsil. Ficini" zieht – „Eine andere Ausgabe ist übrigens auch gut, obwohl es fast keine sonst gibt" –: Schelling habe sich „in den Plotinausgaben nicht sonderlich" ausgekannt (a.a.O. 74). Man wird annehmen können, daß Schelling bewußt war, daß die „Enneades edit. Marsil. Ficini" nur Ficinos lateinische Übersetzung, nicht aber den griechischen Text Plotins enthielten. Welche Ausgabe außer der Editio princeps Pernas von 1580 hätte er sich denn 1804 wünschen können? Die leichthin geäußerte Vermutung Fuhrmans' (ebd.), Plotin sei Schelling nach dem Erscheinen von Franz Bergs „Sextus" (1804, vgl. PI 100 f), der ihn als „Plotin" travestierte, „bald nicht mehr so wichtig gewesen", widerlegt schon Schellings Einschätzung der „Stellen aus Plotinos", der „herrlichen Plotinischen Stellen", sowie sein dadurch bestärkter Wunsch nach „andre[n] bedeutende[n] Stellen über Materie, Zeit, Raum, Tod und Endlichkeit" (PI 102 f; Fuhrmans a.a.O. 253; S. 326: „ich habe ihn [Plotin] Carolinen empfohlen": Schelling an Windischmann am 5. September 1805 und am 17. April 1806) – von den anderen hier im Folgenden vorgetragenen, auch in Schellings späteres Philosophieren reichenden Überlegungen abgesehen. – Für Friedrich *Creuzer* siehe auch unten S. 199f. – Teile aus den Enneaden Plotins (a) und die Werke des Dionysius (b) standen auch in der Übersetzung von *J.G.V. Engelhardt* zur Verfügung: (a) Die Enneaden des Plotinus, übersetzt, mit fortlaufenden den Urtext erläuternden Anmerkungen begleitet, Erste Abtheilung, Erlangen 1820 [enthält nur die Erste Enneade]. – (b) Die angeblichen Schriften des Areopagiten Dionysius, übersetzt und mit Abhandlungen begleitet, zugleich mit einer Übersetzung der Elementatio theologica des Proklos, 2 Bände, Sulzbach 1823 [in der Bayerischen Staatsbibliothek München aus der Bibliothek des Bayerischen Staatsministers Maximilian Joseph Graf von Montgelas († 1838)].

[12] Hierzu unten S. 219ff.

auf seine sachliche und geschichtliche Verbindung zu neuplatonischem Denken für die Struktur seiner Philosophie klärend wirken kann und daß sich darin zugleich die bleibende Bedeutung des Neuplatonismus für eine die „Moderne" prägende Gestalt der Philosophie erweist[13].

II

*Selbstbewußtsein und Subjektivität*

Schellings Interesse an mehr oder weniger offen sich in seinem Denken ausweisenden neuplatonischen Gedankenelementen entspringt meines Erachtens nicht so sehr einem radikalen Bruch mit seiner früheren reinen Transzendentalphilosophie, sondern ist vielmehr mit einer bestimmten Denkform und Begrifflichkeit intensiv verbunden, die in seiner ersten grundsätzlich transzendentalphilosophischen Schrift „Vom Ich als Princip der Philosophie, oder über das Unbedingte im menschlichen Wissen" (1795)[14] durch bemerkenswerte sachliche Verbindungen zu neuplatonischen, insbesondere plotinischen Theoremen einsichtig wird. Sie ist durch eine ständige, ausgesprochene und unausgesprochene kritische Auseinandersetzung geleitet mit Kants transzendentaler Dialektik und seinem Konzept des „Ich bin" und „Ich denke", mit Fichtes Dialektik von Ich und Nicht-Ich und mit Spinozas Begriff der Substanz, des Unbedingten, Absoluten.

In einem impliziten Gegenzug zur *metaphysischen* Bestimmung eines (göttlichen) Absoluten, das als in sich Allem *transzendente* Einheit von Denken und Sein oder als reine, nicht durch denkende Relationalität konstituierte Einheit zum menschlichen Denken in einem maßgebenden Bezug steht, ist für Schelling in eben dieser Schrift – im Unterschied zu

---

[13] Für *Hegels* Philosophie ist eine für sie in einigen Bereichen durchaus konstitutive Bedeutung plotinischer und proklischer Philosopheme in einem noch wesentlich intensiveren Maße evident zu machen, da er sich mit neuplatonischen Texten selbst gründlich auseinandergesetzt hat. Vgl. W. Beierwaltes, PI 144 ff. 154 ff. J. Halfwassen, Hegel und der spätantike Neuplatonismus. Untersuchungen zur Metaphysik des Einen und des Nous in Hegels spekulativer und geschichtlicher Deutung (vgl. „Bibliographische Hinweise").

[14] Zum zweiten Mal publiziert 1809 in Schellings „Philosophischen Schriften I" I–XXIV; 1–114. Ich zitiere nach der Ausgabe von 1856, in den „Sämmtlichen Werken" Bd. I.

späteren Modifikationen seines Denkens – ausschließlich das ICH das ABSOLUTE oder das Absolute ist absolutes Ich. Dieses absolute Ich ist allerdings nicht ein a priori gegebenes, schon ursprunghaft vollendetes Sein, sondern es ist ein dem empirischen, endlichen, in Zeit verflochtenen Ich zu erreichen *auf*gegebenes. [Dieser Gedanke weist voraus auf Schellings Konzeption einer „*Geschichte* des Selbstbewußtseins", die er in seinem „System des transzendentalen Idealismus" (1800)[15] entfaltet: durch verschiedene „Epochen" hindurch *wird* oder *entwickelt sich* das Denken über ein Bewußtwerden von Empfindung, Anschauung, Intelligenz, Reflexion und absolutem Willensakt in den *absoluten* Akt des Selbstbewußtseins[16], der außerhalb aller Zeit er selbst ist als die unmittelbare Einheit von Subjekt und Objekt des Denkens.] Von dem Begriff des absoluten Ich als höchster Realität geht die Forderung aus, daß das empirische Ich sich ihm angleiche, d.h. ihm „gleich" oder mit ihm – und dadurch mit seiner *eigenen* höchsten Möglichkeit – „identisch" werde. Daher der aus dem Begriff selbst konsequent folgende Imperativ: „*Sei absolut – identisch mit dir selbst*"[17] – oder: „Werde identisch, *erhebe* (in der Zeit) die *subjektiven* Formen deines Wesens zu der Form des Absoluten"[18]. In diesem Identisch-Werden mit dem Absoluten erfüllt sich das Streben des endlichen Ichs nach „reiner Ewigkeit"[19]: „Das letzte Ziel des endlichen Ichs ist also Erweiterung bis zur Identität mit dem Unendlichen"[20]. Das Erreichen des Seinsstandes eines absoluten, zeitfreien Ichs impliziert die „Zernichtung" der Welt als eines „Inbegriffs von Endlichkeit"[21] zugunsten eines „reinen, ewigen Seins". *Dieses Ich, als Ziel der Erhebung aus dem Endlichen, „war" nicht, es „wird" nicht „sein", „es ist*"[22]. – Dieser schellingsche Grundgedanke einer Erhebung des endlichen zum absoluten Ich als die Einheit von produktivem Anschauen und Denken mit dem von ihm realisierten Gedachten zeigt – so denke ich – eine Affinität zu dem Grundgedanken *Plotins*: daß Erkenntnis und damit denkender Besitz des eigenen, wahren Selbst nur durch die Selbst-Trans-

15  Idealismus, III 399 u.ö.
16  Ebd. 35.
17  Vom Ich I 199.
18  Ebd. 199.
19  200.
20  200.
21  201.
22  202.

formation des dianoetischen Denkens der Seele und der damit gegebenen Formen der Vielheit (auch der Zeit) in den Selbst-Stand des zeitfreien, absoluten Geistes erreicht werden kann. In diesem Akt des „νοωϑῆναι"[23] – einem der Seele immanenten Übergang in eine höhere, intensivere Form von Sein, Denken und Einheit – wird der unbewußt in der Seele wirkende, „nicht ganz herabgestiegene" (also in *sich* absolut bleibende) Nus als Grund *ihrer* selbst bewußt gemacht. Dadurch ist die Seele in ihr selbst in das Sich-selbst-Denken des absoluten Nus, in seine Selbstdurchlichtung als Identität von Denken und Gedachtem, von Denken und Sein, sich selbst und dadurch mit ihnen sich einigend, einbezogen. Der schellingschen „Zernichtung" der Endlichkeit der Welt im mit sich identischen Ich- oder Selbst-Bewußtsein entspräche Plotins Forderung nach sich steigernder Abstraktion von allen Formen der Vielheit (ἀφαίρεσις, ἄφελε πάντα[24]), die den Übergang in das Bewußtsein der Zeit-losigkeit und der Selbstidentität des Nus und zugleich der Einheit mit ihm begleitet und fördert. Schelling und Plotin kommen daher im Blick auf die Erhebung des endlichen Ichs in das absolute Ich, bzw. auf die Selbst-Transformation des diskursiven Denkens in das intensivst mit sich selbst einige Denken des in ihm wirkenden zeit-freien Nus, in der Grundbewegung auf eine Befreiung von Sinnlichkeit und Endlichkeit hin überein. So sagt Schelling – wohl in einer Erinnerung an Platons Forderung nach einer κάϑαρσις der Seele – in „Philosophie und Religion"[25], daß es „die Absicht der Philosophie in Bezug auf den Menschen nicht sowohl ist, ihm etwas zu geben, als ihn von dem Zufälligen, das der Leib, die Erscheinungswelt, das Sinnesleben zu ihm hinzugebracht haben, so rein wie möglich zu scheiden und auf das Ursprüngliche zurückzuführen".

Einige Wesenszüge des absoluten Nus Plotins als des Grundes und des Ziels der Selbst-Erkenntnis der Seele können – trotz bestimmter Verschiedenheit der beiden Konzeptionen im ganzen – als durchaus analog zu Schellings Absolutem angesehen werden; sie zeigen – mutatis mutandis, jedoch nicht nur durch äußerliche Semantik – auf analoge *Sachverhalte* im Denken beider. Nachdem Schellings Ich die Stelle des Absoluten, des Ersten und Letzten schlechthin einnimmt, sind dessen

[23] Plotin V 3,4,7; 11f; 29. 8,34f; 48f. VI 7,35,4f. VI 8,5,35. Oben S. 97. 101f.
[24] V 3,17,38. Hierzu: oben S. 69. 86.
[25] VI 26 und 60ff. 64: im Bewußtsein ihrer Unsterblichkeit solle die Seele „schon hier", „soviel möglich sich von den Banden der Sinnlichkeit befreien".

„Attribute" auch auf Plotins Absolutes oder Erstes, das Eine selbst beziehbar. Dies heißt: während bei Plotin durch „Andersheit" das Erste (das Eine selbst) vom Zweiten, der aus dem Einen hervorgegangenen Dimension oder Sphäre von Sein und Denken – trotz eines bestimmten Bezugs – *unterschieden* und *ihm gegenüber transzendent bleibt*[26] und demzufolge beide auch unterschiedliche Prädikate zugesprochen erhalten, *vereinigt* Schellings Absolutes als absolutes Ich beide Perspektiven in sich.

Ich nenne jetzt die prädikativen Bestimmungen des absoluten Ich, die mir mit der plotinischen absoluten Einheit *und* der Viel-Einheit zugleich kompatibel erscheinen oder in denen sich die zwei Prädikationsreihen aus der Perspektive des plotinischen Einen *und* des Geistes auf Schellings Ich als das Eine Absolute konzentrieren, – ohne sie in diesem Zusammenhang im einzelnen differenzierend interpretieren zu können.

Das absolute Ich und damit das Absolute selbst ist schlechthin Einheit (Vom Ich 182); es enthält alle Realität oder es *ist* absolute Realität (208); alles, was ist, ist in ihm und für es und außer ihm ist nichts (192); es ist Grund und Ziel einer Philosophie des ἓν καὶ πᾶν (193); als diese All-Einheit ist es nicht nur in sich „einige", sondern zudem „einzige Substanz" (192f); es ist schlechthin unendlich (192); es ist absolutes, reines, zeitfreies, „ewiges" Sein (202), „absolute Einheit" und „absolute Realität" in „jener unendlichen Sphäre" in der alles intellektual ist (215[27]); das endliche Ich soll „streben, alles, was in ihm möglich ist, wirklich, und was wirklich ist, möglich zu machen" (232), um im absoluten Ich die Vollen-

---

[26] Im Unterschied zu einer dem Ich selbst *immanenten* Transzendenz des Absoluten, in die das Ich sich selbst „erweitern" und „erheben" soll (der Intention der Schrift „Vom Ich" [1795] entsprechend) hat Schelling – wie ich meine: eindeutig – im „System der gesammten Philosophie und der Naturphilosophie insbesondere" von 1804 eine *reale* Transzendenz des Absoluten gegen ein Sich-Verschließen in rein transzendentale Subjektivität gedacht: „Gäbe es nicht in unserem Geiste selbst eine Erkenntnis, die von aller Subjektivität völlig unabhängig und nicht mehr ein Erkennen des Subjekts als Subjekts, sondern ein Erkennen dessen, was allein überhaupt auch ist, und allein erkannt werden kann, des schlechthin *Einen*, so müßten wir in der Tat auf alle absolute Philosophie Verzicht tun, wir wären ewig mit unserem Denken und Wissen eingeschlossen in die Sphäre der Subjektivität, und wir müßten das Resultat der Kantschen, sowie der Fichteschen Philosophie als das einzig mögliche ansehen und unmittelbar zu dem unserigen machen" (VI 143).

[27] Bezug zu dem Satz aus dem ‚Liber XXIV philosophorum' (Ende 12. Jh.): „deus est sphaera infinita [intelligibilis], cuius centrum ubique, circumferentia nusquam". Zu den Metamorphosen dieses Satzes bis in den Idealismus vgl. D. Mahnke, Unendliche Sphäre und Allmittelpunkt, Halle 1937 (zu Schelling: 10–12).

dung der Möglichkeit in Wirklichkeit – als notwendige Einheit der beiden – zu erreichen; weiterhin ist das absolute Ich aufgrund seiner Einheit unteilbar (192), aufgrund seines reinen Seins unveränderlich (192); seine Selbst-Identität oder Gleichheit mit sich selbst (216f) ist eine des reinen Denkens seiner selbst ohne Bezug auf ein Objekt außerhalb seiner selbst: es *ist*, sofern es sich selbst denkt (193; 204A); es ist „absolute Macht" (195) und „Freiheit" durch sich selbst (179). – „...Ich wünschte mir *Platons* Sprache oder die seines Geistesverwandten, *Jacobis* ..." (216), um diesen absoluten Akt der Selbstgründung angemessen darstellen zu können. – Diese grundsätzliche Epoché gegenüber der Möglichkeit der Sprache im Blick auf's Erfassen des Absoluten entspricht in erstaunlichem Maße dem οἶον-Vorbehalt Plotins (in VI 8) gegenüber affirmativen Aussagen über das Eine, die, auch wenn sie nach einer Reflexion auf sie wieder negiert werden, dennoch für die höchste Intensität an Wirklichkeit (i.e. das Eine/Gute) eine durchaus aufschließende Kraft haben[28]. Was der Sprache trotz aller begrifflichen Anstrengung durch ihre Differenzstruktur gar nicht gelingen kann, nämlich eine präzise Erfassung des Absoluten in sich, wird im Sinne Plotins wohl in der mystisch-ekstatischen Erfahrung der Identifikation mit dem Einen Ursprung – zumindest in einem zeitfreien „Augenblick" (ἐξαίφνης) – erreicht[29]. In Schellings frühem Denken entspricht der plotinischen Henosis die „intellektuelle Anschauung". Dies zeigt schon der Folge-Satz des zuvor zitierten Wunsches nach Platons Sprache: „...und ich denke, daß jenes Absolute in uns durch kein bloßes Wort einer menschlichen Sprache gefesselt wird, und daß nur selbsterrungenes Anschauen des Intellektualen in uns dem Stückwerk unsrer Sprache zu Hülfe kommt" (216)[30].

Für die *spezifische* Begründung der inneren Affinität Schellings zu neuplatonischen Grundgedanken, selbst aus seiner frühen Transzendentalphilosophie heraus, wäre im Blick auf die hier genannten Prädikationen des Absoluten als des absoluten Ich ein neuplatonischer Kommentar gefordert, der die sprachliche *und* sachliche Verbindung und Differenz zugleich in beiden Denkweisen und Theorie-Typen genauer deutlich machte, als ich dies jetzt nur suggestiv getan habe. Für den gegenwärtigen Hinweis auf einen neuplatonischen Impuls in Schellings frühem

---

[28] Vgl. den Abschnitt „Causa sui" oben S. 139ff.
[29] Vgl. in DdE das Kapitel „Henosis" (123ff) und SEE u.a. 167f. 171f. 250ff.
[30] Vgl. Plot. VI 9,9,46f: ὅστις δὲ εἶδεν, οἶδεν ὃ λέγω. Auch I 6,7,2f.

Denken als einem Paradigma des Philosophierens im Deutschen Idealismus sollte aber auch für eine wesenhafte Unterscheidung der beiden Denkformen dieses bewußt gehalten werden: Das Absolute schlechthin ist einzig und Alles (alle Realität) zugleich, es ist durch sich selbst, indem es sich selbst „setzt" (216; 221; 234), es bringt sich selbst hervor (208; ‚causa sui'), es hat demnach auch kein ihm *transzendentes* Sein oder Wesen „vor" oder „über" sich. Derartiges – die Transzendenz*losigkeit*, weil selbst absolute Transzendenz gegenüber (allem) Anderen – gilt zwar für das neuplatonisch gedachte Eine und unhintergreifbar Erste; dieses ist jedoch gerade dem gegenüber „transzendent", was sich im Rückbezug auf *es* als Denken seiner selbst allererst zu sich selbst begrenzt und sich so in der Relation zu seinem Ursprung selbst zu einer eigenen Hypostasis „setzt", dem Nus. Während Schelling – zumindest in der transzendentalphilosophischen Periode seines Denkens (hier: im „Ich als Princip der Philosophie") – das Absolute qua reine Identität oder Gleichheit mit sich selbst „niemals aus sich selbst heraus" gehen läßt (217), ist das Absolute Plotins, das Eine als das Gute selbst, trotz der schwierigen Antwort auf die Frage nach dem „Warum" seines Hervorgangs oder seiner Selbstentfaltung, geradezu darauf angelegt, der Ursprung oder der (sich) gebende Grund von etwas zu sein, was zwar *durch* ihn, aber doch auch *außerhalb* seiner selbst entsteht oder „gezeugt" wird und *ist*. Dieses sich selbst gegenwärtige, durch Sich-selbst-Denken auf sich selbst Bezogene: der Nus als die denkende Selbst-Identität mit seinem Sein, gründet sich selbst nicht in einem *absoluten* Sinne, sondern in der reflexiven Hinkehr zu seinem und in seinen Ursprung – das Eine selbst –, das schellingsche Absolute hingegen setzt sich selbst *als* Absolutes in sich und für sich, ist also im reinen Sinne als selbstursprünglich zu denken. Während demnach im Verständnis Plotins für die Selbstkonstitution des Nus zu einer eigenen, durch Reflexivität seiner selbst bewußten ‚Hypostasis' das Eine selbst der Maß-gebende Ausgangs- und Zielpunkt ist, ist Schellings Absolutes qua absolutes Ich ein spontaner, aus sich selbst, d.h. aus Freiheit, sich selbst erwirkender Akt – Ursprung *und* Ziel der Selbstbewegung *in Einem*.

In dem Hinweis auf innere Affinitäten in Schellings Frühschrift „Vom Ich als Princip der Philosophie" kam es mir vor allem darauf an, Schellings Forderung nach einer Erhebung und Verwandlung des endlichen Ichs in die Form des Absoluten, dessen zentrale Bestimmungen mit dem Ziel der plotinischen Selbsttransformation des Denkens in ein zeit-freies

Sich-selbst-Denken und damit in ein Denken des eigenen Grundes konvergieren, als eine transzendentalphilosophische Analogie zu Plotins Konzept einer *Selbsterkenntnis*[31] plausibel zu machen, für die eine Umformung des dianoetischen Denkens in die reine Selbstreflexion des Nus in ihm selbst bestimmend ist – schellingisch gesagt: „Selbstbewußtsein" als „Ein absoluter [außer der Zeit sich vollziehender] Akt"[32]. Von daher gesehen muß Schelling in späterer Zeit (1805) aus Windischmanns „Stellen aus Plotinos" der Abschnitt aus V 3,6 und 7 in besonderer Weise willkommen gewesen sein[33]: „Die Vernunft, da sie in sich selbst beharret, und weder durch Akt noch durch Affekt zu Anderem sich neigt, wirkt immer auf sich selbst durch Erkenntnis ihrer selbst. In dieser Selbsterkenntnis beharrend und nie von sich selbst abweichend, erkennt sie auch Gott. Mit der Erkenntnis Gottes ist hinwiederum die Selbsterkenntnis gesetzt: denn sie erkennt, was sie von Gott hat, und dieses anerkennend erkennt sie notwendig auch sich selbst, denn sie selbst ist ja alles, was gegeben ist. Sollte sie ihn nicht klar durchschauen, weil das, von welchem gesagt wird, daß es schaue, dasselbe sei, was geschaut wird, so wird vorzüglich auf diese Art ihr eine Ansicht und Erkenntnis ihrer selbst übrigbleiben, insofern nämlich das Schauen als dasselbe ist, was geschaut wird".

Die hierin durch Plotin thematisierte Identität von Schauen oder Schauendem und Geschautem, Erkennendem und Erkanntem im Vollzug der Selbsterkenntnis entspricht einem zentralen Gedankenzug in Schellings Vorlesung von 1821 „Über die Natur der Philosophie als Wis-

---

[31] Schelling, Über die Natur der Philosophie als Wissenschaft (1821), IX 226: „Die *ganze* Bewegung [der „Umwandlung" aus Objekt in Subjekt, ohne daß dabei die innere Polarität der beiden aufgehoben würde, eine Umwandlung, in der die Möglichkeit „eines *Selbsterkennens* der ewigen Freiheit liegt"] ist nur Bewegung zur Selbsterkenntniß. Der Imperativ, der Impuls der ganzen Bewegung, ist das Γνῶθι Σεαυτόν, Erkenne dich selbst, dessen Ausübung *allgemein* als Weisheit angesehen wird. Erkenne was du bist, und *sei,* als was du dich erkannt hast, dies ist die höchste Regel der Weisheit". – Schelling spielt hier auf der Grundlage des Delphischen Imperativs auf ein analoges Verständnis eines aus Pindars Pythien II 72 isolierten Satzes an: γένοι' οἷος ἐσσὶ μαθών, „Werde, der du bist durch Erkennen [deiner selbst]".
[32] Idealismus, III 388.
[33] Text 4, in PI 213. – Schelling, in einem Brief vom 5. September 1805 an Windischmann, in seinem Dank für die „Stellen aus Plotinos": „Haben Sie den besten Dank für die herrlichen Plotinischen Stellen... Hätte doch Einer, der es vermöchte, Zeit und Lust, dieses göttlichen Mannes Werke herzustellen" (Briefe, ed. Plitt II 72f. – F. *Creuzer* hat dies dann 1814 [I 6] und 1835 [Opera Omnia] getan, vgl. unten Anm. 56; die Editio princeps von Perna [1580] hat Schelling wohl nicht beigezogen).

senschaft"[34]. Das absolute Subjekt (oder das göttliche Absolute) – „über aller [menschlichen] Erkenntnis" – ist als „ewige Freiheit" zu denken, die sich selbst erkennt, die also „als Objekt Subjekt und als Subjekt Objekt [ist], ohne darum zwei zu sein". Da „nichts außer ihr" ist, ist für sie auch nichts anderes zu erkennen „als *sich selbst*"; „es gibt überhaupt keine Erkenntnis von ihr, als in welcher *dasselbe dasselbe* erkennt". Wenn es für den Menschen mindestens eine „unmittelbare" Erkenntnis (im Sinne einer ‚intellektuellen Anschauung') eben dieser ewigen Freiheit geben soll, dann wäre „die einzige Möglichkeit einer solchen, wenn jenes Selbsterkennen der ewigen Freiheit *unser Bewußtsein,* also umgekehrt *unser Bewußtsein ein Selbsterkennen der ewigen Freiheit* wäre. Oder, da dieses Selbsterkennen auf der Umwendung aus dem Objektiven ins Subjektive beruht, wenn jene Umwendung *in uns* geschähe, d.h. wenn wir selbst die aus dem Objekt ins Subjekt wiederhergestellte ewige Freiheit wären". – Dieser Gedanke Schellings hat im Kern seiner Aussage einen sachlichen Bezug zu Plotins Traktat über die Selbsterkenntnis (V 3): In der Selbst-Erkenntnis des zeit-freien, absoluten Nus denkt, erkennt, sieht, schaut „*dasselbe dasselbe*" (αὐτὸ ἑαυτό) – in einer nur durch sich selbst vermittelten, auf sich selbst bezogenen Einheit. Diese ist das Ziel oder die Vollendung des Selbsterkennens im Bereich des wahren oder reinen Denkens; sie wird erreicht durch eine – schellingisch gesprochen – „Umwendung *in uns*", d.h. durch die Selbst-Transformation des diskursiven Denkens in das absolute Denken hinein, die für den Menschen die Realisierung seines wahren, eigentlichen Selbst bedeutet. Durch eben diese Erkenntnis des wahren Selbst im Sinne eines νοωθῆναι denken *wir selbst* – auf dem Wege einer „Anähnlichung an Gott" „ganz Andere geworden" – das absolute Denken, sind mit ihm denkend Eins. Für Plotin wäre dieser Akt allerdings nur dann ein „Selbsterkennen der *ewigen* [d.h. absoluten] *Freiheit*", wenn seine Aussage in VI 8 ohne Epoché auch für diesen Zusammenhang Geltung haben könnte: daß nämlich das Eine als das absolut, „in Wahrheit" Freie, weil Ursache seiner selbst Seiende, in einem noch intensiveren Maß als der Nus in ihm selbst durch Selbst-Denken bestimmt wäre. Freilich ist auch der Vollzug der Identität des Menschen mit dem absoluten Denken als eine prägnante Form *seiner* Freiheit verstehbar, sofern diese einem hohen Grad der „Abstraktion" oder der Befreiung von der Sinnlichkeit und Mannigfaltigkeit *durch Denken*

---

[34] IX 226f.

immer intensiverer Einheitsstrukturen entspricht. So geartete Selbst-Konzentration ist die Voraussetzung für die höchste Weise der Einung – mit dem Einen selbst.

III

*Natur*

Schelling hat vor allem in den Jahren von 1797 bis 1801 eine Reihe von Schriften zur „Naturphilosophie" veröffentlicht, so z.b. „Von der Weltseele, eine Hypothese der höheren Physik" (1798), einen „Ersten Entwurf eines Systems der Naturphilosophie" und eine „Einleitung zu dem Entwurf eines Systems der Naturphilosophie oder über den Begriff der speculativen Physik" (1799), weiterhin „Über den wahren Begriff der Naturphilosophie" (1801), später (1806) „Aphorismen zur Einleitung in die Naturphilosophie", „Aphorismen über die Naturphilosophie" und noch 1830 eine „Darstellung des philosophischen Empirismus" – um nur diese, schon „von außen" als naturphilosophisch gekennzeichneten Texte zu nennen. Schellings frühe Auseinandersetzung mit Platons ‚Timaios' in einem seinen eigenen Interessen folgenden Kommentar (1794) ist in seiner späteren Reflexion auf die kategoriale Fassung von Natur aus dem Geiste der Transzendentalphilosophie Kants bestimmend geblieben[35]. Es war allerdings eine der Grundintentionen Schellings, Natur nicht *nur* im Begriff – transzendentalphilosophisch – zu construieren, – „über die Natur philosophieren heißt die Natur *schaffen*"[36] –, sondern zwischen Natur als Objekt der empirischen Erfahrung mit Natur als Subjekt, „auf die allein alle Theorie geht"[37], zu vermitteln. Beide Bereiche oder Kräfte bilden in dieser Vermittlung eine in sich differenzierte Einheit, so daß auch die beiden Wissenschaften, deren unterschiedliche Richtungen für

---

[35] Vgl. W. Beierwaltes, Platons ‚Timaios' im Deutschen Idealismus: Schelling und Windischmann (im Druck).
[36] Entwurf, III 13: „Philosophieren über die Natur heißt, sie aus dem todten Mechanismus, worin sie befangen erscheint, herausheben, sie mit Freiheit gleichsam beleben und in eigne freie Entwicklung versetzen – heißt, mit andern Worten, *sich selbst* von der gemeinen Ansicht losreißen, welche in der Natur nur, was geschieht – höchstens das Handeln als *Faktum, nicht das Handeln selbst* im Handeln – erblickt".
[37] Einleitung zu dem Entwurf, III 284.

einen verläßlichen Einblick in das Ganze des Phänomens Natur in gleicher Weise notwendig sind – nämlich Transzendentalphilosophie und Naturphilosophie –, trotz ihrer Unterschiedenheit im Grunde Eine Wissenschaft darstellen[38]. Diese in sich differenzierte Einheit reflektiert das Zusammenwirken von Subjekt und Objekt in der oder *als* Natur auf Ein organisches Ganzes hin. Schon von dem Gedanken her, daß Natur als Subjekt der „in das Objektive geborne Geist, das in die Form eingeführte Wesen Gottes" ist[39], wird einsichtig, daß Natur nicht auf eine positivistische, mechanistische Weise vergegenständlicht oder verdinglicht werden kann, sondern daß sie aus dem Grunde eines in ihr sich selbsttätig entfaltenden Geistes begriffen werden muß. Von dieser ihrer Grundbewegung her vermag Natur über ihre Objektivität als empirische Erscheinung auf eben diesen Grund in sich *und* über sich hinaus zu verweisen: sie ist „Staffel zur Geisterwelt"[40]. In dieser Konzeption hat Schelling das eingelöst, was das „Älteste Systemprogramm" des Deutschen Idealismus (1796/97) bereits als Postulat formuliert hat: „Ich möchte unsrer langsamen an Experimenten mühsam schreitenden Physik einmal wieder Flügel geben"[41]. Eine Isolierung der Intention der Philosophie der Natur auf rein sinnlich gegebene Objektivität träfe daher nicht das ‚Wesentliche an der Natur', ihren konstitutiven Grund – den Geist –, sondern bliebe im Oberflächlichen befangen.

Wenn gemäß dem dialektischen Verhältnis oder der dynamischen Identität von Natur und Geist das „System der Natur" sich zugleich als das „System unseres *Geistes*" erweist[42], dann ist alle Erfahrung von sogenannt empirisch Gegebenem durchaus *speculativ,* d.h.: ohne Natur als

---

[38] Einleitung, III 272: „Wenn es nun Aufgabe der Transcendentalphilosophie ist, das Reelle dem Ideellen unterzuordnen, so ist es dagegen Aufgabe der Naturphilosophie, das Ideelle aus dem Reellen zu erklären: beide Wissenschaften sind also Eine, nur durch die entgegengesetzten Richtungen ihrer Aufgaben sich unterscheidende Wissenschaft". Brief Schellings an Fichte vom 19. November 1800: „Jetzt aber, wie Sie wohl sehen, betrachte ich Natur- und Transcendentalphilosophie nicht mehr als entgegengesetzte Wissenschaften [wie noch im „System des transzendentalen Idealismus", III 331], sondern nur als entgegengesetzte Theile eines und desselben Ganzen, nämlich des Systems der Philosophie, die sich ebenso entgegengesetzt sind, wie bisher theoretische und praktische Philosophie" (Fichte-Schelling. Briefwechsel, Einleitung von W. Schulz, Frankfurt 1969, 109f).
[39] Ideen, II 66.
[40] Weltalter 234.
[41] Text in: W. Beierwaltes (Hg.), Schelling, Texte zur Philosophie der Kunst 96.
[42] Ideen, II 39.

den *realen* Kontrapunkt aus dem Bewußtsein zu verdrängen wird sie im Gedanken als sie selbst konstruiert. Wahre Physik ist daher *speculative* Physik. Ihre Grundsätze sind, daß die Natur der sichtbare Geist, der Geist als deren Grund, quasi im Spiegelbild, die unsichtbare Natur sei[43], daß also beide sich gegenseitig bedingen und auslegen, oder gar, daß die Natur nicht nur die „*Erscheinung* oder Offenbarung des *Ewigen*, vielmehr zugleich eben dieses Ewige selbst" sei[44]. Protreptik zur Physik ist damit Protreptik zu speculativer *Philosophie*, die den zeitfreien, absoluten Grund zu ihrem Gegenstand hat: „Kommet her zur Physik und erkennet das Ewige"[45]. Gegen eine mechanistische und damit im Sinne Schellings „abstrakte", geist-lose Physik hat also speculative Naturphilosophie einen „Sieg des Subjektiven über das [grob bewußtseins-unabhängig vorgestellte] Objektive"[46] errungen: In ihr und durch sie steht Natur dem Denkend-Betrachtenden selbst als Subjekt gegenüber. Sie wird als sichtbare Erscheinung des *Absoluten* – in den absoluten Erkenntnisakt einbegriffen – selbst zu einem inneren Moment der philosophischen Theorie des Absoluten: des *absoluten Idealismus*. Damit gliedert sich im Sinne Schellings *so* gedachte speculative Naturphilosophie ein in einen Prozeß der „ganzen modernen Zeit", die „idealistisch" durch den „herrschenden Geist" in ihr als ein „Zurückgehen nach Innen" wesentlich bestimmt ist[47].

Aufgrund der Voraussetzung, daß Natur und Geist sich in der Natur als ganzer gegenseitig durchdringen und bedingen, kann sich – wie ich zuvor angedeutet habe – speculative Physik nicht (primär) auf das an der Natur richten, was an ihr etwa als „objektiv" oder „real" unmittelbar angesehen werden könnte, sondern auf das den Sinnen Verborgene, dem Geist aber Offene – das sich ihm aussprechende „Mysterium der Natur"[48].

Diese Grundlegung der Natur in Vernunft, Geist oder Subjekt impliziert für Schelling, aus seinem Begriff von *Geist* heraus, daß sie wesentlich unendliche „*Produktivität*", das „Sein oder die Produktivität selbst" ist[49],

---

[43] Vgl. Ideen, II 56.
[44] Weltseele, II 378.
[45] Ebd.
[46] Einleitung, III 272.
[47] Ideen, II 72f.
[48] Ebd. 73.
[49] Einleitung, III 285.

schlechthin oder absolut *tätig*, „*absolute Tätigkeit*"[50], oder in ihrer eigenen freien Entwicklung „das Handeln selbst"[51]. Ebensowenig wie Natur in angemessener Weise ausschließlich als Objekt, sondern primär als Resultat der ihr immanenten Subjektivität des *schaffenden* Geistes anzusehen ist, ist sie auch nicht ausschließlich als endliches Produkt, sondern eher als eine in ihrer tätigen Expansion durch Kraft und Gegenkraft sich selbst begrenzende Einheit von Produktivität und Produkt zugleich verstehbar. Die derart gedachte Tätigkeit oder Produktivität des Geistes vollzieht sich in ihr als *Organismus*, der sich in seiner produktiven Bewegtheit zu einem in sich bewegten Eins-Sein hin selbst organisiert[52].

Nachweisbar inspiriert ist diese Schellingsche Konzeption von Natur als eine dialektische, dynamische Einheit aus der Produktivität des Geistes mit dem Produkt seiner Tätigkeit durch *Spinozas* Verbindung von „natura naturans" mit „natura naturata"[53]. Schelling bezeugt diesen Bezug vielfältig[54]. Aus diesem Kontext heraus – ‚Natura naturans' im

---

[50] Entwurf, III 13f. Vgl. Anm. 36.
[51] Ebd.
[52] Erläuterung des Idealismus, I 385f. Entwurf, III 17f.
[53] Ethica I, scholium, zur propositio XXIX: „Nam ex antecedentibus jam constare existimo, nempe, quod per Naturam naturantem nobis intelligendum est id, quod in se est, et per se concipitur, sive talia substantiae attributa, quae aeternam, et infinitam essentiam exprimunt, hoc est, Deus, quatenus, ut causa libera, consideratur. Per naturatam autem intelligo id omne, quod ex necessitate Dei naturae, sive uniuscujusque Dei attributorum sequitur, hoc est, omnes Dei attributorum modos, quatenus considerantur, ut res, quae in Deo sunt, et quae sine Deo nec esse, nec concipi possunt. – Zu diesem Begriffspaar vgl. vor Spinoza: *Hieronymus Lombardus*, „De natura libri tres, Patavii 1589, II (de natura naturante et natura naturata) c. 1: „...nam primo comparari potest Deus cum universo corporeo mundo, secundum quam comparationem Deus est Natura Naturans, quia est origo, et caput universae Naturae, Mundus vero, sive natura eius, cum pendeat ex Deo, ab eoque dirigatur, dicitur Natura Naturata...". *Giordano Bruno*, De la causa, principio et uno, Dial. quarto, p. 119,10 (Aquilecchia).
[54] z.B. II 67: „Die Natur, sofern sie als Natur, d.h. als diese *besondre* Einheit erscheint, ist demnach als solche schon *außer* dem Absoluten, nicht die Natur als der absolute Erkenntnisakt selbst (Natura naturans), sondern die Natur als der bloße Leib oder Symbol desselben (Natura naturata)". Ferner Einleitung, III 272. 285. Der folgende Text (ebd. 284) unterscheidet sich von dem zuvor zitierten dadurch, daß er die von mir skizzierte *Einheit* von Subjekt und Objekt, Produktivität und Produkt in der Natur und damit auch die Einheit von natura naturans und natura naturata bestätigt: „Insofern wir das Ganze der Objekte nicht bloß als Produkt, sondern notwendig zugleich als produktiv setzen, erhebt es sich für uns zur *Natur* und diese *Identität des Produkts und der Produktivität*, und nichts anderes, ist selbst im gemeinen Sprachgebrauch durch den Begriff der

Sinne absoluter Tätigkeit – ist auch Schellings Gedanke verstehbar, daß der „begeisterte Forscher" (der Erforscher der *Natur*) Natur nicht etwa als das „tote Aggregat einer unbestimmbaren Menge von Gegenständen", oder als lediglich räumliches „Behältnis" der Dinge deklarieren kann, sondern sie als „die heilige, ewig schaffende Urkraft der Welt, die alle Dinge aus sich selbst erzeugt und werktätig hervorbringt", begreifen kann und muß[55].

Schellings Philosophie der Natur zeigt zu *Plotins* Begriff von Natur – trotz der Differenzen in beider Grundintention – eine sowohl durch wesentliche Theorie-Momente als auch durch die Terminologie bestimmte innere Affinität. Dies gilt in einem Blick von Schelling her insbesondere für Plotins 30. Traktat III 8: Περὶ φύσεως καὶ θεωρίας καὶ τοῦ ἑνός. Friedrich Creuzer, der gelehrte Editor des gesamten Plotin und Freund Schellings[56], hat als Erster diesen Text Plotins ins Deutsche übersetzt und hat ihn unter dem Titel „Von der Natur, von der Betrachtung und von dem Einen" im ersten Band der von ihm, zusammen mit dem Theologen Carl Daub, herausgegebenen „Studien" mit kommentierenden Anmerkungen 1805 publiziert. Er tat dies offensichtlich aus der Einsicht in die „Aktualität" der plotinischen Theorie der Natur für „manche Ideen der neuesten Philosophie" oder gar in die „sichtbare Übereinstim-

---

Natur bezeichnet. Die *Natur* als bloßes *Produkt* (natura naturata) nennen wir Natur als *Objekt* (auf diese allein geht alle Empirie). Die *Natur als Produktivität* (natura naturans) nennen wir *Natur als Subjekt* (auf diese allein geht alle Theorie)".

[55] Über das Verhältnis der bildenden Künste zu der Natur (1807) [Rede], VII 293. Dasselbe von Schelling zitiert in: F.W.J. Schellings Denkmal der Schrift von den göttlichen Dingen etc. des Herrn Friedrich Heinrich Jacobi und der ihm in derselben gemachten Beschuldigung eines absichtlich täuschenden, Lüge redenden Atheismus (1812), VIII 28. Über diesen Begriff von Natur als Voraussetzung der Schellingschen Auffassung von *Kunst* als „Nachahmung der Natur" vgl. unten S. 214ff.

[56] Plotini Opera omnia...Apparatum criticum disposuit, indices concinnavit G.H. Moser...emendavit, indices explevit, Prolegomena, Introductiones, Annotationes explicandis rebus ac verbis ... adjecit F. Creuzer, 3 Bände, Oxford 1835. Zuvor (1814) hat Creuzer Plotins Enneade I 6 als „Liber de pulcritudine" herausgegeben, die auch Schelling kannte. Darüber hinaus hat Creuzer die „Elementatio theologica" des Proklos, sowie dessen und Olympiodors Kommentar zum ‚Ersten Alkibiades' des Platon als ‚Initia Philosophiae ac Theologiae ex Platonicis fontibus ducta' in drei Teilen (Frankfurt 1820/22) ediert, deren ersten Band Creuzer Hegel und deren zweiten Band er Schelling, zusammen mit J. F. Boissonade, als den „Platonicorum monumentorum Philosophiaeque Interpretibus Primariis" widmete.

mung mit den Ideen Schellings"[57]. Daß Schelling diesen Text Plotins mit aufmerksamer Zuwendung gelesen hat, geht aus seinen Excerpten hervor, die sich unter Windischmanns „Stellen aus Plotinos" im Berliner Schelling-Nachlaß fanden[58].

Ohne Schellings Naturphilosophie mit Plotins Konzeption von Natur (φύσις) in eine asymmetrische Selbigkeit zusammenzwingen zu wollen, sehe ich zwischen beiden dennoch sachlich überzeugende Affinitäten in diesem Bereich. Beide treffen sich primär in dem Gedanken, daß Natur nicht als das Ganze von bloß Gegenständlichem – von empirisch zugänglichen ‚facta bruta' – vorgestellt werden könne, sondern daß dem Sein und Wirken der Natur eine bestimmte Form von Vernunft, Geist oder Betrachtung zugrunde liegt, daß nur diese das universal Gründende und Wirkende in ihren vielfältigen Formen ist, daß eben diese Betrachtung einer Formen-schaffenden Tätigkeit gleichkommt und das Resultat dieser tätigen Betrachtung wiederum ein θεώρημα – ein Betrachtetes – ist[59].

Obgleich Plotins Reflexionen über „physis" in III 8 – wie zuvor die Konzeption des Selbstbewußtseins – einen genauen Vergleich, der die Differenzen zwischen beiden nicht minder genau im Blick hätte, geradezu herausfordern, und der durch Friedrich Creuzers Übersetzungen des Plotin-Textes eine vielfach aufschließende Unterstützung finden könnte, muß ich mich hier auf Hauptsätze Plotins beschränken, die einen Weg zu Schelling zu eröffnen imstande sind.

Aus Grundzügen der griechischen Natur-Theorie, hier der stoisch überlieferten Aussage, die Natur verfüge nicht über φαντασία (Vorstellung, Einbildungskraft)[60], sie sei also ἀφάνταστος[61], und der ihr folgenden Behauptung, sie sei ἄλογος, entbehre also der „Vernunft" (oder eines vernünftigen Strukturprinzips), hat Plotin lediglich die erste behalten[62], die zweite in anderen Kontexten in differenzierter Sinngebung

---

[57] Hierzu: W. Beierwaltes, PI, 103 ff. – θεωρία übersetzt Creuzer bewußt mit „Betrachtung" und zieht diesen Terminus dem Begriff „Speculation" oder dem Unmittelbarkeit suggerierenden „Schauen" vor, um die aktive Intentionalität („Streben, Begehren, Trachten") von θεωρία herauszustellen, vgl. S. 63f der Übersetzung.
[58] Der Text von Schellings Excerpten: PI 103f.
[59] III 8,3,18ff.
[60] SVF II 1016,11.
[61] Plotin III 8, 1,22.
[62] III 6,4,23. IV 4,13,11f.

einschränkend aufgenommen⁶³; in III 8 (und auch in V 8,1) hingegen begreift er den ‚logos' oder die ‚logoi' in der Natur als vernünftige und aus Vernunft Form schaffende Prinzipien (Creuzer: „Begriffe"), als Vollzugsmomente von ‚theoria' und damit durch deren Wirkung als Gestaltgebende (III 8,2,3) Grundlagen der Natur selbst: „Natur ist Formkraft, die andere Formkräfte hervorbringt" [schafft, ποιεῖ ]⁶⁴. Logos also geht aus der Betrachtung selbst als deren – der Natur – Wesensmoment hervor (3,10 f. 4,6), und ist zugleich das Resultat oder Produkt (ἀποτέλεσμα) ihres [durch ‚logos'] poietischen Wirkens (3,12; 21). So ergibt sich eine in sich differenzierte, in ihrer inneren Begründung gestufte Bestimmung von Natur: ihr „Sein" (3,17; 22 f) und Leben (3,15) ist ein durch vernünftig formende Kräfte zielgerichtetes schaffendes Betrachten; „was sie hervorbringt, schafft sie durch Betrachtung" (1,23); die ‚logoi' sind [in der vegetativen und sensitiven Natur] die Schaffenden [Kräfte], das Schöpferische in ihr, (2,28), weil sie in der ‚theoria' gründen oder aufgrund ihrer wirken, indem sie Formen in der *Materie* schaffen (2,3; 22; 27; 34) und diese dadurch zu abgrenzbarem Seienden gestalten.

Wenn also ‚logos'⁶⁵ selbst aus der ‚theoria' entspringt, mit ihr zugleich als deren herstellende Aktivität gegeben ist, oder wenn ‚logos' daher mit ‚theoria' gar identisch zu denken ist (3,3) und die ‚logoi' als deren Wirk- und Formkräfte *aus ihr* in Erscheinung treten, dann kann auch ‚physis' für sich als das Gestalt werdende oder gewordene Gesamt-Produkt von Betrachtung folgerichtig als ‚logos' oder als δύναμις ποιοῦσα – „schaffende Kraft oder Mächtigkeit" (3,15) – begriffen werden: Weil ‚physis' Betrachtung unmittelbar hat oder ist, schafft sie auch unmittelbar ohne eine weitere aus ihrer Herkunft folgende Ursache, sondern aus ihr selbst: „Ihr Sein, das sie ist, ist für sie das Schaffende...Sie ist Betrachtung

---

⁶³ IV 4,28,47. Plotin hätte an den – freilich entmaterialisiert gedachten – stoischen Begriff des ‚Logos' als die ordnende, Harmonie und Sympathie schaffende Kraft im Kosmos *ohne* Epoché für seine eigene Konzeption anknüpfen können, wenn er im Blick gehabt hätte, welchen Begriff des λόγος etwa *Kleanthes* in seinem Zeus-Hymnus zugrundelegt (SVF 537) – in einer Transformation von *Heraklits* ‚Logos'.
⁶⁴ Vgl. auch III 8,7,13ff, über die ‚physis', die ‚logoi' hervorbringt. *Creuzer*, 33: „daß... in den Thieren wie in den Pflanzen die Begriffe es seyen, die hervorbringen, und daß die Natur ein Begriff sey, der einen andern Begriff hervorbringt als ihr Erzeugniß."
⁶⁵ Zu den Bedeutungsaspekten von Logos bei Plotin vgl. E. Früchtel, *Weltentwurf und Logos*, Frankfurt 1970. M. Fattal, *Logos et Image chez Plotin*, Paris 1998.

[Betrachten] und Betrachtetes zugleich, da sie logos ist. Durch ihr Sein als Betrachten und Betrachtetes [als Einheit der beiden] und als logos schafft sie, da sie dieses *ist*. Das Schaffen [der Natur] hat sich uns als Betrachtung gezeigt"[66].

Die Annahme, daß Natur in rationalen, aus dem Akt der Betrachtung herkommenden, mit ihr immanent eins seienden Formprinzipien gründet, verweist sie zugleich – im Blick auf das Gesamt des aus dem Einen entsprungenen Seins – auf ihre eigene *Herkunft aus dem Geist*, der sich selbst reflektiert (4,13); sie wird zu dessen Manifestationsbasis mittelbar durch Nus und unmittelbar durch die den Kosmos ordnende demiurgische Seele[67]. Schon allein diese Fundierung von Natur in der in ihr wirkenden Betrachtung und vermittels ihrer – auch wenn sie die äußerste und schwächste Form von ‚theoria' ist[68] – in Seele und Nus, ist hinreichender Grund dafür, sie *nicht mechanistisch*, etwa nach dem Modell epikureischer Physik durch „Stoß und Hebel" (ὠθισμός, μοχλεία: 2,4; 5) erklären zu können; sie fordert vielmehr gemäß dem Prinzip einer Erkenntnis des Ähnlichen durch Ähnliches eine durchaus „theoretische" Reflexion des „philosophischen Betrachters". Eine solche steht bei Plotin gerade in III 8 als dem ersten Teil einer formal und inhaltlich zusammenhängenden, vier Traktate umfassenden Schrift[69] im Kontext des mit großer begrifflicher Intensität unternommenen Versuches, angesichts gegenläufiger Kräfte (etwa bei „Gnostikern")[70], den Kosmos insgesamt

---

[66] III 8,3,17–21: Τὸ οὖν εἶναι αὐτῇ ὅ ἐστι τοῦτό ἐστι τὸ ποιεῖν αὐτῇ καὶ ὅσον ἐστὶ τοῦτό ἐστι τὸ ποιοῦν. Ἔστι δὲ θεωρία καὶ θεώρημα, λόγος γάρ. Τῷ οὖν εἶναι θεωρία καὶ θεώρημα καὶ λόγος τούτῳ καὶ ποιεῖ ᾗ ταῦτά ἐστιν. Ἡ ποίησις ἄρα θεωρία ἡμῖν ἀναπέφανται.

[67] 2,7f: τῆς φύσεως δημιουργία. 24: δημιουργουμένη (ὕλη). II 9,6,22. Natur als γέννημα ψυχῆς: III 8,4,16.

[68] 3,7. 4,32. Vgl. c.7 zu Stufen oder Intensitätsgraden von ‚theoria': der Zeugungsakt der Lebewesen ist eine Kraft oder Wirksamkeit von Betrachtung (ἐνέργεια θεωρίας, Z. 19), ein Streben, εἴδη („Formen", „Gestalten") und damit „Betrachtetes" *und* „Betrachtbares" hervorzubringen, letztlich „Alles mit Betrachtung zu erfüllen" (πάντα πληρῶσαι θεωρίας, 22). Die intensivste, „lebendige" Form von Betrachtung (θεωρία ζῶσα, 8,11) „nach" der Seele ist der sich selbst denkende Nus oder das „Lebewesen selbst": Leben als Denken, Logos, Betrachtung: 8,6ff.

[69] Gemeint ist die (in der Edition des Porphyrios zerteilte) Einheit von III 8, V 8, V 5 und II 9. Vgl. R. Harder, Eine neue Schrift Plotins, in: Hermes 71, 1936, 1–10. Wieder abgedruckt in: Kleine Schriften, hg. v. W. Marg, München 1960, 303–313.

[70] Vor allem II 9: Πρὸς τοὺς Γνωστικούς.

als einen in Vernunft, Geist, mathematischen Strukturen gründenden und dadurch als einen letztlich von Einheit, Gutheit und Schönheit bestimmten zu erweisen, die sich dem Struktur schaffenden Hervorgang des Einen selbst verdanken.

An eine so gedachte Harmonie oder Sympathie von in sich differenten oder gar gegensätzlichen Kräften im Kosmos, eine Einheit von produktiver Bewegung und den Bestand des Ganzen bewahrender Ruhe, die in ‚logos' gründet oder – durch diese vermittelt – aus der zeitfreien intelligiblen Sphäre ihre Herkunft hat und durch sie in ihrem Bestand und Wirken garantiert ist – an eine derartige Konzeption konnten sowohl Novalis als auch Goethe[71] und Schelling anknüpfen in je modifiziertem Interesse an einer vom Geist und dem göttlichen Grund bestimmten Natur – einer primär als ‚Natura Naturans' gedachten Natur, an Natur als der einzigen, gemäß ‚logoi' schaffenden „Künstlerin", als einer Repräsentation oder Erscheinung des Göttlichen und damit, von der Reflexionsform her gesehen, an einer speculativen „heiligen Physik", für die die Natur der sichtbare Geist und der Geist als deren Grund die unsichtbare Natur ist[72].

Im Blick auf die skizzierte sachliche Verbindung Schellings zu Plotins Begriff von der Natur als einer Form-Prinzipien und damit vernünftige Strukturen der sinnenfälligen Wirklichkeit hervorbringenden Betrachtung ist es aufschlußreich, *Schellings* direktes Interesse an *Plotins Traktat III 8* – in der Übersetzung Friedrich Creuzers – zu beachten. Ohne Vergleich zum Text beginnt er seine Excerpte[73] mit der Bemerkung „wie die Natur erkenne? Ein inneres Auge sich zu schaun". Er suggeriert in seiner Antwort auf die Frage nach der Erkenntnis-Form der plotinischen ‚physis' *Selbstreflexion* im Sinne eines selbst-bezogenen und dadurch Sein

---

[71] W. Beierwaltes, PI 87–93 (Novalis). 93–100 (Goethe). – Allgemein zur romantischen Naturphilosophie in ihrem Bezug zum Neuplatonismus vgl. P. Hadot, L'apport du Néoplatonisme à la philosophie de la nature en Occident, in: Eranos-Jahrbuch 1968, Zürich 1970, 91–132.

[72] Vgl. Schelling, Ideen, II 56.

[73] Vgl. diese in W. Beierwaltes, PI 103f. Problematisch ist das zweite Exzerpt durch einen unklaren griechischen Text bei Creuzer. 1,23f: θεωρίαν τε ἐν αὐτῇ ἔχει, καὶ ἃ ποιεῖ, διὰ θεωρίαν ποιεῖ, ἣν οὐκ ἔχει, καὶ πῶς. Das οὐκ ἔχει [Schelling, der Übersetzung Creuzers folgend: „..was sie hervorbringt, durch Betrachtung hervorbringt, die sie *nicht hat'*] widerspricht dem gerade zuvor Gesagten: θεωρίαν...ἔχει, und der gesamten Theorie Plotins. Theiler: ἥν πως ἔχει [καὶ πῶς] ziehe ich H-S² : ἣν οὐκ ἔχει [καὶ πῶς] vor, obgleich die Stelle immer noch diskussionsbedürftig ist.

konstituierenden „Augen-Blicks"[74] – eine Selbst-„Betrachtung" der Natur also. Plotin indes schließt diesen Gedanken von der äußersten, d.h. „untersten" oder schwächsten Form der ‚theoria', als welche die Natur sich vollzieht, expressis verbis aus (3,11)[75], so wie er die der Natur eigene Betrachtung auch nicht als eine suchend-diskursive begreift (3,13 f), die noch nicht hat, was sie intendiert, sondern vielmehr als eine Erkenntnis – gemäß dem Modell künstlerischen Schaffens (2,10 ff. 5,4 ff)[76] –, die ihren Gegenstand schon als verstandenen qua betrachteten in sich hat, die – wie zuvor angedeutet – *unmittelbar ist*, was sie *hat*: unmittelbare Einheit von Betrachten und Betrachtetem (3,16 ff). Sie *entspringt* allerdings einem selbst-reflexiven Sein: dem Nus oder – durch dessen aktive Vermittlung – der universalen Seele (4,13 f; 17).

Aus den übrigen Excerpten kommt Schellings Konzeption einer durch Produktivität des Geistes sich selbst organisierenden Natur folgende Paraphrase des Plotintextes (7,1–3) am nächsten: „Alles wahrhaft Existirende ist *Betrachtung*. Desgleichen ist auch das aus Betrachtung Gezeugte wieder Betrachtung. Denn es ist geworden dadurch daß jenes betrachtete"[77]. Freilich ist im Sinne Plotins Natur nicht im Begriff *construierbar*, sondern die in ihr realiter wirkende Logizität spiegelt sich im Begriff des betrachtenden Subjektes – im Geist der Seele.

## IV

### Weitere Perspektiven

Meine bisherigen Überlegungen zur sachlichen Verbundenheit von Schellings Denken zu dem Plotins und des Neuplatonismus überhaupt – zum einen durch eine direkte Text-Kenntnis gestützt, zum anderen im Sinne erstaunlicher Analogie und Affinität *im* Unterschied – konnten plausibel machen, daß Schellings Philosophie in den Augen kenntnisrei-

---

[74] Dieser Gedanke ist verbindbar mit dem Konzept eines konstitutiven Sehens, eines creativen Er-Sehens der Wirklichkeit durch Gott, so wie es etwa Augustinus und Eriugena entwickelt haben. Vgl. W. Beierwaltes, Eriugena 127f. 279ff.
[75] Zu den unterschiedlichen, sich von der Natur zum Geist hin steigernden Wirkungsformen der ‚theoria' vgl. Anm. 68.
[76] Vgl. Creuzer in Studien I 72f.
[77] Pl 104.

cher und tieferblickender philosophischer Zeitgenossen als der „Neuplatonismus unserer Zeit" erscheinen konnte, als der „Neuplatonismus in der Form des modernen Bewußtseyns...d.h. der Neuplatonismus in vollendeter, wissenschaftlicherer Form"[78] – diese meine Überlegungen, sage ich, könnte ich nun fortführen in einer ganzen Reihe von Perspektiven, die ich allerdings jetzt lediglich nennen möchte:

1. In Schellings Theorie des Absoluten als des „*schlechthin Einen*"[79] verbindet sich Plotins Gedanke eines reinen, über-seienden Einen mit dem einer reflexiven Selbstgegenwart des Nus, so daß dieses Absolute als eine alle Wirklichkeit gründende und umfassende All-Einheit verstanden werden kann, *weil* es in sich absolute *Selbstaffirmation* oder *Selbstvermitteltheit* ist[80]. – Das Absolute als das schlechthin Eine oder als absolute Einheit denkt Schelling in unmittelbarer Verbindung mit seiner Bestimmung des Absoluten als Freiheit und Wille zu sich selbst über ein es eingrenzendes „Sein" hinaus als *Über-Seiendes*. Diesen Wesenszug Gottes – vom „Sein" frei sein zu wollen – hebt er als grundlegendes Theoriemotiv seiner Spätphilosophie in bewußter Anknüpfung an die „Neuplatoniker" heraus[81].

[78] So Johann Ulrich Wirth, Die speculative Idee Gottes und die damit zusammenhängenden Probleme der Philosophie, Stuttgart-Tübingen 1845, 412. 414 (zitiert mit weiteren Hinweisen auf die Rezeption von Schellings Neuplatonismus-Bezug in: PI 107f).
[79] System, VI 152; 157. Philosophie der Kunst, V 367: „Wir kennen in der Philosophie nichts als Absolutes – immer nur das schlechthin Eine, und nur dies schlechthin Eine in besonderen Formen". 370, zur Frage, „wie in Ansehung der Philosophie überhaupt...„jenes schlechthin Eine und Einfache [und „das Absolute ist schlechthin Eines"] in eine Vielheit und Unterscheidbarkeit übergehe" [πρόοδος!]. Vgl. auch V 114.
[80] W. Beierwaltes, PI 110 ff. Ders. Absolute Identität. Neuplatonische Implikationen in Schellings ‚Bruno', in: ID 204–240; zur „Selbstaffirmation" bes. 215ff.
[81] Vgl. z. B. Weltalter, Dritter Druck, VIII 238; 256. Mythologie, XII 58: „Alles was wir bis jetzt sagen können, ist, daß Gott (der an sich nicht seiend, sondern der lautere Freiheit zu sein oder nicht zu sein ist, der *Über*seiende, wie ihn auch Ältere schon genannt haben), daß Gott, *wenn* er ist...". XII 100: Zitat aus Dionysius und Hinweis auf Johannes Damascenus (ἀνούσιος im Sinne von ὑπερούσιος), beides wohl aus Gerhards Loci Theologici. Dem entspricht im Sinne Schellings der „Urbegriff Gottes" als der „von allem anderen Abgesonderte", „der nichts Gleiche" zu sein, oder „der, dem nichts gleich" ist: „absolute Differenz" (vgl. Plotins Prädikat für das Eine, von Allem „abgetrennt" (VI 8,9,10: κεχωρισμένον [W. Beierwaltes, „Geist-Ideen-Freiheit" 91]), „Nichts von Allem" oder das „von Allem Verschiedene" zu sein (οὐδὲν πάντων, πάντων ἕτερον). – Offenbarung, XIII 128. 132. 165. 215. 240. 256 (als „absolute Transzendenz"). „Andere Deduktion der Principien der positiven Philosophie", in: XIV 350. „Urfassung der Philosophie der

2. Die für Schelling wie für Plotin und den späteren Neuplatonismus zentrale Frage nach Grund und Weise des (konstitutiven) *Hervorgangs des Einen Absoluten* in die Wirklichkeit im Ganzen nimmt Schelling – zum Teil kritisch gegenüber Plotin – in einer Diskussion der „*Emanationslehre*" auf; dabei versteht er die Entäußerung des Absoluten nicht als einen stetigen *Übergang*, sondern (gemäß seiner Auffassung) in bestimmter Nähe zu den „Neuplatonikern", die „den Geist ihres Ahnherrn" (Platon) „reiner und tiefer...als alle später folgenden" auffaßten[82], als „*Sprung*", „*Entfernung*" oder „*Abfall vom Absoluten*", „*Abbrechen* vom Unendlichen" oder als ein „*Sich-Losreißen*" vom Absoluten im Prozeß des „Überfließens"[83]. Darin ist auch die Frage nach der Entstehung von *Zeit* aus der *Ewigkeit* als eine sowohl Schelling wie Plotin bewegende

Offenbarung", hg. v. W.E. Ehrhardt, Hamburg 1992, I 205, 16f. Weltalter 226: „Es ist nur Ein Laut in allen höheren und besseren Lehren [zu denen die Neuplatoniker gehören] daß das wahrhaft Höchste über allem Sein sei, daher es von Vielen das Überwesentliche, das Überwirkliche (ὑπερούσιον, ὑπερόν) genannt worden". Ebd.: „So wenig aber das Höchste als Seiendes gedacht werden kann, ebensowenig als bestimmt Nichtseiendes, sich selbst als seiend verneinendes; denn auch so wäre ein bestimmtes notwendiges: das Höchste aber muß frei von aller Bestimmung und außer aller Notwendigkeit sein". Vgl. auch Weltalter 14. 20: „Gott der eigentlich seiende ist über seinem Sein". 67. 141: „Denn das Höchste war nicht *seiend*, weil es über dem Seienden ist, wie es auch von Älteren schon als ein solches (als ein ὑπερόν) ausgesprochen worden". System der Weltalter 152. Ebd. 134: Gott ist als ‚causa sui' nicht im negativen Sinne „Substanz", er „zeigt sich vielmehr „als solcher und als der das eigene Sein sicher ist [d.h. als „Quelle des Seins" ist er – auch im Sinne Plotins – „mehr als Sein", 133], er ist ὑπερίων". Wenn dieses griechische Wort, das richtig ὑπεριών hieße, zu ἰέναι gehören sollte, dann bedeutete es: „über Sein hinausgehend". In dieser Form könnte es eine der vielen griechischen Konstruktionen Schellings sein, die keinen unmittelbaren Anlaß in griechischen (hier: neuplatonischen) Texten haben. ὑπερίων ließe zudem allerdings den Götternamen ‚Hyperion' assoziieren (nahe der etymologischen Deutung dieses Namens in den ‚Theologumena Arithmeticae' 78,9f [de Falco]: Ὑπερίονα διὰ τὸ ὑπὲρ πάντας τοὺς ἄλλους εἰς μέγεθος ἐληλυθέναι). Oder aber ὑπεριών geht auf einen Hörfehler des Verfassers der Nachschrift von Schellings Vorlesung zurück und gesagt hätte Schelling selbst, dem sachlichen Kontext durchaus entsprechend: ὑπερόν (siehe zuvor) oder ὑπερών, „überseiend". – Im Tagebuch 1848 (mit A. v. Pechmann und M. Schraven hg. v. H.J. Sandkühler, Hamburg 1990) 180 der Hinweis: „ὑπερούσιος schon bei Alexander Aphrodisias". – Dieses Theoriemotiv Schellings bedürfte im Blick auf die neuplatonische Tradition einer eigenen Aufmerksamkeit. Vgl. W. Beierwaltes, PI 71. 76. 80f. 112. – Zu ὑπέρθεος s. oben Anm. 8.
[82] Philosophie und Religion, VI 37.
[83] Ebenda 38ff. „Aphorismen zur Einleitung in die Naturphilosophie" (1806), VII 191.

Thematik impliziert. „Sprung", „Abfall", „Abbrechen", „Sich-Losreißen" vom Absoluten signalisiert, daß ein „Übergang" als ein kontinuierlicher Akt argumentativ nicht begründbar ist. Im Kontext neuplatonischen Denkens soll der Hervorgang des Vielen aus dem Einen durch Metaphern oder Analogien plausibel werden: das Eine/Gute etwa als „Quelle" – für die nie versiegende Mitteilung von Sein, Leben, Denken stehend –, „Licht", das aus sich selbst strahlt und dadurch Seiendes sich gegenseitig artikulieren läßt, „Kreis", der aus seinem Mittelpunkt, dem Einen analog, in die Differenz von Radien und Peripherie hervorgeht und durch eben diesen bewahrt wird. Begrifflich indes ist der Hervorgang des Vielen oder die Selbstentfaltung des Einen – zumindest intentional – erfaßt im Einen/Guten als dem Ursprung oder Grund (ἀρχή, αἰτία) von Allem, der selbst jedoch nichts von Allem ist, was ihm entspringt[84]; das „Überfließen" ist selbst in der schaffenden Aktivität des Ursprungs begründet: τὸ ὑπερπλῆρες αὐτοῦ πεποίηκεν ἄλλο, „seine [des Einen] Überfülle hat Anderes geschaffen"[85]; die Entfaltung von Andersheit oder der Wirklichkeit im ganzen ist im Begriff des Guten impliziert, das nicht aus „Mißgunst" an sich hält, sondern frei an seinem eigenen Sein teilgibt, ohne sich selbst zu „verbrauchen"[86]. Diese Aspekte der sog. „Emanationslehre", mit der Schelling neuplatonisches Denken pauschal identifiziert, hat er selbst ausgeblendet[87]. Seine Kritik an ihr steigert sich vielmehr zu deren energischer Ablehnung in einem Text aus den Entwürfen zum Ersten Buch der „Weltalter"[88], der sich offensichtlich besonders gegen Plotin richtet und ihm auch die in „Philoso-

---

[84] Plotin V 2,1,1. V 5,13,19f. 28f; 35f. VI 7,32,12ff.
[85] V 2,1,8f.
[86] Vgl. IV 8, 6,8ff. 23: ἐν χάριτι δόντος (scil. τοῦ ἀγαθοῦ).
[87] In seinen „Aphorismen zur Einleitung in die Naturphilosophie" korrigiert Schelling die Vorstellung „eines Herausgehens des Absoluten aus sich selbst" dergestalt, daß dieses – mit Gott identisch gedacht – sich nicht selbst verlassen, sich nicht selbst durch ein („emanatistisch" mißverstandenes) Hervorgehen in seinem Gott-Sein selbst destruieren könne; seine Absolutheit bestehe vielmehr in einem „ewigen Zurückgehen" – als das „ewige *Seyn* und Bestehen Gottes in sich selbst" (§79; VII 158). Dieser Gedanke kommt dem genuin neuplatonischen Theorem nahe: das Eine und der Geist bleiben trotz ihrer oder im Akt ihrer Selbst-Entfaltung in sich selbst; das aus ihnen Hervorgegangene geht auf seinen jeweiligen Ursprung unmittelbar zurück – terminologisch in der Trias ausgedrückt: μονή – πρόοδος – ἐπιστροφή.
[88] ed. Schröter 230. Ähnlich Weltalter, Dritter Druck, VIII 244f. System der Weltalter 133. 152.

phie und Religion" noch attestierte Nähe zu Platon streitig macht (ich verweise jeweils auf die sachlichen Bezüge zu Plotin): „Die Systeme, die von oben herabsteigend der Dinge Ursprung erklären wollen, kommen fast notwendig auf den Gedanken, daß die Ausflüsse der höchsten Urkraft sich zuletzt in ein gewisses Aeußerstes verlieren müßten[89], wo nur gleichsam noch ein Schatten von Wesen[90], ein Geringstes von Realität übrig war, ein Etwas, das nur noch gewissermaßen ist, eigentlich aber nicht ist[91]. Dies ist der Sinn des Nichtseienden bei den Neuplatonikern[92], die das wahre aus Platon nicht mehr verstanden. Wir, der entgegengesetzten Richtung folgend, behaupten auch ein Aeußerstes unter dem nichts ist; aber uns ist es nicht Letztes, Ausfluß, sondern Erstes, von dem alles beginnt, nicht bloßer Mangel oder fast gänzliche Beraubung von Realität, sondern tätige Verneinung." Diese ist verstehbar im Sinne einer Selbstentgrenzung des Absoluten und seiner *Entfaltung* in und durch Welt und Geschichte *zu sich selbst* in seine „absolute Zukunft" nach und außer der Welt[93] – ein im „System der Zeiten" sich erfüllender Prozeß. Das Ende dieser prozessualen Selbst-Offenbarung Gottes ist – im Gegensatz zum neuplatonisch gedachten Hervorgang des Einen/Guten[94] – das *„Höchste"*.

3. Die vom Christentum her insbesondere aus Dionysios bestimmte Konzeption von Schöpfung als *„Ekstasis"* Gottes aus sich selbst in Welt findet bei Plotin einen durchaus kompatiblen Ansatzpunkt: Das

---

[89] u.a. V 8,7,22: Materie als εἶδός τι ἔσχατον in der Entfaltung der „Gestalten" und „Formen" aus dem Einen. V 2,2,1ff: ἀπ' ἀρχῆς εἰς ἔσχατον. I 8,1,19: das Böse (Materie) als ἔσχατον. V 3,7,33f:...τῶν ἐσχάτων ἀμυδρῶν ἀποσῳζόντων εἰκόνα (des Ursprungs). 9,35. 10,2. 16,4.

[90] VI 3,7,5ff; 8: σκιὰ λόγου καὶ ἔκπτωσις λόγου (ὕλη). Vgl. auch V 6,6,19: τοῦ εἶναι σκιά.

[91] II 5,4,13ff. III 6,7,12: ἀληθινῶς μὴ ὄν (ὕλη). Bezug zur Freiheitsschrift VII 355 vgl. PI 118 ff und unten S. 220f.

[92] Als eine universale Aussage über den Begriff des Nicht-Seienden oder des Nichts bei den „Neuplatonikern" trifft dies nicht zu. Sie gilt nur für das ‚nihil privativum' oder auch für das Nicht-Sein als Andersheit, impliziert aber nicht das ‚nihil per eminentiam': d.h. den Gedanken, daß das Eine „Nichts von Allem" sei, dessen Ursprung es selbst ist.

[93] Weltalter 202.

[94] „Neuplatonisch die Sukzession [d.h. die sich steigernde Entwicklung] aufgehoben": Philosophische Entwürfe und Tagebücher 1809–1813 (Philosophie der Freiheit und der Weltalter), hg. v. L. Knatz, H.J. Sandkühler, M. Schavan, Hamburg 1994, 147,25.

Eine/Gute *gibt* frei („ohne Mißgunst") von sich selbst her sich, d.h. seine begründende, Sein setzende Kraft, in Anderes, welches durch eben diesen Akt freien Gebens[95] allererst „wird"[96], was es ist.

4. Denken und Sein insgesamt sind im neuplatonischen Philosophieren bestimmt durch eine je unterschiedene Form der *Rückwendung* (ἐπιστροφή) der einzelnen Dimensionen und ihrer Tätigkeit auf ihren Ursprung hin: der zeit-freie Nus wendet sich – zum Zwecke seiner Selbst-Konstitution – auf das Eine als seinen Ursprung hin, der Nus *und* die Seele kehren sich in sich selbst durch einen reflexiven Selbstbezug – als Vollzug einer Identität des Denkens mit seinem eigenen, durch das Eine selbst begründeten Sein (Nus), oder als ein Bewußtwerden des eigenen noetischen Grundes in einer Transformation des Wesens (νοωθῆναι der Seele); diese denkende Wendung nach „innen" und „oben" kann und soll letztlich in die (nicht mehr denkende) Einung mit dem Einen selbst führen: συνάπτομεν κατὰ τὸ ἑαυτῶν κέντρον τῷ οἷον πάντων κέντρῳ [97].

Die für die verschiedenen Dimensionen – des Ursprungs und des aus ihm Entsprungenen – in unterschiedlicher Weise wirksame Grundgesetzlichkeit von *Verharren* [μονή] (des Ursprungs in sich selbst, trotz seiner Sein-setzenden Aktivität) – *Hervorgang* [πρόοδος] und *Rückkehr* oder *Hinwendung* [ἐπιστροφή] zu einer jeweils höheren oder intensiveren Form von Einheit und letztlich ins Eine/Gute selbst bestimmt auch Sein und Bewegung des *Kosmos* als eine von der Weltseele geleitete und in ihr zentrierte sympathetische Einheit.

In *Schellings* Philosophieren entspricht dieser universalen, kreishaften Dialektik u.a. der Gedanke, daß jede Bewegung erst in ihrer Gegenbewegung sich vollende. Das Absolute, welches *als* Geist zugleich intensivste Einheit ist, erkennt sich selbst, ist reine, jede Differenz in sich durch Denken aufhebende, „absolute Affirmation von sich selbst"[98] – der plotinischen Identität von Denken und Sein im oder als Nus analog; für Schelling freilich ist diese durch Selbstaffirmation vollzogene Einheit des

---

[95] Vgl. Anm. 86 und oben S. 94ff.
[96] Zu diesem Problembereich vgl. PI 127ff. Besonders zu „Ekstasis" siehe Th. Leinkauf, Schelling als Interpret der philosophischen Tradition. Zur Rezeption und Transformation von Platon, Plotin, Aristoteles und Kant, Münster 1998, 31ff. Jean-François Courtine, Extase de la Raison. Essais sur Schelling, Paris 1990, bes. S. 151ff.
[97] Plot. VI 9, 8,19f. 10,17: κέντρῳ κέντρον συνάψαι. ἑνωθῆναι: 9,33. 11,8ff; 41ff.
[98] Zu Schellings Konzept der Selbstaffirmation des Absoluten vgl. W. Beierwaltes, ID 216ff.

Absoluten (im Gegensatz zur Stellung des plotinischen Nus) das „Erste" schlechthin.

Dem vom platonischen ‚Sophistes' und von Aristoteles' Theologik her entfalteten Gedanken Plotins, daß der Nus eine in sich „ständige", aber lebendige Bewegtheit von sich selbst denkendem Sein sei, steht Schellings Forderung durchaus nahe, entfernt sich aber zugleich von ihm durch ihren „*geschichtlichen*" Aspekt: Gott sei nicht als stille stehende Kraft zu denken, sondern als „Leben, Persönlichkeit, fortschreitende Bewegung, Ausgang und Rückkehr zu sich selbst"[99]. Die so gedachte absolute Einheit ist für Schelling nicht nur der creative, „ekstatische" Anfang von Sein, sondern auch dessen immanentes Bewegungs-Ziel: das Absolut-Unendliche ist höchste Einheit, „die wir als den heiligen Abgrund betrachten, aus dem alles hervorgeht und in den alles zurückkehrt"[100]. „Rückkehr" signalisiert Versöhnung oder Wiederauflösung des Endlichen in die Absolutheit des Un-Endlichen[101].

---

[99] Weltalter 67f.
[100] Bruno, IV 258. Vgl. auch: Fernere Darstellungen aus dem System der Philosophie (1802), IV 397, über das „Zurückstreben [des Verursachten] in die Einheit, worin allein alles wahrhaft ist". – Zu erinnern ist in diesem Kontext auch an Schellings „etymologisierenden" Gebrauch von „*Universum*" im Sinne vom „unum versum": „das gleichsam umgewendete Eine" oder das „heraus- oder umgekehrte Eine". Er meint damit nicht das materielle Universum, sondern die „Welt der reinen Potenzen, und in*so*fern noch immer eine rein geistige Welt". Als das unmittelbar „Äußerliche" (oder Sich-Entäußernde) „der Gottheit" sind diese reinen Potenzen durch eine „universio" gesetzt. Diese „uni-versio ist das reine Werk des göttlichen Wollens und der göttlichen Freiheit": Mythologie XII 90f. 95: „der durch die universio gesetzte Prozeß [ist] Prozeß der Schöpfung". Für ‚universus' verweist Schelling auf *Lucretius*. Immerhin bemerkenswert scheint es mir, daß bereits *Meister Eckhart* dieses etymologische ‚Sprachspiel' in einer trinitarischen Reflexion gebraucht, die in diesem Wort den Selbstbezug der göttlichen Einheit anzeigen soll: „omne creatum a patre uno unum est iuxta quod et nomen universi accepit, ut dicatur *uni-versum* (dem Einen zugewandt); esse enim sive essentia dei cum sua proprietate patris, unitatis scilicet, descendit in omnia a se quocumque modo procedentia" (Expos. s. evang. sec. Iohannem 10 v. 30; Lat. Werke III n. 517, p. 447, 9–11). Diese uni-versio betrifft sowohl den Sohn als auch die Welt. – Zur umfassenden Bedeutung des Begriffs ‚universio' und ‚universitas' vgl. J.-F. Courtine, Extase de la Raison (wie Anm. 96) 113ff.
[101] Vgl. Philosophie und Religion, VI 43: „Die große Absicht des Universum und seiner Geschichte ist keine andere als die vollendete Versöhnung und Wiederauflösung in die Absolutheit". Siehe auch S. 44. 47 (über die Rückkehr der Seelen). 57: „Odyssee der Geschichte" als Rückkehr. „Rückkehr der Wissenschaften zur Poesie", deren „Zurückfließen" in den „allgemeinen Ozean der Poesie": Idealismus III 629.

## V

*Kunst (a)*
*Materie – Emanation – Wille (b)*

Nachdem ich diese Fragen und Problemfelder, die beiden Denkern mutatis mutandis gemeinsam sind oder in denen ihre Intentionen sich berühren, in meinem Buch „Platonismus und Idealismus" zumindest in ihren Grundzügen entfaltet habe, möchte ich im gegenwärtigen Zusammenhang noch zwei weitere, in Analogie und Differenz begreifbare Perspektiven thematisieren:
Den Begriff der *Kunst* (a); und die Bedeutung von Plotin-Zitaten in Schellings Schrift ‚*Weltalter*', die den Begriff der *Materie* und des *Willens* betreffen (b).

a) Trotz der unterschiedlichen Bestimmungen von Wesen und Funktion der *Kunst* und trotz unterschiedlicher Einschätzung ihrer philosophischen Bedeutung in Bezug auf das Absolute kommen Plotin und Schelling in diesem Bereich ihres Denkens darin überein, daß Kunst eine das Denken leitende, in eine höhere Dimension des Seins verweisende, also eine *anagogische* Wirkung zukomme. Wenn für beide ein bestimmendes Element von Kunst eine „Nachahmung" oder Darstellung der Natur, (Mimesis, imitatio naturae) ist[102], dann liegt dieser Konzeption jeweils der eigene *Natur*-Begriff zugrunde und wird damit auch für die Kunst als ein Medium von Erkenntnis bedeutsam. So modifiziert *Plotin* im Ausgang von seiner Theorie einer durch Denken und Betrachten aktiven und produktiven Natur nachhaltig den Begriff der Mimesis durch Kunst, wie er ihm vor allem aus Platons ‚Politeia' überkommen war; *Platon* hat vor allem im Zusammenhang seines Erziehungs-Programms für eine ideale ‚politeia', der Sache nach inadaequat, aber um so vehementer den Gedanken verfochten, Kunst sei von ihr selbst her gar nicht fähig, die Idee als das Ziel jeder Form von Erkenntnis darzustellen, sondern sie sei – das Denken und die Emotionen irreführend und verwirrend – auf ein von der Wahrheit entferntes Ab-Bild fixiert und verdecke so eher die Wirklichkeit als daß sie sie erhellte oder in „Begriff" und „Bild", welches

---

[102] Vgl. Aristoteles, Physik 199 a 15–17.

dem Ur-Bild zumindest nahe käme, transformierte; damit ist die für Platons Polis folgenreiche Behauptung verbunden, die Darstellungsform von Kunst, die Mimesis, habe keine Erkenntnisrelevanz. Demgegenüber hat Plotin Mimesis wieder als eine ästhetisch angemessene und die in der Kunst darzustellende Sache aufschließende Kategorie legitimiert, indem er seine eigene Grund-Konzeption – den universalen reflexiven Aufstieg zum Einen – mit der *aristotelischen* Einschätzung von Mimesis verbindet: für Aristoteles nämlich zielt poetische Mimesis, wie die Poesie gegenüber der Geschichtsschreibung für Kunst insgesamt paradigmatisch zeigen kann, von ihr selbst her primär auf das Allgemeine[103]. Dieses hat bei Aristoteles im Prozeß und Ziel des Erkennens die Funktion der platonischen Idee übernommen. Dadurch ist Kunst – in anderer Weise freilich als Philosophie – der Erkenntnis durchaus förderlich und hat eine die Sache aufschließende Funktion.

Wenn die Künste, so argumentiert nun Plotin, von der aristotelischen Poetik motiviert, die Natur nachahmen, dann nicht im Sinne einer verdeckenden Verdoppelung der wahren Wirklichkeit; ihr Bezugspunkt ist – wie ich zuvor einsichtig zu machen versuchte, – nicht Natur als eine rein empirisch zugängliche Gegenständlichkeit, sondern vielmehr Natur als ein Prozeß der ‚logoi‘ hervorbringenden und auf sie sich beziehenden *Betrachtung*. Insofern ist ein Grundakt der Natur selbst als Mimesis oder Darstellung der in ihr immanent wirkenden rationalen Formen verstehbar. Daraus ergibt sich für Plotin eine Rehabilitierung des Konzepts von Kunst als Mimesis der Natur, das er in seinem Traktat „Über die geistige Schönheit" eindringlich vorstellt: „Wenn einer die Künste gering achtet [nicht ehrt], weil sie die Natur nachahmend hervorbringen, dann muß man zuerst sagen, daß auch die Naturen Anderes nachahmen. Ferner muß man wissen, daß sie [die Künste] nicht einfachhin das Gesehene nachahmen, [d.h. ihre „Gegenstände" veristisch-realistisch gemäß ihrer empirischen Erscheinung abbilden], sie laufen vielmehr auf die logoi zu, aus denen die Natur [selbst] besteht; weiterhin, daß sie auch Vieles von sich selbst her schaffen; sie fügen hinzu, wenn etwas mangelt, da sie die Schönheit besitzen, denn so hat auch Phidias seinen Zeus nicht nach einem sinnlichen Vorbild geschaffen, sondern, indem er ihn nahm [auffaßte], wie Zeus hätte sein können, wenn er uns vor den Augen erschei-

---

[103] Poetica c. 9; 1451 b 6f.

nen wollte"¹⁰⁴. Wenn also die Kunst in einer Mimesis der Natur deren sie strukturierenden ‚logoi' darstellt und in eben dieser Darstellung zugleich *intelligible* Schönheit in der sinnhaften Erscheinung des Kunstwerkes vermittelt, dann spricht sie nicht nur Sinne und Emotionen an, sondern erweist sich als ein Impuls zur Umwendung des *Denkens aus* der Sinnlichkeit heraus *in* die zeitfreien Seins- und Reflexionsstrukturen des aus dem Einen selbst hervorgegangenen intelligiblen Seins und Lebens¹⁰⁵.

Während die Frage nach Wesen und Funktion von Kunst für Plotin eine eher periphere Bedeutung hatte – sie war ein Implikat der für Plotin erheblicheren Frage nach einer Theorie der Natur und vor allem der Schönheit –, war sie für *Schellings* Denken, vor allem in dessen transzendentalphilosphischer und identitätsphilosophischer Phase, von zentraler, kaum zu überschätzender Relevanz. Seine philosophische Intention ging aus einer Vielfalt von Gedankengängen her auf eine metaphysische Grundlegung von Kunst zu: Sie ist ihm eine geschichtliche, in ihren unterschiedlichen Formen sinnenfällige Erscheinung, ein Ausfluß oder Emanation des *Absoluten*¹⁰⁶, die „Wiederholung" seines philosophischen Systems „in der höchsten Potenz"¹⁰⁷; als Werk der produktiven Anschauung des Künstlers, der Einbildungskraft als der „In-Eins-Bildung" der Gegensätze Bewußt und Unbewußt, Endlich und Unendlich, Real und Ideal, ist sie sogar die Erfüllung oder Vollendung der Intention der Philosophie als das „einzige wahre und ewige Organon zugleich und Dokument der Philosophie"¹⁰⁸. Diese Versuche, Kunst in ihrem höchsten

---

¹⁰⁴ V 8,1,32–40: Εἰ δέ τις τὰς τέχνας ἀτιμάζει, ὅτι μιμούμεναι τὴν φύσιν ποιοῦσι, πρῶτον μὲν φατέον καὶ τὰς φύσεις μιμεῖσϑαι ἄλλα. Ἔπειτα δεῖ εἰδέναι, ὡς οὐχ ἁπλῶς τὸ ὁρώμενον μιμοῦνται, ἀλλ' ἀνατρέχουσιν ἐπὶ τοὺς λόγους, ἐξ ὧν ἡ φύσις. Εἶτα καὶ ὅτι πολλὰ παρ' αὐτῶν ποιοῦσι καὶ προστιϑέασι δέ, ὅτῳ τι ἐλλείπει, ὡς ἔχουσα τὸ κάλλος. Ἐπεὶ καὶ ὁ Φειδίας τὸν Δία πρὸς οὐδὲν αἰσϑητὸν ποιήσας, ἀλλὰ λαβὼν οἷος ἂν γένοιτο, εἰ ἡμῖν ὁ Ζεὺς δι' ὀμμάτων ἐϑέλοι φανῆναι. – Vgl. hierzu in der Verbindung mit dem Begriff des intelligiblen Schönen: oben S. 64ff. – Proclus, in Tim. I 265,18ff; 268,18ff zum Verhältnis von Idee und künstlerischem Bild.
¹⁰⁵ Zu Plotins Begriff des Schönen und der Kunst und seine Wirkung in Philosophie und Kunst der Renaissance vgl. W. Beierwaltes, Marsilio Ficinos Theorie des Schönen 18ff; 49ff.
¹⁰⁶ Philosophie der Kunst, V 372.
¹⁰⁷ Ebenda 363.
¹⁰⁸ Idealismus, III 627. Vgl. zur Gesamtproblematik: D. Jähnig, Schelling. Die Kunst in der Philosophie, 2 Bände, Pfullingen 1966/69. Im Kontext zur Mythologie: L. Knatz, Geschichte, Kunst, Mythologie. Schellings Philosophie und die Perspektive einer

Anspruch zu verstehen, sind bereits in dem „Ältesten Systemprogramm" (1796/97), einem Entwurf der Freunde Hegel, Hölderlin und Schelling, angelegt: in ihm findet sich der präzise in Schellings Gedankenentwicklung sich fügende Satz, „daß der höchste Akt der Vernunft...ein ästhetischer Akt ist, und daß Wahrheit und Güte nur in der Schönheit verschwistert sind", daß „die Philosophie des Geistes...eine ästhetische Philosophie" ist oder sein soll[109].

Die genannte metaphysische Grundlegung des Begriffes Kunst und von deren individuellen Gattungen hat Schelling in höchst differenzierter und in einer für die Sache engagierten Weise entfaltet vor allem im Sechsten Hauptabschnitt des *Systems des transzendentalen Idealismus* (1800), im Dialog *Bruno* (1802), in den *Vorlesungen über Philosophie der Kunst*, die er im Wintersemester 1802/03 an der Universität Jena hielt und 1804/05 in Würzburg wiederholte, ferner in den *Vorlesungen über die Methode des akademischen Studiums* (1803) und schließlich in der *Rede,* die er zur Feier des Namensfestes des baierischen Königs Max I. Joseph am 12. Oktober 1807 als Mitglied der Königlichen Akademie der Wissenschaften zu München und späterer Generalsekretär der Akademie der Bildenden Künste in München über das *Verhältnis der bildenden Künste zu der Natur* hielt[110]. Ein in dieser Rede entwickelter Grundgedanke bietet eine sinnvolle Möglichkeit der Anknüpfung an *Plotins* Begriff von Kunst: In ihrer prononcierten Wendung des Konzepts von Kunst als Nachahmung der Natur nach „innen" stehen beide, ausgehend von einem Begriff der Natur als einer in sich produktiven Tätigkeit von Vernunft oder Betrachtung, in einer der Sache nach engen Verbundenheit. – So rückt Schelling den Akt des Künstlers ab von einer Darstellung des bloß Äußerlichen: Er solle nicht „dienstbare Nachahmung" sein[111], die das Vorhandene in knechtischer Treue als reine Äußerlichkeit abspiegelt; in einer derartigen die Wirklichkeit bloß abschildernden, nicht aber verwandelnden Wiederholung entstehen nur veristische „Larven", keine Kunstwerke. Wenn Natur für Schelling – wie sich zuvor gezeigt hat – nicht krude, geist-lose, nur mechanistisch „begreifbare" Materie ist, sondern selbst Geist: *sichtbarer Geist,* „Erscheinung oder Offenbarung des Ewigen", ja sogar „eben dieses

---

philosophischen Mythostheorie, Würzburg 1999, 175ff. Meine Einleitung in: F.W.J. Schelling, Texte zur Philosophie der Kunst 3–52.
[109] In der – Anm. 108 – zitierten Text-Sammlung S. 97.
[110] VII 289–329.
[111] VII 294.

Ewige selbst", lebendiger, creativer Organismus, Einheit von Produkt und Produktivität oder die Produktivität selbst, dann muß sich die „Nachahmung" von Natur durch Kunst auf dieses so strukturierte Phänomen ‚Natur' beziehen: Gegen eine „dienstbare" Nachahmung setzt Schelling deshalb, seinem Begriff von Natur als einem in Reflexion gründenden tätigen Prinzip folgend, das Postulat, daß Kunst den ihr immanenten „Begriff" oder die schaffende Wirksamkeit der Natur ins Bild verwandeln müsse. Nur wenn der Künstler den „im Innern der Dinge wirksamen durch Form und Gestalt nur wie durch Sinnbilder redenden Naturgeist (...) lebendig nachahmend ergreift", wenn er seine eigene Idee zum „Blick und Ausdruck des inwohnenden Naturgeistes" werden läßt[112], mag ihm ein authentisches Kunstwerk gelingen. Die intelligible Struktur der Natur ist so das unendliche Reservoir für die selbst produktive, weil erkennende und umformende Phantasie des Künstlers. Nicht also die Natur als äußerlich anschaubare wird zur Norm der künstlerischen Produktion, sondern vielmehr *die Erkenntnis* von deren *innerer Struktur*, durch die sich die gestaltende Kraft des Künstlers gegenüber einer bloß „dienstbaren" Nachahmung potenziert: der der Natur immanente lebendige Begriff prägt durch die verwandelnde Einbildungskraft das Kunstwerk; dieses gibt dem Rezipienten einen bisher aus ihr selbst nicht erfahrenen oder erfahrbaren Aufschluß über „Natur".

Wird „Nachahmung der Natur" in dieser Weise als ein Akt der Übersetzung und Umformung des durch Reflexion sich selbst gestaltenden Organismus der Natur verstanden, dann kann das Kunstprodukt nicht realistisch-abbildend sein wollen, es intendiert entschieden das *Ideale*, um dieses objektiv, in zeitlicher, geschichtlicher Gestalt faßbar zu machen. Wie die Natur eine „Staffel zur Geisterwelt"[113] ist, so öffnet die Kunst den Blick in die „Intellektualwelt"[114] – bei Plotin den ‚logoi' vergleichbar, auf die die Mimesis der Natur durch Kunst zugeht und damit möglicherweise einen Zugang zur Dimension der *intelligiblen* Schönheit findet. Durch diese der Natur und der Kunst in unterschiedlicher Weise immanente Bewegung haben *beide* wesenhaft eine über sich selbst hinausweisende Funktion, ihr Verweisen ist ihr Sein. Für Schelling heißt dies: Kunst wird zum „Symbol" im ursprünglichen Sinne des Wortes,

---

[112] VII 301.
[113] Weltalter 234.
[114] Philosophie der Kunst, V 369.

indem sie Idealität und Realität zusammenbringt zu einer Einheit, in der beide ineinander „scheinen". Nachahmung der Natur durch Kunst ist somit nicht nur nicht bloße Reproduktion oder wiederholende Widerspiegelung der Natur, sondern deren *Transformation* durch Struktur-Erkenntnis und Phantasie-Impuls. Dadurch „übertrifft" Kunst die Wirklichkeit als solche entschieden[115].

Kunst als Verweisend-Sein oder als „Symbol" entspricht der zuvor für Plotin beanspruchten *„anagogischen"* Funktion von Kunst: Kunst als ein Medium des Rückgangs aus der sinnlichen Erfahrung der Natur auf die in ihr produktiv wirkenden ‚logoi' hin – eine Bewegung, die der „abstrahierenden" Reflexion auf den Grund unseres *und* des absoluten Denkens – das Eine selbst – vorausgehen kann und somit möglicherweise gerade darin ihre philosophische Bedeutung erhält.

Auf diesen Aspekt der *Rede* will ich mich für jetzt als eine mögliche Analogie zu Plotins Rehabilitierung künstlerischer Mimesis beschränken. Hinzufügen allerdings möchte ich noch einen Blick von Plotin und Schelling her auf einen Grundzug *moderner Kunst*: die bei Plotin und Schelling sich zeigende Konzeption von Nachahmung der Natur, der gemäß Kunst die innere Struktur der Natur zur Erscheinung bringt, weist auf das Natur-Verhältnis der abstrakten Malerei voraus: *Paul Klee* z.B. realisiert den von ihm formulierten Gedanken selbst in seiner Malerei, der Künstler solle sich nicht so sehr um die erscheinende Natur kümmern, sondern um deren „Gesetz"; und für *Wassily Kandinsky* „verläßt" abstrakte Malerei zwar die „Haut der Natur", nicht aber deren kosmische Gesetze: der Künstler hat den „inneren Blick", der durch „harte Hülle" zum Inneren der Dinge hindurchdringt und das „innere Pulsieren der Dinge" als den Keim seiner Werke mit sämtlichen Sinnen aufnimmt[116]. Nicht-realistische Nachahmung der Natur wird also zu einer ästhetischen Re-Konstruktion der inneren Gesetzlichkeit, zugleich zur sichtbaren Vergegenwärtigung dessen, was der sinnlichen Erfahrung als solcher entzogen ist[117]. Nicht zuletzt dies ist das Ziel Plotins, wenn er der

---

[115] Rede VII 295. Dies entspricht dem aristotelischen Gedanken, daß die Kunst als Nachahmung der Natur diese „vervollkomne" (ars imitatur naturam et perficit eam). Vgl. oben S. 64, Anm. 186.

[116] Essays über Kunst und Künstler, hg. v. Max Bill, Stuttgart 1955, 203. 183.

[117] Zur Verbindung der ‚suprematistischen' Malerei des *Kasimir Malewitsch* als einer radikalen Abstraktion zu Plotins ἀφαίρεσις auf die Einung mit dem Einen hin vgl. oben S. 68ff.

Kunst eine anagogische, das Intelligible zumindest eröffnende Funktion zuspricht.

Die zuvor skizzierte, relativ intensive Verbundenheit Schellings mit Plotin aus der Perspektive von deren Auffassung von Kunst als Mimesis der Natur steht dem scharfen *Gegensatz beider* gegenüber, der sie in der Einschätzung des Verhältnisses von *Kunst* zu *Philosophie,* zu deren Bedeutung für Erkenntnis von Wahrheit und des absoluten Grundes von Wirklichkeit überhaupt trennt. Während für Plotin die begriffliche Reflexion auf den Grund unseres Denkens im *in uns* wirkenden zeitfreien Nus und im inneren Überstieg des Denkens selbst in eine nicht mehr denkende Einheit mit dem Einen selbst als die Erfüllung der philosophischen Lebensform und damit als das für den Menschen Höchste und Beste gilt, so hat Schelling nicht nur die „innere Identität" von Kunst und Philosophie gedacht, sondern zeitweilig[118] – im Gegensatz zu Hegel – die Kunst sogar über die Philosophie hinaus erhoben, da *ihr* allein gelinge, wozu Philosophie immer nur Vorbereitung und Voraussetzung sein könne. Eine durchaus philosophische Apotheose der Kunst, wie sie sich in der Fortsetzung des zuvor von mir erinnerten Satzes über Kunst als das „einzige wahre und ewige Organon zugleich und Dokument der Philosophie" zeigt, wäre für Plotin anstelle der Einung mit dem Einen in keiner Weise denkbar: „Die Kunst ist eben deswegen dem Philosophen das Höchste, weil sie ihm das Allerheiligste gleichsam öffnet, wo in ewiger und ursprünglicher Vereinigung gleichsam in Einer Flamme brennt, was in der Natur und Geschichte gesondert ist, und was im Leben und Handeln ebenso wie im Denken sich fliehen muß"[119]. – Auch der grundsätzliche *Bild*-Charakter von Kunst würde Plotin den Gedanken verwehren, sie könne unmittelbarer und authentischer Ausdruck des Absoluten – des Einen/Guten – sein. Wozu sie aber einen Impuls gibt, das ist die „*Realisierung* des Bildes", d.h. den Verweis auf das Intelligible in ihr und durch sie zu entdecken[120].

b) Eine weitere Perspektive auf Plotins Bedeutung (oder die der neuplatonischen Philosophie im ganzen) für Schelling soll aus seinen „*Weltal-*

---

[118] Im Sechsten Hauptabschnitt seines „Systems des transzendentalen Idealismus".
[119] Idealismus III 627f.
[120] Zu „Realisierung des Bildes", einem Grundgedanken neuplatonischer Philosophie, vgl. das gleichnamige Kapitel in meinem „Denken des Einen" 73-113.

*tern"* gewonnen werden. Schelling hat dieses für sein Denken zentrale philosophisch-theologische Projekt in vielfältigen Ansätzen, Annäherungen und Umwegen umkreist, als „Werk" aber ist es Fragment geblieben. Zeugnis seiner Anstrengungen sind u.a. die Konvolute von Manuskripten im Berliner Schelling-Nachlaß. Die Urfassungen von 1811 und 1813 sind zwar gedruckt, aber nicht zu Schellings Lebenszeit veröffentlicht worden. Ihre Rettung vor den Bomben des Zweiten Weltkrieges, die den Nachlaß in der Münchener Universitätsbibliothek zerstörten, verdanken wir der Vor-Sicht von *Manfred Schröter*[121]; Schellings Vorlesung über das „System der Weltalter" von 1827 gibt weiteren Aufschluß über die Gedankenentwicklung dieses Projekts[122]. Es enthält die Grundzüge von Schellings spätem Denken als einer „positiven" Philosophie. – In den „Weltaltern" versuchte Schelling die zeithafte oder geschichtliche Selbst-Entfaltung Gottes in den Phasen der Vergangenheit, der Gegenwart und der Zukunft zu durchdenken: den Übergang oder die Ent-Schließung Gottes nicht aus einer leeren, ‚abstrakten', zeit-losen, sondern aus einer in sich dynamisch, in „ewiger Zeit" (Römerbrief 16,25) lebendig in sich kreisenden Ewigkeit – in seine zeithafte, Welt setzende und in Geschichte wirkende *Offenbarung* oder Gegenwart, die seine eigene Zukunft hervorbringt: Gott als ein lebendiges Wirken in Welt und Geschichte, oder Welt und Geschichte als einen „theogonischen Prozeß". Schelling hat in diesem Prozeß der sich aus Freiheit in seine eigene Geschichte entschließenden Gottheit allerdings nicht eine radikale, wesenhafte Verzeitlichung und damit Verendlichung Gottes intendiert[123]. Oder die den wahren Anfang markierende Scheidung Gottes von sich selbst im Blick des *trinitarischen* Gedankens gesagt: Entfaltung Gottes des ‚Vaters' aus seiner ‚Vergangenheit', Potentialität und Innerlichkeit in die Gegenwart, Wirklichkeit und Veräußerung des ‚Sohnes', Aufschluß in den ‚Geist' als die Zukunft und Vollendung des Gottes.

Auf zwei Konzeptionen *Plotins*, die auch für seinen eigenen Gedankengang eine nicht unwesentliche Bedeutung haben, macht Schelling in den „Weltaltern" selbst aufmerksam. Der erste (α), in sich ambivalente Hinweis Schellings betrifft Plotins Theorie des Hervorgangs des Seienden aus dem Einen/Guten selbst, der in der Materie endet, – von Schel-

---

[121] Hinweis auf seine Ausgabe oben Anm. 2.
[122] Hierzu die Ausgabe von S. Peetz, oben Anm. 2.
[123] Vgl. Weltalter, Dritter Druck, VIII 255ff. 261f. 298.

ling als „Emanation" oder „Emanationslehre" benannt – der zweite (β) geht auf den Begriff eines absoluten, sich selbst wollenden *Willens*, der als solcher Ursache seiner selbst ist – von Schelling ausdrücklich mit Plotins Enneade VI 8 verbunden.

α) Schellings ambivalente Einschätzung der „*Emanationslehre*" ist kontextabhängig. Von der Grundintention der „Weltalter" her gesehen, eine geschichtliche Entfaltung des Absoluten oder des Gottes evident zu machen, bedarf es einer Reflexion auf den *Anfang* der Selbstentfaltung Gottes in der Geschichte oder der Entwicklung des göttlichen Lebens „bis zur Gegenwart". Diese leistet die Emanationslehre als das erste große „Ursystem aller Religion und Philosophie", indem sie den Ursprung der Wirklichkeit nicht durch eine „Tat oder eigne Bewegung" zu erklären versucht, die in der „urersten Lauterkeit, der reinen Ewigkeit" aus sich heraus entstünde; sie läßt ihn vielmehr ganz unmittelbar „nur ein ewig Ausquellen" sein, ein „Ausfließen, der Schönheit gleich, die im ruhigsten Stand [μονή!] in Anmut überströmt"; wenn also der Anfang nicht selbsttätig aus sich selbst herausgeht und in diesem Hervorgang Wirklichkeit ‚creativ' setzt, was eher dem Plotinischen Gedanken des aktiven Hervorgangs (ἀρχή, δύναμις πάντων) oder der Selbst-Entfaltung des Einen/ Guten entspräche, dann gilt als Alternative der Gedanke: „das Überfließende *trennt sich selbst* von dem, aus welchem es überfließt"[124]. Zuvor habe ich daran erinnert, wie sich dieses Konzept des Überfließens besonders in Schellings Schrift „Philosophie und Religion" (1804) bereits zu einer Trennung, zu einem Abbrechen, einem Abfall oder Sprung verschärft hat, für den der Grund nicht im Absoluten selbst, sondern in dem sich von ihm Trennenden selbst liegt.[125] Die ‚Weltalter' freilich sehen Emanation als Anfang der Geschichte des Gottes als die früheste „*mythische*" Phase der Entwicklung – als eine zu überwindende Theorie, die, in der Auffassung Schellings, gerade nicht auf ein Erstes, in sich Erfülltes, Absolutes hinführt. Diese Auffassung Schellings veranlaßte ihn schon in seinen „Philosophischen Untersuchungen über das Wesen der menschlichen Freiheit und die damit zusammenhängenden Gegenstände" (1809) zu einer Kritik der Emanationslehre, besonders in der Form, wie sie ihm

---

[124] Weltalter 88f.
[125] Vgl. oben S. 206f.

vor allem durch Plotin überliefert zu sein schien[126]. Sie ist dadurch gekennzeichnet, daß sie den Übergang des „ursprünglichen Guten in Materie und das Böse" „ungenügend", d. h. also nicht mit sachlich zureichenden Gründen „beschreibt"; das Erste als Ausgangspunkt des Überfließens „verliert sich" in diesem „durch unendlich viele Zwischenstufen" fortschreitenden Übergang „durch allmähliche Abschwächung in das, was keinen Schein des Guten mehr hat"[127].

Angesichts dieser Kritik an dem neuplatonischen Begriff von Emanation als einer stetig „wachsenden" Abschwächung ins Nicht-Seiende hinein[128] – anstelle einer zu-denkenden Entwicklung ins Vollendet-Absolute – mutet Schellings ‚Lob der Materie', wie sie nach seiner Auffassung Plotin begrifflich entwickelt hat, besonders erstaunlich an. Der das plotinische Konzept von Materie betreffende Text aus den „Weltaltern" präsentiert sich geradezu als ein Mosaik von plotinischen Gedankenelementen, die das schwer zu fassende – das „mystische Wesen" – des Nicht-Seins der Materie zu umschreiben versuchen. Die Situation des Reflektierenden ist eine ambivalente: Die Terminologie dieser Umschreibung des Nichts als Leere ist bisweilen mit der negativen Ausgrenzung des Einen als des Nichts der Fülle äußerlich synonym, ist aber jeweils voneinander gemäß der „Stelle" der beiden Weisen des Nichts intentional wesentlich unterschieden. Schellings Blick auf Plotins Materie in den „Weltaltern" ist – in dem folgenden Text zumindest – nicht so sehr auf deren Bedeutung als Ende oder Äußerstes der Selbst-Entfaltung des Einen gerichtet, sondern eher auf deren Negativität als reine Potentialität, die in sich unbestimmt, gestaltlos, bedürftig, schattenhaft oder dunkel ist:

„Wie oft haben uns die Beschreibungen angezogen, welche die Platoniker und vorzüglich Plotinus von diesem räthselhaften Wesen der Materie entwerfen, ohne es darum erklären zu können. Denn weil dieser tiefsinnige Geist bereits von der Platonischen Praeexistenz eines regellosen der Ordnung widerstrebenden Wesens abgekommen und bereits jene Richtung eingeschlagen hatte, wobey vorausgesetzt wird, daß alles vom

---

[126] Vgl. hierzu W. Beierwaltes, PI 119ff, 130f.
[127] Freiheit VII 355. Dort nennt Schelling aus Plotin „Ennead. I, L. VIII. c. 8". Zur möglichen Herkunft dieses Hinweises aus Wilhelm Gottlieb Tennemanns „Geschichte der Philosophie" vgl. W. Beierwaltes, PI 121.
[128] Vgl. die oben S. 207f, Anm. 88 zitierte Stelle aus Weltalter 230.

Reinsten und Vollkommensten angefangen habe; so blieb ihm für das Daseyn der Materie zuletzt keine andre Erklärung als die einer allmäligen Abschwächung des Vollkommensten. Übrigens beschreibt er dieß Wesen des Nichtseyenden[129] unnachahmlich tief; wie wenn er sagt, die Materie fliehe den sie fassen wollenden und wenn einer nicht fasse dann sey sie gewissermaßen gegenwärtig[130]; der Verstand werde gleichsam ein andrer und fast Nicht-Verstand wenn er sie betrachte[131], wie wenn das Auge aus dem Licht geht um die Finsterniß zu sehen und sie nachher doch nicht sieht[132], indem sie so wenig zugleich mit dem Licht als ohne Licht gesehen werden kann; sie sey nichts als Mangel aller Eigenschaften[133], Maßlosigkeit wenn sie mit dem Maß, Formlosigkeit wenn sie mit der Form verglichen werde, unersättlich und mit einem Wort die äußerste Bedürftigkeit,[134] so daß ihr der Mangel nicht zufällig, sondern wesentlich zu seyn scheine. Daher sie auch unter der Gestalt der Penia bey jenem Feste des Jupiter dargestellt sey[135], von welchem der Mythus der Diotima rede"[136].

Für Plotin und für Schelling ist Materie als reine eigenschaftslose Potentialität die ermöglichende Basis für Bestimmung zu vielfältigen

[129] Plotin II 5,5,13. 24. I 8,3,3–5: λείπεται τοίνυν, εἴπερ ἔστιν, ἐν τοῖς μὴ οὖσιν εἶναι οἷον εἶδός τι τοῦ μὴ ὄντος ὄν...
[130] Vgl. Plot. II 4,10,11. 13ff. III 6,7,12–16: ἀληθινῶς μὴ ὄν ...ἀόρατον καθ' αὑτὸ καὶ φεῦγον τὸ βουλόμενον ἰδεῖν, καὶ ὅταν τις μὴ ἴδῃ γιγνόμενον, ἀτενίσαντι δὲ οὐχ ὁρώμενον. 13,3ff: „Flucht" der Materie vor der Form, ihre Form- und Gestaltlosigkeit (σχῆμα, 12,19ff).
[131] II 4,10,11: νόθος λογισμός (Plat., Tim. 52 b 2).
[132] Ebenda, bes. Z. 29f. I 8,9,20ff: ...τὸ καταλιπεῖν τὸ φῶς, ἵνα ἴδῃ τὸ σκότος, μεθ' οὗ οὐκ ἦν ἰδεῖν αὐτό· οὐδ' αὖ ἄνευ του οἷόν τε ἦν ἰδεῖν, ἀλλὰ μὴ ἰδεῖν. 4,30f: ἀοριστίας πληρωθεῖσα σκότος ὁρᾷ. Ähnliche Beschreibung der Materie mit Verweis auf diese Stelle bei W.G. Tennemann, Geschichte der Philosophie VI, Leipzig 1807, 122f.
[133] ἄποιον: II 4,13,7. ‚Mangel aller Eigenschaften': III 5,9,49ff (ἐνδεὴς τὰ πάντα). I 8,10,2ff.
[134] I 8,3,12–16: ἤδη γὰρ ἄν τις εἰς ἔννοιαν ἥκοι αὐτοῦ οἷον ἀμετρίαν εἶναι πρὸς μέτρον καὶ ἄπειρον πρὸς πέρας καὶ ἀνείδεον πρὸς εἰδοποιητικὸν καὶ ἀεὶ ἐνδεὲς πρὸς αὐταρκες, ἀεὶ ἀόριστον, οὐδαμῇ ἑστώς, παμπαθές, ἀκόρητον, πενία παντελής. Ebd. 31 ff. „Schwäche" der Materie: III 6,7,40.
[135] III 5,8f (Symp. 203 b-d). Vgl. auch II 4,16,22. III 6,14,8ff.
[136] Weltalter 259. Pl 140 f. Siehe ebenda auch die Anm. 182. S. Peetz, Die Freiheit im Wissen. Eine Untersuchung zu Schellings Konzept der Rationalität, Frankfurt 1995, 134.
– Für eine einläßliche Darstellung des plotinischen Materie-Begriffes vgl. J.-M. Narbonne, Plotin. Les deux matières [Énneade II,4 (12)]. Introduction, texte grec, traduction et commentaire, Paris 1993.

Gestalten durch wirkende Formen[137] – für Plotin zeigte sich dies bei der Diskussion seines *Natur*-Begriffs, der ohne bestimm- und formbare Materie nicht denkbar ist; Schelling allerdings versteht *Materie* in seiner speculativen Physik als in sich selbst produktiven Proceß, in den „Weltaltern" als die Voraussetzung eines in sich dynamischen Prozesses geschichtlicher Entfaltung des Absoluten oder des Ewigen in der Zeit. Darin – in einer *Nobilitierung der Materie* und im Versuch, den „Vorrang" oder Monismus des Geistes (Hegelscher Prägung, wie Schelling sie sah) zugunsten einer Vergeistigung oder „Idealisierung" des *Materiellen, Endlichen* und *Naturhaften* zu überwinden und in den Gedanken der Einheit der als „dualistisch" in sich befestigten Gegensätze: Endlich-Unendlich, Möglich-Wirklich, Real-Ideal, Natur-Geist zu finden –, trennt sich Schelling entschieden von Plotin. Diese Differenz betrifft weniger das Konzept von Materie als Element und Basis von Natur, als vielmehr die sich ihm in der plotinischen „Emanationslehre" zeigende, bis zur Materie als dem äußersten Punkt der Entfaltung des Einen hin *fortschreitende Abschwächung* oder „Zer-Nichtung" der Wirklichkeit (d.h. der ontologischen Intensität oder lebendigen Wirksamkeit) des Seienden insgesamt. So plädiert Schelling in seiner Freiheitsschrift – unmittelbar nach einem kritischen Blick auf Plotin, Spinoza und Leibniz – für eine Vermittlung und Versöhnung einseitiger Fixierungen: „Idealismus ist Seele der Philosophie; Realismus ihr Leib; nur beide zusammen machen ein lebendiges Ganzes aus...Fehlt einer Philosophie dieses lebendige Fundament,...so verliert sie sich in jene Systeme, deren abgezogene Begriffe...mit der Lebenskraft und Fülle der Wirklichkeit in dem schneidendsten Contrast stehen"[138]. *Plotins* philosophische Intention, die Schelling hier neben anderen im Auge haben könnte, geht sicher nicht auf eine derartige Fixierung von Extremen, die in der Tat zu einem Verlust der Wirklichkeit und zu einer radikalen Weltverachtung führen müßte; sie ist vielmehr auf eine begriffliche Durchdringung auch der sinnenfälligen Welt aus Prinzipien heraus gerichtet. *Primär* allerdings ist in Plotins philosophischer Theorie durchaus ein „idealistisches" Moment: Reflexion auf Seele, Geist und das Eine als gegeneinander differenzierte und kontinuierlich miteinander wirksame Gründe des aus dem Einen/Guten Entsprungenen – bis hin zu dessen letzter „grenzeloser"

---

[137] Plotin III 8,2,25: [ὕλη] μὴ ποιότητα ἔχουσα λογωθεῖσα.
[138] Freiheit, VII 356.

Ausprägung. Ein Gleichgewicht der Kräfte „Idealismus" und „Realismus", wie Schelling es intendiert, ist freilich unter der genannten Voraussetzung schwerlich realisierbar; neuplatonisches Denken ist aber auch nicht zum Typus abstrakter, unvermittelbarer Einseitigkeit herabzusetzen. Gerade als philosophische Lebensform vereint es beides in bewußter Differenz in sich.

β) Schelling hat aus einem Grundgedanken seiner Freiheitsschrift, daß es in der „letzten und höchsten Instanz" gar kein anderes Sein gebe als Wollen und daß „*Wollen Ursein*" sei[139], in seiner Spätphilosophie einen Begriff des Gottes entwickelt, der wesentlich als absoluter, *sich selbst wollender Wille* bestimmt ist. Leitfaden dieser Entwicklung ist für ihn vor allem seine Auslegung der alttestamentlichen Selbstaussage Gottes in Exodus 3,14: Ἐγώ εἰμι ὁ ὤν, Ego sum qui sum.

Schellings Deutung dieses Satzes[140] geht über die von der philosophisch-theologischen Tradition in unterschiedlicher Weise vollzogene Identifikation Gottes mit dem ‚Sein selbst' (esse ipsum, esse incommutabile) in charakteristischer Weise hinaus: Schelling versteht die Selbstaussage Gottes nicht präsentisch – „Ich *bin* der Ich *bin*" –, sondern futurisch: „Ich *werde* sein". Darin manifestiert sich für Schelling die Freiheit Gottes von ‚Sein' im Sinne des gegenwärtigen Wesens, eines bestimmtseienden, ihn eingrenzenden Etwas oder Freiheit von fixierter Substantialität. Gottes absolute Freiheit als wahres, als oder durch *Geist* bewegtes Selbst-Sein aber gründet in seinem ‚Sein' als *Wille*. Von daher gesehen ist die Selbstaussage Gottes in Exodus 3,14 nur in der folgenden Form angemessen verstehbar: „Ich werde sein, der ich sein werde, d.h. der ich sein *will*...Hier stellt sich der vollkommene Geist als Gott dar"[141]. Aus dem

---

[139] Freiheit, VII 350.
[140] Siehe hierzu W. Beierwaltes, PI 67–82, bes. 75ff. Zum futurischen Aspekt von Exodus 3,14: ebenda 75, Anm. 325. Dazu auch: System der Weltalter 152: „Er wird als Herr alles Seins gedacht und sein Sein ist die Ursache alles anderen Seins, und sagt: „*ich bin was der ich sein werde*", nicht: ich bin was ich bin. Es [Er?] ist absolut frei, alles Seins los und ledig; denn was nicht über dem Sein ist, kann nicht thun was es will, weil es an das Sein gebunden ist". Zu dem „unübersetzlichen Namen" Gottes, der in sich die Unterscheidung der Zeiten birgt und nur so wahre oder wirkliche Ewigkeit ist: „Ich bin, der ich war, Ich war, der ich sein werde, ich werde sein, der ich bin" (Weltalter, Dritter Druck, VIII 263f). „Ero qui ero" bei J. Gerhard, Loci III 1; p. 4.
[141] Offenbarung, XIII 269f.

Gedanken, daß der Gott ganz er selbst ist, sich selbst besitzend über sich selbst verfügt, frei ist gegenüber seinem eigenen ‚Sein' nicht minder wie gegenüber dem von ihm selbst erschaffenen Sein, kommt ihm auch konsequenterweise der Name „*Herr des Seins*" zu[142].

In dem Gedanken, daß Gott als Wille zu sich selbst absolute Freiheit und dadurch zugleich das im Sinne einer ‚causa sui' aus sich selbst sich selbst gründende unvordenklich Erste ist, verbindet er sich mit Plotins Begriff des Einen als eines absoluten Willens, der durch Ursache-seinerselbst-Sein (αἴτιον ἑαυτοῦ) zugleich das wahrhaft Freie ist[143]. Zuvor[144] habe ich die Problematik dieser in VI 8 von Plotin in differenzierter Weise vollzogenen Gedankenentwicklung diskutiert und die für Plotins Denken des Einen aufschlußreiche Bedeutung seiner von der Selbstursächlichkeit ausgehenden Affirmationen über das Eine aufzuschließen versucht. Von daher richte ich jetzt meinen Blick auf Schellings direkten Bezug zu eben diesem Gedanken Plotins.

In einem Text der Münchener Vorlesung über das „System der Weltalter" von 1827/28[145] verbindet Schelling einige zentrale Aussagen von Plotin VI 8[146] miteinander für seine eigene Argumentation: „Daraus läßt sich auch das Wort eines Platonikers [= Plotin] verstehen: ‚Gott ist nicht wie er [es?] sich trifft, sondern wie er selbst wirkt und wollende Ursache seiner selbst ist'. *Er ist vor* [*von*?, vgl. VI 8,14,41: παρ' αὑτοῦ] *sich selbst und durch sich selbst er selbst*. [14,41 f: καὶ δι' αὑτὸν αὐτός]. Ursache seines Seins will *er* selbst sein und er ist, was er will. Der Wille, das zu sein, was

---

[142] Nachweise für Schelling und den Bezug zur neuplatonischen Tradition: Platonismus und Idealismus 77 f. S. Peetz, Einleitung zu „System der Weltalter" XVIII.
[143] VI 8,21,31: μόνον τοῦτο ἀληθείᾳ ἐλεύθερον. 14,41: αἴτιον ἑαυτοῦ. (von Ficino mit „sui ipsius causa" übersetzt). Obgleich Schelling Plotin VI 8 zur Entstehungszeit der „Weltalter" kannte (vgl. S. 220), bezieht er sich für den Gedanken der absoluten Selbstursächlichkeit oder des absoluten Sich-selbst-Setzens neben Spinoza (bisweilen mit deutlicher Abgrenzung von dessen Begriff ‚causa sui') vor allem auf Fichte – vgl. neben Vom Ich I 59 und Weltalter 77 und 266, bes. System der Weltalter 134 und Mythologie XI 420: Gott ist Anfang seiner selbst, „*seine eigne That*, Ursache seiner selbst in einem ganz andern Sinn, als es Spinoza von seiner absoluten Substanz gesagt hat, jenes rein *sich selbst* Setzende, mit dem Fichte einst einen größeren Griff gethan, als er selbst wußte". Ebd. 464: Das Wollen ‚...ein rein sich selbst entspringendes, *sein selbst Ursache* in einem ganz andern Sinn, als Spinoza dieß von der allgemeinen Substanz gesagt hat". XII 64.
[144] oben S. 132ff.
[145] S. 135.
[146] 13,21; 40; 55. 14,41f. 16,38f.

er ist, ist er selbst, er selbst ist eben nur der Wille, er selbst zu sein; er ist nicht ohne seinen Willen"[147]. In VI 8 wehrt Plotin durch zahlreiche Beweisketten hindurch immer wieder τύχη, τὸ συνέβη, αὐτόματον („Geschick", „Zufall" [Schelling: „wie es sich trift"], „Von selbst") als vermeintliches Wesen oder Struktur des Einen und Ersten Prinzips und damit auch der von Ihm ausgehenden Welt ab. Diese Abwehr hat zum Ziel, einen in sich klaren und „vernünftigen" Ursprung zu begründen, der als absolute Freiheit *will*, was er *ist* – und nur dies wollen „kann", weil er *ist*, was er *will*[148]. Im Zusammenhang meiner Analyse des plotinischen Begriffes der ursprunghaften Selbstbestimmung des Einen oder seiner Selbst-Verursachung habe ich Plotins Konzept eines *absoluten Willens* deutlich gemacht. Dieser ist kein Alles wollender und könnender Willkürwille, für den auch eine Abweichung von Sinnhaftem eine ihm angemessene Möglichkeit wäre. Er *will* vielmehr als seinen Wesenszug die Gründung seiner selbst als das Eine selbst und Erste und das mit dem Einen identische Gute. Diese intensivste Weise seines Eins-Seins und Gut-Seins garantiert auch seine „Vernünftigkeit". Indem er seine Selbst-Gründung will, *will* er ausschließlich *sich selbst*. Da beides – Sich-selbst-Gründen und Sich-selbst-Wollen – ohne reale Differenz zueinander mit sich selbst identisch zu denken sind, ist Selbstursächlichkeit durch Wollen seiner selbst oder *im* Willen zu sich selbst das höchste Kriterium der

---

[147] Diesem Text und dem in ihm unmittelbar folgenden Hinweis auf Platon („er wirkt sowol alles andere als sich selbst – ἐργάζεται...": System der Weltalter 135) steht ein „älteres Manuskript" Schellings nahe, das Schellings Sohn in seiner Ausgabe der Philosophie der Mythologie XII 62–65 abdruckt. Dort heißt es S. 64: „Bekannt ist Platons Wort: ἐργάζεται τά τε ἄλλα καὶ ἑαυτόν. Noch bestimmter die späteren Neuplatoniker: ‚Gott ist nicht wie es sich trifft, sondern wie er selbst wirkt und will'". Plat. Tim. 76 c 5 (ἀπηργάσατο) und 76 d 8 (εἰργασμένον), worauf Peetz S. 135, A. 89 verweist, kommt dem von Schelling offensichtlich selbst konstruierten Satz zwar nahe, exakte Entsprechungen jedoch sind diese Texte nicht.

[148] Hierzu und zum Folgenden oben S. 136f. – *Schelling*, Über das Verhältnis der Naturphilosophie zur Philosophie überhaupt (1802), V 114: „Das schlechthin Eine als ein Wille"; „das schlechthin Eine" als der „schlechthin einfach ewige Wille". Das absolute göttliche Wollen „will nur sich selbst": Mythologie, XI 461f. In einer Diskussion des aristotelischen Begriffes ‚Nus' im Sinne von ‚Geist' stellt Schelling gegenüber dem theoretischen Aspekt den praktischen oder tätigen heraus und behauptet (eher im Sinne des sich selbst wollenden Einen Plotins): „ursprünglich ist er vielmehr *Wollen*, und zwar das nur Wollen ist um des Wollens willen, das nicht etwas will, sondern nur sich selbst will" (Einleitung in die Philosophie der Mythologie, XI 461). – Vgl. auch *Marsilio Ficino*, Theol. Plat. I 11; 1. I 12; 115 (Marcel): „Deus vult seipsum".

*absoluten Freiheit* des Einen Ersten. – Die äußerste Möglichkeit und höchste Bestimmung des Menschen mit einbeziehend gilt auch für *Schelling* der Satz: „Freiheit ist unser und der Gottheit Höchstes"[149], worüber nichts Höheres mehr ist und gedacht werden kann.

Der von mir skizzierte Bezug Schellings zu Plotin in einer Bestimmung des göttlichen Absoluten oder Einen als sich-selbst-wollender Wille ist freilich nur dann einleuchtend, wenn die von Plotin konsequent durchgeführte Epoché gegenüber affirmativen Aussagen über das Eine – durch οἷον („gleichsam") vielfach gekennzeichnet – in ihrer philosophischen Bedeutung angemessen eingeschätzt wird. Dies heißt: das vom Einen affirmierend Ausgesagte verweist (freilich in der kategorial verfahrenden Sprache der Differenz) auf das, was das Eine in *eigentlicher* Weise, über das Sein und Denken des Nus hinaus, in sich selbst ist, indem es dies gerade und zugleich in Denken und Sagen des Denk- und Sagbaren – des Geistes und der Seele – *nicht* ist.

Wenn der sich selbst wollende Wille des Einen Absoluten als wahre Freiheit als eine sachliche Übereinkunft zwischen Schelling und Plotin in dem beschriebenen Sinne gedacht werden können soll, dann ist zugleich eine wesentliche Differenz beider in diesem Grundgedanken zu bedenken, die allerdings eben diese Übereinkunft oder Analogie nicht unmittelbar wieder aufhebt oder a priori unmöglich macht. Sie besteht in dem auf Zukunft ausgreifenden ‚Sein' Gottes, das sich in der Auslegung von Exodus 3,14 als „Ich werde sein, der ich sein will" zeigte und sich zugleich durch Schellings Potenzenlehre bestärkt; diese nämlich gilt auch für die – paradox gesagt – zeitfreie Selbst-Entfaltung Gottes in ihm selbst auf sich selbst hin: der auf sich selbst denkend bezogene und bei sich selbst bleibende Gott der ‚negativen Philosophie', dessen „Denkmodell" des Aristoteles Bestimmung des Gottes als Denken des Denkens ist[150], muß in einen schöpferisch sich äußernden, in der Geschichte tätigen Gott übergehen. Statt „nur ὡς τέλος"[151], ein *Ende*, ein an sich selbst festhaltender Gott zu bleiben, wie der aristotelische in Schellings Auffassung, muß er in einer ‚positiven Philosophie' zum aus sich herausgehenden, produkti-

---

149 Urfassung der Philosophie der Offenbarung, hg. v. W.E. Erhardt, Hamburg 1992, I 79,1.
150 Vgl. hierzu W. Beierwaltes, Aristoteles in Schellings negativer Philosophie (wie oben S. 24, Anm. 20) 60ff.
151 Offenbarung XIII 105. Mythologie XI 337.

ven *Anfang* werden[152] – ein Gott der absoluten „Zukunft". Für Plotin hingegen ist in keinem der angenommenen Selbstbezüge – für das Eine im Sinne von VI 8 und für den sich selbst denkenden Geist – eine innere Entwicklung oder geschichtsanaloge Entfaltung anzunehmen, selbst wenn sie als eine zeit-freie gedacht werden sollte. Das Eine und der Geist – beide als Gott zu denken – *sind,* was sie sind, und kommen nicht erst in einem „theogonischen Prozess"[153] zu sich selbst, zu ihrer absoluten Vollendung.

[152] Offenbarung XIII 105.
[153] Mythologie, XII 91ff. 130f. Offenbarung, XIII 322f, trinitarisch gedacht, mit Hinweis auf Dionysius Areopagitas „Wort θεογόνος θεότης (die gottzeugende Gottheit)": De div. nom. II 1; 123,9f [Suchla]. – Es scheint mir zumindest erwägenswert, ob nicht des *Dionysius* Begriff θεογόνος – „gottzeugend" – von *Proklos'* Scholien zu *Hesiods* ‚Opera et Dies' induziert sein könnte, in denen dieser sich auch auf Hesiods ‚Theogonia' bezieht (p. 121 ed. Vollbehr).

TEXTE

*Plotin*

Opera, t. I-III, ed. P. Henry et H.-R. Schwyzer, Paris et Bruxelles [Desclée de Brouwer]; Leiden [Brill] 1951–1973. Editio maior (=H-S[1]). Der 2. Band enthält: Plotiniana Arabica ad codicum fidem anglice vertit G. Lewis.
Opera, t. I-III, ed. P. Henry et H.-R. Schwyzer, Oxford 1964–1982. Editio minor (=H-S[2]).
Plotins Schriften. Griechischer Text, deutsche Übersetzung, Anmerkungen. Neubearbeitung, Bände I und Vc (Porphyrios, Über Plotins Leben) von R. Harder; Bände II, III, IV, V a-b von R. Beutler und W. Theiler; Band VI (Indices) von W. Theiler und G. O'Daly, Hamburg 1956–1971 (=HBT).
Plotinus, Greek Text with an English Translation by A.H. Armstrong, vol. I-VII [Loeb Classical Library n. 440–443; 445; 468], London 1966–1988.
Ennéades, ed. É. Bréhier. Texte, traduction française, notices, t. I-VI 2, Paris 1924–1938.
Plotino. Enneadi. Porfirio, Vita di Plotino. Traduzione con testo greco a fronte, introduzione, note e bibliografia di Giuseppe Faggin. Presentazione e iconografia plotiniana di Giovanni Reale. Revisione finale dei testi, appendici e indici di Roberto Radice, Milano 1992.
Porfirio, Vida de Plotino. Plotino, Enéadas. Introducciones, Traducciones y Notas de Jesús Igal, 2 Bände (Enn. I-IV), Madrid 1982–1985.

*Proklos*

*Elem. theol.*: ΠΡΟΚΛΟΥ ΔΙΑΔΟΧΟΥ ΣΤΟΙΧΕΙΩΣΙΣ ΘΕΟΛΟΓΙΚΗ. Proclus, The Elements of Theology, a revised text with translation, introduction and commentary by E. R. Dodds, Oxford 1933. 2. Auflage (1963) mit Addenda et Corrigenda.

*Theol. Plat.*: Théologie Platonicienne, Texte établi et traduit par H.D. Saffrey et L.G. Westerink, 6 Bände, Paris 1968–1997.
*in Parm.*: Opera inedita quae primus olim e codd. mss. Parisinis Italicisque vulgaverat nunc secundis curis emendavit et auxit Victor Cousin, Paris 1864, 617–1258.
*in Tim.*: In Platonis Timaeum commentarii, ed. E. Diehl, Leipzig 1903–1906, 3 Bde.
*in Crat.*: In Platonis Cratylum commentaria, ed. G. Pasquali, Leipzig 1908.
*Tria Opuscula:* Latine Guilelmo de Moerbeka vertente et Graece ex Isaacii Sebastocratoris aliorumque scriptis collecta, ed. H. Boese, Berlin 1960.

## Textsammlungen

CAG: Commentaria in Aristotelem Graeca, edita consilio et auctoritate Academiae Litterarum Regiae Borussicae, Berlin 1882–1909.
DK: Die Fragmente der Vorsokratiker, griechisch und deutsch, herausgeben von Hermann Diels und Walther Kranz, Berlin 1960$^9$.
SVF: Stoicorum Veterum Fragmenta collegit Ioannes ab Arnim, Leipzig 1903–1924.

BIBLIOGRAPHISCHE HINWEISE,
*vor allem zu Plotins Begriff des Geistes*

Armstrong, A.H., The Architecture of the Intelligible Universe in the Philosophy of Plotinus, Cambridge 1940. Nachdruck Amsterdam 1967.
–, The Background of the Doctrine „That the Intelligibles are not Outside the Intellect", in: Les Sources de Plotin, Entretiens sur l'Antiquité Classique, tom. V (Fondation Hardt), Vandoeuvres-Genève 1960, 393–425.

Beierwaltes, W., Plotins Metaphysik des Lichtes (1961), in: Die Philosophie des Neuplatonismus, hg. v. C. Zintzen, Wege der Forschung 186, Darmstadt 1977, 75–117.

–, Plotin. Über Ewigkeit und Zeit (Enneade III 7). Übersetzt, eingeleitet und kommentiert, Frankfurt 1967, 4. Aufl. 1995, bes. 11ff. 35ff. 149ff.
–, Platonismus und Idealismus, Frankfurt 1972, 18ff. 110ff. 149ff.
–, Identität und Differenz, Frankfurt 1980, 29ff. 87ff.
–, Denken des Einen. Studien zum Neuplatonismus und dessen Wirkungsgeschichte, Frankfurt 1985, passim, Index s.v. „Geist".
–, Selbsterkenntnis und Erfahrung der Einheit. Plotins Enneade V 3. Text, Übersetzung, Interpretation, Erläuterungen, Frankfurt 1991.
–, Plotin: Geist – Ideen – Freiheit. Einleitung und Anmerkungen zu Enneade V 9 und VI 8. Philosophische Bibliothek Meiner, Band 429, Hamburg 1990, S. VI – XLVIII, 89–97.

Blumenthal, H.J., Plotinus' Psychology, The Hague 1971.
–, Nous and Soul in Plotinus: some problems of demarcation, in: Plotino e il Neoplatonismo in Oriente e in Occidente (Roma 5–9 ottobre 1970), Roma, Accademia Nazionale dei Lincei, anno CCCLXXI – 1974, 203–219.
–, Soul and Intellect. Studies on Plotinus and later Neoplatonism, London and Brookfield 1993.
–, On soul and intellect, in: The Cambridge Companion to Plotinus, ed. by Lloyd P. Gerson, Cambridge 1996, 82–104.

Brunner, F., Le premier traité de la cinquième „Ennéade": „Des trois hypostases principielles", in: Revue de Théologie et de Philosophie 23, 1973, 135–172.

Bussanich, J., The One and its Relation to Intellect in Plotinus. A Commentary on selected Texts, Leiden 1988.

Dillon, J.M., The Mind of Plotinus (1988), in: The Great Tradition. Further Studies in the Development of Platonism and Early Christianity (Variorum Collected Studies Series, Aldershot 1997, X).

Früchtel, E., Weltentwurf und Logos. Zur Metaphysik Plotins, Frankfurt 1970.

Gersh, St., Middle Platonism and Neoplatonism. The Latin Tradition,

Notre Dame 1986, II 535–38; 543f (im Zusammenhang mit Macrobius reiche Hinweise auf Parallelen bei Plotin).

Gerson, L.P., Plotinus, London 1994, 42–64.

Hadot, P., Être, vie, pensée chez Plotin et avant Plotin, in: Les Sources de Plotin 107–141.

–, La conception plotinienne de l'identité entre l'intellect et son objet. Plotin et le *De anima* d' Aristote, in: ders., Plotin, Porphyre. Études Néoplatoniciennes, Paris 1999, 267–278.

Hager, F.-P., Der Geist und das Eine. Untersuchungen zum Problem der Wesensbestimmung des höchsten Prinzips als Geist oder als Eines in der griechischen Philosophie, Bern/Stuttgart 1970 (zu Plotin 237ff).

Halfwassen, J., Geist und Selbstbewußtsein. Studien zu Plotin und Numenios. Akademie der Wissenschaften und der Literatur, Mainz. Abhandlungen der geistes- u. sozialwissenschaftlichen Klasse, Jahrgang 1994, Nr. 10, Stuttgart 1994.

–, Hegel und der spätantike Neuplatonismus. Untersuchungen zur Metaphysik des Einen und des Nous in Hegels spekulativer und geschichtlicher Deutung. Hegel-Studien, Beiheft 40, Bonn 1999, bes. 328ff.

Horn, C., Plotin über Sein, Zahl und Einheit, Stuttgart 1995, 221ff („Die Zahl als Leitbegriff einer hierarchisierten noetischen Welt").

Krämer, H.J., Der Ursprung der Geistmetaphysik. Untersuchungen zur Geschichte des Platonismus zwischen Platon und Plotin, Amsterdam 1967².

Kremer, K., Selbsterkenntnis als Gotteserkenntnis nach Plotin (204–270), in: International Studies in Philosophy 13/2, 1981, 41–68.

–, Einleitung zu: Plotin. Seele – Geist – Eines. Enneade IV 8, V 4, V 1, V 6 und V 3, herausgegeben von K. Kremer, Philosophische Bibliothek Meiner, Band 428, Hamburg 1990.

Kristeller, P.O., Der Begriff der Seele in der Ethik des Plotin (Heidelberger Abhandlungen zur Philosophie und ihrer Geschichte, hg. v. Ernst Hoffmann und Heinrich Rickert, 19), Tübingen 1929.

Lloyd, A.C., Non-discursive thought – an enigma of Greek Philosophy, in: Proceedings of the Aristotelian Society, 70, 1969/70, 261–274.
–, Plotinus on the genesis of thought and existence, in: Oxford Studies in Ancient Philosophy 5, 1987, 155–186.

Merlan, P., Monopsychism Mysticism Metaconsciousness. Problems of the Soul in the Neoaristotelian and Neoplatonic Tradition, The Hague 1973.

Narbonne, J.-M., Plotin. Traité 25 (II,5), Paris 1998, 99f.

Nebel, G., Plotins Kategorien der intelligiblen Welt (Heidelberger Abhandlungen zur Philosophie und ihrer Geschichte 18), Tübingen 1929.

O'Brien, D., Immortal and necessary Being in Plato and in Plotinus, in: The perennial Tradition of Neoplatonism, ed. by J.J. Cleary, Leuven 1997, 39–103, bes. 44ff. 76ff.

O'Daly, G.J.P., Plotinus' Philosophy of the Self, Shannon 1973.

O'Meara, D.J., Structures hiérarchiques dans la pensée de Plotin, Leiden 1975.
–, Ders., Plotinus. An Introduction to the Enneads, Oxford 1993, 33ff (vgl. meine Rezension in: Gnomon 70, 1998, 395–398).

Pépin, J., Éléments pour une histoire de la relation entre l'intelligence et l'intelligible chez Platon et dans le néoplatonisme, Revue de Philologie 146, 1956, 39–64.

Perler, O., Der Nus bei Plotin und das Verbum bei Augustinus als vorbildliche Ursache der Welt, Freiburg 1931.

Schroeder, F.M., Form and Transformation, Montreal 1992, 33ff. 66ff.

Schwyzer, H.-R., „Bewußt" und „Unbewußt" bei Plotin, in: Les Sources de Plotin, 343–378.

–, Die zwiefache Sicht in der Philosophie Plotins, in: Museum Helveticum 1, 1944, 87–99.

Szlezák, Th.A., Platon und Aristoteles in der Nus-Lehre Plotins, Basel 1979.

Trouillard, J., La Procession Plotinienne, Paris 1955.

Volkmann-Schluck, K.H., Plotin als Interpret der Ontologie Platos, Frankfurt 1957², 37ff. 119ff.

Wallis, R.T., ΝΟΥΣ as Experience, in: The significance of Neoplatonism, hg. von R. Baine Harris, Norfolk 1976, 121–153.

*Auf folgende meiner Bücher und Abhandlungen verweise ich in Abkürzungen oder Kurztiteln:*

*Plotin III 7:* Plotin. Über Ewigkeit und Zeit (Enneade III 7). Übersetzt, eingeleitet und kommentiert von W.B., Frankfurt (Klostermann) 1967, 4. Aufl. 1995.

*Proklos:* Proklos. Grundzüge seiner Metaphysik, Frankfurt (Klostermann) 1965, 2. erw. Aufl. 1979.

*PI:* Platonismus und Idealismus, Frankfurt (Klostermann) 1972. – Die französische Übersetzung („Platonisme et Idéalisme", traduit par Marie-Christine Chailliol-Gillet, Jean-François Courtine et Pascal David, Librairie Philosophique J. Vrin, Paris 2000) enthält neben Korrekturen und Ergänzungen auch ein ausführliches Nachwort.

*ID:* Identität und Differenz, Frankfurt (Klostermann) 1980.

Marsilio Ficinos Theorie des Schönen im Kontext des Platonismus. Sitzungsberichte der Heidelberger Akademie der Wissenschaften, phil.-hist. Klasse, Jahrgang 1980, 11. Abhandlung, Heidelberg 1980.

*Regio beatitudinis:* Regio beatitudinis. Zu Augustins Begriff des glücklichen Lebens. Sitzungsberichte der Heidelberger Akademie der Wissenschaften, phil.-hist. Klasse, 1981, Bericht 6, Heidelberg 1981.

*DdE:* Denken des Einen. Studien zum Neuplatonismus und dessen Wirkungsgeschichte, Frankfurt (Klostermann) 1985.
*Visio facialis:* Visio facialis. Sehen ins Angesicht. Zur Coincidenz des endlichen und unendlichen Blicks bei Cusanus. Sitzungsberichte der Bayerischen Akademie der Wissenschaften, phil.-hist. Klasse, Jahrgang 1988, Heft 1, München 1988.
*Geist – Ideen – Freiheit:* Plotin: Geist – Ideen – Freiheit. Einleitung und Anmerkungen zu Enneade V 9 und VI 8. Philosophische Bibliothek Meiner, Band 429, Hamburg 1990.
*Selbsterkenntnis* (oder SEE): Selbsterkenntnis und Erfahrung der Einheit. Plotins Enneade V 3. Text, Übersetzung, Interpretation, Erläuterungen, Frankfurt (Klostermann) 1991.
*Eriugena:* Eriugena. Grundzüge seines Denkens, Frankfurt (Klostermann) 1994.
*Sokratischer Impuls:* Selbsterkenntnis als sokratischer Impuls im neuplatonischen Denken, in: H. Kessler (Hg.), Sokrates. Geschichte Legende Spiegelungen (Sokrates-Studien II), Kusterdingen 1995, 97–116.
*PiC:* Platonismus im Christentum, Frankfurt (Klostermann) 1998, 2001².
*Centrum tocius vite:* „Centrum tocius vite". Zur Bedeutung von Proklos' „Theologia Platonis" im Denken des Cusanus, in: Proclus et la Théologie Platonicienne. Actes du Colloque International de Louvain (13–16 mai 1998). En l'honneur de H.D. Saffrey et L.G. Westerink†, éd. par A.Ph. Segonds et C. Steel, Leuven-Paris 2000, 629–651.

\*\*\*

Vier der fünf Abschnitte des vorliegenden Buches werden hier zum ersten Mal[1] veröffentlicht. – „Causa sui" war in seiner ursprünglichen Form ein Beitrag zur Festschrift für John Dillon, in: „Traditions of Platonism. Essays in Honour of John Dillon, ed. J.J. Cleary, Aldershot 1999, 191–226.

---

[1] in deutscher Sprache. „Plotins Gedanken in Schelling" ist ins Spanische und Englische übersetzt: „El Neoplatonismo de Schelling", in: Anuario Filosófico 33, 2000, 395–442. „The Legacy of Neoplatonism in F.W.J. Schelling's Thought", in: International Journal of Philosophical Studies 9, 2001. – „Das wahre Selbst" erscheint in einer kürzeren Fassung in französischer Sprache, übersetzt von Jean-Marc Narbonne.

# INDICES

## I Namen

Albertus Magnus 162[4]
Alexander von Aphrodisias 102
Alkinoos 44[103]. 146[91]
Alt, K. 51[135]. 146[91]
Amann, J. 161[3]
Ammonios 163[9]
Anaxagoras 17. 23[17]. 92[16]
Aristoteles 16ff. 24. 27. 31. 64[186].
75. 102. 105. 107[76]. 129. 131.
132[35]. 134f. 137[55]. 138[60]. 144[81].
155. 163. 166. 172[57]. 210. 211[102].
212. 216[115]. 226
Armstrong, A.H. 32[35]. 53[142]. 87.
97. 127[17]
Arp, J. 67
Assmann, J. 24[18]
Augustinus 47[113]. 52. 83[263]. 90[13].
92[16]. 109[83]. 116[104]. 134[47]. 138[55].
146[91]. 149. 150[100]. 207[74]
Ball, H. 67
Baumgartner, M. 117[108]
Bechtle, G. 150[98]
Berg, Fr. 183[3]. 186[11]
Berthold von Moosburg 116
Beuys, J. 67
Blank, J. 53[141]
Blumenthal, H. 33[39]

Boethius 15
Böhm, T. 141[69]
Böhme, Jakob 182. 184
Bonaventura 83[263]
Brons, B. 97[39]
Brown, P. 92
Brucker, J.J. 122. 185
Bruno, Giordano 182. 184. 185[7].
198[53]
Burkert, W. 71[201]
Bussanich, J. 128[20]. 148[95]
Carabine, D. 125[6]
Chrysipp 173[58]
Cicero 55. 65[188]. 173[58]
Cilento, V. 41[84]
Clemens Alexandrinus 86[3]
Coleridge, S.T. 183. 184[6]
Corrigan, K. 22[15]
Courcelle, P. 116[105]
Courtine, J.-F. 209[96]. 210[100]
Creuzer, Fr. 183[3]. 185. 186[11]. 193[33].
199ff. 204[76]
d'Ancona Costa, C. 95[24]
Damaskios 148[96]
Dietrich v. Freiberg 116
Dihle, A. 135[51]

Dillon, J.M. $51^{136}$. $146^{91}$. $161^3$. $180^{90}$
Dionysius (Ps.-) Areopagita 70. $83^{263}$. 152. 154. 182. $184^8$. $186^{11}$. $205^{81}$. 208. $227^{153}$
Dodds, E.R. $9^2$. 160. $161^3$
Dörrie, H. $40^{81}$
Duchamp, M. 67
Düsing, K. $117^{107}$

Eckhart, Meister 14. $83^{263}$. 124. 155ff. $210^{100}$
Elsässer, M. $183^4$
Empedokles 71ff
Enders, M. $31^{33}$
Engelhardt, J.G.V. $186^{11}$
Eriugena, vgl. Johannes Scottus

Fattal, M. $75^{234}$. $210^{65}$
Fetz, R.L. $115^{102}$
Fichte, J.G. 117. 184. 187. $190^{26}$. $196^{38}$. $224^{143}$
Ficino, Marsilio $9^1$. 52. $66^{191}$. $116^{104}$. $126^{12}$. 185. $225^{148}$
Flasch, K. $116^{106}$
Frede, M. $40^{79}$
Fritz, K.v. $17^4$
Früchtel, E. $210^{65}$
Fuhrmans, H. $185^{11}$

García Bazán, F. $51^{135}$
Gelzer, Th. $71^{201}$
Gerhard, J. $184^8$. $185^{10}$. $205^{81}$
Gersh, St. 160f
Gerson, L.P. $45^{106}$. $134^{47}$
Girgenti, G. $150^{98}$
Gladigow, B. $50^{132}$

Goethe, J.W.v. 203
Graeser, A. $74^{223}$. $79^{256}$
Gregor von Nyssa 70. $140^{69}$. 152

Hadot, P. $11^8$. $18^6$. $51^{136}$. $63^{179}$. $63^{183}$. $94^{22}$. $129^{22}$. $148^{95}$. 149. $160^1$. $203^{71}$
Halfwassen, J. $22^{15}$. $28^{29}$. $87^7$. $89^{10}$. $102^{62}$. $116^{106}$. $117^{109}$. $125^{11}$. $130^{28}$. $164^9$. $187^{13}$
Harder, R. $202^{69}$
Hedley, D. $184^6$
Hegel, G.W.F. 12. 18f. 20f. 67. 117. 122. 124. $139^{65}$. 182. 184. $187^{13}$. 214. 217
Heidegger, M. 120ff. 145
Heinrich von Gent $162^4$
Heitsch, E. $34^{52}$
Hengel, M. 53141
Henrich, D. $117^{107}$
Heraklit 17. $50^{132}$. $65^{189}$. 71. $74^{227}$. $111^{87}$. $139^{66}$. $201^{63}$
Hesiod $227^{153}$
Hierocles $97^{39}$
Hieronymus Lombardus $198^{53}$
Hoffmann, M. $44^{100}$
Hölderlin, Fr. $113^{99}$. $120^{118}$. 214
Hölscher, U. $41^{86}$
Horn, Ch. $11^7$. $27^{23}$. $53^{142}$. $135^{51}$
Hyperion 206

Iamblich 10. $180^{90}$
Igal, J. $51^{136}$

Jacobi, Fr.H. 182. 184. 191
Johannes Philoponus $35^{58}$. $163^9$
Johannes Scottus Eriugena 14.

$52^{140}$. 82. $83^{263}$. 114. $116^{104}$. $121^{119}$. 124. 152ff. 182. $204^{74}$
Johannes Ev. 156f
Jonas, H. $51^{135}$
Julian Apostata $103^{64}$. 115
Jähnig, D. $213^{108}$
Johannes Damascenus $205^{81}$
Johannes Duns Scotus $138^{55}$

Kandinsky, W. 67f. 216
Kannicht, R. $65^{188}$
Kant, I. 183. 187. $190^{26}$. 195
Keats, J. $63^{182}$. 122
Kleanthes $201^{63}$
Klee, P. 68. 216
Knatz, L. $213^{108}$
Köbele, S. $157^{119}$
Krämer, H.J. $17^3$. $51^{136}$. 126f
Kremer, K. $96^{38}$. $108^{78}$. $121^{119}$
Kristeller, P.O. $11^8$
Kronos 40

Laktanz $153^{109}$
Lausberg, M. $153^{109}$
Leibniz, G.W. 222
Leinkauf, Th. $24^{20}$. $209^{96}$
Leroux, G. $127^{16}$
Löffler, J.F.C. $185^{10}$
Longinos 32
Lotz, J.B. $162^4$
Lucretius $210^{100}$
Luther, M. $101^{56}$
Luther, W. $31^{33}$
Lynkeus 46

Mahnke, D. $190^{27}$
Malewitsch, K. 68ff. $216^{117}$

Marius Victorinus 14. $83^{263}$. 124. $138^{55}$. 149ff. 154
Maximus Confessor 152
McEvoy, J. $138^{55}$
Merlan, P. 18
Miles, Margaret R. $53^{142}$
Miller Jones, R. $146^{91}$
Mojsisch, B. $116^{106}$
Mondrian, P. $70^{198}$
Mortley, R. $125^6$

Narbonne, J.-M. $53^{142}$. $107^{76}$. $118^{112}$. $120^{116}$. $121^{119}$. $148^{96}$. $221^{136}$
Newman, B. 70
Nicolaus Cusanus 14. 52f. 82. $83^{263}$. $110^{84}$. $116^{104}$. $147^{94}$
Novalis 203
Numenios 40. $88^7$. 102. $134^{48}$

O'Brien, D. $22^{15}$. $51^{136}$. $52^{139}$. $71^{203}$. $98^{41}$. $99^{47}$
O'Cleirigh, P. $22^{15}$
O'Daly, G. $101^{58}$. $104^{65}$
O'Meara, D.J. 126. $140^{67}$. $143^{78}$
Oehler, K. $28^{28}$. $115^{102}$
Origenes $18^6$

Pannenberg, W. $18^6$. $149^{96}$
Panofsky, E. $65^{188}$
Parmenides 16f. 24. 40ff. 77f. $102^{60}$
Peetz, S. $117^{110}$. $124^2$. $221^{136}$. $224^{142}$
Pépin, J. $32^{36}$. $45^{106}$. $51^{136}$. $65^{188}$
Perczel, I. $88^8$
Phidias $65^{188}$

Philo Alexandrinus 44[103]
Philoponus, vgl. Johannes Ph.
Philostrat 65[188]
Piemonte, G.A. 152[105]
Pindar 193[31]
Platon 16f. 18. 19f. 25. 27. 31. 34[52].
  39[78]. 42f. 44. 47ff. 53f. 56ff. 64.
  71. 73ff. 79f. 102. 105. 124. 163[7].
  170[47]. 176. 189. 191. 195. 206.
  208. 210. 211f. 221[131]. 225[147]
Platonismus von Chartres 15
Porphyrios 31f. 82. 84f. 103[64].
  104[65]. 115. 149ff. 179[85]
Proklos 14. 64[186]. 65[188]. 74[228].
  97[39]. 103[64]. 113[98]. 115. 148[96].
  160–181. 182. 184. 187[13]. 213[104].
  227[153]
Puech, H.-C. 51[136]
Pythagoras 26[23]

Reale, G. 128[20]. 161[3]
Reinhardt, K. 74[223]
Rich, N.M. 146[91]
Ringleben, J. 149[96]
Rist, J.M. 40[80]. 137[55]
Rosán, L.J. 160[1]
Ruh, K. 155[115]

Schelling, Fr.W.J. 13[14]. 15. 67.
  108f. 117. 124[2]. 136[53]. 182–227
Schlegel, Fr. 182
Schmidt, C. 51[135]
Schmitt, A. 115[102]
Schopenhauer, Fr. 86[5]
Schottländer, R. 17[4]
Schroeder, F.M. 53[142]. 75[234]. 109[83].
  130[28]. 137[55]. 148[95]

Schröter, M. 218
Schulz, G. 31[33]
Schwyzer, H.-R. 11[8]
Seneca 65[188]. 86[5]. 153[109]
Sextus Empiricus 89[10]. 88ff
Sier, K. 50[130]
Smith, A. 149[98]
Snell, B. 16. 17[4]
Sokrates 50. 68
Solmsen, F. 71[203]
Souverain, N. 185
Speusippos 17
Spinoza, B. de 122. 182. 187. 198.
  222. 224[143]
Steel, C. 161[3]
Suicerus, J.C. 185[10]
Synesios von Kyrene 148[96]
Syrian 77[237]
Szlezák, Th.A. 27[27]. 105[68]. 126f

Tennemann, W.G. 122. 185.
  220[127]. 221[132]
Theiler, W. 126f. 138[60]. 148[96]
Themistius 44[103]
Thomas von Aquin 31[33]. 116[104].
  138[55]. 155. 162[4]
Tiedemann, D. 122. 185
Trouillard, J. 161[3]. 176[73]

Uehlein, F.A. 184[5]

Vater, M.G. 184[8]
Vogel, C.J. de 137[55]
Vollenweider, S. 148[96]

Wallis, R.T. 86[5]
Whittaker, J. 148[96]. 161. 171[48]

Windischmann, C.J.H. 1833. 185. 186[11]. 193
Winter, E. 24[18]
Winzer, J.F. 1833

Wirth, J.U. 1833. 205[78]

Xenokrates 17. 40[79]

## II Sachen

Abstraktion, ἀφαίρεσις 58. 59. 68f. 86. Vgl. Aufstieg, Einung
Affirmation 112. 126. 144f. 154. 156. Selbst-Affirmation 156. 209f. Vgl. Negation
ἄγαλμα 24. 47. 49. Vgl. Idee
Andersheit vgl. Differenz
Anmut 219. Vgl. Gnade
ἀρετή 50f. 57. 58.
Aufstieg 11. 65f. 107. Erhebung 100f
außen 32ff. 42. 58. 99. Vgl. Innenbezug, Rückgang
authypostaton: Sich-Gründendes, Selbstbegründetes 160–181. Bedeutungsumkreis 161. Übersetzungen 163[6]. Vgl. causa sui

**Band** 79
Bild 23. 67. 75

causa sui, Selbstursächlichkeit 14. 123f. 132–138. 147–157. 148–157 (in der christlichen Theologie). 179f. 191f. 224f. Vgl. authypostaton

Denken, diskursives, dianoetisches D. 33. 98ff. 103f. absolutes 28. 31. Identität von D. und Sein 32. 35. 36. 39f. 42. 49. 57. 93. 192. Sich-selbst-D. 24. 26. 40. 192.
Selbstvergewisserung des D.s 13. Vgl. Geist, Identität, Sein
διάκρισις – σύγκρισις 75f
διάστασις 74. 76
διαφανής 45[106]. 59
Differenz, Andersheit 22. 23. 24f. 28. 42. 62. 92f. 120ff. Vgl. das Eine, Geist
Dramen-Metapher 74[224]
duplex theoria 92. 114
δύναμις 60[162]. 61[173]. 109. 146[88]

Einbildungskraft 213. 215.
Eine, das, d. E. selbst 85. 110ff. 117ff. 190. 205 u. 225 (Schelling). mit dem *Guten* identisch 11f. 21f. 60. 96. 207. Nichts von Allem 69. 108f. 118. 205[81]. 208. absolute Differenz und Transzendenz 119. 120ff. 125. 133. transzendente Andersheit 21. 62. 113f.

ἐπέκεινα, jenseits 117f. 119[15]. 125. 133. über-seiend 119f. 125. 203[140]. 205[81]. A-pollon (Nicht-Vieles) 86. 118. denkt nicht 21f. ὑπερνόησις 131. über Sein und Denken 118ff. in sich relationslos 14. *vor* dem Etwas 13. 69. 118ff. ἄπειρον 120[116]. In-Differenz im E. 109. 146f. „Vor-Habe" 25[20]. 61. 94ff. 108f. 146. unsagbar 37f. 86. 109. 112. 139ff. Über-Schönes 60ff. Transzendenz *und* Immanenz 120. – seiendes, denkendes E. 24.29. ἀρχή, αἰτία 95f. 108 („geben", vgl. Kausalität). 119. 124f. 140. 141. 147. 168. causa sui 14. 132–138. 147–157 (Schelling). Selbst-Aussage d. E. 37. 109. 110. Gott 40[80]. 137[55]. ἐνέργεια 134f. Freiheit 96. 133f. 147f. Wille d. E. 135ff. 224ff. Selbstbezüge, Selbst-Verhältnisse (VI 8) 126. 128. 130ff. E. – Nus 107f. im Nus der Seele 93. 113. Hervorgang 206. Vgl. Differenz, Einheit, Einung

einfach 171

Einheit 20. 55. 56. 59. 76. 85f. 99. 146. 170. 173. 210. All-Einheit 59f. 76[237]. Vgl. das Eine

Einung, Henosis 10. 12. 68f. 85. 100[54]. 102. 106ff. 195. 217

Ekstasis Gottes, Schöpfung 208. 210

Emanationslehre 96[38]. 186[11]. 206ff (z.B. Sprung, Abfall, Abbrechen, Sich-Losreißen). 219f

ἐπίνοια 113. 114. Vgl. duplex theoria

Eros 49f. 53. 63

Ewigkeit 29[31]. 38

Exodus 3,14: 37. 156. 223f

Form 54. 56. 61.62f. Vgl. Schönheit

Freiheit, absolute, d. E. 133f. 147f. 194. 224ff. menschliche F. 155

Freundschaft 137[55]

Ganzes-Teile 90f

Gegensätze 74ff. Vgl. Differenz

Geist, Nus (νοῦς) 12. Herkunft 95. absoluter 13. 16–83. 103. 131. Wesenszüge: Wahrheit 30–44; Weisheit 45–53; Schönheit 53–67; Liebe 71–83. Gott 39f. 59f. Selbstkonstitution durch Bezug auf das Eine, Selbstbegrenzung 22. 46. 62. 98. 107. 129. 131. 175. Selbstreflexion, Sich-selbst-Denken 12. 17. 43. 85. 88ff. 98. 175f. 192. Selbstbezüglichkeit, Selbstbezug, Selbstverhältnis 13. 46. 90ff. 98. 104. Selbstgegenwart 13. 98. Selbstevidenz 34. Spiegelung 92. reine Wirklichkeit 107[76]. Selbstaussage 37f. Problem der Übersetzung von νοῦς 17f. πνεῦμα 186[6]. Vgl. Denken. Reflexion

Gelassenheit 86

Glück 47

Gnade, χάρις 96. 97

Gnosis, gnostisch 49. 51f

Gott, das Göttliche 16f. 18[6]. 25[20].
39f. 50. 69. Nichts 153f. Wahrheit 39. Weisheit 50f. Ekstasis (Schöpfung) 208. Geist 223f. Wille 223ff. über dem Sein (Schelling) 223. göttlicher Grund im Menschen 101. G. b. Empedokles 73. Gottesprädikate (christlich) 82. trinitarische Selbstkonstitution 14. 82f. 153. G. schafft sich selbst 153. analogia trinitatis 90[13]. Vgl. causa sui, das Eine, Geist, Trinität

Harmonie 65[189]. 72. 203
Heiliger Geist 151
Hieroglyphen 23f
Homousia 149
Hypostasis 10f. 20. 22.

Ich 37f. 115[102]. 155. 188ff (Schelling). I.- das Absolute 190
Idealismus-Realismus 222
Idee(n) 24. 31. 47. 56. 58. 65
Identität, dynamische 23. 29[31]. 42. 58. 76. 91[15]
Identitätssatz, absoluter Satz 30f. 35. 80. 139. 141[70]
Innenbezug 33. 99. 104. Vgl. Rückgang. außen
intellectus 116

Kabbala 69. 70
Kategorien des ‚Sophistes' und ‚Philebos' 25f. 30[31]
Kausalität 94ff. 123. 150. 164ff.

168ff. „Geben" 94ff. Vgl. causa sui, das Eine
Königs-Metapher 40. 99[47]
Körper 54
Kreis 165f. 175. 177[76]
Kunst 54. 64ff. 211–217. 213–216 (Schelling). Bild-Charakter 217. moderne K. 68ff. 216. gegenstandslose 68f

Leben 11. 17. 49. 57. 78. 89. 98. 100. 107[76]. 163. 176. 201
Licht 48. 59. 78f. 92. 93
Liebe, φιλία als Wesenszug des Geistes 71ff. L. und Zwietracht 71ff. b. Empedokles 71–73. b. Plotin 73–80
Logos 64. 73. 201

Magie 74. Vgl. Theurgie
Materie 201. 220ff. ungeformte 154
Mensch, vgl. Körper, Seele, Geist. M. als intelligible Welt 106
Monochromie 70
Musik 65[189]

Nachahmung, Mimesis der Natur 64f. 211ff. Vgl. Natur
Natur 195–204. 199–203 (Plotin). 195–199; 203f (Schelling). δύναμις ποιοῦσα 201. 214f. Herkunft aus dem Geist 202ff. Selbstreflexion d. N. 203. natura naturans et naturata 198f. Natur- und Transzendentalphilosophie 196. Vgl. Organismus, Nachahmung

Negation, negative Dialektik. 112.
120. 125. 140. 141. 144. 154. 156.
negatio negationis 156. tätige
Verneinung 208. Vgl. Affirmation
οἷον, gleichsam 112. 126ff. 139. 140.
142. 143. 145. 157. 159. quasi
157ff.
ὁμοῦ, zugleich, ὁμοῦ πάντα 23. 39.
42. 45¹⁰³. 59. 60. 78. 91. 92¹⁶.
144f. Vgl. Geist, Identität
Organismus 198
Originalität (Plotins) 19f. 27

Paradoxie 108⁷⁸. 146f
πάθος 113⁹⁸
πειθώ 143
Phantasie 200
Philosophie, als Lebensform 11f.
49f. 58. 64. 80. 103
Proportion, ἀναλογία 79f

Reflexion, Reflexivität, reflexiver
Selbstbezug 10. 17. 43. 57. 161ff.
Vgl. Geist. Rückgang
Relationalität 28. 59. 164
Religiosität 9f
Rückgang, Rückbezug, Rückwendung des Geistes in sich selbst,
R. der Wirkung in die Ursache,
Rückkehr, ἐπιστροφή 52. 58. 66.
94. 95. 104f. 106. 107. 108.
116¹⁰⁴. 164. 165. 172f. 109. 213.
reflexiva conversio 156. Vgl.
Geist, Reflexion

Schönheit, κάλλος, καλόν als
Wesenszug des Geistes 53–67.
Kunst 64ff. Über-Schönes (d.
Eine) 60ff. gestaltlos 62. καλλονή 56¹⁴⁹. 60f. 62¹⁷⁴. Etymologie 66¹⁹⁰. Vgl. Form
Seele 18. 93. 98f. 176ff (Proklos).
Vgl. Geist. Transformation
Sein 29. 37f. 41ff (Parmenides). 48.
145 (Heidegger). 167. Sein als
Weisheit 46. Sein-Leben-Denken 25. 177f. Vgl. Denken,
Identität
Selbst, das wahre 12f. 80f. 84–94.
97–114. 104⁶⁵ (Terminologie).
194. Wirkungsgeschichte 115ff.
Vgl. Selbstbewußtsein, Selbsterkenntnis, Subjektivität
Selbstaneignung, Selbsterhaltung
172f
Selbstbewußtsein 15. 106. 115. 187ff
Selbsterkenntnis 84ff. 94. 103ff.
115. 193. Vgl. Transformation
Sphaira, σφαῖρα, 42. 72. geistige
Sphäre 77f. Sphairos 72. 77
(Empedokles)
Sprache 30f. 37. 109ff. 139ff. 191.
Schweigen 111f. 113
Subjektivität 15. 117. 187ff
Substanz 150. 162⁴. 174 (οὐσία)
Suprematismus 69
Symbol 215f
Symmetrie 54ff. 57¹⁵¹
Sympatheia 74
System 10

Theogonia, theogonischer Prozeß 154. 218. 227
Theophanie 154
Theoria, Betrachtung 200ff. 212. Schaffen d. Th. 201f. unbezauberbar 10
Theurgie 10
Traktat VI 8: 29. 62. 128ff
Transformation des Denkens, Selbst-Transformation 63. 81. 89. 97. 100. 101f. 192. 194. Zu-Geist-Werden, νοωθῆναι 101f. 189. Selbst-Transzendenz 105. Vgl. Selbsterkenntnis
Trinität 116. 149ff. Kausalität in ihr 150f. Selbstkonstitution d. T. 150f

Über-seiend, ὑπερούσιος 205[81] (Plotin und Schelling). Vgl. das Eine
Unbewußt-bewußt 101f. 106
Universum, uni-versio 210[100]
Urteil 32f

Vergöttlichung 101f

Wahrheit, ἀλήθεια, Wesenszug des absoluten Denkens 30–44. W. des Seins 36. W. als Gottesprädikat 44. Adäquationstheorie 31ff. absolute Selbstübereinkunft 35f. 38f. 44. 57. Unverborgenheit – Vergessen 34. Göttin (Parmenides) 43f
Wahrnehmung 32f
Weisheit, σοφία, Wesenszug des Geistes 45–53. göttliche W. 50f. christliche Konzeption von W. 52f. gnostische W. 51f. W. als Tugend 50
Welt, Kosmos 25. 52. 72ff. 79f. 201. 202. 209
Weltalter 217f
Werden 167
Wille des Einen 135ff. das Eine will sich selbst 136ff. 223ff (Schelling und Plotin). Vgl. das Eine
Wirksamkeit, ἐνέργεια 173f. Vgl. das Eine, Geist
Wirkungsgeschichte des neuplatonischen Denkens 14f. 115ff. 148ff. 160 ff (Proklos). 182ff (Schelling)
Wissen (-selbst, αὐτοεπιστήμη) 47. absolutes 48f. Gott 47
Wort, göttliches 151. 158

ὑπέρθεος 184[8]. Vgl. das Eine, Gott

Zahlen 26[23]
Zeit-Zeitlosigkeit 166f
Zentrum 78. 209
Zweiheit, unbestimmte 22. 95